U0575074

权威·前沿·原创

皮书系列为
"十二五"国家重点图书出版规划项目

商务中心区蓝皮书

BLUE BOOK OF
CBD

中国商务中心区发展报告
No.1（2014）

ANNUAL REPORT ON THE DEVELOPMENT OF CHINA'S
CENTRAL BUSINESS DISTRICT No.1 (2014)

打造国家经济战略转型的新引擎

主　编／魏后凯　李国红
副主编／郭　亮　单菁菁　武占云

社会科学文献出版社
SOCIAL SCIENCES ACADEMIC PRESS（CHINA）

图书在版编目（CIP）数据

中国商务中心区发展报告：打造国家经济战略转型的新引擎.
NO.1，2014/魏后凯，李国红主编.—北京：社会科学文献出版社，
2015.1
（商务中心区蓝皮书）
ISBN 978 - 7 - 5097 - 6797 - 9

Ⅰ.①中… Ⅱ.①魏… ②李… Ⅲ.①中央商业区 - 研究报告 - 中国
Ⅳ.①F72

中国版本图书馆 CIP 数据核字（2014）第 267311 号

商务中心区蓝皮书
中国商务中心区发展报告 No.1（2014）

主　　编/魏后凯　李国红
副 主 编/郭　亮　单菁菁　武占云

出 版 人/谢寿光
项目统筹/陈　颖
责任编辑/陈　颖　林　木

出　　版/社会科学文献出版社·皮书出版分社（010）59367127
　　　　　地址：北京市北三环中路甲 29 号院华龙大厦　邮编：100029
　　　　　网址：www.ssap.com.cn
发　　行/市场营销中心（010）59367081　59367090
　　　　　读者服务中心（010）59367028
印　　装/北京季蜂印刷有限公司

规　　格/开　本：787mm×1092mm　1/16
　　　　　印　张：23.25　字　数：377 千字
版　　次/2015 年 1 月第 1 版　2015 年 1 月第 1 次印刷
书　　号/ISBN 978 - 7 - 5097 - 6797 - 9
定　　价/89.00 元

皮书序列号/B - 2015 - 414

《中国商务中心区发展报告》编委会

主要编撰者简介

魏后凯　中国社会科学院城市发展与环境研究所副所长、研究员，中国社会科学院研究生院城市发展与环境研究系主任、教授、博士生导师，享受国务院特殊津贴专家。兼任中国社会科学院西部发展研究中心主任、中国区域科学协会候任理事长、中国区域经济学会副理事长、中国城市经济学会副会长、中国城市规划学会区域规划与城市经济学术委员会副主任、中国地质矿产经济学会资源经济与规划专业委员会副主任，国家民委、民政部、北京市、山西省等决策咨询委员，十多所大学兼职教授。近年来，主持完成了60多个国家重大（点）、中国社会科学院重大（点）项目以及有关部委和地方委托研究项目，公开出版独著、合著学术专著13部，主编学术专著20多部，在《中国社会科学》、《经济研究》等期刊发表中英文学术论文300多篇，其中有60多篇被《新华文摘》和人大报刊复印资料转载。主持或参与完成的科研成果获20多项国家和省部级奖项，向国务院提交了20多个政策建议，多次获得国家领导批示。

李国红　北京商务中心区管理委员会常务副主任，在国内较早参加中国商务中心区规划建设，长期从事商务中心区的整体规划及管理工作，具有丰富的实践经验，对中国商务中心区的发展有独到的理解和思考。

郭　亮　北京商务中心区管理委员会副主任，曾担任北京奥运森林公园建设管委会、北京市朝阳区发展和改革委员会的领导职务，长期从事城市与区域经济发展研究，具有丰富的实践管理经验。

单菁菁　中国社会科学院城市与环境研究所研究员、博士，《中国城市发展报告》（城市蓝皮书）副主编。主要从事城市与区域规划、城市经济、城市社会、低碳城市发展规划研究。先后主持或参与了北京、天津、海南、江西、西藏、广州、深圳、珠海、杭州、郑州、昆明、西安、三亚、中山、苏州、都江堰、防城港、金沙江流域、怒江流域等省、市、地区的经济社会发展规划或专项规划研究和编制工作。主持或参加国家社科基金课题、院重大课题、院重点课题、所重点课题、青年基金课题、省部委及地方委托课题等60余项，参加了17部学术著作的撰写工作，发表专著2部、中英文学术论文60多篇，撰写研究报告50多篇，向国务院提交了10余个政策建议，著作《中国农民工市民化研究》获钱学森城市学金奖提名奖，主持或参与完成的科研成果多次获省部级奖项，在课题相关领域取得了较为丰富的研究成果。

武占云 中国社会科学院城市发展与环境研究所助理研究员，博士后，主要从事城市规划、城市与区域经济学研究。先后主持或参与了北京、上海、广州、江苏、山东、河南、贵州、阿里、苏州、无锡、郑州、漯河、平顶山、黄石等诸多省、市、地区的经济社会发展规划或专项规划研究和编制工作。作为负责人和主要研究人员，参与完成了多项科研项目，包括国家社会科学基金2项、国家自然科学基金3项、教育部人文社会科学项目1项、博士后基金1项。2003年至今，在国内外核心期刊发表中英文学术论文20余篇，出版译著1部。主持并完成博士后基金项目"空间经济学视角下的CBD现代服务业集聚机制研究"，主持或参与了包括北京CBD、漯河CBD、周口CBD等在内的CBD发展规划和产业发展等课题。

摘　要

CBD 是英文"Central Business District"的简称，中文译为中央商务区或商务中心区，它是一个城市、区域乃至国家的经济发展中枢，也是一个国家或地区经济实力和对外开放程度的重要表征。随着改革开放的深入和市场经济的发展，中国 CBD 的建设正受到越来越广泛的重视。

中国 CBD 的规划建设最早始于 20 世纪 80 年代中期，目前已进入快速发展阶段，规划建设与国际接轨，产业引领作用日益突出，管理模式趋于多元，经济发展的中枢作用日渐凸显，带动着区域经济整体实力以及城市综合竞争力的提升。然而，相比发达国家和地区的 CBD，中国 CBD 的建设与发展仍存在较多不足，如功能结构不甚合理、管理体制不顺、区域内部无序竞争、政策支持体系缺失等，各地在认可和重视商务中心区发展价值的同时，也存在一定的盲目性。

为引导中国 CBD 健康发展，中国商务区联盟和中国社会科学院城市发展与环境研究所联合主编《中国商务中心区发展报告》，采用年度报告的形式，每年围绕一个主题，立足全球视野，对中国 CBD 的发展进程、现状、趋势及难点和热点问题等进行深入研究，集中展示 CBD 理论研究的最新进展和 CBD 建设的实践经验，以期为国家和各地政府积极有序推进 CBD 建设提供决策咨询与参考，同时也为学术界开展 CBD 研究提供重要的学术交流平台。《中国商务中心区发展报告》在编写过程中得到中国商务区联盟各成员单位的鼎力支持，为获取一手信息，课题组分赴全国十多个地区的 CBD 进行了实地调研和资料收集。来自中国社会科学院、北京 CBD 管委会、首都经济贸易大学、香港大学、英国牛津大学、中央财经大学、北京交通大学、北京市投资促进局、北京恒聚天德城市规划设计研究院等学术机构和专业管理部门的专家学者及 CBD 管理实践者参与了有关讨论与撰写工作。

《中国商务中心区发展报告 No.1（2014）》（以下简称《报告》）以"打造国家经济战略转型的新引擎"为主题，紧密联系新时期中国经济战略转型的方向和要求，以及当前全球 CBD 最新发展动向，以总报告、经济发展篇、城市建设篇、CBD 管理篇、中国实践篇、国际经验篇和中国 CBD 大事记等形式，系统、全面地探讨了中国 CBD 发展现状、存在的问题与发展趋势，及其在国家经济战略转型中承担的作用，并对 CBD 的演变规律、产业发展、规划建设、软环境培育、管理模式、人才引进与培养等问题进行了深入研究，对当前国家和各地政府推进 CBD 建设具有理论指导意义和实践参考价值。

《报告》认为，后金融危机时期，全球经济结构面临调整与再平衡，发展中国家过度依赖发达国家市场获取比较利益的空间被不断压缩，中国经济发展面临增强内生动力和转型升级的迫切要求。当前，世界经济已全面向服务经济转型，服务经济日益成为国际经济合作与竞争的核心内容。2013 年，中国第三产业增加值占 GDP 比重首次超过第二产业，迈入服务经济时代，打造"中国制造"和"中国服务"双引擎，成为中国经济结构转型以及提升产业国际竞争力的新方向。CBD 作为现代服务业集聚的最重要载体，具有较强的资源配置能力、较高的经济集约性和创新引领性，代表了更高效、更集约、更低碳、更具竞争力的发展模式，将成为中国经济战略转型的新引擎。未来，应借鉴国际经验，将培育世界级 CBD 上升为国家战略，积极参与国际产业链分工的高端环节；以 CBD 为重要空间载体，大力发展总部经济，构建"走出去"和"引进来"双向平台；重点探索服务业领域的开放与创新发展，带动国家产业结构优化升级；着力培育公正透明、竞争有序、服务高效的国际化、法治化营商环境，努力形成促进集聚和创新发展的政策支持体系；构建对内对外有机互动、多层级、网络状的 CBD 体系，支撑国家城市群发展战略。

《报告》特别以国家目前高度重视的打造京津冀世界级城市群战略为案例，提出应以构建具有全球影响力的多层级 CBD 网络为重要抓手和平台，加快推进京津冀城市群的"强核—渗透—布网—连接"过程，不断提升京津冀城市群参与国际竞合的能力。具体包括："强核"，即加快 CBD 发展，推动北京"世界城市"建设；"渗透"，即促进 CBD 产业链延伸和拓展，辐射带动区域发展；"布网"，即优化 CBD 网络空间布局，构筑区域合作对接平台；"连接"，即以构建 CBD 网络为抓手，打造区域协同发展先行区。

步入知识经济和信息化时代后，经济全球化和区域一体化趋势日益明显，国际竞争也愈发激烈，"我们面临的机遇，不再是简单纳入全球分工体系、扩大出口、加快投资的传统机遇，而是倒逼我们扩大内需、提高创新能力、促进经济发展方式转变的新机遇"。笔者希望通过对国内外 CBD 发展的深入调研与分析，能够对推动中国 CBD 健康发展发挥积极作用，进一步释放和强化 CBD 在促进国家经济高端化、服务化、集约化、低碳化转型中的战略引领作用。

目 录

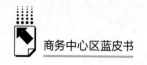

Ⅳ CBD 管理篇

Ⅴ 中国实践篇

Ⅵ 国际经验篇

Ⅶ 附 录

皮书数据库阅读使用指南

总 报 告

General Report

B.1

中国 CBD 发展现状、问题与趋势

——打造国家经济战略转型的新引擎

总报告编写组 *

摘 要:

> 本文在分析中国经济及中国 CBD 发展历程、现状与存在问题的
> 基础上,指出当前国际环境和国内环境发生了深刻变化,发展
> 服务经济,打造"中国制造"和"中国服务"双引擎,已经成
> 为中国经济结构转型以及提升产业国际竞争力的重要方向。而
> CBD 作为现代服务业集聚的重要载体,具有较强的资源配置能

* 执笔:单菁菁、宋迎昌、武占云、郭叶波、耿亚男。单菁菁,中国社会科学院城市发展与环境研究所城市规划室主任、研究员、博士,主要研究方向为城市与区域发展战略、城市与区域规划、城市与区域管理等;宋迎昌,中国社会科学院城市发展与环境研究所所长助理、研究员、博导,主要研究方向为城市与区域管理;武占云,中国社会科学院城市发展与环境研究所助理研究员、博士,主要研究方向为城市规划、城市与区域经济等;郭叶波,国家发改委国防研究中心助理研究员、博士,主要研究方向为区域经济、城市经济、地缘经济等;耿亚男,中国社会科学院研究院硕士研究生,主要研究方向为城市经济。中国社会科学院城市发展与环境研究所魏后凯副所长、苏红键博士参加讨论。

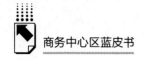

力、较高的经济集约性和创新引领性。本文建议，未来中国CBD的发展应紧紧围绕国家产业结构转型升级的需要，大力发展总部经济，构建"走出去"和"引进来"双向平台；积极探索服务业领域的开放与创新发展，培育构建公正透明、竞争有序、服务高效的国际化、法治化营商环境；构建多层级、内外关联、有机互动的CBD网络体系，支撑国家城市群发展战略，努力将CBD打造成为引领国家经济高端化、服务化、集约化、低碳化转型的战略新引擎。

关键词：

CBD　国家经济　战略转型　引擎

CBD是英文"Central Business District"的简称，中文译为中央商务区或商务中心区，它是城市商业和商务活动的汇聚之地，也是一个城市、区域乃至国家的经济发展中枢。当前世界上最著名的CBD包括纽约曼哈顿、东京新宿、伦敦金融城、巴黎拉德芳斯等，它们不仅带动了所在城市的发展和繁荣，推动了纽约、东京、伦敦、巴黎等世界城市的形成，也促进了以纽约为中心的美国东北部大西洋沿岸城市群、以东京为中心的日本太平洋沿岸城市群、以伦敦为中心的英国伦敦城市群、以巴黎为中心的欧洲西北部城市群等世界级城市群的形成。目前，CBD已经成为体现产业竞争力和控制力的核心空间，成为一个国家或地区经济实力和对外开放程度的重要象征。随着改革开放的深入和市场经济的发展，中国城市的CBD建设也受到越来越广泛的重视。

一　中国CBD发展历程、现状与存在的问题

中国CBD的规划建设最早始于20世纪80年代中期。当前，中国CBD已进入快速发展阶段，规划设计与国际接轨，经济引领作用不断突出，管理模式趋于多元，经济发展的中枢作用日益凸显。然而，相比发达国家和地区的

CBD，中国 CBD 的建设与发展仍存在较多不足，在功能结构、管理体制、政策支撑体系等方面仍具有较大的提升和改善空间。

（一）中国 CBD 发展历程

从规划建设初期至今，中国 CBD 的建设发展大体可以划分为以下两个阶段。

1. 探索起步阶段（20 世纪 80 年代中期至 20 世纪末）

从城市发展进程来看，CBD 是城市经济发展到一定阶段的必然产物，是区域或国家经济高度集聚而形成的城市核心。改革开放以来，随着中国经济的快速发展，以及市场化进程的加快，一些城市开始探索发展 CBD。然而，改革开放初期的基本国情决定了 CBD 的实践探索只出现于当时经济实力较强、腹地经济较好的少数发达城市。1986 年，国务院批准的《上海市城市总体规划方案》提出，在陆家嘴附近形成新的金融贸易区，随后《陆家嘴地区规划》明确提出以金融贸易为主，并按照上海的中央商务区进行规划开发，在全国首次提出了 CBD 的使用性质。随后，上海市政府于1991 年正式启动陆家嘴金融中心区的国际招标工作，1993 年完成规划设计方案并启动开发建设工作。1992 年在深圳福田中心区控制性详细规划编制中，明确提出福田中心区作为深圳城市中心（深圳 CBD）的发展性质和高强度的开发规模，深圳也是全国城市规划中较早提出建设 CBD 的城市。1993 年由国务院批复的《北京城市总体规划》提出，"在东二环至东三环之间，开辟具有金融、保险、信息、咨询、商业、文化和商务办公等多种服务功能的商务中心区"。2000 年，北京 CBD 启动建设，2009 年实施东扩，至今已经发展成为中国最具影响力的商务中心区。1993 年，《广州新城市中心区——珠江新城规划》出台，作为广州新城市中心的珠江新城也被作为广州 CBD 进行建设。

在这一时期，中国 CBD 的发展处于探索起步阶段，主要呈现以下特征。

（1）CBD 的建设与国家及地区经济发展战略紧密结合。社会主义市场经济体制改革的深化、国家开发开放战略的实施以及地区经济的快速发展是促进CBD 形成的直接动因。陆家嘴 CBD 是浦东新区开发开放的成果；北京 CBD 得益于首都的政治优势以及北京新一轮城市发展的需要；深圳福田 CBD 是伴随着深圳经济特区的快速发展而形成的；广州 CBD 则是伴随着新城市中心的建设而发展起来的。四大 CBD 在当时国家及地区经济战略中都承担着试验田和桥头堡的作用。

（2）规划设计充分借助国际力量、借鉴国际经验。四大 CBD 从建设之初就积极与国际接轨，充分吸收和借鉴国外 CBD 的成功经验，基本上通过国际招标的形式确定规划和开发方案。

（3）发展定位和功能设置较具前瞻性。从发展定位和功能构成来看，由于四大 CBD 所在城市具有良好的商业和商务发展基础，定位和功能都具有较强的前瞻性，尤其强调金融、信息、咨询等高端服务功能，这使得四大 CBD 至今仍是中国最具经济管控力和影响力的 CBD。

2. 快速发展阶段（21 世纪初至今）

进入 21 世纪后，伴随着中国加入世贸组织，全球跨国公司加紧了进入中国市场的步伐，大批跨国公司总部、金融机构开始进入中国，对高档办公环境和高端商务服务产生了大量且持续的需求。同时，随着中国工业化和城镇化的快速推进，各地掀起了 CBD 建设和发展的热潮，中国 CBD 建设进入了快速发展阶段。除了位于东部沿海的天津、杭州、宁波、珠海和厦门等城市开始了 CBD 的建设，位于中西部地区的重庆、成都、郑州、武汉、兰州等城市也纷纷启动 CBD 建设。在这一阶段，各地以 CBD 为主要载体实现了服务业对经济的持续拉动，同时也为城市经济转型和产业结构的优化升级提供了有力支撑。

这一时期中国 CBD 的发展主要呈现以下特征。

（1）动力机制趋于多元化。全球化的深入发展、国家对服务业的重视、新一轮的区域发展战略以及地区工业化和城镇化的快速推进，是这一时期 CBD 建设和发展的重要动因。

（2）产业内涵不断丰富。这一时期 CBD 的主导产业不再局限于金融保险和高端商务等，高端商业、商贸会展、休闲娱乐也成为部分 CBD 发展的重要产业。尤其是中西部地区的 CBD，将集聚更多人流、信息流的功能设置于 CBD，使之承担城市商务、商贸、娱乐中心等多种功能。

（3）进一步突出创新发展。从发展理念来看，这一时期的 CBD 建设更加趋于多元化，并积极谋求创新发展。例如，上海明确提出要顺应信息化时代的发展，建设陆家嘴 E－CBD；北京提出建设绿色、智能、人文 CBD；武汉提出以两型社会为依托，建设绿色 CBD；郑州 CBD 强调综合型复合功能，突出会展经济、文化娱乐产业与写字楼商务价值的联动作用；上海虹桥 CBD 通过优良的城市规划和绿色建筑设计等多方面筹划，致力于全面降低碳排放，建设上海首个低碳商务实践区；宁波南部 CBD 则形成以民营企业总部集聚为特色的商务区。

表1　中国 CBD 发展的阶段特征

阶段	形成动因	规划建设	产业特征	区域分布
第一阶段:探索起步阶段（20 世纪 80 年代中期至 20 世纪末）	社会主义市场经济体制改革的深化、国家开发开放战略的实施和地区经济的快速发展	充分吸收和借鉴国外 CBD 的成功经验,基本上通过国际招标的形式确定规划和开发方案	以商务服务和商业功能为主,强调发展金融、保险、信息、咨询等商务服务功能	以东部沿海城市为主,形成全国四大 CBD（北京 CBD、上海 CBD、深圳 CBD、广州 CBD）
第二阶段:快速发展阶段（21 世纪初至今）	全球化的深入发展、国家对服务业的重视、新一轮的区域发展战略、地区工业化和城镇化的快速推进	充分借助国际化力量制定规划方案,更加强调规划理念的创新,提出了绿色 CBD、智能 CBD、人文 CBD、E－CBD 等规划理念	发展金融、保险、咨询等商务服务业的同时,强调产业的多元化和功能的复合化发展,尤其是中西部地区的 CBD,承担着城市中心商务、商贸、娱乐等多种功能	东部建设较早的 CBD 进入提质扩容阶段,中西部地区的城市纷纷启动 CBD 的规划建设

（二）中国 CBD 发展现状

目前，中国各地的 CBD 呈现出竞相发展的态势。一方面，中西部地区的城市相继启动了 CBD 的规划建设，在一定程度上支撑了城市空间的有效拓展，并逐渐成为城市经济发展的动力引擎；另一方面，东部地区的 CBD 发展已相对成熟，在一定区域范围内形成经济管控和资源配置能力，同时由于原有空间趋于饱和，不能满足市场快速发展的需求，开始进入扩区扩容和提质增速阶段，如北京 CBD 于 2009 年实施东扩区建设；而上海则在陆家嘴 CBD 的基础

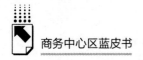

上，规划建设上海虹桥 CBD。总体来看，中国各地区 CBD 的发展与所在城市的区位条件、市场发育程度、经济发展水平及产业结构等密切相关，但在空间规划、产业发展、经济效益和管理模式等方面也有共性特征。

1. 强调规划先行

相比国外 CBD，国内 CBD 的开发建设时间较短，但各地政府无一例外都非常重视规划先行，将 CBD 的建设发展规划提到突出位置，在强调规划的科学性、前瞻性和战略性的同时，充分借助国际化力量对 CBD 的空间形态、生态景观、标志性建筑和交通体系等进行全面、系统的设计和规划，如表2所示。总体而言，中国 CBD 的规划大多经历了国际咨询、国际征集、专家论证和方案综合等几个阶段。以北京 CBD 为例，为保证规划的科学性，北京市政府于 2000 年底采用国际招标的方式，向国内外公开征集规划方案，并组成了由来自美国、法国、新加坡等国家的专家及国内著名建筑、规划、经济、交通、环境等方面的专家参加的评审委员会，最后综合 8 家设计单位的规划方案之所长，于 2001 年正式对外发布了《北京商务中心区规划》。在总体规划的框架下，北京 CBD 又先后组织编制了控制性详细规划和各项专业规划。

同时，各地 CBD 根据自身发展需要，在规划设计、方案实施和开发建设等方面又有所创新。例如，北京 CBD 前期规划在综合比较国内外已形成的 CBD 的基础上，提出采用住宅占比相对较高的混合模式，即写字楼占规划建筑总量的 50% 左右，公寓、住宅占 25% 左右，其他 25% 为商业、文化、娱乐等配套服务设施①。这种模式突破了国际传统的 CBD 布局模式——写字楼占据绝对比重，住宅及公寓极少，而更多考虑到 CBD 作为城市有机构成所必须具备的多样性功能，从而保持了北京 CBD 的发展活力，这一成功经验已入选哈佛研究案例，为世界所关注和学习。宁波南部 CBD 则首创国内统一规划、单体自建、公基统建的开发建设模式，即区块规划设计的总体方案由政府统一确定，单体建筑方案由各业主单位在同一时期内同步完成，而区属城投公司则负责区域公共设施的建设，实行公用共享。郑州 CBD 聘请国际著名规划大师黑

---

① 《北京商务中心区总体规划内容》，http://www.bjcbd.gov.cn/NewsDetail.aspx? id = 10519。

川纪章主持，较早引入了"共生城市"、"新陈代谢城市"、"环形城市"等理念，强调多元复合、有机循环。

表2 中国部分CBD规划建设情况

城市	CBD发展规划	发布时间	主要特点	空间布局	功能定位
北京	《北京商务中心区综合规划方案》《北京商务中心区控制性详细规划》	2001年	2000年底公开向国内外8家设计院征集方案，已形成总规、控规、各专项规划等完整的规划体系。在规划建设之初，采用住宅占比相对较高的混合模式，突破了国际传统的CBD布局模式	一心、两带、三轴、五区	国际信息交流中心、国际资本往来中心、国际人才集散中心、国际时尚引领中心、国际文化传播中心
郑州	《郑东新区总体规划》《郑州CBD控制性详细规划》	2001年	国际著名规划大师黑川纪章主持，较早引入"共生城市"、"新陈代谢城市"、"环形城市"等理念，强调多元复合、有机循环	"两圆一带"："两圆"即CBD中心、龙湖CBD两个环形建筑群，"一带"即CBD中心和龙湖CBD之间的云和两侧建筑群	金融服务改革创新试验区；中原经济区金融集聚区；区域性要素市场交易中心；国际商品期货定价中心
上海	《上海陆家嘴中心区规划设计方案》	1993年	由上海市政府和法国公共工程部联合组织国际规划设计竞赛，包括中国上海联合设计咨询组、英国罗杰斯、法国贝罗、意大利福克萨斯、日本伊东丰雄共五家设计单位参与陆家嘴中心地区国际方案征集	五大功能组团：国际银行楼组团、中外贸易机构要素市场组团、休憩旅游景点组团、顶级江景住宅园区组团、跨国公司区域总部大厦组团	国际金融中心
上海	《虹桥商务区总体规划》	2009年	聘请国际知名公司完成规划设计，先后编制虹桥商务区主功能区规划、虹桥商务区核心区规划、虹桥商务区核心区公共交通规划	"五片、三轴、两廊"的空间布局结构	现代服务业的集聚区；国际贸易中心的新平台；企业总部、贸易机构、经济组织的汇集地；服务长三角、服务长江流域、服务全国的高端商务中心

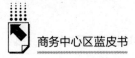

续表

城市	CBD 发展规划	发布时间	主要特点	空间布局	功能定位
深圳	《深圳福田中心区（深圳CBD）详细规划》	1992 年	CBD 的规划建设始于 1995 年，深圳市政府面向全球招标，最终选择了美国李名仪/延丘勒事务所提出的中轴线的设计概念，并进一步要求日本黑川纪章建筑都市计划事务所基于这一中轴线概念进行了中心区的总体布局规划和中轴线的详细规划	"一轴两带，双龙腾飞"	全市重要的金融商务中心、交通枢纽中心、行政中心及文化中心
广州	《广州市新城市中心——珠江新城综合规划方案》	1993 年	珠江新城 1993 年开始规划设计，由美国托马斯夫人机构负责规划设计。2003年，广州市政府公布《CBD——珠江新城规划检讨》，珠江新城的开发建设速度加快，并成为 2010 年第 16 届亚运会开、闭幕式举办地和广州的经济中心、城市客厅。	"一轴一带六区"的功能布局	广州总部基地、区域金融中心核心区、国际商贸中心核心区和现代都市文化核心区
天津	《天津滨海新区中心商务区总体规划》《滨海新区中心商务区分区规划（2010～2020 年）》	2012 年	聘请国际知名公司完成规划设计，由美国 SOM 公司完成商务区城市总体规划、于家堡和大沽地区城市设计，日本日建公司进行地下空间和管网共同沟设计，美国易道公司进行海河两岸及中心商务区重点区域景观设计，中国香港 MVA 公司进行交通体系规划	"一河两岸六区"，即以海河为轴线，沿河两岸开发为重点，规划建设响螺湾商务区、于家堡金融区、天碱及解放路地区、大沽地区、新港地区、蓝鲸岛及大沽炮台区等六片区域	滨海新区的商务商业和行政文化中心、中国的金融创新基地、世界一流的中心商务区

续表

城市	CBD 发展规划	发布时间	主要特点	空间布局	功能定位
杭州	《钱江新城核心区块地下空间控制性详细规划》《关于进一步加快钱江新城建设和发展的若干意见》	2003 年	邀请德国欧博迈亚公司进行规划咨询，先后完成核心区城市设计、地下空间规划、绿地系统规划、城市公共空间系统规划 20 余项专项规划	商务办公区、证券金融中心、行政办公区、文化休闲区、商业娱乐综合区、滨江游憩区和精品商住区	浙江省金融总部中心及长三角南翼区域中心城市的中央商务区和区域金融中心
重庆	《重庆中央商务区规划》《重庆市人民政府关于加快中央商务区建设的意见》	2003 年	聘请国际知名公司完成规划设计，先后完成重庆金融街城市设计、解放碑 CBD 灯饰方案设计、解放碑步行街扩容总体概念设计等规划	由解放碑、江北嘴、弹子石三大板块构成，呈"一区三核"格局	中国西部地区的总部经济集聚区、金融集聚区、高端商业承载区
武汉	《武汉王家墩商务区规划建议书》《武汉王家墩商务区控制性详细规划》	2004 年	聘请美国麦肯锡公司进行王家墩地区发展的战略策划，先后完成王家墩商务区 7.41 平方公里用地的控制性详细规划、武汉王家墩商务区地下空间规划等	"一心两轴四区"：一心即中心商务区，两轴即交通金十字轴和商务金十字轴，四区即商务核心区、综合商业区、全生活城市服务区和生活居住区	立足华中，辐射全国的金融、保险中心和以企业地区总部办公为主导，服务武汉现代制造业的商务区。

资料来源：根据各 CBD 提供的资料整理。

2. 注重硬件建设

中国 CBD 普遍重视基础设施、商务设施等硬件建设，往往通过建设功能完善、便捷高效的硬件设施来吸引全球跨国公司总部和金融机构的入驻。

首先，商务配套设施相对完善。商务服务是 CBD 整个功能体系的主体和核心，中国 CBD 在建设之初，就特别重视商务配套设施的建设，各地 CBD 基本形成以商务办公为核心，星级酒店、高端商业、文化娱乐为配套的发展格局（见表3）。截至 2013 年，包括北京 CBD、广州天河 CBD、杭州武林 CBD、长沙芙蓉 CBD、大连人民路 CBD 等已投入使用的商务楼宇均超过 100

座。目前，各CBD以高品质的商务楼宇为载体，吸引了众多国内外金融机构、跨国公司地区总部和现代商务服务企业入驻。尤其是新建CBD的建筑和设施基本上按照国际新技术和新标准建设，并十分注重环保和节能设计。例如，北京CBD核心区楼宇设计的建筑节能率均在65%以上，规划核心区全部楼宇达到国家绿色建筑三星级标准；上海虹桥CBD核心区规划所有建筑设计达到国家绿色建筑标准，超过50%的建筑达二星级以上标准，地标建筑达三星级标准。

表3　中国部分城市CBD商务配套建设情况

部分城市　CBD		商务办公	商务酒店	住宅公寓	商业设施	其他	总建筑面积
北京CBD（2010年）	建筑面积（万平方米）	415	68	266	58	—	806
	占比（%）	51.4	8.4	33.0	7.2	—	100
陆家嘴CBD（2007年）	建筑面积（万平方米）	185	35.8	32.3459	32.8	10.1	296
	占比（%）	62.0	12.0	11.0	11.0	4.0	100
上海静安CBD（2012年）	建筑面积（万平方米）	361	77	839	101	233	1611
	占比（%）	22.4	4.8	52.1	6.3	14.5	100
银川阅海湾CBD（2013年）	建筑面积（万平方米）	181	43	100	91	105	520
	占比（%）	34.7	8.3	19.2	17.5	20.2	100
深圳福田CBD*（规划）	建筑面积（万平方米）	200	—	—	50	100	750
	占比（%）	27			7	13	100
重庆解放碑CBD**（2013年）	建筑面积（万平方米）	213	250		262	75	800
	占比（%）	27	31		33	9	100

　　注：*深圳福田CBD为规划目标值，商务酒店和住宅公寓的建筑面积不详。
　　**重庆解放碑CBD的住宅、酒店及酒店式公寓的建筑面积没有分项统计值，三者共计约250万平方米。
　　资料来源：根据各CBD提供的数据整理。

　　其次，高度重视交通体系建设。便捷畅通的交通体系是CBD高效运转的保障，国内CBD都非常重视其交通基础设施建设，通过发展公共交通、多层次客运系统、智能停车设施等提高区域内的人流、物流运行效率。例如，上海虹桥商务区建设了集民用航空、高速铁路、城际铁路、长途客运、地铁、地面公交、出租汽车等多种交通方式于一体的虹桥综合交通枢纽，是目前世界上最大的综合交通枢纽之一；北京 CBD 较早建设了智能停车诱导系统、城市交通管理调度中心等智能交通体系，同时开通了连接地铁站点与主要商务楼宇的免费班车以优化区内交通环境。尽管如此，交通拥堵仍然是国内很多 CBD 面临的重要难题之一。

最后，信息化建设快速推进。随着信息技术的发展，国内 CBD 越来越重视信息基础设施的规划与建设，从而为区内高端客户尤其是金融、咨询、管理、信息服务等企业提供与之需求相匹配的信息网络平台。如陆家嘴 CBD 在开发之初，就提出了加强金融、贸易等商务信息化的目标，在国内率先构建 E－CBD 模式，搭建"一个平台"——高速宽带平台，推进"八方专网"——管理专用网、金融专用网、贸易专用网、投资专用网、人才专用网、旅游专用网、社区专用网、安全专用网等信息基础设施建设，北京 CBD 也开展了"数字 CBD"和智能化网格管理建设等。

3. 产业层次相对较高

作为城市发展的经济中枢，CBD 聚集了大量的金融、保险、咨询、信息服务及专业化中介服务等行业，形成以现代服务业为主的产业结构。当前，中国 CBD 的产业发展主要呈现以下特征。

一是产业层次较高，现代服务业高度集聚。从各地 CBD 发展现状来看，CBD 的主导产业主要集中于金融业、商务服务业、信息服务业、高端商业、文化创意产业和房地产业等领域（见表4），基本上涵盖了高端商业和高端商务服务业的主要行业。这些行业处于产业价值链的高端环节，具有附加价值高、产业带动性强等特征，在区域乃至国家范围内发挥着经营和决策的中枢作用。

二是产业创新活跃，新业态和新商业模式不断涌现。从 CBD 的发展历史和本质特征来看，CBD 是最具创新活力的区域之一，通过其在金融资本、市场渠道、交易展示等方面的优势加速产业创新的市场化进程，尤其是服务业领域的新业态、新商业模式往往最早出现在 CBD 区域。当前，国内 CBD 的发展也逐渐呈现出这一特征，其中最具代表性的如北京 CBD、上海陆家嘴 CBD 等。

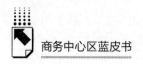
表4　中国部分 CBD 主导产业概况

CBD	主导产业
北京 CBD	国际金融、文化传媒、高端商务
上海静安区 CBD	商贸流通业、专业服务业、金融服务业、文化创意产业、房地产业
上海虹桥 CBD	以现代服务业为主的产业结构,重点发展主体业态(总部经济、贸易机构、商务办公等)、功能业态(会议、展览等)和配套业态(商业、酒店、文化、娱乐等)
天津河西区 CBD	金融业、商务服务业、商贸旅游业、科技服务业、医疗健康业、教育培训业、社区服务业
天津滨海新区 CBD	现代金融、现代商务、高端商业、信息服务及相关配套服务
杭州钱江新城 CBD	金融服务业、商务服务业
杭州武林 CBD	金融业、商贸业、文创业
深圳 CBD	总部经济、金融业、商贸服务、会展旅游、专业服务
武汉 CBD	金融业、保险业、信息服务业、贸易、咨询
重庆解放碑 CBD	以发达的现代服务业为基础,以金融业和中介咨询服务业为支柱
广州天河 CBD	现代商贸业、金融服务业、商务服务业
宁波南部 CBD	总部经济、国际贸易、科技创意、服务外包
西安长安路 CBD	以商务服务业为主体,金融服务业为核心,高端商业为支撑,文化旅游业为特色
长沙芙蓉 CBD	金融中心、商务中心、消费中心
珠海十字门 CBD	"两基地一平台"产业发展格局:金融产业基地、总部经济基地,高端商务服务平台
大连人民路 CBD	金融业、商贸业、航运物流、信息服务
银川阅海湾 CBD	金融业、商贸业

资料来源:根据各 CBD 提供的数据和资料整理

目前,北京 CBD 已涌现出电子商务,互联网金融、微金融、汽车金融、供应链金融,数字媒体、网络媒体、移动媒体等诸多产业融合发展的新型业态,以及创意地产、创意消费等多种创新的商业模式。而陆家嘴 CBD 不仅是中国金融开放和改革创新的"试验田",同时也以电子数据交换、电子商务和电子金融等信息技术为基础支撑,在国内开拓了 E - CBD 的创新发展模式,如图1 所示。

三是总部经济特征凸显,形成各具特色的总部企业基地。总部经济处于产业链的高端环节,有助于提升区域经济在全国乃至全球产业体系中的地位和对外辐射能力,对于资源、产业结构和劳动力结构的优化均有明显的促进作用。

应用系统	电子商务	网络银行	EDI	金融信息服务	......	E-CBD 管理调控中心
信息安全	网络安全	病毒防范	网络管理		数据安全	
信息平台	IDC	数据备份	服务器		WEB 网站	
E - CBD 基础设施	NAP		数据通信网			
	光缆、电缆	PDS 综合布线	无线接入		卫星、微波	
	信息管线	楼宇建设				
	空间、地面、地下空间的规划与建设					

图 1 上海陆家嘴 E – CBD 信息建筑框架示意

资料来源：庄崚、经一平，《E – CBD：21 世纪国际金融贸易中心模式创新》，上海人民出版社，2002，第 178 ~ 179 页。

当前，中国 CBD 已成为国内外大型企业总部选址布局的重要聚集地。如图 2 所示，上海陆家嘴 CBD、北京 CBD 和重庆解放碑 CBD 的总部企业数量均超过 100 家，各 CBD 已经成为全市总部企业最为集中的区域。例如，陆家嘴 CBD 集中了浦东新区 50% 以上的跨国公司地区总部，北京 CBD 集中了北京市 80% 以上的跨国公司地区总部，深圳福田 CBD 拥有的总部企业占深圳市的半数以上。目

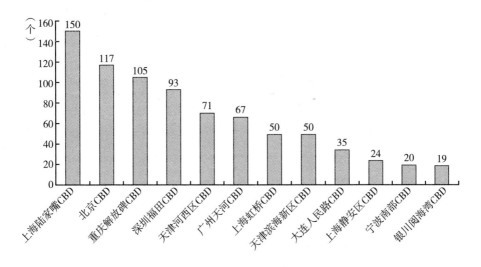

图 2 2013 年国内部分 CBD 总部企业数量

注：上海陆家嘴 CBD 为 2006 年数据，北京 CBD 为 2011 年数据，深圳福田 CBD 为 2010 年数据，上海虹桥 CBD 与天津滨海新区 CBD 为 2015 年规划值。

资料来源：根据各地 CBD 提供数据整理。

前，各地 CBD 已形成各具特色的总部企业基地。例如，北京 CBD 的总部类型以跨国公司地区总部为主、陆家嘴 CBD 以国际金融企业总部为主、天河 CBD 以大型央企地区总部为主、宁波南部 CBD 以民营企业总部为主，而大连人民路 CBD 则形成以航运物流和金融企业总部集聚为特色的总部经济（见表5）。

表5 中国部分 CBD 总部经济特征

CBD	总部类型	发展情况
北京 CBD	总部类型以跨国公司地区总部为主,总部型企业主要集中在商务服务、国际金融和批发零售等行业	2011 年,北京 CBD 总部企业共有 117 家,聚集了壳牌、丰田、三星、通用等近 50 家跨国公司地区总部,占全市 60% 以上,是北京市落实总部经济政策的试点区
上海陆家嘴 CBD	总部类型以国际金融企业总部为主	2006 年,陆家嘴 CBD 具有总部性质的企业数量达 150 家,其中跨国公司地区总部 42 家,占浦东新区总量的 50% 以上;除了花旗银行、汇丰银行、交通银行、浦发银行等金融机构总部,还包括建设银行信用卡中心、交通银行数据处理中心等多家总部级业务中心
广州天河 CBD	总部类型以大型央企地区总部为主	2013 年,天河 CBD 具有总部企业 67 家,聚集了三大通信集团(移动、电信、联通)、电力巨头(南方电网、粤电集团、广电集团)和中石化集团等,恒大、富力、广汽等民企和国企总部,以及周生生、三井住友、屈臣氏等外企总部
大连人民路 CBD	总部类型以航运物流和金融企业总部为主	2013 年,大连人民路 CBD 具有总部企业 35 家,主要集中在金融、航运物流、商贸、信息等行业。其中航运物流机构约占 30%,金融机构约占 20%,商贸业约占 25%
宁波南部 CBD	总部类型以民营企业总部为主	2012 年,宁波南部 CBD 已经入驻杉杉、奥克斯、广博、中基、布利杰、罗蒙、华茂、博洋等 14 家本土企业总部,以及迪士尼、红巨等 6 家国内外知名企业的区域总部

资料来源：根据各地 CBD 提供数据整理。

4. 经济引领作用突出

总体来看，CBD 是当前各城市最具经济引领和带动作用的区域，已经形成一定的经济控制力和区域影响力。

第一，CBD 经济效益显著。高度集约性是 CBD 的一个重要特征。CBD 往往地处城市核心区域，在几平方公里内云集了大量的跨国公司和金融机构，实现了人流、物流、资金流等的高度集聚，为地区贡献了大量的生产总值。如表 6 所示，除了西安长安路 CBD、天津滨海新区 CBD 等仍处于初建和起步阶段外，各地 CBD 对所在城市的 GDP 均有较大贡献。其中，广州天河 CBD、北京 CBD、武汉 CBD、上海静安区 CBD、天津河西区 CBD、深圳福田 CBD 和大连人民路 CBD 的 GDP 总量已经超过 500 亿元[①]，对所在城市的 GDP 贡献均超过 5%，而天河 CBD 对广州市的 GDP 贡献已经达到 12.7%，位居全国 CBD 首位。

表 6   2013 年中国部分 CBD 经济总量比较

	GDP 总量（亿元）	占全市比重（%）
广州天河 CBD	1952.48	12.70
北京 CBD	1004.50	5.20
武汉 CBD	789.00	8.70
上海静安区 CBD	665.27	3.10
天津河西区 CBD	665.18	5.20
深圳福田 CBD	567.71	4.38
大连人民路 CBD	509.67	6.70
重庆解放碑 CBD	411.75	3.30
长沙芙蓉 CBD	389.91	5.50
上海虹桥 CBD	370.00	1.70
天津滨海新区 CBD	96.17	0.70
西安长安路 CBD	65.00	1.30

资料来源：根据各地 CBD 提供的数据整理。

第二，CBD 生产效率较高。以地均产值为例，CBD 核心区的地均生产总值往往高达所在城市平均值的数十倍之多（见图 3）。例如，2013 年，核心区占地仅 0.92 平方公里的重庆解放碑 CBD 创造了约 412 亿元的生产总值，每平方公里生产总值高达 448 亿元，地均 GDP 是全市平均水平的近 54 倍；北京

---

① 受数据可获得性的限制，本分析未包括陆家嘴 CBD、香港 CBD。

CBD 的地均 GDP 达到了 252 亿元/平方公里，是全市平均水平的 18 倍，即使在包括中关村、亦庄经济技术开发区等在内的北京市六大高端产业功能区中，北京 CBD 的地均生产总值也处于优势地位。

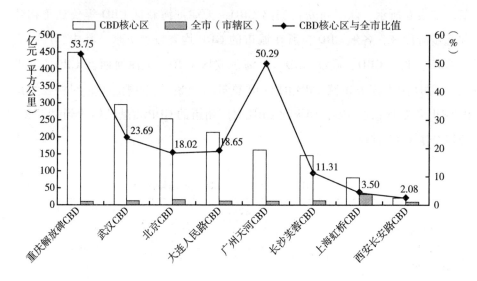

图3　2013 年中国部分 CBD 地均 GDP 比较

第三，CBD 税收贡献突出。以楼宇经济为例，作为土地集约利用的新型经济形态，近年来楼宇经济在 CBD 发展迅速，已经成为许多城市实现经济结构转型、保持税收快速健康增长的有效途径与重要支撑，并呈现出发展速度快、税收贡献大、单位面积经济效益突出等特征。如表 7 所示，北京 CBD、广州天河 CBD、重庆解放碑 CBD、长沙芙蓉 CBD、天津河西 CBD、大连人民路 CBD 等已投入使用的商务楼宇均超过 100 座，各地 CBD 的楼宇税收贡献非常突出。其中，北京 CBD 和广州天河 CBD 楼宇纳税总额均超过 200 亿元，税收过亿元的楼宇分别占楼宇总数的 36.1% 和 39.09%。而北京 CBD 仅招商局大厦单座楼宇的税收贡献在 2013 年就超过 40 亿元，单位面积纳税额高达 6.32 万元/平方米。

5. 管理模式多元

在中国 CBD 的发展历程中，各地 CBD 形成各具特色的管理体制和运行模式。从政府与市场的关系角度，可以大致划分为政府主导型和市场运作型两大

表7　2013 年中国部分 CBD 楼宇经济情况

CBD 名称	楼宇总量（幢）	纳税总额（亿元）	纳税过亿元楼宇数（幢）	税收过亿元楼宇占比（%）
北京 CBD	119	212	43	36.1
广州天河 CBD	110	265	43	39.09
深圳福田 CBD	—	—	68	—
重庆解放碑 CBD	103	—	13	12.62
上海静安 CBD	—	—	23	—
长沙芙蓉 CBD	133	—	13	9.77
天津河西 CBD	109	126	28	25.69
大连人民路 CBD	120	31.04	6	5.00
天津滨海新区 CBD	63	—	0	—
宁波南部商务区	30	10.1	3	10.00
宁夏银川 CBD	55	—	—	—
武汉江汉 CBD	73	—	—	—

资料来源：根据中国 CBD 部分联盟成员最新报告书及网站相关信息进行归纳整理，部分 CBD 数据缺乏。

类型。而在政府主导型中，虽然总体上以政府主导为主、市场运作为辅，但具体运行模式和发展路径也存在差异（见表8）。

表8　中国 CBD 管理模式分类

分类标准	类型		典型地区
政府与市场的关系	政府主导型	政府主导、市区两级协调管理模式	北京 CBD 与广州天河 CBD
		政府主导、区级管理模式	重庆解放碑 CBD 与天津滨海新区 CBD
		政府主导、一体化管理模式	上海陆家嘴 CBD、贵阳市观山湖区、钱江新城 CBD、郑东新区 CBD
		非管委会型管理模式	西安长安路 CBD、杭州武林 CBD、长沙芙蓉 CBD 与深圳福田 CBD
	市场运作型		武汉王家墩 CBD 与银川阅海湾 CBD

资料来源：北京市哲学社会科学 CBD 发展研究基地数据库。

　　管理模式以政府主导型为主的 CBD 占据了大多数，一般通过成立相应的职能机构来承担 CBD 开发建设和经济管理等职能，如北京 CBD、广州天河 CBD、重庆解放碑 CBD、天津滨海新区 CBD 等均成立了 CBD 管理委员会，但 CBD 管理委员会在各地区的级别归属、机构性质和职能权限等方面存在较大差异：一是政府主导、市区两级协调管理模式。如北京 CBD 管理委员会的管理级别相对较高，属于市级政府在 CBD 区域设立的派出性质的行政机构，级别与所在区一级政府相当，获得市政府授权并代表市政府统一行使 CBD 开发建设和管理职能，由所在的区人民政府代管。此类管理模式体制优势较为明显，CBD 管委会代表市政府统一行使开发建设和管理职能，执行和协调能力较强。二是政府主导、区级管理模式。例如，重庆解放碑 CBD 管理委员会广州天河 CBD 管理委员会和天津滨海新区 CBD 管理委员会是区政府在 CBD 设立的派出性质的直属行政机构，级别与所在街道办事处相当，代表区政府统一行使 CBD 开发建设和管理职能。CBD 管委会受到行政权限与级别不高因素的制约，执行和协调能力稍弱。三是政府主导、一体化管理模式。例如，上海陆家嘴 CBD、贵阳市观山湖区、钱江新城 CBD 和郑东新区 CBD 所在地政府未成立专门的 CBD 管理机构，CBD 规划开发与运营管理被纳入功能区统一体系，由所在功能区管理机构负责统一管理。四是非管委会型管理模式。如西安长安路 CBD、杭州武林 CBD、长沙芙蓉 CBD 与深圳福田 CBD，在开发建设之初未建立管理委员会，主要通过所在开发区的相关部门来管理，具体职能行使依赖于其依托的政府部门。

中国也有部分 CBD 采用市场化管理模式。市场化管理主要是指在 CBD 建设与发展过程中，诸如项目确定、规划编制、投资规模选择与管理模式安排等方面一律以经济可行性、市场容纳度、投资价值大小等市场性要素作为运营决策依据，具有代表性的有武汉王家墩 CBD 和银川阅海湾 CBD。武汉王家墩 CBD 是中国第一个市场化运作的 CBD。经过多年探索，武汉市政府明确提出采用"政府引导，市场运作"的开发管理机制，设立"武汉中央商务区投资控股集团公司"、"武汉王家墩中央商务区建设投资股份有限公司"作为两大市场主体对 CBD 进行开发管理。目前市场化管理模式在中国 CBD 管理中尚处于起步阶段。

（三）中国 CBD 面临的问题

从当前中国主要城市 CBD 的发展现状来看，CBD 正逐渐成为区域经济发展的引擎，带动着区域经济整体实力以及城市综合竞争力的提升。但相比于发达国家 CBD 较长的发展历史和较为成熟的管理模式，中国多数 CBD 的开发建设与运营仍处于起步阶段，在功能结构、管理体制、公共服务和制度建设等方面仍存在较多不足，具有较大的提升和改善空间。

1. 功能结构失衡

CBD 的发展规模与功能构成与所在城市的经济发展水平和产业发展阶段紧密相关，因此科学合理、因地制宜地确定 CBD 的功能定位及用地结构对 CBD 的健康、可持续发展至关重要。国际大都市 CBD 的功能构成一般以商务办公、商务酒店和配套商业三大功能为主（见表9），尤其是对于伦敦、东京等世界级 CBD 来说，在各类物业构成中，商务办公占据绝对比例，如伦敦 CBD① 的商务办公面积达到 2770 万平方米，占总建筑面积的 71%，而东京 CBD② 的商务办公面积达到 2123 万平方米，占总建筑面积的 89%。相比国际 CBD 以商务服务为主导功能，国内除了北京、上海、广州等一线城市的 CBD 外，众多二三线城市的 CBD 在规划设计之初以概念性功能偏多，实质性的商

表9　国内外 CBD 功能构成比较

单位：%

	商务办公	商务酒店	公寓物业	商业设施	其他
北京 CBD	51.49	8.44	33.00	7.20	—
陆家嘴 CBD	62.00	12.00	11.00	11.00	4.00
上海静安 CBD	22.41	4.78	52.08	6.27	14.46
银川阅海湾 CBD	34.71	8.30	19.23	17.54	20.22
重庆解放碑 CBD	27.00	31.00		33.00	9.00
香港 CBD	83.57	6.82	2.95	6.67	—
伦敦 CBD	71.00	15.00	—	14.00	—
东京 CBD	89.00	6.00	—	5.00	—

注：百分比为各类物业建筑面积占 CBD 总体建筑面积的比例。

资料来源：① 国内 CBD 根据各地提供的数据计算；② 国外 CBD 数据来源于世邦魏理仕《北京商务中心区储备区规划研究》，2009。

---

① 这里指伦敦商务综合区，由金融城（City of London）、西敏市（City of Westminster）和道克兰（Canary Wharf）三部分组成。

② 这里指东京中央五区，即包括千代田、中央区、港区、新宿和涩谷商务区。

务服务功能偏少，很多 CBD 的商务办公面积占比不足 30%，尽管这种发展倾向受制于各地经济发展水平和市场需求，但仍存在一定的不合理性。例如，部分中西部城市将 CBD 等同于整个城市的中心区，把 CBD 的规模扩大化、产业功能泛化，政府和开发商为寻求短期利益，除了规划较高比例的住宅用地外，甚至设置了大量的商贸、物流用地，虽然有利于快速地回笼资金从而进一步推进后续开发建设，但从长远来看，这样做不利于 CBD 核心功能的培育，也不利于产业结构的转型升级。

2. 管理体制不顺

国外 CBD 的建设和发展强调政府引导、市场运作与公众参与，中国 CBD 的发展主要通过地方政府进行推动，政府在 CBD 的区位选址、规划设计、融资引导、基础设施建设、公共服务提供等环节均扮演着重要角色。然而，受制于国家现行行政体制，中国 CBD 管理体制仍然存在诸多问题。一是管理机构法律地位不明确，行政执法地位尴尬。各地政府大多通过成立 CBD 管理委员会以承担 CBD 开发建设和日常管理等职能。CBD 管理委员会属于市级政府（或区级政府）在 CBD 区域设立的派出性质的行政机构，级别与所在区级政府（或所在街道办事处）相当，获得市政府（或区政府）授权并代表市政府（或区政府）统一行使 CBD 开发建设和管理职能。但 CBD 管委会的行政主体资格没有明确的立法界定，致使其行使权力的范围、程序没有相关的法律依据和保障，容易与其他行政机关产生权力冲突。二是行政管理权限不足，制约效能发挥。目前，仍有部分地方 CBD 尚未建立专门的职能管理机构，而是在开发建设初期成立临时性的议事协调机构，如 CBD 项目指挥部或开发建设领导小组，具体职能行使依赖于其所依托的政府部门，行政管理职能与管理服务效率受到严重制约。无法在减少行政审批、提高办事效率和保护企业合法权益等方面发挥应有的作用。三是条块分割，管理矛盾较多。大多数地区的 CBD 管理机构与同级政府部门以及街道职能存在重叠，且大多不具有行政审批权，重要权限在市一级，基本职能则在区一级，而且分散在区级政府的各个职能部门。而 CBD 管理机构的工作以协调性和事务性工作为主，这些工作往往是其他职能部门所不愿涉及的，这使其行政职能与效能受到严重制约。此外，随着 CBD 经济效益的增长，从部门和条块利益出发，出现了其他部门直接插手

CBD 事务的现象，权限分割和条块管理的矛盾进一步加深。这些问题和矛盾严重制约了 CBD 的健康和可持续发展。

3. 内部竞争无序

中国 CBD 大多数是在政府主导的模式下建设和发展起来的，政府主导模式的最大优势在于可促使各级各类政府资源在空间规划、产业布局、区域扩张、税源清理等关键问题上形成合力，往往在较短时间内就能打造出一个环境优美、硬件设施相对齐全的 CBD，这在一定程度上也造成一些地方政府出于政绩的考量，脱离城市发展阶段和市场需求而盲目建设 CBD。目前，中国各省基本上有城市在建设 CBD，甚至出现同一个城市建设多个 CBD 的现象。

从区域层面来看，武汉、郑州、长沙、合肥等中部省会为了争夺区域中心城市的地位，都相继启动了 CBD 的规划建设，竞争异常激烈。从省域层面来看，2012 年，河南省出台了《河南省人民政府关于促进中心商务功能区和特色商业区发展的指导意见》，明确指出"在省辖市市区和未纳入中心城市组团的县城、县级市市区内建设中央商务区"。除省会郑州外，包括焦作、许昌、南阳、新乡、漯河、周口等城市相继规划并启动 CBD 建设。从城市层面来看，杭州市下城区建有武林 CBD，而同时钱江新城 CBD 的建设也在不断推进；深圳市的福田区、罗湖区和南山区分别建有 CBD；重庆市则形成解放碑 CBD、江北嘴 CBD 和弹子石 CBD 竞相发展的格局，其中的弹子石 CBD 总建筑面积达到 1200 万平方米，居三地 CBD 之首，但产业集聚效应弱，经济活跃度不高。在经济腹地有限、市场需求不足的情况下，各地政府主要依靠土地经营和各种政策优惠措施招商引资，使得区域内恶性竞争，不利于形成发展合力、培育真正具有较强经济管控能力的 CBD，对城市的长远发展带来损失。

4. 政策体系缺失

过去三十年，在市场与政策的双重作用下，经济特区、经济技术开发区、高新技术产业园区、保税区等特殊经济功能区快速发展，为带动地区经济发展和扩大对外开放做出了重大贡献。所谓特殊经济功能区，一般是指经国家政府部门批准，在特定地域范围内、具有特定经济功能并享受特殊扶持政策的区域。这类特殊经济功能区的快速发展，既得益于改革开放后的市场化改革，同时也得益于国家和地方政府具有针对性的扶持政策。与这类特殊经济功能区相比，CBD不仅代表了产业发展的高级形态，在经济集约性、创新引领性等方面也更具优势，实质上已经成为地区乃至国家经济发展中最具活力和潜力的增长点。然而，从国家层面来看，中国CBD的发展却缺乏完整的国家政策体系支持，甚至没有指导各地CBD健康发展的政策性文件，这在一定程度上导致了中国各地CBD建设的盲目和无序。

总体来看，在中国现行制度环境下，新兴产业和新兴功能区的发展离不开国家和地方的政策支持，对于承载高端产业和新型业态的CBD而言更是如此。因此，国家应加快制定引导CBD健康发展的指导性意见，以及包括税收、土地、金融、管理、人才、创新等在内的政策支持体系，促进CBD健康、可持续发展。

二 中国经济战略转型与 CBD 未来发展趋势

改革开放三十多年以来，国家通过建立经济特区、保税区、经济技术开发区、国家高新技术产业开发区等特殊经济功能区，积极主动参与全球产业链的国际分工，并成为世界制造业第一大国和第一货物贸易大国，奠定了"中国制造"的全球地位。然而，随着后金融危机时代的到来，欧美新贸易保护主义倾向日益加剧，中国制造业的成本要素优势逐渐下降，而制造业本身的高耗能、高排放特征使得资源环境约束进一步趋紧，面临着转变经济发展方式、促进产业结构转型升级的迫切需求。总体来看，改革开放以来中国经济维持高速增长的条件已发生变化，经济发展进入了战略转型新阶段。

（一）中国经济发展进入战略转型新阶段

1949年新中国成立后，中国的经济发展大致经历了以下几个相互衔接、特色鲜明的发展阶段。每个阶段的发展环境、发展思路和发展特征各不相同。

第一阶段是中国社会主义经济建设的起步阶段（1949~1978年）。1949年新中国成立后，中国面临着东西方两大阵营对立的国际环境。由于缺少成熟的社会主义经济建设经验，为了发展经济及保障国家安全，中国学习苏联的经济模式，形成高度集中的计划经济体制，经济发展呈现出一定的独特性。从制度层面来看，中国采取了一系列特殊政策：一是取消产品市场和要素市场，全面执行指令性计划，主要日用消费品均实行票证计划供应；二是强化国有经济，使国有经济一统天下；三是实行最严格的户籍管理制度，将城乡居民分隔进行管理；四是工业化主导，将农业积累的大部分投入到工业生产，以尽快改变落后面貌。从发展特征来看，这个时期中国经济发展呈现出鲜明的时代特征：一是封闭性，与世界市场基本隔绝；二是低效率，农业发展基础不稳，工业没有自我发展能力，要依靠农业源源不断地输血；三是不稳定，经济发展主要依靠政府推动，政治运动时常干扰经济发展。

第二阶段是中国特色社会主义市场经济发展的探索阶段（1979～1991年）。1979 年中国进入改革开放的新时期。针对高度集中的中央计划经济体制的缺陷，中国在众多领域进行了一系列改革开放探索，经济发展呈现出与改革开放前截然不同的特征：一是建立了有计划的商品经济制度，确立了经济体制上的双轨制，计划与市场共同发挥作用；二是鼓励发展非公经济，在国有经济体系外发展起了外商投资经济、乡镇集体经济、民营经济和股份合作经济等；三是基本消费品市场供应逐步丰富，票证供应制度逐步退出历史舞台；四是城乡分割的户籍管理制度逐步松动，农民工群体逐步形成；五是对外开放区域逐步扩大，经济外向度逐年提高。这一时期，国际化和市场化是中国经济发展的重要引擎。实行对外开放政策，紧紧抓住发达国家和地区传统产业转移的契机，主动参与国际分工，结合相对低廉的土地和劳动力资本，大力吸引国际资本流入，并引进先进技术和管理，形成生产力，打破了计划经济"死水一潭"的经济发展格局；同时，允许个体私营经济发展，促进了商品市场的发展。总体来看，这段时期中国自成体系的经济发展格局逐步被打破，经济对外依赖程度日益提高；同时，双轨制导致的权力寻租现象日益普遍，继续深化改革成为必然选择。

第三阶段是中国特色社会主义市场经济发展的深化阶段（1992～2008年）。1992 年中国坚定地确立了社会主义市场经济体制，标志着中国进入全面接轨市场经济的深化改革时期。这段时期中国经济发展呈现出如下特点：一是政府对价格的管制逐步放松，产品商品化逐步实现；二是要素市场化程度逐步加深，土地、劳动力、资本的市场化配置程度越来越高；三是以公有制为主体的多种所有制结构基本形成；四是国际贸易、国际投资、国际技术转移、国际合作对中国经济发展的重要作用越来越突出，经济的国际化程度进一步提高；五是各种类型的开发区成为吸引外资和产业集聚的载体，不同规模的城市（镇）成为农业转移人口的主要聚集地，工业化与城镇化双轮驱动构成经济发展的新引擎；六是区域发展不平衡日益显现，东部沿海地区借助对外开放前沿阵地、接近国际市场和海洋运输成本低廉之优势，先行一步，在国家经济增长中的份额显著提高，而中西部地区和东北地区在出口导向型经济发展中则逐步落后；七是在国际分工格局下，中国大量发展劳动密集型、资源密集型等高耗能、高耗水、高排放、高污染等传统产业，环境污染与生态破坏带来的挑战日益严峻；八是在建立社会主义市场经济体制的顶层设计目标下，中国政府自身改革不断推进。以"放权让利"为核心，政府职能在不断转换，地方发展自主权在不断提高。这一时期，经济发展的主要引擎由国际化和市场化逐步转向工业化和城镇化，经济发展水平不断提升，经济发展效率不断提高，但经济发展的自主性下降、对外依赖程度不断加深、环境污染和生态破坏严重、地区差距和城乡差距显著等挑战日益严峻。

第四阶段是中国特色社会主义市场经济发展转型阶段（2008 年金融危机以后）。2008 年，全球金融危机爆发，发达国家消费需求不振，传导到发展中国家则表现为对外贸易萎缩、产能过剩。为了应对危机，发达国家祭出贸易保护的大旗，对发展中国家的产品设置了较多的贸易壁垒；同时，其借助科技优势，在以网络、信息和通信技术为主体的新经济领域取得先发优势，并利用先进技术改造传统制造业，推行"制造业回归"或再工业化。发展中国家则对其出口导向型经济的"结构锁定"进行反思，力图通过刺激内需提振经济和消化过剩产能。金融危机改变了世界经济格局，发展中国家过度依赖发达国家市场获取比较利益的空间不断被压缩，中国经济发展遇到了前所未有的挑战，转型升级势在必行。一是出口与投资对经济增长的拉动作用下降。2013 年中国出口额从 2008 年之前年均 17% 以上的增速下降到 7.9%，宏观投资效率系数①由2008 年之前的 0.3 以上下降到 0.13，出口和投资对经

---

① 宏观投资效率系数 =（本年国内生产总值 – 上年国内生产总值）÷上年资本形成总额。该项指标越高，说明宏观投资效率越高。

济增长的拉动作用双双下降。二是经济增长步入减速通道，消费低迷内需不足。2012 年和 2013 年中国经济增速只有 7.3%，21 世纪以来首次出现经济增速低于 8% 的现象。居民消费低迷、内需不足的问题进一步凸显，居民消费占国内生产总值的比重由 2000 年的 46% 下降到 2013 年的 36.2%。三是产业结构优化受制于国际分工。在发达国家主导的全球产业分工体系中，发达国家拥有资本、技术和人才的绝对优势，主要从事科技创新和高端服务业，居民消费享受的是来自发展中国家的廉价产品；以中国为代表的发展中国家拥有土地资源、劳动力成本等相对优势，主要从事制造业和低端服务业，产能远超本国居民消费能力，靠向发达国家出口换取外汇。在这一格局中，中国长期扮演"世界工厂"的角色，服务业发展受到抑制，三、二、一产业融合发展的链条被割裂。四是高耗能高排放的发展模式难以为继。2012 年，中国单位 GDP 能耗是世界平均水平的 2 倍，分别是美国、欧盟、日本、印度的 2.4 倍、3.7 倍、4.4 倍和 1.1 倍。依据新《环境空气质量标准》实施监测的 74 个城市中空气质量达标城市的比例仅为 4.1%，土壤侵蚀面积达到国土总面积的 30.7%，水体污染依然严重。总体来看，高投入、高能耗、高污染、低效率的传统发展模式已经难以为继，亟须向低碳、绿色、智能、高效的发展模式转变。

（二）面临的形势与转型重点

首先，我们处在一个全球经济再平衡的时代。2008 年金融危机后，全球经济结构面临调整与再平衡，发达经济体在高债务、高失业、低投资和低增长中步履蹒跚，发展中国家过度依赖发达国家市场获取比较利益的空间被不断压缩，中国出口和投资对经济增长的拉动作用双双下降，经济发展面临增强内生动力和转型升级的迫切要求。正如 2013 年中央经济工作会议所言："我们面临的机遇，不再是简单纳入全球分工体系、扩大出口、加快投资的传统机遇，而是倒逼我们扩大内需、提高创新能力、促进经济发展方式转变的新机遇"。

其次，我们正在步入一个后工业化时代。从国内的经济发展来看，中国的工业化已经进入中后期，传统工业化接近尾声，国家层面已制定了推进"新型工业化"的总体战略，低碳化、信息化、服务化成为其核心要点。

再次，我们已进入一个以城市型社会为主体的城市时代。2011年，中国城镇化率超过50%，城镇人口首次超过农村人口，这意味着中国由一个具有几千年农业文明史的农业大国迈入以城市型社会为主体的城市时代。在这一新的时代，城市经济将占据主导性地位，城镇化将成为中国发展的核心动力，也是扩大内需的最大潜力所在。同时，伴随世界经济竞争形态由个体竞争走向群体竞争，以京津冀、长三角、珠三角为代表的城市群将成为中国提高综合竞争力、参与国际竞合的主要载体。

最后，我们刚刚迎来一个崭新的服务经济时代。当前，世界经济已全面向服务经济转型，服务业日益成为国际分工合作和全球价值链的重要内容。2013年，中国第三产业增加值占GDP的比重首次超过第二产业，进入一个崭新的服务经济时代。大力发展服务经济，打造"中国制造"和"中国服务"双引擎，成为我国经济结构转型升级的重要方向。为此，国家"十二五"规划和十八大报告均把推动服务业大发展作为产业结构优化升级的战略重点，要求不断提高服务业的比重和水平。

在上述宏观经济社会背景下，中国正日益聚焦五大战略，作为我国经济战略转型的核心内容也是关键抓手。一是产业升级战略。重点是提升服务业和高科技产业在产业结构中的比重，不断提升产业发展的质量，全面增强中国产业的国际竞争力、影响力和控制力。二是深化开放战略。逐步拓展经济开放的地域、领域和层次，大力实施"走出去"战略，积极推进服务业领域的对外开放，力争在开放的国际竞争环境中逐步形成服务业发展的比较优势和集群优势。三是城市群战略。在工业化时代，支撑城市经济发展的重要载体是各级开发区，而在服务经济时代，具有更紧密内在联系和广阔经济腹地的城市群成为当前和未来中国推进城镇化和城市经济发展的重要形态及载体。四是低碳发展战略。传统的高碳经济发展模式使中国经济发展步入困境，走出困境的唯一途径是发展低碳绿色经济，而转变经济发展方式、促进产业结构服务化、低碳化是其重要路径。五是创新驱动战略。创新是经济发展的原动力和生命力。如果说工业发展更多地依靠科技创新，那么现代服务业发展将全面依赖技术创新、市场创新、商业模式创新和体制机制创新等。

总之，当前中国已进入一个服务业引领经济发展、推进新型城镇化、满足社会新需求的历史新时期。大力发展现代服务业，促进产业结构向服务化、低碳化、高级化转型，形成自主性强、国际竞争能力突出的"中国创造"和"中国服务"双引擎，是新时期中国肩负的历史使命。CBD 作为现代服务业和创新型产业集聚的重要载体，具有较强的资源配置能力、较高的经济集约性和创新引领性，代表着更高效、更集约、更具竞争力的发展方式，将在中国经济发展中扮演着日益重要的角色，成为中国经济战略转型的新引擎。

（三）中国 CBD 发展新态势

伴随着经济发展转型，中国 CBD 的核心功能、空间形态和发展模式也随之调整，CBD 发展呈现出新的趋势与特征。

1. 空间形态趋于多层级、网络化发展

在 CBD 形成的初级阶段，以单核结构为主，空间形态表现为同心圆或扇形结构。伴随城市经济的发展，CBD 的功能和内涵也发生了变化，从单一的商务中心逐渐发展为资源的配置中心，由单一的经济发展极核演变为所在区域和城市经济的发展中枢。随着当今城市空间形态由单中心结构向多层级、多中心、网络化结构演化，相应地，CBD 的空间形态也从传统"单核模式"逐步转变为"多层级、多中心"发展模式。尤其是信息技术和现代交通方式的使用，重新塑造了全球城市体系、城市层级和城市空间结构，也实质性地改变着 CBD 的空间形态和发展模式。

从全球层面来看，CBD 的兴起往往与其国家或城市在全球经济网络中的地位息息相关并相辅相成。当前，全球形成多层级分梯次的 CBD 网络体系，根据其全球控制力和影响力的大小，可分为世界级 CBD、洲级 CBD、国家级 CBD 和地区级 CBD。伦敦 CBD、纽约 CBD、东京 CBD 位于 CBD 网络体系的顶端，是世界级 CBD，与之相对应，伦敦、纽约、东京等是对全球经济活动具有控制力的世界性城市；新加坡和中国香港属于具有国际区域影响力的城市，是当前洲级 CBD 的典型代表；中国的北京和上海作为全国性经济中心城市，国际化程度较高，但全球影响力和控制力还有待大幅提升，位于国家级 CBD 层面；中国广州天河 CBD、深圳福田 CBD、重庆解放碑 CBD 等，对所在城市和地区的经济发展形成较强的控制力和影响力，位于地区级 CBD 层面。

全球 CBD 网络体系的形成是一个动态的演进过程，长远来看，随着上海、北京在世界城市体系中的地位不断提升，将会向全球 CBD 网络体系的高层级演进。

从中国城市层面来看，随着信息技术的发展和交通网络体系的不断完善，CBD 的建设不再局限于在原有城市中心的基础上发展，而是向外围扩展，逐渐由单中心模式演变为多中心、网络状模式，即形成"核心 CBD—副中心CBD—专业中心 CBD"的层级结构。核心 CBD 与副中心、专业中心 CBD 在职能上既彼此独立又相互联系，核心 CBD 仍占据主体地位，承担着最为核心的金融服务和高端商务功能，其他 CBD 则承担比较次要或某一专业化职能。当前，国内最具典型性的当属上海市，陆家嘴 CBD 以金融贸易为支柱，集中了大量的国内外银行、保险和投资机构，是上海国际金融中心建设的最核心区域；虹桥商务区聚集了较多的日本、韩国企业，定位于上海国际贸易中心的新平台和长三角地区的高端商务中心；长风生态商务区则是以"并购金融"为主题的金融集聚区，作为上海国际金融中心"一城一带"的重要补充，致力于建成重要的国际并购交易平台。

2. 主导功能趋于复合化、高端化发展

当前，CBD 的功能与内涵伴随着城市经济社会的不断发展，越来越趋向于由单一经济职能向复合功能、由产业功能泛化向产业结构高端化的方向发展。一方面，从微观市场需求来看，随着国际化程度的提升，CBD 区域内的国际商务人士、白领等对购物、休闲、文化娱乐、生活等多方面的服务需求不断扩大，各 CBD 为了吸引企业入驻，在规划建设中设置相当比例的商业、商务、居住、文化娱乐等综合化、复合化的服务功能。例如，北京 CBD 在规划建设之初，即以打造一个 24 小时充满活力的综合性、多功能、复合型的商务功能区为目标，突破国际 CBD 的传统布局模式，采用住宅占比相对较高的混合模式，使北京 CBD 成为一个集商业、办公、居住、会展、交通、娱乐、餐饮等多种功能于一体，宜商、宜业、宜居、宜游的城市综合体，延展和提升了城市的空间价值，代表了现代 CBD 的发展方向。另一方面，从宏观经济背景来看，全球经济处于后金融危机时期的再调整、再平衡阶段，中国经济发展也处于转型升级的关键阶段，国际、国内产业布局调整和结构调整的步伐加快，争抢高端资源，促进自身产业结构高端化，成为各地 CBD 产业发展的重要方向。

3. 建设模式趋于低碳化、智能化发展

面对全球气候变化、资源环境约束趋紧的大形势，建立资源节约型、环境友好型、低碳导向型的可持续社会已经成为国际共识。当前中国 CBD 的一个重要趋势就是秉承绿色低碳理念，从规划、建设和管理的各个环节探索低碳发展的新模式。例如，上海虹桥商务区提出"支持绿色建筑、绿色能源、绿色照明、绿色交通等低碳发展，打造能源节约型低碳实践区"，具体措施包括在商务区核心区实行集中供冷、供热、供电的三联供模式，所有新建建筑要求全部达到国家星级绿色标准，采取多项固碳措施提升区域碳汇能力，以及制定专项政策促进公共性低碳项目推广应用等。同时，国内 CBD 更加注重信息技术和物联网技术的应用，通过完善信息基础设施，建立公共智能服务平台、智能楼宇、智能交通体系等途径，积极探索智能 CBD 的建设。

4. 资源配置呈现国际化、渗透式发展

随着经济全球化的渗透和中国在全球经济体系中的地位不断提升，一方面，全球跨国公司加紧进入中国市场的步伐，大批跨国公司总部、金融机构和大型企业集团潮涌般进入中国；另一方面，国内大型企业加快了"走出去"步伐，在海外投资建立生产基地和研发中心，不断融入全球创新价值链，提升全球资源配置能力。在这一背景下，中国 CBD（尤其是上海、北京等大城市 CBD）的功能不再局限于商务服务、金融服务等生产性服务业的集聚，而是日益发展为聚集跨国公司、总部企业、龙头企业和国际组织等具有较强资源配置、信息集散能力的主体聚集区，成为中国"走出去"、"引进来"双向国际化的重要载体和平台，成为一个地区国际化发展水平和对外开放程度的重要标志。

三 国际 CBD 发展经验借鉴

随着服务经济时代的来临、世界城市体系的加快形成以及经济全球化和区域经济一体化的深度推进，CBD 的功能演变经历了不同的发展阶段，其功能在分化整合中得以拓展提升。国外发展实践表明，CBD 在经济发展战略转型中起着举足轻重的引擎作用。

（一）世界经济发展与 CBD 功能演变

1. 世界经济发展推动着 CBD 功能演变

国内外学者关于 CBD 功能的演变进行了一些有益的理论探索。国外学者沃德（Ward，1966）讨论了产业革命对 CBD 功能演变的影响。中国学者丁健（1994）将 CBD 的主要功能概括为商务活动中心功能、购物娱乐中心功能、信息中心功能、服务中心功能，其中商务活动中心功能是 CBD 的首要功能。闫小培等（2000）则将 CBD 功能区分为中心职能和非中心职能：中心职能又分为中心商业职能和中心商务职能，前者包括零售商业、批发、餐饮等，后者包括金融、保险、房地产、信息咨询、专业技术服务、旅馆、旅游等；而非中心职能包括居住、政府机构、教育、医疗卫生、工业、仓储等。实践表明，CBD是以高度发展的城市化和发达的第三产业为基础的，CBD 在不同的发展阶段所承担的核心功能和非核心功能都是不断发展变化的。

（1）CBD 是由工业经济时代走向服务经济时代的重要产业载体

从工业化进程来看，CBD 是工业化后期或后工业化阶段的产物，是由工业经济时代走向服务经济时代的重要产业载体。在工业化前，产业结构以农业为主，而农业分散布局特征决定了在农业时代不可能出现真正意义上的 CBD。工业化开始后，制造业逐步发展壮大，而制造业的规模经济特征使得大量相关企业在空间上集聚，并形成产业集群，这就为 CBD 的诞生孕育了条件。当进入到工业化后期特别是后工业化阶段时，产业结构以服务业为主，现代服务业呈现出空间集聚态势，CBD 也就应运而生。随着产业结构的不断裂变以及新兴业态的不断涌现，CBD 所承担的功能也必然会发生相应变化。

（2）CBD 是引领城市功能转型和能级提升的重要空间载体

从城市体系演变来看，CBD 是世界城市体系中处于高等级地位的城市发挥其中心功能的空间组织载体。当城市体系初步成形时，CBD 的功能相对简单；城市体系逐步完善时，中心城市的功能也就越加复杂，CBD 的功能也会得到相应拓展或提升。可以说，世界和国家城市体系的发育程度，在一定程度上决定了中心城市 CBD 的规模、层次、结构，进而决定了 CBD 的功能演变。值得注意的是，并不是城市体系中的每一个城市都有资格和条件建设 CBD。一方面，建立现代 CBD 所需要的城市能级和庞大资金，使得绝大多数城市根本不具备这一实力（罗福源、罗寿枚，2004）；另一方面，只有进入全球性（世界型）城市等级体系的城市才会出现 CBD 需求（李沛，1997）。如果在同一个城市体系中盲目规划建设多个 CBD，只能导致恶性竞争和资源浪费，中心城市 CBD 的核心功能也就不能充分实现。

（3）CBD 是助推经济全球化和区域一体化的重要平台

从全球经济一体化来看，CBD 是跨国公司在全球进行区位选择的结果以及全球要素市场一体化的产物，同时 CBD 也是促进经济全球化和区域一体化发展的重要空间载体。跨国公司或子公司在进行区位选择时，通常偏好于在经济中心城市的 CBD 建立公司总部，以此作为自己进行全球资源配置和经济要素管控的"大本营"和重要平台。跨国公司发展战略的调整，对 CBD 的功能演变会产生较大的影响。经济全球化或区域经济一体化进程，也会深刻地影响 CBD 的功能提升。经济全球化或区域经济一体化的程度越高，CBD 功能越趋于高级化，配置区域或全球资源的能力以及管理控制功能就越强化。随着经济全球化或一体化进程，国际性或区域性经济中心城市发挥着日益重要的作用，城市商务办公职能开始超越城市自身，成为区域、全国乃至全球性经济发展的控制管理中枢（李沛，1997）。

2. 国外 CBD 功能演变的四个发展阶段

CBD 是工业化、城镇化和全球化的产物，其功能演变与工业化的水平、城市体系的演变以及全球经济一体化进程是紧密关联的。在不同的发展阶段，CBD 所承担的核心功能和非核心功能是有所不同的。总体来看，国外 CBD 的功能演变历经了四个发展阶段①。

（1）20 世纪 20 年代以前：商业功能为主的混合阶段

18 世纪 60 年代发生第一次工业革命以后，大规模化工厂生产逐渐取代了

---

① 前三个阶段参照了樊绯等（2000）的划分方法。本文认为随着工业化、城镇化和全球化的深入发展，当前国际典型 CBD 功能演变已进入到第四个阶段，即现代的 CBD 已具有配置全球资源、管控世界经济的功能。

个体工场手工生产。19世纪下半叶至20世纪初，又发生了第二次工业革命。特别是在19世纪末有轨电车在欧美大城市的广泛使用以及20世纪初以钢取代铁为抗弯材料的建筑业革命，为产业集聚和城市扩张奠定了物质技术基础。在集聚效应的作用下，各种要素和产业不断向中心城市集聚，在城市中心区逐渐形成以零售业为主，兼有办公、文化娱乐、行政管理、工业生产等多功能的商业中心区，即CBD雏形。

表10 国外CBD功能演变的四个阶段

阶段	CBD功能演变的动力			CBD功能演变的结果
	工业化	城镇化	全球化	
20世纪20年代以前	工业革命后的制造业的规模化大生产	要素和产业向中心城市集聚	—	商业功能是CBD的核心功能；混合了办公、文化娱乐、行政管理、工业生产等功能
20世纪20～70年代	第三产业迅速崛起，特别是生产性服务业的集聚	城市蔓延，大城市的郊区化	全球化进程启动	商务功能强化，成为CBD的核心功能；并拓展了金融、贸易、展览、会议、经营管理、旅游机构、公寓及配套的商业文化、市政、交通服务等功能
20世纪70年代至20世纪末	计算机、通信技术为代表的新技术革命	中心城市的逆城市化	全球化进程加快	CBD功能分化明显，商务功能升级，高度专业化
21世纪以来	新兴产业以及新的业态涌现	全球性城市的形成	全球化深度推进	CBD功能进一步提升，成为全球资源配置中心、信息集散中心、经济管控中心

资料来源：根据相关资料归纳整理。

（2）20世纪20～70年代：商务功能强化阶段

在工业化中后期，第三产业迅速发展，并逐步成为主导产业。特别是为制造业服务的生产性服务业不断发展壮大，作为服务业集聚区的CBD也就应运而生并呈现高速发展势头。另外，随着城市蔓延，集聚不经济和"城市病"开始显现，中心城市的郊区化过程开始启动，承租能力较弱的普通制造业和零售业逐步向郊区迁移，而承租能力较强的商务办公和高级零售业则进一步向城市中心集聚。在这一阶段，CBD功能由混合走向分化，商务办公功能得到强化并成为CBD的核心功能，金融、贸易、会展以及配套的住宿、餐饮、文化娱乐、市政、交通服务等也成为 CBD 的重要功能。

（3）20 世纪 70 年代至 20 世纪末：商务功能升级阶段

20 世纪 70 年代以后，高速公路网络加快形成，城市轨道交通快速发展，特别是以计算机、通信技术为代表的新技术革命，为城市中心的人口和企业迁移到郊区提供了技术动力和有利条件。随着集聚不经济的进一步强化，逆城市化进程加快。同时，全球化进程也开始加速，跨国公司开始在全球重新选择区位，要素市场一体化程度显著提高。在信息化、逆城市化和全球化的背景下，中心城市的 CBD 在功能自然筛选过程中实现了功能升级和高度专业化。在地租规律的作用下，高等级的商务办公和专业化的零售进一步集聚在 CBD，具有经济管理功能的跨国公司总部和金融机构以及配套的文化娱乐、餐饮住宿等功能也占一定比例；而低等级的办公机构和一般零售业则外迁至副中心或郊区。在这一阶段，CBD 的商务功能得到强化和升级，其功能可能辐射至整个城市体系乃至跨越国界。

（4）21 世纪以来：国际资源配置和经济管控功能形成阶段

进入 21 世纪以来，经济全球化深度推进，一批全球性城市逐步发展壮大，新兴产业、新的商业模式以及新的服务业态不断涌现。在这一背景下，中心城市 CBD 不仅是商务服务、金融服务等生产性服务业的集聚区，而且是具有经济管理和控制功能的跨国公司、总部企业、龙头企业和国际组织的聚集区。这一时期，一些世界级 CBD 逐渐发展成为区域性或全球性的管理决策中心、信息传播中心和创新引领中心，主导控制着全球产业分工的高端领域和关键环节，具备国际资源配置和管理控制功能。

（二）国际 CBD 在经济战略转型中的引擎作用

1. CBD 在产业结构战略转型中的作用

推动产业结构转型升级，是国家实现经济战略转型的重要组成部分。通过产业结构的转型升级，不仅可以促进经济的起飞，而且可以提升经济发展质量。

国外发展实践表明，CBD 是产业结构转型发展的引擎。CBD 发展对推动产业结构转型的作用，具体表现为三个方面。

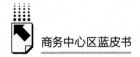

一是有利于促进三次产业之间的结构升级。CBD 是第三产业集聚发展的空间载体，是现代服务业的集聚区。在集聚效应的作用下，第三产业通过内生增长机制不断发展壮大，从而促进第三产业在三次产业结构中的比重不断上升。

二是有利于促进服务业和制造业内部结构的升级。随着 CBD 的发展壮大，新兴产业、新的商业模式、新的服务业态不断涌现，在服务业内部中现代服务业所占的比重将不断提高。同时，在 CBD 的辐射带动下，制造业的内部结构也将产生裂变和升级，高端装备制造业占制造业的比重也将不断提高。

三是有利于促进三次产业的融合发展。通过发展 CBD，生产性服务业不断发展壮大，可以更好地充分利用全球资源和要素实现国际分工，为制造业和农业产品销售等提供更好的专业化服务，从而提升制造业的发展质量和农业的生产效益。

专栏 1　芝加哥中心区再开发与第二次产业结构转型

芝加哥位于美国五大湖区，是仅次于纽约、洛杉矶的第三大城市。历史上，芝加哥的产业发展历经了两次重要的结构转型。第一次转型发生在 1850～1950 年期间，借助西部大开发的历史机遇，实现从农业城镇向制造业基地转型。第二次转型始于 20 世纪下半叶，借助卢普地区 CBD 再开发实现从老工业基地向现代服务业城市转型。

1960 年代后，随着经济结构的调整，芝加哥大量的制造工厂被迫关闭或外迁，中心城区人口和就业持续减少。为恢复中心区活力，芝加哥加快了 CBD 再开发进程。1958 年制定的《芝加哥中心区发展规划》，建议在中心区和周边改善公共和私人设施，挽留卢普区大的公司和零售商；清理卢普区南部空置的铁路货场，建立伊利诺伊大学芝加哥分校；建设中心商务区与郊区的快速路网，提高中心区的可达性；采取政府集中整理土地、私人合作开发方式，在卢普区南部和北部建设 50000 套中等收入阶层家庭住宅（黄玮，2006）。1973 年编制的《芝加哥 21 世纪规划》，强调用一个稳定的中产阶级居住区取代工业建筑和贫民居住区来围绕城市商务核心；在中心商务区南边建设"城中新城", 即可容纳 12 万中等收入居民的"迪尔伯恩小区"; 对芝加哥河沿岸地区进行再开发, 作步行通道和住宅用途。1983 年出台的《芝加哥中心区规划》, 提出要刺激城市中心经济增长、提升城市环境质量、加强土地管理和使用、加强主要活动场所的交通联系四个发展目标 (黄玮, 2006)。1980 年代, 芝加哥确定了"以服务业为主导的多元化经济"的发展目标。

芝加哥中心区再开发政策的成效逐渐显现, 卢普区 CBD 的金融服务业发展良好, 并带动了零售、娱乐、交通运输、会展等服务业的发展。借助 CBD 再开发, 芝加哥于 1990 年代基本实现了从制造业向现代服务业转型, 形成多元化服务业集聚区。2010 年芝加哥实现 GDP 约 5000 亿美元, 其中制造业所占比重已降至 10.8% (World Business Chicago, 2012); 而服务业所占比重超过 80%, 其中房地产占 13%, 批发和零售占 12%, 金融保险占 9.8%, 专业化服务占 8.2%。通过 CBD 再开发促进产业结构转型, 使芝加哥成为美国最多样化的城市经济的典范。

2. CBD 在开放经济战略转型中的作用

CBD 是全球经济一体化的产物, 国际 CBD 的发展在一定程度上能够反映世界经济中心或重心的变化。反过来, CBD 的发展也能促进一个国家、一个城市深度参与国际市场的资源配置, 有助于提高其在国际产业分工体系中的地位。国际发展实践表明, CBD 是促进开放经济发展的引擎。通过发展 CBD 促进开放经济战略转型, 其作用主要表现在三个方面。

一是有利于利用国际市场优化资源配置。国际上成熟的 CBD 通常都聚集了大量的跨国公司总部。通过跨国公司这个组织载体, 可以充分利用国际国内两种要素和两个市场来优化资源配置。

二是有利于提高在国际产业分工体系中的地位。CBD 作为国际大都市经济功能的核心部分, 通常能控制国际产业分工中产业链和价值链的高端环节, 因而成为区域性乃至全球性经济的管理控制中心, 成为城市经济实力和国际竞争力的象征和标志。

三是有利于深化对外开放的层次。通过 CBD 现代服务业的发展壮大, 一个国家或城市的开放领域将逐步从工业产品延伸到服务贸易领域, 服务外包业

务规模将不断扩大，金融服务、计算机和信息服务、咨询服务等高附加值的行业所占比重将不断上升。在某种意义上，巴黎拉德芳斯、纽约曼哈顿、香港中环等国际 CBD 已经成为区域国际化、开放型经济的代名词。

专栏 2 巴黎拉德芳斯 CBD 的国际化、金融化与经济管控中心地位

拉德芳斯，位于巴黎西北部，巴黎市中心与市郊的分界线——环城大道的西面。拉德芳斯 CBD 创建后，历经了快速增长、经济危机冲击、国际化、金融化等阶段，逐渐发展成为经济管控中心，成为法国经济的橱窗和欧洲重要的商业中心。

1974～1977 年，在第一次危机的打击下，拉德芳斯有 6 万平方米的办公空间闲置。但办公空间的潜在需求依然强劲，在接下来的几年里迅速恢复。1978 年 10 月，时任总理 Raymond Barre 批准增设 35 万平方米办事区域，继续建设 A14 高速路，释放一些贷款以改善环境，推动公共工程部入驻拉德芳斯。1981 年拉德芳斯商业区达 10 万平方米，成为当时欧洲最大的商业中心。1983～1992 年，第三波跨国公司浪潮涌入拉德芳斯，大型企业迅速发展，使其国际化地位显著提升。自 1980 年代末，大量金融机构开始入驻拉德芳斯，金融服务业逐渐发展成为主导产业，截至 2000 年，拉德芳斯有 800 家银行和保险公司。同时，咨询、通信和信息技术等高科技服务产业也发展成为主导产业，共有 4 万多名雇员。

目前，拉德芳斯占地面积 160 公顷；其中办公区面积达 300 万平方米，集聚了 3500 家公司，其中 1500 家为公司总部，15 家公司为法国前 40 强，雇员达 17 万人；商铺面积 23 万平方米；住宅区面积 60 万平方米，居民 2 万人（Horn，2014）。拉德芳斯已发展成为法国乃至欧洲的经济决策和管控中心。

3. CBD 在城市群发展战略转型中的作用

当前，世界经济竞争的形态已经从个体竞争走向群体竞争。在国际产业链分工不断深化的大背景下，国家之间竞争，不仅仅表现为单个企业之间的竞争，而且越来越表现为产业集群之间的竞争；不仅仅表现为单个城市之间的竞争，而且越来越表现为城市群之间的竞争。实施基于产业链分工和合作的城市群发展战略，是提高国际竞争力的重要举措。国际发展实践表明，CBD 是城市群发展的战略引擎。通过发展 CBD 促进城市群发展战略转型的作用，主要表现在三个方面。

一是有利于优化城市体系的空间结构。城市群的核心是中心城市，中心城市空间结构的核心是 CBD。CBD 对于城市的发展以及城市体系的演化都具有重要的支撑作用。围绕中心城市 CBD 的发展，将逐步发展一批层次分明的副都心和外围中小城市。

二是有利于优化城市体系的产业结构。CBD 地区集聚了大量的现代服务业，通过 CBD 的产业升级和企业迁移，可以推动城市体系中各个城市的合理分工。

三是有利于优化城市体系的功能结构。世界性城市群需要世界级城市作支撑，世界级城市需要世界级 CBD 作支撑。世界级 CBD 通过控制国际产业链分工的高端领域和关键环节，使世界性城市成为全球或区域经济的中心节点。强化 CBD 的核心功能是国际大都市实现其发展战略的重要策略之一（楚天骄，2011）。

专栏 3　世界性城市群、世界级城市与世界级 CBD

著名的法国地理学家戈特曼 1976 年明确提出了世界六大城市群：美国东北部大西洋沿岸城市群、北美五大湖城市群、日本太平洋沿岸城市群、欧洲西北部城市群、英国以伦敦为核心的城市群、以上海为中心的长江三角洲城市群（Gottmann，1976）。

著名的城市经济学家沙森 1991 年提出了全球城市（又称世界级城市）的概念（Sassen，1991）。Beaverstock，Smith 和 Taylor 于 1998 年共同成立了全球化及世界城市研究网络（简称 GaWC），首次尝试利用有关数据定义、分类和排列全球各个城市。根据 GaWC（2012）排名结果，Alpha＋＋的世界级城市有：伦敦、纽约；Alpha＋的世界级城市有：香港、巴黎、新加坡、上海、东京、北京、迪拜；Alpha 的世界级城市有：芝加哥、孟买、米兰、莫斯科、圣保罗、多伦多、法兰克福、洛杉矶、马德里、墨西哥城、阿姆斯特丹、吉隆坡、布鲁塞尔。

实际上，世界性城市群需要世界级城市作支撑，而世界级城市需要世界性CBD作支撑。戈特曼提出的世界六大城市群，基本上对应着Alpha级以上的世界级城市，并且对应着世界级CBD。(1) 美国东北部大西洋沿岸城市群，对应的世界级城市：纽约，对应的世界级CBD：纽约曼哈顿，包括下城的华尔街金融区和中城商业区。(2) 北美五大湖城市群，对应的世界级城市：芝加哥，对应的世界级CBD：芝加哥卢普地区。(3) 日本太平洋沿岸城市群，对应的世界级城市：东京，对应的世界级CBD：丸之内地区、新宿副都心、临海副都心等。(4) 欧洲西北部城市群，对应的世界级城市：巴黎，对应的世界级CBD：巴黎拉德芳斯区。(5) 英国以伦敦为核心的城市群，对应的世界级城市：伦敦，对应的世界级CBD：伦敦金融城。(6) 以上海为中心的长江三角洲城市群，对应的世界级城市：上海（有待升级），对应的世界级CBD：陆家嘴、南京西路（有待升级）。

4. CBD在低碳经济发展战略转型中的作用

在工业时代，化石能源的使用大大提高了生产和生活的效率，但对不可再生的化石能源的过量使用和过度依赖也面临着许多新的挑战。一方面，化石能源变得越来越稀缺，价格不断上涨，在世界范围内引发了能源危机；另一方面，由化石能源使用造成的环境污染变得越来越严重，大量温室气体的排放，对全球气候变化产生了深刻影响。因此，传统的高能耗、高排放的生产生活方式已经不具有可持续性，迫切需要向低碳绿色经济发展战略转型。

国外先进国家的发展实践表明，CBD是发展低碳绿色经济的引擎。CBD具有高密度、高效率特征，有利于发展低碳绿色经济，具体表现在以下四个方面。

一是在产业结构方面，CBD能引领高能耗产业向低碳绿色产业转型。CBD以发展绿色、低碳、环保的现代服务业为主，通过辐射效应和示范效应带动整个社会向低碳绿色经济转型。

二是在城市空间结构方面，CBD的发展有利于构建紧凑型城市。在级差地租的作用下，CBD所处地区地价高昂，相对于周边地区具有极高的人口密度和建筑密度，城市建设非常紧凑，以最经济的方式实现土地的高效、集约利用。

三是在城市通勤方面，CBD 的发展有利于推行绿色交通方式。较高的人口密度，是发展公共交通的必要条件；同时，较高的建筑密度也为短距离实现商务往来提供了有利条件。

四是在绿色建筑方面，CBD 的发展有利于城市建筑的节能。首先高大的城市建筑，由于单位建筑面积暴露在自然环境中的表面积相对较小，在夏季吸收外来能量更少，在冬季保温作用更好，因此更加节能。其次，国内外 CBD 的发展实践也表明，由于 CBD 区域现代楼宇、金融资本和跨国公司高度集聚，无论是跨国公司更高的企业社会责任要求，还是 CBD 区域雄厚的金融资本支撑，都使之更加有经济实力进行城市建设和产业发展的绿色低碳转型，如伦敦金融城、法国拉德芳斯、上海陆家嘴、北京 CBD 都对其城市建设特别是商业楼宇建设实行了最严格的绿色认证标准。

专栏4 纽约曼哈顿 CBD 与绿色低碳经济

与美国其他城市相比，纽约由于曼哈顿地区 CBD 的发展，使其在发展公共交通、绿色建筑、环境保护方面更有优势，因而其经济发展方式更绿色、更低碳。

在公共交通和绿色出行方面，纽约曼哈顿地区具有明显优势。发展公共交通的一个最基本的前提条件是具有一定的人口密度。与美国很多城市公共交通处于停滞状态不同，纽约的公共交通发展得非常好，其运营里程占全美国公共交通总里程的1/3，相当于华盛顿和洛杉矶总和的4倍多。在曼哈顿，82%的市民选择公共交通、自行车或步行等绿色出行方式，这一数字相当于全美国平均值的10倍（王淑霞，2005）。

在发展绿色建筑方面，纽约曼哈顿地区也具有优势。一般认为，大型建筑比小型建筑更有利于节省能源。相比小型建筑而言，大型建筑的单位建筑面积暴露在外的表面积更少，更容易实现冬暖夏凉。曼哈顿建筑物间隔很近，大型建筑多，容易实现建筑节能。此外，纽约的电价高于其他城市，征收相当于电费20%的税。数据显示，美国城市居民用电量相当于农村居民用电量的1/2，

而纽约居民的用电量低于全美城市的平均值（王淑霞，2005）。

在控制污染物方面，纽约曼哈顿地区也有一定优势。通常认为，人口密集的大城市往往是污染的危机地带。与面积相当的世界其他城市相比，纽约排放温室气体更多，产生的固体废物也更多。然而，如果以居民或家庭为单位，情况却恰恰相反（王淑霞，2005）。

5. CBD 在创新发展战略转型中的作用

创新是经济发展的原动力和生命力，是一个国家兴旺发达的不竭动力。从工业经济时代走向服务经济时代，更需要全面依赖科技创新、文化创意、体制机制创新和商业模式创新。国外发展实践表明，CBD 是现代服务业创新发展转型的引擎。CBD 推动创新发展的作用主要表现为四个方面。

一是有利于科技创新。CBD 作为创新成果的率先应用地和集中应用地，有利于科技创新成果的转化应用，将为创新发展提供巨大的市场需求。

二是有利于文化创意。CBD 是多元文化聚集之地，集聚了大量的文化生产要素和各类优秀人才，容易在经济全球化背景下催生广播影视、动漫、音像、传媒、视觉艺术、表演艺术、工艺与设计、雕塑、环境艺术、广告装潢、服装设计、软件和计算机服务等文化创意产品和文化创意产业。

三是有利于体制机制创新。CBD 通常是国家和城市政府推行各种政策的试验田，通过先行先试各种灵活特殊政策更容易获得发展先机，为体制机制创新提供了良好的土壤。

四是有利于商业模式创新。CBD 集中了大量的商业信息，并且很容易获得最新技术的支持，从而刺激新的商业模式、新的服务业态发展。

专栏5　伦敦金融城 CBD 的管理创新

19 世纪以来，伦敦金融城一直是全球性金融中心。伦敦金融城面积仅 1 平方英里，但增加值占整个英国 GDP 的 3%；伦敦拥有世界最大的外汇市场，日交易量高达 6300 亿美元，占全球交易量的 32%；伦敦有世界上最大的有色金属交易所，有色金属交易量占全球的 90% 以上；伦敦是全世界金银交易的结算中心，平均每天在伦敦金银市场协会结算的金银交易量约为 55 亿英镑；

伦敦还是全球最大的保险市场（李宇，2014）。世界 500 强的企业，有75%在伦敦金融城内设立分公司或办事处。伦敦金融城能高度聚集众多金融机构和要素的一个重要原因是管理创新。

从管理体制来看，伦敦金融城采用了"商务区自治"管理模式。在国家层面，英国王室和政府赋予伦敦金融城独特的战略地位，伦敦金融城市长的任命过程和职能权限具有很大的独立运作空间（于永达、王浩，2009）。在城市层面，伦敦市政府和伦敦金融城政府分工明确，共同配合金融实力提升。伦敦金融城是伦敦市的"城中城"，但拥有自己的市政府、市长与法庭等完整的行政机构。在企业层面，也形成了有利于金融机构发展的管理环境。

伦敦金融业的快速发展，得益于金融自由化。1986 年以前，伦敦投资银行、经纪商以及承销商仅限于英国本土企业，业务单一，以合伙制公司为主，缺乏活力；1986 年以金融自由化为特征的"大爆炸"取消了固定佣金制和单一业务制度（李宇，2014）。"大爆炸"之后，大量国际资本涌入金融城，不仅金融服务、法律咨询、会计服务等行业蓬勃发展起来，体育、文化、艺术、娱乐、音乐等行业也有了更大的发展空间（李俊辰，2013）。

四 把 CBD 打造成为国家经济战略转型的新引擎

从全球来看，世界经济已全面向服务经济转型，服务业日益成为国际分工和全球价值链的重要内容，成为国际经济合作与竞争的核心领域。从国内来看，2013 年，中国第三产业增加值占 GDP 比重首次超过第二产业，开始步入服务经济时代。在当前国际环境和国内条件发生深刻变化的背景下，大力发展服务经济，打造"中国制造"和"中国服务"双引擎，成为中国经济结构转型以及提升产业国际竞争力的重要方向。CBD 作为现代服务业集聚的核心载体，具有强大的资源配置能力和创新引领能力，将引领"中国服务"的发展，成为我国经济战略转型的新引擎。在此基础上，中国 CBD 的发展应适应中国经济转型升级的需要，以培育打造经济转型升级新引擎为方向，着力加强以下几方面的建设。

（一）加强顶层设计，将建设世界级 CBD 纳入国家战略

当前，随着经济全球化的日渐深入和区域一体化的蓬勃发展，城市群越来越成为一个国家参与国际竞争的主要载体，成为国家综合竞争力的重要体现。为此，《国家新型城镇化规划（2014～2020 年)》要求，大力发挥长三角、珠三角和京津冀城市群对中国经济社会发展的引领和支撑作用，以建设世界级的城市群为目标，引领中国经济发展转型，在更高层面参与国际竞合，加快形成国际竞争新优势。

从国际经验来看，建设世界级城市群离不开世界城市的引领和核心带动作用，而世界级城市的形成和发展需要以世界级 CBD 作支撑。目前我国东部沿海三大城市群中，珠三角城市群的核心城市香港已经是世界级城市，未来可通过推进深港（深圳与香港）一体化进一步提高其国际影响力，引领珠三角城市群的发展。而在全国其他城市中，最有可能建设成为世界级城市的只有北京和上海。要想把长三角、京津冀打造成为世界级城市群，必须将其核心城市——上海和北京培育成为世界级城市，而要将上海和北京培育成为世界级城市，就必须把上海 CBD 和北京 CBD 建设成为世界级 CBD，并以此为平台参与国际产业链分工的高端环节，加强对国际经济要素的配置和掌控能力，使上海、北京成为全球经济网络中的重要节点城市。

因此，在国家层面，应学习日本政府、法国政府以国家战略推进东京 CBD、巴黎拉德芳斯 CBD 的成功经验，把上海 CBD、北京 CBD 建成世界级 CBD 纳入国家战略，作为打造长三角和京津冀世界级城市群战略的重要组成部分，从国家整体战略角度明确其战略定位、发展方向和目标要求，加强顶层设计，加大政策支持，力争将 CBD 建设成为参与全球资源配置、辐射带动区域经济发展、引领现代服务业创新发展的国家经济战略转型新引擎。

（二）积极发展总部经济，构建国家开放型经济新优势

纵观经济全球化历程，以跨国公司为代表的市场力量是加速商品、服务和生产要素的跨国界流动以及促进国际化生产经营在全球扩张的最重要的推动力。因此，积极发展总部经济，已经成为中国各地主动对接国际规则、积极参

与全球分工体系、提升资源配置能力的主要途径。CBD 由于市场环境相对成熟、商务环境与国际接轨、高端人才富集、创新氛围浓厚等优势，已经成为国内外跨国公司总部选址布局的重要聚集地。CBD 在吸引跨国公司总部入驻的同时，应积极培育国内企业总部经济，鼓励和引导国内企业"走出去"，融入全球产业创新价值链，从而成为中国"走出去"和"引进来"双向国际化的平台，加快培育形成参与国际经济竞合的新优势。

首先，积极引进具有全球经济管控、资本运作的总部类企业。虽然目前中国 CBD 集聚了大量企业总部，但由于中国总体仍处于国际产业分工体系的中低端位置，入驻的企业总部职能和类型有待提升，具有投融资活动和战略决策功能的总部类型相对较少，需要重点引进具有实质管理决策调控能力的高能级总部，提升中国在全球范围内的资源配置能力。

其次，采取多种方式培育国内总部企业，积极鼓励和引导有实力的大型企业建立海外分支机构，开展海外并购，整合利用海外优质资源，提升企业在国际价值链分工体系中的地位①，使本土总部企业成为推动产业升级和战略转型的强大动力。

再次，完善优势产业链条，优化产业配套环境，加强跨国公司总部机构业务与本地优势产业的融合发展。

（三）促进现代服务业集聚，助推国家产业结构转型升级

过去三十多年，中国政府推进的各类特殊经济功能区是以制造业及货物贸易为基本特征的，CBD 的本质使其明显地区别于传统经济功能区，以发展服务业尤其是现代服务业为发展取向。这些产业不仅有利于为制造业提供服务，促进产业结构优化升级，同时，随着国际化、市场化和信息化的不断深入发展，制造业与服务业以及服务业内部的融合发展趋势明显，CBD 内出现

---

① 根据联合国贸易与发展会议发布的《2014 世界投资报告》显示，中国企业正在积极购买发达经济体的资产，并且将生产基地转向柬埔寨、缅甸和非洲等成本低廉、贸易条件更优惠的地区。同时，2013 年中国对外投资即国内公司投资于国外资产的资金数量首次超过 1000 亿美元，虽然仍低于外资流入规模（1240 亿美元），但如果现有趋势（即对外投资大幅增加）持续下去，2014 年后流出中国的 FDI 就会超过流入中国的 FDI。

了多种产业融合的新业态和新商业模式。因此，在中国经济发展进入战略转型的新时期，CBD 将承担起推动国家产业结构升级、引领服务业创新发展的重要使命。

一是进一步促进金融保险、商务服务、信息服务、技术服务、文化创意等现代服务业在 CBD 集聚，提升现代服务业在服务业内部的比重。

二是积极促进制造业与服务业融合发展，引导制造业向价值链高端延伸；鼓励服务业内部的融合发展，着重推动商务、金融、文化和科技产业等重点领域的融合发展，积极培育产业融合的新型业态。

三是积极争取国家在服务业领域的开放政策在发展成熟的 CBD 先行先试，使 CBD 成为中国服务业对外开放的重要窗口。

（四）完善创新制度环境，搭建国家创新驱动发展平台

过去三十多年中国经济快速发展的一个重要特征是，基于劳动力比较优势、以特殊优惠政策尤其是土地、税收和贸易便利上的特殊政策大量吸引外资进入，鼓励地方创新发展。在中国进入经济战略转型的新时期，这类政策的作用空间将趋于有限，更为重要的是需要通过制度创新培育市场主体、提升资源配置效率，推动包括技术、产业、市场机制等方面的创新发展。CBD 作为国家经济发展的新引擎，需要通过制度创新和政策支持承担起带动区域经济发展、引领服务业创新发展的重任。

一是在国家层面，给予 CBD 以特殊经济功能区方面的政策扶持和优惠待遇。鼓励 CBD 在现代服务业领域创新发展、先行先试，改革外商投资管理模式，选择发展成熟的 CBD，探索对外商投资试行负面清单的管理模式，取得经验后逐步向其他 CBD 推行。

二是在地方层面，遵循"政府管理、市场运作、公众参与、利益协调"的原则，建立由各级政府以及职能部门共同协调的政府机构，创新公共管理领域的管理机制和运作规则，探索建立与国际通行规则和惯例接轨的商事登记制度、现代服务业统计制度，营造竞争有序的市场环境、透明高效的政务环境、具有国际水准的公共服务环境。

（五）构建多层级网络体系，支撑国家城市群发展战略

在全球化背景下，城市群作为国家参与全球竞争与国际分工的全新地域单元，已经成为引领和支撑中国经济快速发展的主导地区。进入服务经济时代，以现代服务业集聚为主的 CBD 成为各地经济发展的重要引擎，也是城市群内部最具活力和潜力的增长点。因此，从支撑国家城市群发展战略、实现经济战略转型的角度来看，中国 CBD 的建设应站在统筹全局发展的战略高度，依托中国城市群空间结构体系，构建对内对外相互支撑、多层级、网络状的 CBD 网络体系。

第一层级 CBD 与世界级城市群[①]对应，面向全球市场，以打造参与国际资源配置的枢纽型 CBD 为目标，重点聚集跨国公司、总部企业、龙头企业和国际组织等多种具有资源配置、信息集散能力的市场主体，全面提升中国在国际分工和全球价值链中的地位。在此层级上，香港 CBD、北京 CBD、上海 CBD 将以不同的模式形成中国参与全球资源配置的发展中心。

第二层级 CBD 与国家级城市群对应，面向全国市场，以打造强化区域统筹协作的功能型 CBD 为目标，重点聚集商务服务、金融、文化创意、会展、传媒等行业企业或机构，以及一定数量的国际性组织、跨国公司和总部企业，经济腹地覆盖全国范围。在此层级上，重庆解放碑 CBD、长沙芙蓉 CBD 和武汉王家墩 CBD 等将在不同的城市群内部引领区域经济发展转型升级。

第三层级 CBD 与区域级城市群对应，面向国内重要战略区域，为区域发展提供服务支撑的节点型 CBD，聚集一定数量的区域性总部企业、国内龙头企业、外资企业、国内外知名品牌旗舰店等，经济腹地覆盖所在城市群及周边区域。在此层级上，贵阳 CBD、合肥 CBD 和银川 CBD 等将在不同的城市群内部引领区域经济发展转型升级。

---

① 参照《全国国土规划纲要重大专题研究——区域发展总体战略研究》（魏后凯，2013），将我国城市群划分为三个层级：第一层级为世界级城市群，包括长三角城市群、珠三角城市群、京津冀城市群和长江中游城市群；第二层级为国家级城市群，包括成渝城市群、关中—天水城市群、海峡西岸城市群等9个城市群；第三层级为区域级城市群，包括冀中南城市群、江淮城市群、太原城市群、呼包鄂榆城市群等10个城市群。

参考文献

陈信文：《对我国当前产能过剩的剖析及治理对策》，《宜春学院学报》2004 年第 1 期。

楚天骄：《城市转型中新加坡 CBD 的演化及其启示》，《现代城市研究》2011 年第 10 期。

丁健：《国际大都市 CBD 的功能特征、增长机制、发展趋势及其启示》，《外国经济与管理》1994 年第 2 期。

樊绯：《20 世纪城市发展与 CBD 功能的演变》，《城市发展研究》2000 年第 4 期。

黄玮：《空间转型和经济转型——二战后芝加哥中心区再开发》，《国外城市规划》2006 年第 4 期。

郭常民、姜永辉、宋亚：《投资、消费对我国经济增长的拉动作用分析》，《理论经纬》2013 年第 4 期。

李俊辰：《风雨伦敦金融城》，《新商务周刊》2013 年第 1 期。

李沛：《当代 CBD 及其在我国的发展》，《城市规划》1997 年第 4 期。

仉培宏：《特殊经济功能区的城市化空间效应》，辽宁师范大学博士学位论文，2011。

李宇：《伦敦金融城：一平方英里的神话》，《宁波经济》2014 年第 4 期。

罗福源、罗寿枚：《国内 CBD 研究回顾与展望》，《城市问题》2004 年第 6 期。

潘云良：《产能过剩根源何在》，《中国报道》2014 年第 1 期。

裴长洪：《后危机时代经济全球化趋势及其新特点、新态势》，《国际经济评论》2010 年第 4 期。

谭政勋：《我国住宅业泡沫及其影响居民消费的理论与实证研究》，《经济学家》2010 年第 3 期。

王庆一：《中国能源效率评析》，《中国能源》2012 年第 8 期。

王淑霞：《绿色曼哈顿——大都会更利大环境保护》，《世界博览》2005 年第 5 期。

魏璇子：《高房价对于消费的影响效应研究——以成都市为例》，四川农业大学硕士学位论文，2012。

阎小培、周春山、冷勇、陈浩光：《广州 CBD 的功能特征与空间结构》，《地理学报》2000 年第 4 期。

严成樑、龚六堂：《R&D 对我国经济增长的贡献测度》，《投资研究》2014 年第 1 期。

于永达、王浩：《集聚金融优势与国际金融中心发展研究——来自伦敦金融城的经验》，《新金融》2009 年第 6 期。

张立群：《新时期扩大内需问题的若干思考》，《中国经济分析与展望（2012 - 2013）会议文集》，2013。

张守营：《去产能过剩至少需要三五年时间》，《中国经济导报》2014 年 1 月 7 日，第 B05 版。

张幼文：《自贸区试验与开放型经济体制建设》，《学术月刊》2014 年第 1 期。

郑贵忠、刘金兰：《固定资产投资、技术创新增量和对外出口对我国经济增长的影响——基于 35 个大型城市面板数据的实证研究》，《天津大学学报（社会科学版）》2011 年第 6 期。

方创琳、姚士谋、刘盛和等：《2010 中国城市群发展报告》，科学出版社，2011。

李红、蒋三庚：《中国主要中央商务区（CBD）发展及特色研究》，首都经济贸易大学出版社，2014。

上海虹桥商务区管理委员会：《2013 上海虹桥商务区开发建设白皮书》，上海财经大学出版社，2013。

孙平等：《上海城市规划志》，上海科学院出版社，1999。

张祥：《转型与崛起：全球视野下的中国服务经济》，社会科学文献出版社，2012。

赵晓雷：《上海城市经济与管理发展报告——上海虹桥商务区体制、机制创新研究》，上海财经大学出版社，2013。

周瑜、何莉莎：《一个影响世界的地方：服务经济时代的 CBD》，知识产权出版社，2014。

庄崚、经一平：《E - CBD：21 世纪国际金融贸易中心模式创新》，上海人民出版社，2002。

James C. Davis（2004），*Headquarters*，*Differentiated Service inputs and the Urban system*. Providence：Brown University.

GaWC（2012）. The World According to GaWC2012，http：//www. lboro. ac. uk/gawc/world2012t. html.

Gottmann, J. （1976）. Megalopolitan Systems around the World. *Eekistics*，41（243）：109 - 113.

Horn, C. （2014）. La Défense, A Unique Business District. *Projectbaikal*，11（39 - 40），90 - 97.

Sassen, S. （1991）. *The Global City*：*New York*，*London*，*Tokyo*. Princeton, NJ：Princeton University Press.

Ward, D. （1966）. The Industrial Revolution and the Emergence of Boston's Central Business District. *Economic Geography*，42（2）：152 - 171.

World Business Chicago（2012）. A Plan for Economic Growth and Jobs. http：//www. cityofchicago. org/city/en/depts/dcd/supp_ info/plan - for - economic - growth - and - jobs. html.

经济发展篇

Economical Development

B.2

CBD 演变规律与发展趋势

张 杰[*]

摘 要:

　　本专题在分别从城市社会学、城市地理学和城市经济学等视角介绍全球 CBD 近百年来理论发展演进历程的基础上，概要说明了 CBD 功能演变的三个阶段和空间演化的三个过程，并结合当前世界发展的新情况总结了 CBD 演进的主要特征和发展趋势，提出了现代经济转型期中国 CBD 的发展特点和趋势。

关键词:

　　CBD 功能演变 经济转型

---

* 张杰，首都经济贸易大学城市经济与公共管理学院副院长，管理学博士，中国科学院博士后，副教授，主要研究方向为城市经济、土地政策、CBD 发展，主持国家社会科学基金、国土资源部软科学基金等多项课题研究。

CBD（Central Business District，中央商务区）是城市经济发展到一定阶段后，以功能区形式呈现的城市职能单元区块。自伯吉斯提出 CBD 概念（E. W. Burgess，1923）以来，伴随着城市经济发展进程，百年来国内外 CBD 不断变迁，逐渐经历了区位演化、空间异化、国际链接、功能延伸、层次区分等阶段。从产业发展来看，曼哈顿（金融服务业）、伦敦（金融和文化创意服务业）、拉德芳斯（旅游文化服务业）、东京新宿（研发和技术创新服务业）、柏林（总部服务业）等地的 CBD 现代服务业发展各有经验；从空间区位来看，曼哈顿 CBD 核心辐射式、伦敦金融城单向区块梯度发展式（道克兰 CBD 轴线布局式）、拉德芳斯 CBD 规划更新式、东京 CBD 流线型环状交通导向式等空间布局也各有特色。CBD 的发展历史，就是城市商务服务业的发展历程，也显示了城市核心竞争力的演变过程。

鉴于 CBD 对于城市发展的重要意义，近年来国内外大中城市绝大部分在建设 CBD 以推进城市和产业发展。例如，《2006 悉尼 CBD 区域行动计划》分短期（2006 年左右）、中期（2008～2009 年）、长期（2010 年及以后）提出了 CBD 区域空间和基础设施建设计划。又如，1993 年北京 CBD 经国务院批复2000 年正式建设开发，2008 年北京市出台《北京市委市政府关于促进首都金融业发展的意见》，提出了一城之内"一主一副三新四后台"等九个商务区的发展布局，但布局分散、特色各异。再如，2013 年 2 月重庆市政府发布《重庆市人民政府关于加快建设长江上游地区商贸物流中心的意见》，计划到 2017年基本建成具有国际影响力的中央商务区。

事实上，作为城市发展的中心商务区，CBD 本质上是现代服务业高度聚集的城市功能单元。产业集聚形成零售商业等服务业形态，为 CBD 发展提供了经济动力；人流、物流、资本流、信息流在 CBD 的融合又逐渐形成城市经济发展制高点。综观国内外 CBD 发展情况，我们认为：CBD 的演变规律和发展趋势影响甚至决定着其所在城市乃至区域的发展阶段、层次、高度和方向，而其发展规律和演进趋势，可以从理论演进、功能与区位演变、主要特征和发展趋势等四个方面加以说明。

一　CBD 发展理论演进

CBD 发展已近百年，在此期间诸多学者对 CBD 发展的各种现象、特点和

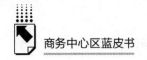

规律进行了针对性研究。例如，伯吉斯等观察 CBD 的城市空间结构模式，墨菲等结合土地利用调查尝试量化 CBD 的指数计算，阿隆索等则分析了 CBD 的城市空间结构经济模型。下文基于理论分析，分别从城市社会学、城市地理学和城市经济学等三个方面①进行扼要总结和概述。

（一）城市社会学对 CBD 的研究

1. 伯吉斯——同心圆模式

"同心圆"模式理论在 1923 年由美国学者伯吉斯（E. W. Burgess）提出。伯吉斯认为，城市内部的空间结构可以分为 5 个圈层，其核心区为中央商务区（CBD），沿城市空间向外分别是商业过渡区、工人住宅区、中产阶级居住区和高收入阶级居住区，这 5 个圈层的土地用途各异，但围绕 CBD 规则性向外扩展。位于圈层中心的 CBD 通常是零售、办公、俱乐部、旅馆、剧院等机构的高度集中地，因而也常常是城市交通中心、商业中心和社会活动中心。由于人口增长和经济发展，城市地理空间不断扩展，圈层地带就会次第外延但并不改变其分布顺序。显然，CBD 最初是指城市中心区域的商业汇聚地，其产业形态主要是零售商业和生活服务业。

总体上说，同心圆模式基本符合 20 世纪 20 年代美国单中心城市的发展模式。限于时代发展，该模式没有考虑到交通道路、区位空间、土地利用和城市规划等方面的影响，从而和 CBD 发展实际产生了越来越大的偏差。概而言之，同心圆模式是简单描述 CBD 初期空间形态的发展模式。

2. 霍伊特——扇形模型

由于交通状况决定着城市内商业单元的直接可达性，而同心圆模式没有考虑交通因素影响，因而有一定局限性并会影响不同区域土地价值，因此 1939 年美国霍伊特在同心圆模式的基础上从土地使用的角度提出 CBD 的空间形态可以归纳为扇形发展状态。

霍伊特提出，沿城市主要交通干道，单位土地的价格和租金将会从城市中心地起逐步下降，而其下降趋势呈扇形扩展状态。其中，用途相似的土地会相

---

① 文魁、蒋三庚、张杰：《CBD 发展研究报告（2006）》，同心出版社，2006，第 24～27 页。

互连接在一起。在扇形模型理论中，霍伊特认为基于放射状交通线路，加之受同心圆模式的影响，城市也呈外向扩展放射状态。

与同心圆理论相比，扇形模型考虑了交通要素；但显然，限于历史发展情况，即使是从土地利用的角度来看，该理论当时也没有对商业和工业用地功能给予充分关注。

3. 哈里斯和厄尔曼——多核模型

1945 年，美国地理学家哈里斯（C. D. Harris）和厄尔曼（E. L. Ullman）发现影响商业中心区发展的主要因素包括地价房租、空间区位和集聚扩散效应等方面。他们认为城市内部除 CBD 外还有其他中心商业区，这些商业区也在一定范围内影响着空间区位和地价房租等因素。两位学者由此提出了多核理论，他们认为，城市内部包括核心 CBD 和多个次级商业中心地，这些中心区分布于整个城市体系内部。其中，CBD 的交通条件最便捷。

这种模型虽然复杂，但仍然基于地租理论。由于这一模型并没有假设城市内的土地是均质的，所以土地利用与功能区的布局并无一定的序列，功能区的大小也不一样，其空间布局是较有弹性的。

从同心圆模式到多核模型的理论模式较好地解释了西方发达国家工业化初期城市地域结构的发展演化规律。但限于时代和城市发展形态，这些理论不能解释城市地域结构的后续变化和全球新兴国家的发展情况。对于这三种模式，最合理的说法是，没有哪种单一的模式能很好地适用所有的城市，但这三种理论或多或少地适用于不同的地区。

（二）城市地理学对 CBD 的研究

1. 墨菲和万斯——CBD 指数

19 世纪 50 年代，美国城市地理学家墨菲和万斯（R. Emurphy & J. E Vance，1954）在对美国 9 个城市 CBD 进行土地利用调查的基础上，根据土地利用的一般性原理提出了 CBD 的量化测算方法。

首先，墨菲和万斯提出了 CBD 界定指数——CBHI（商务中心高度指数）和 CBII（商务中心强度指数），并指出通常将 CBHI≥1、CBII≥50% 的连续街区认定为 CBD。具体计算公式如下。

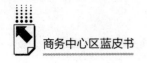
$$CBHI = 中心商务用地建筑面积总和 \div 总建筑基底面积$$
$$CBII = 中心商务用地建筑面积总和 \div 总建筑面积$$

其次，根据 CBHI 和 CBII 的测算值，可以进一步区分 CBD 圈层结构为核心区和边缘区两部分。

最后，按照土地利用模式，墨菲还将 CBD 分为商业中心区、中央商务区和非 CBD 用地三部分。墨菲认为，CBD 不一定就是特大城市的核心密集区，而是地区中心城市发展到一定阶段都会呈现的空间现象。

墨菲指数是最早用于界定 CBD 的计量方法，是 CBD 研究由定性向定量发展的标志。但一方面，由于地域基础、历史传统和统计口径的不同，其界定标准应因地而异；另一方面，由于所需资料太多，该方法也较难普遍适用。

2. 克里斯塔勒——中心地理论

1933 年，德国地理学家克里斯塔勒在《德国南部的中心地》一书中提出了"中心地"理论。克里斯塔勒对德国南部商业服务业和城镇分布进行了调查分析，他提出可以假设一个资源和人口均匀分布的城市，城市内各地到中心地的交通条件、消费倾向和资源流动都具有相同情况。这样，当厂商根据需求考虑通勤和市场成本时，将会形成阵列式商品市场的地理分布空间，即若干大小不同的"中心地"，并将由此形成不同层次的分布格局，中心地等级则随距离最中心——CBD 的远近而逐渐降低。

中心地理论应用于国家、区域及城市等各层次，该理论为 CBD 多核理论提供了理论依据，揭示了商业的空间分布规律和理论发展框架。但同时，中心地理论忽略了中心地与相邻地之间的相互作用，欠缺对于不同区块发展动态的描述。

（三）城市经济学对 CBD 的研究——阿隆索土地竞租模式

阿隆索（William Alonso）于 1964 年出版《区位与土地利用》一书。阿隆索在书中提出了城市空间结构的土地竞租模型。该模型分析了不同用地类型的竞标地租函数，从而绘出了经济理性和自由竞争假设条件下的城市空间结构均衡地租曲线。

曲线显示，地租和到达城市中心区的直线距离密切相关，距离大小直接决定了运费和租金的高低。该理论同时阐释了零售商业、工商业、住宅产业和农业的地理区位与分布层次。

竞租价格曲线如图 1 所示。

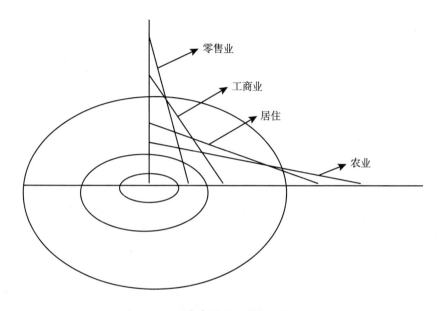

图1 阿隆索城市土地竞租模式

土地竞租理论较好地解释了土地利用的不同功能受距离城市中心地远近所影响而产生租金和成本差别的一般机理，因而推进了城市经济学对于城市空间结构的研究。但是，该研究注重地租的作用而在很大程度上忽略了区位和产业的其他影响因素，因而该解释具有一定的局限性。

二 CBD 功能与空间演变

西方发达国家在工业化、城市化方面已经经历较长的历史过程，其 CBD 发展的经验对我国城市 CBD 建设有着很重要的借鉴意义。因而，对 CBD 规律的研究应从总结西方 CBD 的发展演变规律开始。西方城市 CBD 的发展演变是和经济、技术、社会发展同步进行的。在这里我们结合这些影响因素，从 CBD 功能和空间区位两方面来考察西方城市 CBD 的发展演变规律。

（一）CBD 功能演变历程

从世界城市发展史来看，西方城市 CBD 的功能演变可以分为三个时期[①]：（1）商业为主混合阶段；（2）商务功能强化阶段；（3）商务功能突出阶段。

1. 20 世纪初：商业为主混合阶段

18 世纪工业革命以后，工业化席卷欧美国家，产业经济的迅猛发展极大地推进了城市空间拓展。19 世纪末，有轨电车普及、抗弯材料采用钢结构从而使建筑物摆脱承重墙等技术的发展使得越来越多的人进出城市，城市中心区的商业和服务业快速发展，这些条件为 CBD 在产业基础、空间体量和资源流动方面提供了现实可能性。

经济发展推动资源的流动和集聚，城市中心区凭借交通和区位优势逐渐成为商业中心区，区域内通过零售商业发展集中了办公、娱乐等多种功能。这种传统的城市商业中心区就是 CBD 的雏形，其功能较为分散，是以商业为主的混合阶段。

2. 20 世纪 20 ~ 70 年代：商务功能强化阶段

自 20 世纪 20 年代起，金融业等第三产业快速发展，CBD 集中了许多银行、咨询、中介等第三产业的服务行业从而开始承担商务功能；但同时城市中心区空间过度密集，逐渐引发土地成本快速上涨、交通出行日益拥挤以及污染严重、犯罪率上升等问题，规模效益不经济逐渐显现。

美国福特汽车公司创立了流水线作业体系后，汽车生产开始大规模批量进行，生产成本大大降低，小汽车迅速普及，汽车时代迅速到来。美国中产阶级因拥有汽车而大大延长了日常出行距离，因此面对城市中心的"城市病"开始纷纷逃离到环境较好的近郊区；同时原有城市中心区的工业企业逐步外迁，"郊区化"过程开始了。

企业迁入使得城市郊区人口不断增加，人流的集聚带来物流、资金流的汇集，城市中心区 CBD 发展的一幕同样开始在郊区出现，零售商业逐渐入驻，郊区开始承担部分城市功能；同时，城市中心地区的金融、咨询等商务办公活

---

① 张杰：《中央商务区（CBD）战略管理研究》，经济管理出版社，2007，第 129 ~ 131 页。

动因为品牌和产业链条效应仍保持集聚态势并继续发展，CBD 的商务中心作用不断强化。

CBD 在这一阶段开始成长和提升，零售商业等初始职能逐步分散到郊区或中心区偏远地区，而金融、管理咨询和中介服务等商务办公规模逐渐扩大且趋向于专业分区集聚。

3. 20 世纪 70 年代以来：商务功能突出阶段

20 世纪 70 年代以后，技术进步空前发展。高速公路网络进一步促进了汽车普及和城际交流，城市轨道交通快速发展使得城市内外迁移更加便捷。以计算机、通信技术为代表的新技术革命在缩短社会时空距离的同时也促进了逆城市化的快速发展，并逐渐推进了 CBD 的功能升级和高度专业化。

信息化、全球化以及层出不穷的技术创新促使城市 CBD 呈现出集中和扩散两种趋势：一方面，国际性办公商务单位、品牌专营店、跨国公司总部和金融机构驻留 CBD，在联系高端商户、展示高端品牌的同时行使全球性管理调控职能，生产服务业、文化创意、休闲娱乐等各项配套功能随之保留；另一方面，一般零售业外迁至副都心或郊区，城市空间逐渐形成扩散化、蔓延化趋势。

1995 年，"美国国会技术评估办公室"（Office of Technology Assessment, OTA）发表《技术对美国大都市的重新塑造》报告[①]，指出就金融行业而言，信用卡支付、国际货币转移等高端业务还集中在 CBD，而票据清算、汇款、信用卡办理业务、银行批发业务等后台办公功能则可以外迁至成本相对较低的地区，保险公司也可以通过电话、邮递、传真、网络和客户联系；就办公行业而言，会计、律师、咨询专家依然留在 CBD，通过面谈和实地调查进行客户沟通工作，而计算机软件研发人员则可以把工作地点搬迁到郊区。综合而言，信息技术进一步促进了 CBD 功能的专业化。西方城市 CBD 的功能演变是从混合功能发展到专业化功能的过程，也是高端服务功能升级和专业分化的过程。

---

① Berry BJL, et al. *The Global Economy in Transition*, Second Edition. Prentice Hall International Inc., 1997：320 – 322.

（二）CBD 空间区位演变规律

城市 CBD 的空间结构是一种长时期的、动态的空间演化过程。社会经济水平和产业结构的变迁使城市地域空间不断扩展，空间结构也由单中心形态向多中心模式发展；而 CBD 则在此过程中实现了从商业到商务、从前端到全域、从城市中心区到城市群（带）网络化布局的功能和区位演变过程。

世界各城市的 CBD 发展水平、发展模式和发展过程的多样性，决定了各城市 CBD 空间演变过程不尽相同。我们只能从西方 CBD 的实例中区分出带有一定普遍性的演变模式，但是这并不能涵盖所有 CBD 的特殊性。综合西方各国 CBD 的发展演变过程，CBD 的空间区位演变大致经历了三个阶段的变化[1]，CBD 在城市不同的发展阶段表现出了不同的空间区位特征（见图2）。

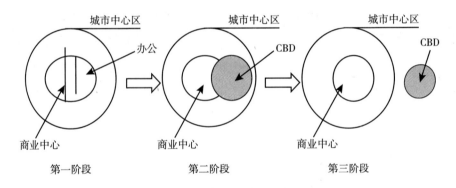

图 2　西方 CBD 空间演变过程示意

1. 19 世纪末至 20 世纪初期：向心集聚阶段

19 世纪末，欧洲大陆及北美由于工业革命的推动而先后开始了"第一次城市转变"：大量农村人口被吸引到城市中，农业经济逐渐演变为工业经济，大机器生产使得工业蓬勃发展，城市规模以前所未有的速度日益扩张。[2]

在城市工业化快速发展的初期阶段，大多数城市的住宅、商业、工业等不同功能交叉混合分布，真正的 CBD 还处于萌芽状态。20 世纪初，城市出现功

---

①　樊绯：《20 世纪城市发展与 CBD 功能的演变》，《城市发展研究》2000 年第 4 期，第 28～33 页。
②　黄亚平：《城市空间理论与空间分析》，东南大学出版社，2002。

能分化，中心区以区位和交通优势吸引了零售、服务、银行、企业办公等各种活动向城市中心区集中，同时大型工厂由于租金和成本限制开始迁出城市中心，原有区块由承租能力较高的商业服务业取代。经过多年发展，功能相对单一的中心商业区和近郊工业区相继产生，多种功能用地围绕单一核心的城市布局结构逐渐显现。

传统商业区是 CBD 的起源地。由于城市中心的便利交通提高了空间联系的效率，而商业和商务活动依赖于整个地区的空间联系和对外交流，因此城市中心区最有条件诞生 CBD。例如，美国纽约曼哈顿、英国伦敦城和日本东京之内的 CBD 分别从纽约、伦敦和东京的商业中心区演变而成。因此，这一阶段的主要特点表现为向心集聚，通过单一中心商业区进行集聚发展。

2. 20 世纪初期至 20 世纪 70 年代：集聚—扩散阶段

自 20 世纪 20 年代起，有限空间内的过度集聚使城市中心区域生活成本、交通成本日益提高，随着公共交通日益改善和汽车的大量使用，城市居民和企业纷纷外迁。与此同时，鼓励开发城市边缘地区的政策也有力地推进了郊区化进程。结果，城市中心区的人流和生产设施开始向外围疏散，城市中心区的人口、交通和环境压力逐步疏解。

郊区化过程中，零售业随人口流动而迁移郊区，城市中心商业区仅保留品牌、总部、区域或全国性商业组织。同时，由于品牌效应和区位原因，原 CBD 商务办公机构依然持续增加并高度密集发展，于是 CBD 逐渐在空间区位上与商业中心区相对分离的同时逐渐向外扩展。纽约中城区、巴黎十六区等地的发展基本遵循了这一历程。

综上所述，由于功能分化和规模的不断扩大，这一阶段的 CBD 发展呈现出集聚—扩散的显著特点：商务功能进一步集聚，同时商业批发等功能开始逐步向外扩散。

3. 20 世纪 70 年代至今：多中心网络化发展阶段

20 世纪 70 年代以来，经济全球化日益深入，生产性服务业比重不断增加，金融保险、贸易、信息、会展、传媒和管理咨询在 CBD 快速发展。由于空间局限，大城市和特大城市中心地区更大规模和更高程度的经济要素和经济活动集聚效应再次引致规模不经济，CBD 功能分化和扩散再次成为必然趋势。

同时，信息技术的快速发展、高端服务的专业分异、城铁等交通条件的极大改善等因素使得企业选址更加灵活，从而形成新的城市区域核心。东京、巴黎、纽约等地这种情况较为常见。城市副都心属于城市次级商业或商务中心，和CBD构成更大范围的商业发展和商务办公网络。

从城市发展历程来看，东京新宿、巴黎拉德芳斯等地新城建设较为顺利，其中以东京新宿较为典型。

由于日本经济20世纪50年代的高速发展，土地和城市规划速度已经与城市发展速度相脱节，东京CBD商务办公面积需求激增，地价飞涨、交通堵塞、光污染等现象日益加剧。为改善CBD发展环境并扩大城市空间，1958年，东京都政府提出首先从位于市中心以西约6公里的地铁枢纽新宿入手建设副都心（即新宿、涩谷、池袋）的设想。随着新宿成功发展为副都心，目前东京CBD已经形成由丸之内金融区、新宿办公区及临海信息港三个区域性商务中心区构成的商业发展和商务办公网络。

综合来看，西方发达国家城市CBD的空间演变不断呈现内外延伸或跳跃扩展的发展趋势。在次第演变的过程中，CBD商业和商务不断分散和集聚，各项功能不断拓展和分化，城市空间也由最早的单中心架构逐步向多中心布局模式演变。然而不同城市的CBD空间发展模式也不相同。纽约CBD发展主要是继续保持曼哈顿的高度中心化，密集发展；巴黎、伦敦和东京CBD发展则主要表现为副都心的扩展。目前，CBD表现出"多中心、层次化、网络化"的发展特点，即围绕一个主要的商务中心区分化出多种特色的商务区，并在空间上形成网络化发展格局。

我国城市CBD的发展起步较晚，建设CBD是20世纪80年代末期首先由上海提出来的。由于CBD是发达商品经济和高度城市化的产物，当时我国刚刚从计划经济向市场经济转变，这样的国情决定了CBD实践会是一个长期的过程。同时，我国城市CBD的发展既有市场因素，也有政府动力。随着改革开放的深入，我国经济快速增长，第三产业比重不断上升，与世界经济联系更加紧密。农村富余人口开始大量向城市转移，城市化进程开始加快，工业化和城市化的发展阶段与欧美CBD当时产生的社会背景相似，这些都给CBD的产生发展奠定了市场基础。另外，政府行为导向是我国CBD形成发展的一个重要原因。综合来看，我国 CBD 的发展当前总体上还处于空间建设、功能发展和品牌培育阶段。

三 现代型 CBD 的主要特征

从上文的梳理可以看出，当前 CBD 已经逐渐从传统型城市中心的中央商务区，发展到通过产业集群途径所形成的、从城市中心扩散而成的、专业化的商务中心地区，即现代型 CBD。现代型 CBD 具有以下特征。

（一）以现代信息技术为发展基础

信息、网络、全球化深入影响了 CBD 从古典型到现代型的演变。当今的 CBD 在形式上逐渐表现为多核，在功能上主要通过现代服务业集群发展商务活动，在结构上呈现全球范围内的层次性，单体规模大而体量小，主要采取扩散发展即蒲公英模式，呈现多元化特色。

（二）呈现层次分布体系特征

当前城市中的 CBD 如北京的 CBD、金融街，东京的丸之内、新宿、临海信息港等，事实上处在经济全球化的商务发展环境之中，在世界范围内形成层次体系。例如，枢纽级—国家级—城市群级—城市级，从而产生不同定位，并在不同经济范围内通过政府引导和市场发展等途径配置资源。

（三）通过渠道网络模式发展

渠道网络模式反映了当前 CBD 由古典型向现代型演化的路径和态势。该模式的存在取决于以下要素：发展动力来自市场需求；发展基础在于原有 CBD 经济总量的外溢和扩散；发展路径受到交通和地方环境的影响；发展条件基于当前的网络化和信息技术；发展保障出于对安全、政策等方面的考虑[①]。

---

① 渠道网络模式，也称蒲公英模式，详见张杰《中央商务区（CBD）现代服务业发展研究》，经济科学出版社，2009，第 53 页。

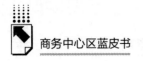
（四）经历产业发展和功能演变阶段

CBD 发展过程的不同阶段会有不同的共性和个性问题，但最基本的问题有两个，即在产业发展上从以商业为主向以商务为主过渡，在空间区位上经历城市—区域—国家—全球的发展历程。在发展的不同阶段，将会依次产生产业聚集、交通改善、产业集群、交通拥堵、资源整合、产业扩散的过程。

以北京 CBD 为例。当前的北京 CBD 正处于现代型 CBD 发展的初期阶段，已经脱离了单纯为北京市而转向全球范围的服务和配置。

北京 CBD 发展过程与北京市城市经济的发展过程密切相关。主要影响因素有：全球化，我国 20 世纪 80 年代以来的全球化进程对于北京 CBD 的发展有着深刻影响；城市化，北京 CBD 地处朝阳区，该地区属于城乡接合部，大量工业厂房搬迁和城市绿化带改造为 CBD 的发展提供了基础和契机；社会化，北京 CBD 地处使馆区，涉外商务资源丰富，有着国际性的多元文化价值观，社会需求也呈现全球化特色；区域经济发展，政府层面的规划起到重要作用，土地政策、世界城市建设等引导深入促进了北京发展现代型 CBD 的进程，现代服务业聚集发展等经济规律也影响了 CBD 的资源配置和发展路径。

四　现代经济转型期 CBD 发展趋势

当前，世界经济正处在缓慢复苏之中，但金融危机影响深远，经济增长低位徘徊，发达经济体、新兴市场与发展中经济体都面临不同取向的发展选择，全球经济低速增长态势仍将持续，世界经济已由危机前的快速发展期进入深度转型调整期。全球经济转型深刻地影响着 CBD 的发展趋势。

对中国而言，2012 年 12 月召开的中央经济工作会议明确定调城镇化。在当前我国经济社会转型新阶段，新型城镇化的动力机制将基于"个体制造时代"而更加依赖于现代服务业的大力发展。而现代服务业最发达的地方，往往位于城市的中央商务区（CBD）。CBD 的产业空间布局通过金字塔式的产业空间资源配置和纵向总部管理功能，影响着国内外城市经济的发展进程。所以，研究现代 CBD 的发展趋势，对于推进我国城市经济的科学持续发展具有重要意义。

（一）现代 CBD 国际发展趋势

在当前的信息化、大数据、整合化时代，随着云计算、物联网、移动互联网等信息技术的广泛应用，CBD 加快了转型发展步伐，在功能和形态等方面都发生了深刻变化；国际性城市的 CBD 在全球经济中承担着世界性资源配置功能，并逐步形成全球性 CBD 发展层次，在发展形态、空间布局、区域功能、发展路径和发展形势等方面呈现 CBD 发展新阶段的国际发展趋势①。

表 1　传统 CBD 与现代 CBD 发展模式比较

CBD 特征	传统发展模式	现代发展模式
基础设施	"七通一平" + 国际商务办公设施	E 基础设施 + 多元通信技术 + 电子商务技术
环境形象	硬件（建筑物）+ 软件（法律等）	生态 + 人文
功能要求	万商云集 + 高度聚集 + 高效运作	即时全球同步 + 全面信息
区位条件	土地 + 容积率 + 建筑高度 + 城区风貌	科技 + 人才 + 空间 + 文化
经济形态	规模经济	时间经济
组织形态	经营 + 服务型	创业 + 投资型
跨国公司	国际化:运营中心 + 研发中心	全球化:无中心
变革模式	渐变	突变
竞争方式	市场竞争	敏捷竞争
财富形态	货币与资本	货币与资本 + 新型财富
人力资源	人才储备	全球人才市场
文化气氛	有序、稳健、繁荣	冒险、创新、巨变

1. 趋势之一：发展形态层级化

城市经济的阶段性发展使城市发展所需的各项服务功能不断扩大化、细分化、专业化，从而使 CBD 由最初的单核式通过品牌、产业、区位以及交通等因素而逐渐提升为不同层次的 CBD；通过旧城更新和新城建设，核心 CBD 周围又会逐渐发展出若干个次级 CBD。这样 CBD 形态就逐渐从原有的"单核中

---

① 高骞：《上海中央商务区（CBD）发展政策研究》，上海交通大学硕士学位论文，2010。

心模式"逐步转变为"中心—分中心"模式,即核心CBD与次级CBD形成区位、空间、产业等方面的地理分层和经济联系。

21世纪以来,网络技术、信息技术以及现代交通方式的广泛应用使现代产业呈现新的发展形态。城市和产业的升级发展使国际企业总部、高端服务部门、跨国金融公司等机构进一步趋向核心CBD并集聚强化,从而使城市核心CBD的综合服务功能和辐射空间进一步拓展;由于规划、空间、成本等因素,企业对办公空间的选择可以在更大的城市空间内进行,可以通过现代化的通信方式或交通方式远程完成管理、营销、生产等活动。这些新的发展态势使城市空间集聚方式和城市地理空间布局不断调整,通过中心城区再造和新城建设(如中国诸多城市的功能区建设或行政区搬迁)等形式,CBD的形态最终形成"核心区—分中心—近郊中心"的结构层次。比较典型的情况如北京CBD、东京丸之内CBD等地。

表2 世界主要城市CBD结构模式比较

城市	人口规模(万人)	城市面积(平方公里)	CBD空间结构模式	CBD拓展方式
纽约	800	785.6	多核	自由经济
伦敦	741	1578	线形	功能重组
东京	1229	2187	多核	多核组团
巴黎	215	105	线形	轴线扩展
上海	1327	6340	单核	轴线、组团

资料来源:陶建强,《现代城市中央商务区(CBD)与上海陆家嘴中央商务区开发及发展的研究》,同济大学硕士学位论文,2004。

2. 趋势之二:空间布局网络化

在城市发展的最初阶段,由于建成历史、交通区位等因素,CBD一般位于城市中心区。伴随着城市规模的不断扩张,CBD空间布局也随之逐步扩散。城市中心区的CBD功能逐渐不能满足城市空间日益扩大后的发展需求,于是能够支撑CBD功能和零售业态的次级中心区应运而生。由此,CBD的空间布局逐步呈现扩散态势。

当城市发展步入信息化、现代化阶段特别是在城市群日益发展的今天,大城市甚至特大城市的CBD和中小城市CBD就可以利用现代便捷的通信及交通方式实现功能互补和专业细分。大城市甚至特大城市 CBD 由于商务成本不断提高，加上人口拥挤、交通拥堵、环境污染等因素，物流、信息、网络等企业开始寻求外迁并逐渐搬迁到城市基础设施日益改善和商业形态逐渐升级的近郊区，从而逐渐形成新的商业中心区。新兴 CBD 的业态不再依赖于高密度人流，更注重生态的自然环境、先进的信息设施和新颖的城市文化，商务 CBD 开始依据不同的发展主题（如休闲、文化、旅游、传媒等）而变化成为多层级、多形态的现代 CBD 结构，从而不同层级、不同形态的 CBD 在空间布局上以城市核心区为圆心，依托交通干道或商业节点形成 CBD 圈层网络。伦敦 CBD 的发展就是一例。

3. 趋势之三：区域功能综合化

CBD 功能及核心内涵随着城市功能的不断发展而不断提升，在功能构成、空间分布、功能层次等三个层面日益复合发展。

在功能构成上，CBD 的服务功能由以商业服务为主逐步转变成综合性专业服务，并进而演变成集金融、文化、商务等多种现代服务为一体的复合服务。城市中心 CBD 最早的零售批发型商业网点服务已经演变成融合商业、商务等多种专业功能的城市核心区域，表现出品牌高端化、产业集群化、布局网络化、环境人本化、功能复合化等特征。例如，作为美国哈德逊河口的一个贸易港口商务服务区，曼哈顿 CBD 如今已经逐渐形成以金融服务业为核心，包括商贸、会展、物流、信息等多种业态的综合性功能体系。

在空间分布上，现代建筑技术使城市 CBD 从平面延伸向立体空间拓展，使 CBD 功能分布从平面分区向空间分层转变。例如，日本东京 CBD 六本木新城在空间配置上有机结合底层（商业商贸）、中层（商务）和高层（酒店与文化）等功能，集约发挥 CBD 的综合服务功能。

在功能层次上，城市中心 CBD 主要承担全域性指挥、管理、控制和协调的商业、商务和管理功能，邻近 CBD 则承担着次级商务、公共服务、居住、文化、旅游等功能，与中心 CBD 共同构成商务办公的圈层网络。

4. 趋势之四：发展路径细分化

近百年来，CBD 的发展路径从最初的单一性商业模式逐步过渡到以商业为基础、以办公为特征，综合金融、文化和高端服务等多种功能的综合体，并在基本经济功能发展的基础上，不断细分出衍生的附加功能，使得 CBD 的发展形态具有了专业化的细分意义。下文简述其中四种细分类型。

（1）CCD—Central Culture District，中央文化区

部分城市力求通过文化发展展示 CBD 的经济功能和发展价值，通过建设开发较大规模和尺度的文化活动场所，体现城市 CBD 的经济渗透力和文化彰显力，即建设中央文化区，CCD。CCD 的表面在于文化而内核在于商务，因而是商务文化的外在区域性表现。

在西方发达国家，如纽约曼哈顿中央花园、巴黎香榭丽舍大道等中央文化区已经闻名于世；中国北京鲁迅文化园紧邻"中国硅谷"高科技园区，与东面的中关村 CBD、北面的 CLD（即下文提到的中央生活区）相呼应，成为北京城市发展的 CCD；又如，武汉中央文化区规划面积 1.8 平方公里，总建筑面积 340 万平方米，是以"楚河汉界"等历史文化为核心，主打旅游、商业、商务、居住功能的文化旅游项目。

（2）CLD—Central Living District，中央生活区

中央生活区，Central Living District，由德国建筑师奥托·施泰勒提出，意为在一个大型城市中，可满足城市主流人群集中居住、教育、消费、娱乐、健身需求的居住区域。CLD 是依托 CBD 衍生的功能性居住社区。社会的现代化要求城市居民的居住、购物、娱乐、教育和医疗必须在较短的距离内完成，中央生活区应运而生。居住在 CLD，各项市政配套设施都能满足人们日常生活所需，这也是中央生活区日益兴起的主要缘由。

特大城市的 CLD 较为常见。例如，伦敦海德公园、香港半山区等地。国内北京 CLD 紧邻亚洲最大的城市公园——朝阳公园，背靠第三使馆区，比邻燕莎商圈、丽都商圈，与中央商务区比肩而立，紧临东三、四环主干道；深圳 CLD（香蜜湖）片区湖景、山景、高尔夫景、海景交融，商业配套完善。

（3）RBD—Recreation Business District，游憩商务区

伴随着功能延伸和细分，部分城市 CBD 主打休闲、娱乐功能，即 RBD，也有称为旅游商务区（TBD，Tourism Business District）。这一概念由斯坦斯菲尔德（Stansfield C）和里克特（Rickert J. E.，1970）首次提出，有学者认为 RBD 是城市中以游憩与商业服务为主的各种设施集聚的功能区，主要有大型

购物中心型（Shopping Mall）、特色购物步行街型、旧城历史文化改造区型、新城文化旅游区型等四大类型。

RBD 是古城商业中心与城市特色旅游相结合而形成的产物，既是因应市民生活水平提高和闲暇时间增多而缓解工作压力、放松心情的要求，同时也是为满足城市旅游发展、城市商圈发展等方面的需要。例如，上海浦东 RBD 通过张家浜河道最终形成完整的绿色景观游憩区域；青海西宁海湖新区突出高原山水城市特点，湿地、河道、路网、水系及火烧沟治理共同形成"两轴两带"的系统景观；苏州观前街 RBD 有始建于 276 年的玄妙观等历史古迹和国家级重点历史文物保护单位等多处，同时有许多苏州老字号商店，游客能买到各式各样的苏州土特产。

（4）E - CBD—Electronic-Central Business District，电子中央商务区

新时代信息技术、网络技术的突破性进展使得现代 CBD 在一定程度上可以突破有形建筑模式向无形网络模式进行拓展，E-CBD 就是利用网络信息技术进行高端经济活动的 CBD 发展新模式，也称为无线 CBD（Wireless - CBD），指以电子媒介服务（如电子商务、电子金融、电子数据交换）等信息技术为基础支撑，通过地理实体和技术虚拟空间兼容服务的商务中心区。

目前上海陆家嘴金融贸易区的 E-CBD 是上海浦东发展的新举措，在早期规划中就在地下预埋了光纤环网以及 8 个涉及 E - CBD 管理、金融、贸易、投资、人才、安全的专用网络。北京 CBD 的 CBD - WLAN 无线网络已于 2011 年 11 月 22 日起面向社会免费开放。

5. 趋势之五：发展形式多样化

当前，CBD 发展的新动态也突出反映在表现形式的多样化上，诸如"商务公园"、"办公公园"、"企业公园"、"总部基地"、"商务 SOHO"等一系列名称的商务区逐渐兴起。这类商务区往往以 CBD 核心功能为基础，紧扣某一发展概念或要点进行开发建设，可以视为新的泛 CBD 形式。

例如，北京市丰台区总部基地（Advanced Business Park，ABP），地处北京西南四环交汇处，占地 65 公顷，总建筑面积 130 万平方米，容积率 1.59，平均绿化率约 50%，总投资约 45 亿元人民币，预期 3 ~ 5 年全部建成。ABP 作为北京总部经济试验新区，位于中关村科技园区内，是中关村丰台园二期产

业基地的核心部分。该基地依托 CBD 和首都功能，主打总部经济形态。

再如，大望京科技商务创新区地处东五环路与机场高速路交汇处西侧，北至北小河，南至望京中环路，西至慧谷阳光小区，距首都机场 15 分钟车程，面积约 97.47 公顷，又称为"国门第一商务区"。以重点吸引国内外知名企业集团总部、区域总部、研发中心、结算中心聚集为目标，旨在打造具有国际影响力的科技商务创新区和科技商务活动聚集地。该科技商务创新区依托 CBD 和中关村电子城科技园，注重以科技发展为内核、以商务发展为推动的园区发展形态。

另外，目前各地青睐的时尚创意园区也可以视为 CBD 的泛化形式。例如，2012 年 12 月，首创·郎园 Vintage 国际创意文化节在北京 CBD 核心区仅存的老厂房低密度园区——郎园 Vintage 举行，汇集了世界城市图片展、当代雕塑展、藏韵唐卡展、高端定制复古婚礼秀、中国创意风向标"创意市集"、科技沙龙等一系列时尚文化创意活动。该区域目前已有凤凰网等 50 多家国际、时尚、创意品牌类的企业入驻，主要以时尚文化和国际商务融合为发展视点。

（二）中国转型期 CBD 发展趋势

CBD 发展特色因区域、国别、传统、文化以及政府管理而各有不同。中国转型期 CBD 的形成过程涉及经济制度、发展机制、历史路径、所处地域、文化积淀以及当前经济全球化等多个方面。[①]

1. 发展定位：城市功能区

从 CBD 近百年发展的历程来看，国外 CBD 往往倾向于在自发形成的基础上再经由政府规划或城市基础设施完善。较为典型的例子如美国纽约曼哈顿 CBD。因其地理港口优势，18 世纪末仓储业、批发业、物流业和商业服务在曼哈顿岛自然聚集，随之主要为航运金融和贸易保险业迅速发展，然后公司总部、专业服务事务所逐步进驻，CBD 逐渐形成。20 世纪 80 年代末开始形成金融和商务办公中心区。澳大利亚悉尼 CBD 则通过制定《悉尼 CBD 区域行动计划（2007～2011 年)》，以改善海德公园、升级理查德约翰逊广场等措施来完

---

① 张杰：《中央商务区现代服务业发展分析》，2010 年 2 月 22 日《光明日报》理论版。

善城市基础设施并进一步增强 CBD 的吸引力①。

相对于国外先市场后规划的发展过程，中国 CBD 则往往注重前期规划且多以功能区的形式定位发展。例如，北京 CBD 于 1993 年经国务院批准《北京城市总体规划》开始筹划建设。北京市 2006 年 1 月决定重点建设 CBD 等六大高端产业功能区。2008 年 5 月北京市发布《关于促进首都金融业发展的意见》，意图形成"一主一副三新四后台"的空间布局，北京 CBD 定位于建设国际金融机构聚集中心区。

通过 CBD 建设，以城市功能区的定位来推进城市产业尤其是金融等服务业发展，在中国大中型城市中成为一种发展模式。据张杰等学者统计，截至 2009 年全国已规划建设 53 个 CBD。这种现象，既是城市发展到一定阶段 CBD 应运而生的经济结果，也是城市管理者"经营城市"理念的主动布局。通过 CBD 功能区的方式，聚合了中心城区的经济资源、提升了城市整体的品牌影响力，也推进了新城的产业集聚。

2. 发展方式：规划引导兼市场推进

CBD 形成扩散的一般规律，是在经济结构和产业变迁过程中市场要素形成资源流动从而引致市场经济自发平衡而形成的。相比之下，中国 CBD 开发建设往往倾向于政府通过主动性、主导性规划建设来推进 CBD 发展。例如，主动规划城市中心街区为 CBD，或通过划拨用地等集中性、特别性供地方式"划地为区"。

例如，经由市政府规划引导，深圳 CBD 划地为区。该 CBD 占地面积 607 公顷，由滨河大道、莲花路、彩田路及新洲路四条城市干道围合而成，规划总建筑面积 750 万平方米，包括南片区、北片区和莲花山公园，定位于跨国公司地区总部、全球分销中心和采购中心、国内知名企业集团总部。

中国 CBD 由规划建设引领市场推进，一方面是由于中国土地一级市场实行政府划拨和"招拍挂"市场兼容发展机制，地方政府常常出于城市发展需要而主动谋划功能新区；另一方面也是因为中国城市往往经由行政力量而聚合

---

① 张杰：《中央商务区（CBD）现代服务业发展研究》，经济科学出版社，2009，第 316～318 页。

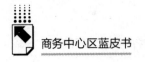

了大部分发展资源，可以通过规划引导来深入推动城市建设。

3. 发展路径：商业集聚推进商务办公

纵观 CBD 百年发展史，初期常以零售商业为基础，或因港口等地理区位而集聚物流和服务，或因中心地等交通区位而集聚人流和服务。总之，以商业自然集聚逐渐形成空间分异，再形成核心区商务办公、次心区商业零售、近郊区物流批发等空间网络功能布局，或中心—副中心—区域中心的空间网络布局。

中国 CBD 发展倾向于"浓缩"这一进程。仍以北京为例，北京 CBD 规划商业、商务、居住等功能的比例分别为 25%、50%、25%，其中商务办公面积占据半壁江山。从发展现实来看，100 多万平方米商业供应在 5 年时间（其中 60% 为两年）集中投放到 3.99 平方公里的 CBD 空间，因而使地产商业发展迅速。同时，北京 CBD 区域 800 多万平方米的建设仅用了 5 年时间。显然，通过项目建设和商业集聚在短期内迅速聚集经济资源和发展要素，为商业办公提供大体量空间，是北京 CBD 发展的明显特色。由于发展阶段类似、发展功能相似，这一特色在我国其他城市中也多有展现，因而已经成为中国 CBD 发展建设的一般性规律。

目前，伴随着商业集聚，部分城市如北京、上海、香港等地 CBD 的商务办公功能正在逐步强化。

4. 发展方向：突出强调金融行业发展

全球 CBD 发展特色各异，如巴黎拉德芳斯 CBD 的主要特色在于以旅游产业为龙头构建金融、商务等产业链条，曼哈顿 CBD 通过港口物流贸易聚集商业资源并形成金融业集聚等；相比之下，中国 CBD 则倾向于强调区域金融业的发展和快速聚集，并通过行政力量不断强化这一倾向。

例如，北京 CBD 管理委员会全方位推进金融业发展。一方面，2006 年北京市朝阳区政府推出金融发展专项启动资金、建设金融安全区、加强对金融机构的沟通等服务；另一方面，如前文所述，由北京市金融局发文在全市推行优化金融发展环境，如布局建设总部金融、国际金融、科技金融、产业金融以及发挥后台园区服务功能、聚集金融人才、强化投融资市场体系等举措，旨在建立国家金融决策中心、金融管理中心、金融信息中心和金融服务中心。又如，南京市决定从 2005 年下半年开始，每年安排 5000 万元资金专门用于河西新区 CBD 金融业发展等。

从全国来看，城市 CBD 金融业的发展政策大同小异。各地纷纷建设 CBD 并主推金融业发展，内在驱动力一是金融作为现代经济的核心，银行保险证券信贷等行业对于其他产业发展起到资金融通、资源驱动、资本推进等实质性要素作用；二是我国城市化进程不断推进，金融业的发展可以在 CBD 内借助商业发展聚集经济资源，快速推进城市建设。

5. 发展特色：商务区竞相林立

在西方发达国家，由于城乡差别较小，经济资源集中较为明显，分布也较为均衡，因此一城之内往往具有地理意义上的中央商务区，即 CBD 具有城市内唯一性或城市群之中的层次性特征。例如，曼哈顿 CBD 之于纽约，则是实质意义上的金融中心、经济中心和商务中心；再如，东京丸之内 CBD 之于东京，则意味着东京火车站附近的商务办公中心，以及和新宿 CBD、临海港 CBD 之间的层次位置——东京市区内的最高级商务办公中心地。

但在中国，由于城市化进程正在持续，历史悠久城市的原有中心城区常常借助地理区位优势提出建设商业中心区，同时该城市又通过 CBD 开发的方式谋划新城建设，而不同城区由于经济发展的需要也相继推出商务区发展举措，这些原因使得一城之内往往 CBD 林立，形成多个 CBD 共立一城而不能区分发展层次的现象。例如，北京市一城之内西有金融街（西城区）、东有 CBD（朝阳区）、南有丽泽金融商务区（丰台区），另外还有大望京科技商务创新区等商务办公中心地；杭州市下城区建有武林 CBD，而同时钱江新城 CBD 的建设不断推进；重庆市江北嘴和解放碑两地各自开发 CBD；深圳则是福田区、罗湖区、南山区三地 CBD 竞相发展。

一城之中 CBD 竞相林立，既说明一个城市内各城区均有发展 CBD 的需要，也证明各城区政府对于 CBD 建设的行政推动作用，还说明在当前的 CBD 建设阶段市场的因素尚不居主导地位。随着经济全球化的持续发展和城市化进程的不断推进，相信中国 CBD 会改变当前千城一面、千区一貌的趋同现象，在一城之内分出特色和层次，在城市群内定出圈层和层级，在全球范围内建立起资源控制、资本驱动和资产辐射的经济空间，逐渐形成中国 CBD 的品牌特色。

参考文献

Murphy R. E. , Vance J. E. , Delimiting the CBD. *Economic Geography* （30）： pp. 197 – 223. 1954.

Horwood, E. M. and Boyce, R. R. , *Studies of The Central Business District And Urban Freeway Development.* Seattle, University of Washington Press, 1959.

William Alonso, *Location and Land Use.* Harvard University Press, 1964.

〔德〕沃尔特·克里斯塔勒:《德国南部中心地原理》,常正文、王兴中等译,商务印书馆,2010。

杨俊宴、吴明伟:《中国城市 CBD 量化研究——形态·功能·产业》,东南大学出版社,2008。

B.3 中国 CBD 产业发展现状与趋势

苏红键 刘 敏*

摘 要:

CBD 是企业总部集聚引领商务服务、金融、商贸等高端服务业发展的主要载体。根据产业发展的不同规模和辐射能力，中国CBD 可以分为世界级、国家级、大区级、地区级等四个不同的级别。同时，中国 CBD 的产业发展还表现出企业总部快速集聚、现代服务业高端化发展、楼宇经济财政贡献突出等多方面特征。但是，当前中国 CBD 的产业发展还存在着经济结构亟待优化升级、人力资源结构性短缺、规划面积过大影响产业集聚、管理模式落后导致恶性竞争等问题或障碍。未来随着中国 CBD 管理的科学化，现代服务业将进一步向 CBD 集聚并快速提升，中国CBD 的产业发展将表现出产业多样化、融合化、高端化、集群化等特征。

关键词:

CBD 总部经济 现代服务业 楼宇经济

中央商务区（Central Business District，CBD）的概念最初起源于美国（1923 年），意为商业汇聚之处。随着内容的不断发展和丰富，如今的 CBD 聚集了城市内大量的金融、商业、贸易、信息及中介服务机构，拥有众多完善的配套设施，是一个城市、一个区域乃至一个国家的经济发展中枢。目前，中国

---

* 苏红键，经济学博士，中国社会科学院城市发展与环境研究所助理研究员；刘敏，北京交通大学经济管理学院硕士研究生。

很多城市都在规划建设 CBD，根据城市功能和产业发展阶段，CBD 的发展也表现出多层次特征。与发达国家 CBD 相比，虽然当前中国 CBD 的发展程度参差不齐，很多还处于初期建设发展阶段，但它们在推动国内产业优化升级、增加财政收入、改善经济环境等方面已取得令人瞩目的成绩，也逐步成为中国城市国际化的窗口和经济实力的象征。本文重点分析中国 CBD 产业发展的现状特征、存在的问题及未来的发展趋势。

一　中国 CBD 产业发展现状

CBD 的产业主要是企业总部集聚引领商务服务、金融、商贸服务等高端服务业发展。目前，根据中国 CBD 的产业发展阶段，可以将中国 CBD 分为不同的层级，其发展现状主要表现出三种特征，分别是企业总部向 CBD 快速集聚、现代服务业高端化发展和楼宇经济财政贡献突出。

（一）CBD 呈现多层级发展态势

CBD 是一座城市现代化、国际化不可或缺的标志，同时也需要以城市经济为依托，是市场经济条件下城市发展到一定程度的必然产物。随着改革开放的不断深入，中国城市建设上了一个新台阶，经济实力和竞争力都有了质的提升，众多在各自经济区域内有较大影响力的大城市都在以改造扩建或择地新建的方式积极建设 CBD。基于产业规模扩张的需要，香港、上海、广州、武汉、南昌、杭州、南京等城市的 CBD 均拥有两个以上的地域单元。由于中国各城市的经济发展水平不尽相同，中国 CBD 产业呈现多层级、分梯次的发展态势[1]。

依据各个 CBD 的产业发展进程和经济影响范围不同，可将中国 CBD 划分为四个层级，分别是世界级 CBD、国家级 CBD、大区级 CBD 和地区级 CBD（见表 1）。受城市发展速度和宏观经济环境影响，各级 CBD 之间特别是大区级 CBD 和个别地区级 CBD 之间的界限比较模糊，个别地区级 CBD 如天津河西

---

[1]　任继勤、季晓南、孙茂龙：《中国商务中心区区位分布研究》，《中国工业经济》2004 年第 6 期。

CBD、大连人民路 CBD、杭州武林 CBD 等经济影响力与日俱增,部分功能开始外溢,正朝着大区级 CBD 的方向迈进。

表1 中国 CBD 发展现状及其等级体系

单位:平方公里

级别	名称	发展现状	区域总面积	辐射带动能力
世界级	香港中环 CBD	稳居国际 CBD 之列	1.53	亚洲乃至全球
国家级	北京 CBD	在国内 CBD 发展中居领先地位,发展成熟	7.29	中国
	上海陆家嘴 CBD		6.89	
大区级	广州天河 CBD	发展相对成熟,经济稳健增长	20	本省及周边省市组成的大区
	上海静安 CBD		7.6	
	深圳福田 CBD		2.33	
	重庆解放碑 CBD		1.61	
	长沙芙蓉 CBD		11.7	
地区级	天津河西 CBD	已具规模并不断扩大、经济持续增长	17.16	本市及周边地区
	大连人民路 CBD		8.4	
	杭州武林 CBD		2.5	
	上海虹桥 CBD	前期投建	86.6	
	珠海十字门 CBD		5.77	
	宁波南部 CBD		1	
	杭州钱江 CBD	在建招商	20.98	
	天津滨海新区 CBD		46	
	宁夏银川 CBD		2.88	
	武汉江汉 CBD		33.43	

资料来源:根据中国 CBD 部分联盟成员最新报告及网站相关信息归纳整理。

1. 世界级 CBD

世界级 CBD 的经济辐射范围覆盖全球,提供全球范围的商务服务,主要特点是跨国公司总部高度集聚、商务服务业和金融业等高端服务业发达,对国际经济环境有很大的影响。就目前中国 CBD 发展情况来看,属于这一层级的只有香港 CBD。

香港紧靠内地,面向东南亚,是著名的国际金融中心和国际金融网络的重要节点,也是跨国公司进入中国的桥梁。20 世纪 70 年代,香港产业发生巨大变化,由以制造业为主转变为以金融服务业为主。新型的经济结构需要高端的

商务服务作支撑，香港中环 CBD 由此应运而生并迅速发展成熟。如今，香港 CBD 已是香港金融、保险、投资、财务、地产等高端服务业和外企总部的集聚地，其经济职能也超越国界，对整个中国、东南亚乃至全球都有着极大的影响力，稳居国际 CBD 之列。

2. 国家级 CBD

国家级 CBD 的经济辐射范围覆盖全中国，主要提供全国范围的商务服务，通过自身区域内涉及多行业、多部门的企业总部向其全国各地的分公司发布资源配置、研发生产、物流交易等指令，从而经由"企业总部—研发—生产—配送—销售—服务"等企业网和上下游产业链带动全国相应地区的经济发展，影响全国的经济环境和经济走向。根据实地调研及中国 CBD 联盟成员提供的资料来看，中国目前有 2 个 CBD 处于这一层级，分别是北京 CBD 和上海陆家嘴 CBD。

北京 CBD 借助首都得天独厚的政治、地理、科技、文化等优势，充分发挥自身的资源聚集能力，目前已经吸引入驻世界 500 强企业 160 家，企业总部 50 家，在 2012 年全国主要城市总部经济发展能力排名中位居第一，成为中国大陆范围内商务服务、金融、文化等高端服务业和跨国企业总部最集聚的地区，率先加入世界 CBD 联盟，是中国 CBD 联盟的发起单位之一，引领国内 CBD 的发展。经过中国加入 WTO、北京成功举办 2008 年奥运会等一系列国际事件之后，北京 CBD 的国际影响力连年攀升，于 2010 年和 2012 年均当选为世界 CBD 联盟轮值主席，成为世界 CBD 联盟内第一个连任的 CBD 区域。

上海陆家嘴 CBD 拥有独特的地理区位优势，其发展历程与中国的改革开放和经济转型有着密不可分的关系。陆家嘴 CBD 位于中国对外开放的最前沿——上海浦东新区，依托中国最大的城市上海和经济最发达的地区之一——长江三角洲城市群，是中国唯一以"金融贸易"命名的国家级开发区。借助清晰的战略定位，依托良好的产业基础、广阔的经济腹地、灵活的政策体系，上海陆家嘴 CBD 成为外资企业进入中国市场的桥头堡。目前，上海陆家嘴 CBD 入驻的金融企业超过 600 家，跨国公司企业总部超过 60 家，在 2012 年全国主要城市总部经济发展能力排名中位居第二，经济影响力覆盖全国，国际影响力也日渐上升。

3. 大区级 CBD

大区级 CBD 以发达的城市经济为依托,产业发展已经形成较大规模,商务服务环境较为成熟,能够为本地区及周边区域提供商务服务,在本省(或直辖市)及周边省市组成的较大区域范围内具有较强的经济影响力。

目前,中国有 5 个 CBD 属于大区级 CBD,分别是广州天河 CBD、深圳福田 CBD、上海静安 CBD、重庆解放碑 CBD 和长沙芙蓉 CBD。可以看出,大区级 CBD 所在城市大多是中国区域性的主要城市,经济发展速度远远领先于全国和所在区域的平均发展水平。目前,这些 CBD 的核心区域已基本形成并稳健发展,经济影响范围以自身为中心向周边地区辐射,具有较强的区域影响力。

例如,广州天河 CBD 是继北京、上海之后,经国务院批准的全国三大中央商务区之一,目前入驻企业近 3 万家,有世界 500 强企业 133 家,企业总部 67 家,纳税过亿元的楼宇有 43 栋,纳税总额达 265 亿元,在 2012 年全国主要城市总部经济发展能力排名中居第四,经济影响力渗透整个珠三角地区。

深圳是改革开放的窗口,是国际重要的空海枢纽和外贸口岸。在深圳蜕变为国际化都市的过程中,深圳福田 CBD 以金融业和商贸服务业为支柱产业,推动深圳乃至整个珠三角地区的经济发展和产业升级,引领着中国东南地区的 CBD 发展,创造了举世瞩目的"深圳速度"。目前,福田 CBD 入驻企业中有世界 500 强企业 77 家,企业总部 40 家,总部经济发展能力在全国主要城市中排名第三。其金融、商贸服务两大支柱产业始终保持高于地区生产总值增速的稳步增长态势,2012 年税收过亿楼宇达 68 栋,其中纳税 10 亿元以上的楼宇有 8 栋,强劲地带动了深圳乃至整个珠三角地区的经济增长与繁荣。

又如重庆解放碑 CBD,位于西南地区重要的经济中心——重庆,经济腹地辽阔,具有明显的综合区位优势。近年来重庆解放碑 CBD 借助自身优势,建立明确的组织构架,准确把握宏观形势的变化,突出重点项目带动,强化高端产业集聚,在较短时间内吸引了世界 500 强企业 51 家、不同级别的企业总部 105 家,不仅使 CBD 自身建设迈向新的台阶,带动中国重庆及西南地区经济蓬勃有序发展,还为其他地区的 CBD 建设提供了有益经验。

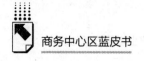

4. 地区级 CBD

地区级 CBD 是指目前已经初具规模、在一定地区范围内具有较强经济带动作用，或者部分仍处于建设阶段但拥有广阔发展空间和较强增长潜力的 CBD，其经济辐射和影响范围主要为本市及周边地区。从当前中国 CBD 发展的总体情况来看，地区级 CBD 又可以分为三类。

第一类是发展相对成熟、已经初具规模、经济影响力日益提升、正在向大区级迈进的 CBD，主要有天津河西 CBD、大连人民路 CBD 及杭州武林 CBD 等。比如大连人民路 CBD 依托中国北方重要的港口城市大连，以东北经济区作为腹地，以总部经济和楼宇经济为载体，着力发展金融、商贸、航运、文化创意等七大现代服务产业。经过多年建设和发展，目前人民路 CBD 已经成为大连市的商贸、金融、信息、旅游中心和东北地区的航运中心，产业核心要素集中，区位优势明显，不仅在大连城市发展过程中承接着越来越多的高端产业转移和配套服务，也为带动周边地区乃至整个东北地区的经济发展做出了贡献。

第二类是发达地区正在新建或扩建、具有较大发展潜力的 CBD。部分地区级 CBD 位于或毗邻国家级大都市，具有良好的发展条件。此类城市中一般已有发展完善并运营良好的 CBD，但随着经济的发展，原有 CBD 已不足以承载快速的产业发展，迫切需要建设新的 CBD 来满足市场需求，如上海虹桥 CBD、珠海十字门 CBD、杭州钱江 CBD、天津滨海新区 CBD 等。虽然这类地区级 CBD 作为城市第二梯队的 CBD 进行投建，在现阶段尚未完全建成，其目前的经济效应也主要是拉动本地区的投资和经济增长，然而它们拥有优越的地理区位、雄厚的城市经济基础，可以借助本地区内已有 CBD 的辐射效应而迅速发展起来，所以说此类 CBD 后劲十足，具有较大的发展潜力。

第三类是建设起步较晚、发展相对缓慢的 CBD。CBD 是城市的商务中心区，需要以城市经济为依托，只有在城市经济达到一定发展水平后，该城市 CBD 才会取得较快发展。而一些 CBD 受地理区位或所在城市经济基础的制约，建设起步较晚、发展速度相对缓慢，如宁夏银川 CBD、西宁市水井巷 CBD 等。这类地区级 CBD 主要提供市域级别的商务和商业服务，所辐射的经济腹地较小，目前主要影响和带动本城市的经济发展。

（二）企业总部向 CBD 快速集聚

CBD 是企业总部的主要集聚地。总部经济是经济全球化的产物，在促进城市经济转型和产业结构优化升级等方面扮演着越来越重要的角色，是一个城市国际化水平的重要标志。近年来，随着城市经济的快速发展，中国北京、上海、广州、深圳等各大城市 CBD 将发展总部经济作为重中之重，使得企业总部向 CBD 快速集聚。

企业总部向 CBD 快速集聚主要体现在跨国公司总部的加速进入和本土企业总部的快速集聚两个方面[1]。从国际角度来看，中国自加入 WTO 之后，投资环境得到大大改善，跨国公司纷纷扩大在中国的投资规模，并通过在中国 CBD 内设立地区总部来实现对市场的管理和控制。从国内角度来看，中国本土企业迅速成长，纷纷将总部设立在各大城市 CBD 内，从而满足自身对更高水平的商务环境、专业化服务、金融、信息以及高端人才的需求，获得更为广阔的发展空间。

根据相关数据资料，中国香港是外资总部企业和全球 500 强企业最青睐的城市，香港 CBD 的经济竞争实力和经济聚集能力也居中国 CBD 首位。另外，目前北京 CBD 功能区以占北京市 0.5% 的面积、朝阳区 18% 的面积，聚集了全北京市约 80% 的跨国公司地区总部、约 70% 的外资金融机构和约 90% 的国际传媒机构，吸纳的就业、产生的税收，均占到所在朝阳区的 50% 以上，已成为首都经济发展的引擎，也是大陆范围内总部经济和全球 500 强企业集中度最高的地区。

通过分析各地 CBD 聚集的企业数量可知（见表2），目前北京 CBD 和广州天河 CBD 入驻的企业均达到30000家左右（上海陆家嘴 CBD 的数据缺乏），产业规模远大于其他地区 CBD。其中，世界 500 强企业数量分别达到160家和133家，总部企业数量分别达到50家和67家，也均居全国前列，这充分说明了两个 CBD 强大的综合实力。另外，东部沿海城市 CBD 如广州、上海、深圳等城市 CBD 聚集的总部企业和世界 500 强企业，在数量上总体要多于中国其

---

① 陈瑛：《城市 CBD 与 CBD 系统》，科学出版社，2004。

他区域的城市 CBD。这一方面得益于东部沿海城市 CBD 具有得天独厚的区位优势和良好的城市经济基础，另一方面也得益于 CBD 自身发展所形成的良性循环效应，即总部企业和全球 500 强企业的经营运作能够推动 CBD 经济辐射范围内整个产业链的发展，产业链的充分发展会形成新的商务服务需求，而更大规模的商务服务需求又必然会吸引更多的企业入驻，从而形成总部经济的良性循环效应，维持 CBD 经济持续增长和发展。

表 2　中国部分 CBD 总部经济情况

单位：家

CBD 名称	总部经济		
	企业总量	500 强企业数量	总部企业数量
北京 CBD	>30000	160	50 *
广州天河 CBD	29826	133	67
深圳福田 CBD	—	77	40
重庆解放碑 CBD	5000	51	105
上海静安 CBD	12721	—	24
长沙芙蓉 CBD	4700	20	78
天津河西 CBD	4846	17	19
大连人民路 CBD	—	—	35
天津滨海新区 CBD	1669	2	1
宁波南部商务区	1721	—	8
宁夏银川 CBD	37	7	19
武汉江汉 CBD	—	31	6

＊北京 CBD 统计的总部企业数量为跨国公司地区总部数量。

资料来源：根据中国 CBD 部分联盟成员最新报告书及网站相关信息归纳整理，部分 CBD 数据缺失。

（三）现代服务业高端化发展

与传统服务业（如餐饮业、住宿业等）相比，金融、会计、审计、法律、咨询、中介等现代服务业具有高技术含量、高附加值等高端化特征，也有着更为明显的集聚优势。对现代服务业特别是高端现代服务业的发展最具约束作用的不仅仅是市场规模，更是城市的国际化程度和市场的规范化程度。所以要使现代服务业实现高端化发展不可一蹴而就，而需要以信息技术和现代管理为支撑进行阶段式的环境优化和产业升级。

中国 CBD 现代服务业的发展一般经历了产业培育、产业发展和产业提升三个阶段。

第一阶段为产业培育阶段。目前，中国大多数地区级 CBD 都处于产业培育阶段，如武汉江汉 CBD、宁波南部商务区等。该阶段 CBD 的服务业以商贸服务业为主，通过建立大规模、高密集的商业贸易区来聚集人流、商流、物流和信息流，从而扩大经济影响范围。在此类 CBD 内，以金融业为代表的高端服务业初具规模，如武汉江汉 CBD 内金融机构数量达 300 多家，占武汉市50% 以上。

第二阶段为产业发展阶段。在产业发展阶段，随着商业贸易规模的日趋扩大，需要越来越多专业的商务服务和金融服务作支撑。此时，金融业、现代商务服务业开始迅速崛起并成为主导产业，带动整个区域内第三产业的快速发展。目前，中国部分大区级 CBD 如重庆解放碑 CBD、长沙芙蓉 CBD，以及部分地区级 CBD，如杭州武林 CBD、天津河西 CBD、大连人民路 CBD 等都处于这一发展阶段。

第三阶段为产业提升阶段。随着 CBD 发展的逐渐成熟，金融业、商贸业和商务服务业三足鼎立之势逐步强化，CBD 内的现代服务业继而进军更高层次的高端服务业，即以三大产业为龙头，结合当地资源优势，将具有本地特色的现代服务业发展作为重点，推动整个 CBD 的产业升级，形成具有地区特色和较强影响力的支柱产业，如上海陆家嘴 CBD 的金融产业、深圳福田 CBD 的信息技术产业、上海静安 CBD 的文创产业等。以北京 CBD 为例，目前北京 CBD以国际金融业为龙头，高端国际金融集聚区内集聚了世界银行、国际货币基金组织、亚洲开发银行等 250 多家国际金融机构和国际金融组织；传媒创意产业园内聚集了 5900 余家文化创意和文化传媒企业；北京 CBD 还聚集了近 6000家诸如普华永道、埃德曼公关公司、奥美国际公关等高端商务服务企业，近千家管理服务咨询公司，800 多家广告服务企业，上百家法律服务企业和知识产权服务企业。

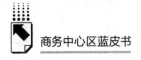

表 3　中国部分 CBD 现代服务业情况

发展阶段	CBD 名称	现代服务业
产业提升	北京 CBD	金融业、传媒业、高端服务业
	广州天河 CBD	金融业、现代商贸业、商务服务业
	上海静安 CBD	商贸流通业、专业服务业、金融业、文创产业
	深圳福田 CBD	金融业、商贸服务业、房地产业、信息技术业
产业发展	重庆解放碑 CBD	金融业、对外经济、商务贸易业
	长沙芙蓉 CBD	金融业、商务贸易业
	天津河西 CBD	金融服务业
	大连人民路 CBD	金融业、商贸业、航运物流业、文化产业
	杭州武林 CBD	商务贸易业、金融业、文创产业
产业培育	武汉江汉 CBD	金融业、商务贸易业
	宁波南部商务区	商务贸易业

资料来源：根据中国 CBD 部分联盟成员发展报告书及网站相关信息归纳整理。

（四）楼宇经济财政贡献突出

中国各地 CBD 的标志性楼宇建筑不仅是城市形象的展现，也是 CBD 整个经济辐射范围内高端产业聚集和发展的空间载体。CBD 内的楼宇大多是企业特别是企业总部进行其经济活动的主要阵地，各企业之间以此为载体共同形成功能良好、配套齐全的商圈，加速各类资源的聚集和产业链的整合。与此同时，CBD 内楼宇还能带动周边的餐饮、购物、百货零售等相关行业的聚集发展，保持财政税收的健康可持续增长。

由表 4 可知，除了部分仍在持续投建中的 CBD 之外，中国多数 CBD 内的楼宇数量超过百栋，其中长沙芙蓉 CBD 核心区商务楼宇 133 栋；各 CBD 内税收过亿元楼宇比例多为两位数，广州天河 CBD、北京 CBD 和天津河西 CBD 税收过亿元楼宇所占比例分别为 39.09%、36.1% 和 25.69%，远远高于中国大陆其他城市，为地区税收做出了巨大贡献。另外，纳税过亿元楼宇数量因 CBD 发展程度而异，CBD 发展越趋成熟完善，纳税过亿元楼宇数量越多，如北京、上海、广州、深圳四个城市 CBD 内纳税过亿元楼宇的数量明显高于其他地区。

表 4　中国部分 CBD 楼宇经济情况

CBD 名称	楼宇总量（栋）	纳税总额（亿元）	纳税过亿元楼宇数（栋）	税收过亿元楼宇比例（%）
北京 CBD	119	212	43	36.1
广州天河 CBD	110	265	43	39.09
深圳福田 CBD	—	—	68	—
重庆解放碑 CBD	103	—	13	12.62
上海静安 CBD	—	—	23	—
长沙芙蓉 CBD	202	—	13	6.44
天津河西 CBD	109	126	28	25.69
大连人民路 CBD	120	31.04	6	5.00
天津滨海新区 CBD	63	—	0	—
宁波南部商务区	30	10.1	3	10.00
宁夏银川 CBD	55			
武汉江汉 CBD	32	—		

资料来源：根据中国 CBD 部分联盟成员最新报告书及网站相关信息归纳整理，部分 CBD 数据缺乏。

二　中国 CBD 产业发展面临的问题

近年来，中国 CBD 产业在全球经济背景下迅猛发展，对中国城市经济和整体经济产生了较强的辐射带动作用，但同时也存在着不少问题。

（一）经济结构仍需优化升级

由于中国城市经济基础和发展水平不同，目前中国很多 CBD 还处于产业培育阶段，仍然以商业贸易为主导产业。从长远来看，这样的产业结构与 CBD 的功能定位并不相符，需要加快 CBD 发展步伐，适时进行产业深度优化升级。CBD 是城市功能与结构的核心，是以现代服务业为代表的第三产业的高度集聚区。

虽然在中国 CBD 内，金融业往往具有举足轻重的地位，但横向比较来看，相比于伦敦的期货与保险市场、纽约证券交易所和东京的证券交易所，中国 CBD 的金融产业发展还相对落后，尚不具备影响世界资产价格的能力，这已

经成为中国 CBD 提升其国际影响力和市场竞争力的一个重要发展瓶颈，同时也使中国资本在国际市场上运作时难以避免国际金融风险①。同样，中国某些 CBD 内的特色产业虽在其自身辐射范围内有较大影响力，但放之于全国乃至国际市场，其竞争力往往不足，从而使该特色产业难以在更大范围内形成聚集效应，并因此减弱了 CBD 的规模效应和竞争优势。另外，中国 CBD 过于强调和鼓励吸引外资企业，而对国内民营经济的支持力度不够，这无疑不利于国内企业的发展。

（二）人力资源结构性短缺

人才资源尤其是高级人才资源是 CBD 区域保持持续良好发展的动力和源泉。近年来，中国越来越多的城市在积极进行 CBD 的规划建设，CBD 产业如雨后春笋般在全国范围内崛起，CBD 对人才资源的需求激增。

然而，由于中国城市发展水平不尽相同，各地经济基础设施、社会福利等也存在较大差异，这就使国际金融类高级人才、全球创意类高级人才、动漫和网络游戏制作人才、会展专业人才、跨国中介服务类人才、国际生产性服务业人才等高级人才资源纷纷流向各大主要城市，随之出现的是有些地区人才资源过剩而有些地区人才资源匮乏的局面。而人才资源的分布不均，会进一步加剧不同地区 CBD 的发展差距。此外，CBD 产业内存在人力资源频繁流动的现象，这也不利于 CBD 长期稳定的发展。

因此，中国各城市在进行 CBD 建设规划时，不仅要注重基础设施的投建，还需要注重建立良好的人才管理制度来吸引并留住人力资源，为 CBD 的持续发展提供源源不断的智力支持。

（三）规划面积过大影响产业集聚

目前世界级的 CBD 如纽约、伦敦、巴黎等城市的 CBD 用地规模基本控制在 10 平方公里以内，中国发展相对成熟的 CBD，其用地规模也多数小于 10 平方公里。然而，2013 年中国 CBD 平均用地面积为 17.26 平方公里，并且部分

---

① 王朝晖、李秋实编译《现代国外城市中心商务区研究与规划》，中国建筑工业出版社，2002。

CBD 的规划建设并未结合城市自身的发展条件，一味贪大求全，进行粗放式的开发，如目前在建的武汉汉江 CBD 达 33.43 平方公里，天津滨海新区 CBD 为 46 平方公里，其建设规模已严重超出自身需求。

CBD 作为城市商务中心区，其用地面积与 CBD 的发展并没有直接联系，它需要以城市经济或区域经济为依托，通过各类资源的集聚和合理配置来产生经济辐射效应，从而推动经济发展，而不是依靠 CBD "摊大饼"式的扩张来提升经济总量。否则，不仅会造成土地资源和经济基础设施的浪费，还可能会因 CBD 的初始区域过大而影响 CBD 的经济集聚效应，阻碍 CBD 产业的快速发展。

因此各城市在进行 CBD 建设规划时，要切实结合自身的地理区位、经济发展状况、城市影响力等条件，对规划面积进行客观合理的评估。

（四）管理模式落后导致恶性竞争

CBD 是一个城市的经济中心，区域内汇聚了大量的人流、物流、资金流和信息流，引领着所在城市或一定区域范围内的经济发展，而如此复杂庞大的体系需要先进高效的管理方式作支撑。

就中国目前大多数的 CBD 而言，CBD 的规划、投建和发展都是由政府主导完成的，市场的资源配置作用并不明显。CBD 的管理理念、管理模式和管理标准也较为陈旧，还未形成责权统一、区域一体的管理形态[①]。各个城市在规划、建设、发展 CBD 的过程中，要想合理利用土地资源，做好各项工作，首先要正确评估自身的发展层级和市场需求，借鉴国内外先进高效的管理模式和方式，充分发挥市场经济的作用，避免出现重复建设、恶性竞争、资源消耗严重和低效配置的情况。

三　中国 CBD 产业发展趋势分析

CBD 建设的成败与其初期规划设计的合理性密切相关，国内外各个先

---

① 丁成日:《城市增长与对策》，高等教育出版社，2009。

进的 CBD 都有比较科学全面的前期规划和后期管理。科学的规划管理可以指引 CBD 顺利完成开发、建设过程，结合自身优势，找准突破口，形成科学的产业布局，提高 CBD 的核心竞争力，并带动周边地区经济的发展。随着中国 CBD 区域建设的增加，对 CBD 的规划和管理要求越来越高，对未来 CBD 的规划会越来越趋向合理化。例如，科学估算 CBD 适建规模，重视 CBD 标志性建筑的设计，统筹利用地下空间，注重发展民族企业，进行可持续发展建设等。随着中国 CBD 发展经验日益丰富，CBD 的规划建设和管理将日益完善，CBD 的产业发展将表现出多样化、高端化、融合化和集群化的趋势。

（一）多样化

目前，中国 CBD 内商务服务业、金融业、商贸业三足鼎立，共同主导 CBD 及其辐射范围内的经济发展。未来，这三大产业虽然仍将继续保持其主导地位，但在三大产业的集聚效益下，各地 CBD 将结合自身特点和优势，催生出各种具有地方特色的产业并发展壮大，从而形成多样化的、有区域代表性的特色优势产业，如北京 CBD 的文化传媒产业、深圳 CBD 的文化科技产业、大连 CBD 的航运物流产业等。

除此之外，多样化还体现在功能的多样化方面。目前，中国的 CBD 分层级多梯次发展，随着发展层次的不断递进，不同发展阶段的 CBD 都会承载越来越多的商务商业功能。未来 CBD 的发展方向将由单一的商务中心向综合性的商务、文体娱乐、旅游和购物中心过渡，CBD 内除了能完成各种商务活动之外，还能进行娱乐、购物、健身等一系列休闲活动，并且在 CBD 核心区域的周围建设一定比例的酒店、公寓、医疗卫生设施，满足 CBD 内各种人群的文化需求，使 CBD 充满活力，进而形成具有商务区、居住区、混合功能区等多位一体的综合商务布局。此外，CBD 的建设将越来越注重人文性和生态性，塑造人性化、生态化的办公生活环境，使人生活得更舒适、与自然更加贴近。同时，弹性空间的塑造使得 CBD 内的资源能够被多次重复利用。例如，建立多功能的住宅区，提高 CBD 内商用公寓的可转换性，以满足商用、办公、住宿等多种需求。

（二）融合化

产业融合是产业发展的最新趋势，是产业分工和产业技术升级发展到高级阶段的产物。CBD 作为高端服务业的集聚区，是服务业融合发展的重要载体。从中国 CBD 产业融合发展的现状来看，围绕"商务、金融、文化、科技"四大要素，中国 CBD 的产业融合将表现出两种不同的模式特征。

第一种是基于价值链的融合，是指由于产业间的技术、市场共性以及强关联性等促进了不同产业融合发展。在 CBD，这类产业融合主要包括：具有商务服务业和文化产业融合属性的广告业、咨询业、会展业、文化商务服务业等；具有商务服务业和金融业融合属性的投资与资金管理业务；文化、科技等和金融融合形成的文化金融、科技金融等；房地产业与商务服务业、文化创意、金融业等融合形成的新型地产模式①。

第二种是"信息技术 + 现代服务业"模式，是指随着信息技术的发展，信息化与 CBD 现代服务业的融合发展，主要体现在信息服务业的发展和服务业信息化两大方面。这种模式与国家提倡的工业化和信息化融合密切相关，是四化融合的重要内容。主要包括：信息技术与商务服务业融合形成信息服务业；文化创意产业本身就具有科技和文化的共同属性；信息技术与金融、商务服务融合形成的互联网金融；传媒行业在信息技术支持下飞速转型推进新媒体快速发展。

（三）高端化

随着中国 CBD 的发展日益成熟，CBD 现代服务业的发展将日趋高端化。首先，处于产业发展初期阶段的 CBD 将逐步集聚相应的区域性企业总部，相关的商务服务业和金融业也将随之大规模集聚，由此逐步从传统的商贸业向商务服务、金融等产业结构高端化发展，与此同时，相应的商贸服务业也将逐步向高端商贸转变。处于产业成熟期的 CBD，如北京 CBD，其现有的商务服务业、金融业等将进一步提升发展质量和技术含量。

---

① 张杰：《探索中央商务区现代服务业发展路径》，《经济日报》2012 年 5 月 31 日。

（四）集群化

产业集群是产业集聚的高级阶段，能够为 CBD 的发展带来内部规模效益和分工合作的经济效应。未来中国 CBD 产业发展将顺应这一趋势，各地 CBD 会积极提供适当的产业引导，如实施吸引投资和公司进入的优惠政策、制定完善的用人制度从而集聚人力资本、实行"一站式"办公提高行政管理效率等。对于单个企业而言，可能会把原来生产运营的各个环节分解为若干相对独立、常规的部分，进而协同合作进行流水作业，提高工作效率，实现产业内部的规模效益。另外，CBD 的产业聚集具有良性循环特点，越是产业聚集的地方对企业的吸引力越大，从而为 CBD 带来外部规模效益。随着产业内部规模效益的不断积累，该地区会逐渐形成产业优势，聚集更多的资源，吸引更多的人才和企业，从而使该产业越来越壮大，获得外部规模效益。

B.4

以构建 CBD 网络推动首都经济圈
建设和京津冀协同发展

单菁菁　张 杰　邬晓霞　武占云*

摘　要：

建设世界级城市群或大都市经济圈需要世界城市的引领和核心带动作用，而 CBD 繁荣是世界城市形成和发展的普遍规律。未来，必须明确以 CBD 的发展和繁荣支撑北京世界城市建设，以构建 CBD 网络推动首都经济圈建设和京津冀协同发展。

关键词：

CBD　网络　首都经济圈　京津冀　协同发展

大都市经济圈的形成与发展是现代城市化的重要特征，也是世界区域经济一体化发展的趋势。随着世界范围内的产业分工与协作，不同形式的区域一体化或区域经济共同体正在形成，世界竞争已进入区域性集团化阶段，大都市经济圈及以大都市经济圈为核心的城市群已经成为一个国家参与国际竞争的主要载体，成为国家综合竞争力的重要体现。

京津冀是我国东部沿海三大城市群之一，国家"十二五"规划明确要求，推进京津冀区域经济一体化发展，打造首都经济圈。2014 年 2 月，习近平总

---

* 单菁菁，经济学博士，中国社会科学院城市发展与环境研究所研究员，主要研究方向为城市与区域发展战略、城市与区域规划、城市与区域管理等；张杰，管理学博士，副教授，首都经济贸易大学城市经济与公共管理学院副院长，主要研究方向为城市经济、土地政策、CBD 发展；邬晓霞，经济学博士，首都经济贸易大学城市经济与公共管理学院副教授，主要研究方向为城市与区域发展、区域政策；武占云，经济学博士，中国社会科学院城市发展与环境研究所助理研究员，主要研究方向为城市规划、城市与区域经济等。

书记再次强调，要抓紧编制首都经济圈一体化发展的相关规划，推动京津冀协同发展。2014年3月，《国家新型城镇化规划（2014～2020年）》出台，要求京津冀、长江三角洲和珠江三角洲城市群以建设世界级城市群为目标，加快形成国际竞争新优势，在更高层次上参与国际合作和竞争，发挥对全国经济社会发展的重要支撑和引领作用。加快首都经济圈建设、推进京津冀协同发展，已经成为一个重大的国家战略。

一 建设大都市经济圈或世界级城市群离不开世界城市的引领和核心带动作用，而 CBD 繁荣是世界城市形成和发展的普遍规律

从国际经验来看，建设世界级城市群或大都市经济圈必须发挥世界城市（或国际化大都市）的引领和核心带动作用，而 CBD 繁荣是世界城市（或国际化大都市）形成和发展的普遍规律。

（一）建设大都市经济圈或世界级城市群需要世界城市的引领与带动

所谓"都市圈"是指城市群发展到成熟阶段的最高空间组织形式，其规模一般是国家级甚至世界级的。截至目前，世界上已经形成五大世界级城市群或大都市经济圈（见表1），从发展演变规律来看，无论是纽约大都市圈、东京大都市圈、巴黎大都市圈、伦敦大都市圈还是北美五大湖大都市圈，其最终形成都离不开世界级城市或国际性大都市的引领和核心带动作用。

从发展演化路径来看，世界级城市群或大都市经济圈一般都经历了强核—渗透—布网—连接—融合等5个阶段：由中心城市集聚发展、做大做强；到中心城市功能外溢，辐射带动周边城市发展；再到区域城市间产业与经济联系不断加强，并出现多个增长点；最后形成区域城市群多中心、网络化、协同互动发展的新格局。其空间结构也由"向心型"极化发展，到"点轴型"扩散发展，再到"网络型"区域空间一体化发展，显示出都市圈由小到大、由中心到外围、由一极到多极、由点状到面状、由松散结构到紧密互动的发展规律。

表 1 世界五大都市圈的基本情况

都市圈	范围	面积（万平方公里）	人口（万人）	核心城市	
				城市	等级
纽约大都市圈	从波士顿到华盛顿，包括纽约、费城、华盛顿、波士顿、巴尔的摩等 40 个城市	13.8	6500	纽约	世界城市
北美五大湖大都市圈	位于五大湖沿岸，从芝加哥向东到底特律、匹兹堡，并一直延伸到加拿大的多伦多和蒙特利尔	—	—	芝加哥	国际大都市
东京大都市圈	从千叶向西，经东京、横滨、静冈、名古屋，一直延伸到大阪、京都、神户的范围	3.5	7000	东京	世界城市
巴黎大都市圈	以巴黎为中心，沿塞纳河、莱茵河延伸，主要城市有巴黎、阿姆斯特丹、鹿特丹、安特卫普、布鲁塞尔、科隆等，包括 40 个人口 10 万以上的城市	14.5	4600	巴黎	世界城市
伦敦大都市圈	以伦敦—利物浦为轴线，包括大伦敦区、伯明翰、谢菲尔德、利物浦、曼彻斯特等大城市和众多小城镇	4.5	3650	伦敦	世界城市

资料来源：根据世界五大都市圈的相关数据资料整理。

其中，"强核"即培育具有强大带动力、辐射力的核心城市，是形成世界级城市群或大都市经济圈的基础和普遍规律。

因此，打造首都经济圈和京津冀世界级城市群，必须遵循国际大都市经济圈发展的一般规律，即"强核"，以北京建设世界城市和京津同城化引领带动首都经济圈及京津冀城市群的发展；"布网"，以构建首都经济圈和京津冀大都市区域促进北京的世界城市建设；二者相辅相成，其中京津同城化是核心，京津冀一体化是关键。

（二）CBD 繁荣是世界城市形成和发展的普遍规律

在世界级城市群或大都市经济圈形成发展的过程中，其中心城市一般也经历了由经济中心向中枢管理中心、由区域性大都市向国际化大都市的转型。而CBD 繁荣是国际化大都市和大都市圈形成发展的一个普遍规律。如表 2 所示，东京和纽约 CBD 的地均雇员人数都数倍于内环和外环，这种梯度变化不仅反

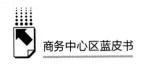

映了经济集聚能力的梯度变化，也映射出中心城市不同圈层之间显著的经济落差。

事实上，每个都市圈中心城市的 CBD 都是经济高度集聚的地区，CBD 也并没有随着经济的发展、地租的上涨而向外扩散，反而集聚度越来越高。无论是日本用行政手段干预还是纽约由市场作用方式去调节，其结果都是——CBD 在中心城市中的经济地位越来越高，集聚能力越来越强，且由于中心城市及经济圈空间的资源配置作用，从已有的经验看，其发展并没有上限。例如，曼哈顿 CBD 对周边城市的经济辐射方式主要包括金融革新辐射、资金流量辐射、产业总部辐射和企业并购辐射等多种方式。通过经济辐射，曼哈顿 CBD 乃至纽约，作为世界金融中心，大大促进了全球金融效率的提高；同时，作为国际金融中心，曼哈顿 CBD 以至纽约向外辐射输出资金流，带动了周边区域和产业的发展，也由此推动了全美经济发展。

表2　东京、纽约两大都市圈中心城市圈层比较

指标 \ 城市	东京都	纽约市
	都心：内环：外环	曼哈顿：内环：外环
人口密度	1：1.79：0.33	1：0.39：0.27
地均雇员	1：0.14：0.02	1：0.06：0.04

纽约、东京等顶级国际化大都市（或称世界城市）和大都市圈的成长经验表明，在国际化大都市和大都市圈的形成发展过程中，CBD 实质上起到了类似"原子核"的核心作用，具有强大的经济文化磁力和辐射带动能力，在国际化大都市和大都市圈形成发展的各个阶段均发挥了不可替代的作用。中心城市的经济发展往往围绕 CBD 进行组织与集聚，并通过产业扩散、人口流动、资金流动以及企业并购、合作与联盟等方式辐射带动整个大都市经济圈的发展。

因此，作为国际化大都市和大都市圈的重要增长极，首都经济圈乃至京津冀地区的各层级 CBD 在吸引总部经济、聚集国际资源、推动要素流动、形成国际影响力等方面发挥着巨大作用。北京 CBD 以及其他各层级 CBD 的建设，不仅对北京成为一个具有全球影响力的世界城市起着非常关键的作用，同时对

京津冀协同发展成为一个具有国际竞争优势的世界级城市群和大都市经济圈亦具有重要意义。

二　首都经济圈建设和京津冀协同发展要求北京提升优化城市功能，加强 CBD 建设有助于强化北京的核心功能和培育形成首都经济圈的国际竞争新优势

建设首都经济圈和京津冀世界级城市群要求北京进一步发挥龙头城市的辐射带动作用，进一步提升其城市功能，强化其国际影响力和竞争力。从发展阶段看，当前北京已经由以往的集聚发展阶段进入集聚辐射阶段，由单纯的"虹吸效应"转向"辐射效应"，以京津同城化为核心的首都经济圈建设和以首都经济圈建设为引领的京津冀协同发展态势正在逐步形成。

（一）首都经济圈建设和京津冀协同发展要求北京提升优化城市功能

1. 首都经济圈及京津冀城市群肩负经济增长与转型升级双重任务

作为我国东部地区的三大经济增长极，长三角和珠三角城市群的发展任务以转型升级为主，而京津冀城市群则肩负经济增长与转型升级的双重任务。

首先，与长三角和珠三角城市群相比，京津冀城市群的发育程度相对较低，面临着加快发展的重任。2012 年，京津冀城市群的城镇化率仅为 58.9%，分别比长三角和珠三角城市群低 8 个百分点和 27 个百分点。在京津冀城市群内部，三地经济发展落差较大，北京、天津的综合经济实力较强，而河北省各城市特别是中小城市的发展水平则远远落后于京津两市。2012 年，北京、天津的人均 GDP 分别是河北省的 2.4 倍和 2.5 倍，两市城镇化率均超过 80%，而同期河北省的城镇化率仅为 46.8%，比全国平均水平尚低 5.8 个百分点（见表 3）。同时，相较于上海、广州、深圳，京、津两市的经济辐射作用较弱，产业带动能力较差，区域内各城市间的经济联系不强，从而影响了京津冀城市群的整体竞争力（见表 4）。

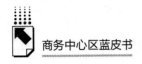

表3　2012年京津冀经济实力及发展水平比较

地区＼项目	GDP（亿元）	全社会固定资产投资（亿元）	地方财政收入（亿元）	人均GDP（元）	城镇化率（％）
北京	17879.4	6112.4	3314.9	87475	86.2
天津	12893.9	7934.8	1760.0	93173	81.6
河北	26575.0	19661.3	2084.3	36584	46.8

资料来源：《中国统计年鉴2013》。

表4　2012年京津冀城市群内各城市发展现状

城市	土地面积（平方公里）	常住人口（万人）	人口密度（人/平方公里）	地区生产总值（亿元）	城镇居民人均可支配收入（元）	社会消费品零售总额（亿元）	实际利用外资（亿美元）	进出口总值（亿美元）
北京	16411	2069.30	1260.92	17879.40	36469.00	7702.80	80.42	4081.07
天津	11917	1413.15	1185.84	12893.90	29626.00	3921.43	150.16	1156.23
石家庄	15848	1038.60	655.35	4500.21	23038.46	1915.76	8.80	129.50
唐山	13472	766.85	569.22	5861.64	24357.67	1535.02	12.30	104.82
邯郸	12062	928.64	769.89	3024.29	21739.97	973.68	8.00	37.20
沧州	14053	724.38	515.46	2812.42	20805.49	787.97	3.93	23.34
保定	22185	1135.14	511.67	2720.90	19047.66	1174.32	5.51	60.90
廊坊	6429	443.93	690.52	1794.33	24871.90	568.08	6.20	50.30
邢台	12433	718.86	578.19	1532.06	18639.38	624.05	4.00	17.50
张家口	36873	439.38	119.16	1233.55	18440.89	439.60	2.50	3.84
承德	39548	350.63	88.66	1181.92	18706.01	349.72	1.30	1.52
秦皇岛	7802	302.16	387.28	1139.37	22098.44	453.81	6.28	44.12
衡水	8837	438.93	496.69	1011.03	18504.37	432.03	1.83	32.40

资料来源：《中国统计年鉴2013》，《河北经济年鉴2013》，河北各市2012年《国民经济和社会发展统计公报》。

其次，从京津冀城市群的产业发展现状来看，产业结构尚不合理，面临着结构调整与产业升级的任务。根据2011年京津冀城市群各城市产业区位熵（见表5）的计算结果可以发现，作为城市群的核心城市，北京第三产业中各行业区位熵普遍大于1，但水利环境和公共设施管理业、教育、卫生社会保障和社会福利业、公共管理和社会组织区位熵在0.8左右，说明北京的服务功能总体上较强，但在上述四个行业仍然有较大的提升空间。另一核心城市天津，制造业和采矿业的区位熵大于 1，表明天津的制造业基础雄厚，但产业的重工业化特征还较为明显；第三产业中只有住宿餐饮业、居民服务和其他服务业这两个产业区位熵大于 1，说明天津的服务业，特别是现代服务业发展仍不尽如人意。唐山的采矿业区位熵高达 4.73，制造业以及电力、煤气及水的生产和供应业的区位熵均大于 1，而第三产业中仅有公共管理和社会组织、交通运输仓储及邮政业这两个行业的区位熵略大于 1，说明唐山的产业结构仍然偏重，城市服务功能仍需进一步提升。整体而言，京津冀城市群存在一定程度的行业分工，但石家庄、保定和廊坊的各行业区位熵普遍偏低，说明其外向型产业发展不足。

表5　2011 年京津冀城市群各城市各行业区位熵

区位熵	北京	天津	石家庄	唐山	秦皇岛	保定	张家口	承德	沧州	廊坊
农林牧渔业	0.37	0.21	0.47	0.54	0.23	0.25	0.07	0.11	3.38	0.20
采矿业	0.24	1.07	0.35	4.73	0.00	0.00	0.99	1.01	0.00	0.00
制造业	0.50	1.35	0.85	1.03	1.04	1.35	0.95	0.81	0.64	1.49
电力、煤气及水的生产和供应业	0.67	0.77	1.80	1.74	2.31	1.08	3.06	2.15	1.57	1.02
建筑业	0.50	0.90	0.54	0.60	0.34	1.25	0.49	0.23	1.23	0.71
交通运输、仓储及邮政业	1.56	0.82	1.70	1.10	2.84	0.90	0.74	1.22	1.18	0.49
信息传输	3.53	0.40	0.70	0.41	0.76	1.09	0.97	0.92	1.47	0.77
批发和零售	1.62	0.99	1.50	0.59	0.43	1.11	1.10	0.44	1.08	0.75
住宿餐饮	1.82	1.10	0.87	0.30	0.53	0.55	0.60	0.44	0.75	0.70
金融业	1.16	0.70	1.50	0.97	1.53	1.12	1.10	2.36	2.59	0.82
房地产业	2.23	0.68	0.21	0.28	0.20	0.41	0.36	1.22	0.20	0.93
租赁和商业服务业	3.24	0.94	0.44	0.42	0.48	0.54	0.82	0.53	0.20	0.25
科学研究、技术服务和地质勘察业	2.67	0.74	0.44	0.26	0.58	0.31	0.78	0.74	0.85	1.50
水利环境和公共设施管理业	0.84	0.82	1.32	0.93	1.41	0.45	1.43	2.36	1.05	1.56
居民服务和其他服务业	1.96	4.90	0.79	0.29	0.04	0.75	0.35	0.00	0.30	
教育	0.80	0.73	1.25	0.96	1.02	0.87	1.35	1.32	0.98	1.03
卫生社会保障和社会福利业	0.80	0.79	0.98	0.85	1.38	1.01	1.35	1.60	1.47	0.67
文化、体育和娱乐业	2.19	0.55	1.72	0.53	1.07	0.50	0.90	2.30	0.98	0.45
公共管理和社会组织	0.79	0.66	1.36	1.09	1.46	0.76	1.32	2.01	1.31	1.13

资料来源：文魁、祝尔娟主编《京津冀发展报告（2014）》，社会科学文献出版社，2014。

最后，从京津冀城市群的发展模式来看，京津冀地区在发展的同时，也付出了沉重的生态环境代价，迫切需要转变发展方式、提升发展质量。2012年，京津冀以占全国2.25%的面积、7.95%的人口，创造了全国9.95%的GDP，产生了占全国7.72%的废水、9.35%的废气污染物、14.74%的工业固体废弃物，其中河北省废水、废气污染物，工业固体废弃物产生量分别占京津冀的57.82%、81.56%、93.97%，严重影响了京津的生态环境。据国家环保部发布的2013年城市空气质量状况显示，空气质量相对较差的10个城市中有7个在河北省，分别是邢台、唐山、石家庄、邯郸、衡水、保定和廊坊。这些城市环绕在北京周边，不但影响了首都的环境质量，也在一定程度上制约了首都经济圈的可持续发展，倒逼京津冀城市群的转型升级。

2. 北京由集聚阶段进入集聚辐射阶段、由"虹吸效应"转向"辐射效应"

北京在快速发展过程中，由于人口、产业过度聚集，生态环境恶化，"大城市病"凸显。而北京周边的不少县市甚至北京市域内的某些远郊区县，却因为发展不足依然处于贫困与落后的状态。这与以往北京处于集聚阶段、"虹吸效应"强、辐射能力弱有关，在一定程度上制约了首都经济圈、京津冀城市群的整体发展和国际竞争力的提升。

2013年，北京人均GDP达15052美元，城镇化率达86.2%，根据相关理论及其衡量指标，北京已进入高收入经济阶段和后工业化阶段，并已迈入高度城镇化阶段（见表6、表7）。无论是从其自身所处的经济社会发展阶段，还是首都经济圈建设以及京津冀协同发展的战略要求来看，北京都应该在首都经济圈乃至更大范围内发挥辐射带动的作用。目前，北京正由集聚发展阶段进入集聚辐射阶段，即一方面，继续强化其政治中心、文化中心、国际交往中心和科技创新中心的核心功能；另一方面，加快扭转"虹吸效应"，注重由资源、功能的聚集向疏散和辐射转变。

3. 首都经济圈和京津冀城市群建设对北京发展提出八大新要求

首都经济圈和京津冀世界级城市群的建设，要求北京进一步发挥辐射带动、高端引领和开放平台的作用，实现自身功能的三大转变。首先，由以往单纯注重功能集聚特别是产业功能集聚，向功能疏解和经济辐射转变。其次，由以往

表6　世界银行关于不同收入阶段社会的划分标准

单位：美元

	低收入经济	中等收入经济		高收入经济
		下中等收入经济	上中等收入经济	
1. 人均 GNP（1998 年）	≤760	761～3030	3031～9360	≥9361
2. 人均 GNI（2001 年）	≤745	746～2975	2976～9205	≥9206
3. 人均 GNI（2008 年）	≤975	976～3855	3856～11905	≥11906
4. 人均 GNI（2010 年）	≤1005	1006～3975	3976～12275	≥12276

资料来源：世界银行《1999～2000 年世界发展报告》；世界银行《2003 年世界发展报告》；国家统计局综合司，国家统计局网站，http://www.stats.gov.cn，2009 - 09 - 11；世界银行《2009～2010 年世界发展报告》。

表7　钱纳里经济发展阶段划分标准（按人均 GDP 划分）

单位：美元

阶段	前工业化阶段	工业化阶段			后工业化阶段	
时期	初级产品阶段	工业化初期	工业化中期	工业化后期	发达经济初级阶段	发达经济阶段
1970 年	100～280	280～560	560～1120	1120～2100	2100～3360	3360～5040
1990 年	340～940	940～1890	1890～3770	3770～7070	7070～11310	11310～16970
2000 年	440～1240	1240～2490	2490～4970	4970～9320	9320～14910	14910～22380
2010 年	560～1570	1570～3150	3150～6300	6300～11810	11810～18900	18900～28350

资料来源：齐元静等，《中国经济发展阶段及其时空格局演变特征》，《地理学报》2013 年第 4 期。

更多强调全国保障首都，向主动为全国其他省市提供服务转变。最后，由以往立足于首都自身发展，向立足服务区域、引领全国、影响世界转变。这种功能转变也对北京的城市发展提出了新的要求。

一是城市发展要有新内涵。首都经济圈要打造世界级城市群，必须提升北京在全球城市体系中的控制力和影响力，同时也要求北京从提升质量、以人为本、创新驱动、智慧低碳、可持续发展、和谐宜居等方面提升城市发展内涵。

二是产业布局要有新空间。北京要面向首都经济圈，与天津、河北携手，形成分工清晰、产业链合理衔接的产业空间布局。河北要加大由重工业为主向轻工业为主转移的力度，促进产业轻型化和服务化。天津要加速从加工业向服务业发展。北京要去功能化，转移加工制造等中间环节到首都经济圈中的其他城市。

三是商务服务要有新提升。北京需要进一步加强商务服务总部在京集聚，依托现有高端服务优势，着力打造以高端服务为主的服务体系，着力提高北京在首都经济圈中的高端商务服务引领功能，提高首都经济圈在世界级城市群中的地位。

四是人才涵养要有新路径。北京要充分发挥人力资源优势，通过建设跨区人才信息库，建立跨区产学研人才培养基地，完善人才服务体系，营造宽松的发展氛围，拓展"人才团队"智力模式等途径，注重京津冀地区等人才涵养，为首都经济圈打造世界级城市群提供人才支撑。

五是对外交流要有新格局。北京要充分利用国际交往机构和国际活动等对外开放平台，树立良好的国际形象，不断扩大和提高国际影响力和竞争力。同时搭建各类国内外合作交流平台，促进区域合作，提升首都经济圈的国际影响力。

六是文化传承要有新思维。北京要通过文化交流活动、建立文化交流基地等方式扩大中国传统文化的世界知名度，通过加强多元文化融汇，使不同文化之间相互交往、吸收、融合，为首都经济圈打造世界级城市群提供文化软实力支撑。

七是生态建设要有新高度。一方面，北京的生态建设要与转变经济发展方式、疏解非首都核心功能结合起来，进一步强化绿色生产、绿色消费，倡导绿色就业、绿色生活；另一方面，北京的生态建设必须放在首都经济圈范围内开展，京津冀三地未来要加强生态环境保护合作，在已经启动大气污染防治协作机制的基础上，完善防护林建设、水资源保护、水环境治理、清洁能源使用等领域合作机制。

八是管理体制要有新架构。就管理机构而言，为促进京津冀一体化发展，北京已成立由常务副市长牵头的区域协同发展改革领导小组，未来要充分发挥区域协同发展小组的重要作用，加强与天津、河北的沟通与交流。就城市管理而言，北京要强调"城市治理"的重要理念，由"单一政府管理"向"多元综合治理"转变，构建特大城市综合治理体系。

（二）首都经济圈建设背景下北京功能疏解与产业发展新态势

北京是首都经济圈的核心增长极，当前已经出现部分功能的外溢，制造业、批发、物流等非首都核心功能正在逐步外迁，生产性服务业、总部经济、科技文化等资源配置、经济管控、高端服务功能将得到进一步强化，产业发展趋向于高端化、服务化、集聚化、融合化和低碳化。

1. 功能疏解的主体为一般性产业部门、部分总部类项目和部分公共服务机构

目前，北京城市功能疏解的主体已由最初的污染型工业转向一般性产业部门、部分总部类项目和部分公共服务机构。截至目前，北京已经确定搬迁的主体包括服装、蔬菜等批发物流市场以及部分工矿业、制造业生产功能（见表8）。

表8　北京一般性产业部门功能疏解情况

类别	搬迁主体	迁出地	迁入地
已确定	首钢	石景山区	河北唐山曹妃甸
	动物园服装批发市场	西城区	廊坊市永清县
	大红门服装批发市场的仓储功能、批发功能	丰台区	东北锦州、河北固安、天津武清
	新发地农产品批发市场的蔬菜批发物流等功能	丰台区	河北省高碑店市
	北京凌云建材化工有限公司	丰台区	河北省邯郸武安市
	北京汽车制造厂	顺义区	河北黄骅
有意向	现代汽车第四生产厂	—	河北黄骅
	锻铸造企业（整体迁出）	—	邯郸成安县、鸡泽县
	家具企业（整体迁出）	—	石家庄行唐县

总体上看，新时期北京可以疏解的非首都核心功能大体可以分为两大类：经济部门和公共部门。经济部门主要包括一般性产业部门（如制造业、工矿企业和部分传统服务业等）和部分总部类项目。就一般性产业部门而言，制造业和工矿企业的疏解以钢铁、建材、石化、家具、汽车制造等产业为主，传统服务业的疏解以区域性专业批发市场、区域性物流基地等为主。就部分总部

类项目而言，如钢铁、石化、汽车等制造业总部，央企总部的分支机构或区域性总部，民营企业的地区性总部或部分职能性总部（如营销总部、采购总部等），可以促使其向通州、亦庄等北京周边地区或津、冀地区外迁，通过这些总部类项目的产业链在周边区域、首都经济圈乃至京津冀等更广范围内进行资源的优化配置，辐射带动区域发展。就公共服务部门而言，可以考虑在严格控制增量的基础上，重点疏解部分国家行政管理部门、高校、科研院所、医疗分支机构和文化事业单位等。

2. 功能强化领域为国家政治、文化、国际交往和科技创新等核心功能

新形势下，北京定位于国家政治中心、文化中心、国际交往中心和科技创新中心。根据上述定位，北京需要进一步加强国家政治功能、文化功能、国际交往功能和创新功能等首都核心功能（见表9），着力强化"四个服务"。即强化国家政治功能，为保障中央党、政、军领导机关的日常运行和工作服务；强化文化功能，充分利用北京丰富的历史文化资源，切实发挥好作为国家文化中心的引领示范作用，为传承中华优秀传统文化和推进先进文化发展服务；强化国际交往功能，借助北京多元化的国际交往平台，树立良好的国际形象，不断提高国际影响力，为日益扩大的国际交往服务；强化创新功能，利用北京丰富的科技人才资源，不断提高自主创新能力，发挥创新引领功能，为国家的科技发展和创新型社会建设服务。

表9 北京需要强化的功能

城市定位	核心功能	具体内容
政治中心	国家政治功能	（1）中央党政军领导机关所在地
文化中心	文化功能	（2）国家主要文化、新闻、出版、影视等机构所在地,国家和世界主要文化和体育活动举办地,国家主要高等院校及科研院所聚集地
国际交往中心	国际交往功能	（3）邦交国家使馆所在地,国际组织驻华机构主要所在地,国家最高层次对外交往活动的主要发生地
科技创新中心	创新功能	（4）国家经济决策、管理,国家市场准入和监管机构,世界级企业总部,国家和世界主要金融、保险机构和相关社会团体等机构所在地,高精尖技术创新研发基地 （5）世界文化融汇基地,国际著名旅游目的地、古都文化旅游、国际旅游门户与服务基地 （6）重要的洲际航空门户和国际航空枢纽,国家铁路、公路枢纽

同时，在经济方面，北京也可借助自身的资源与优势，在生产性服务业、高新技术产业、总部经济、金融、市场、科技、信息、人才与教育、文化创意等领域逐步加强对津冀地区乃至全国的辐射和带动，如科技研发、文化创意的成果转化功能可以向周边区域疏解，形成"北京科技研发创意——津冀成果转化生产"的产业链模式。

3. 产业发展突出高端化、服务化、集聚化、融合化、低碳化

2013 年，北京市第三产业比重已经达到 77%，未来北京的产业发展要进一步突出高端化、服务化、集聚化、融合化和低碳化。突出高端化，就是产业发展要进一步向"微笑曲线"的两端延伸（见图 1），以研发、营销和生产性服务为主；突出服务化，就是着力发展现代服务业，进一步加大现代服务业在产业结构中所占比重，提升服务业的层次与效益；突出集聚化，就是以六大高端产业功能区为依托促使产业集聚发展；突出产业融合化，就是推进制造业与服务业、服务业内部、北京与周边区域的产业融合；突出低碳化，就是节约能源资源和保护生态环境，发展绿色产业、生态产业、低碳产业。具体来说，北京作为首都经济圈的核心，将继续坚持"人文北京、科技北京、绿色北京"的理念，以高端要素聚集为抓手，重点发展高端服务业、文化创意产业和高新技术产业，着重发展产业总部与研发销售中心，逐步将生产基地迁移到首都经济圈和京津冀地区的其他城市。

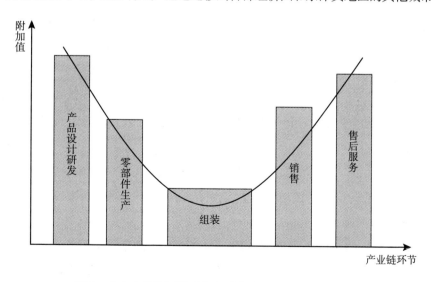

图 1 北京产业发展要重点向"微笑曲线"的两端延伸

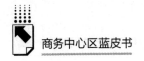

（三）加强 CBD 建设有助于强化北京的核心功能，助推首都经济圈的发展

1. 加强 CBD 建设有助于强化首都的核心功能

北京 CBD 的现有功能定位为"国际信息交流中心、国际资本往来中心、国际人才集散中心、国际时尚引领中心、国际文化传播中心"，与首都"四个中心"的定位特别是文化中心、国际交往中心的定位密切相关。而 CBD 的主导产业——国际金融、文化传媒、高端商务和总部经济，在推动首都国际交往、文化交流、创新引领等方面也都发挥着不容忽视的重要作用。

首先，加强 CBD 建设有助于强化北京的政治中心功能。北京 CBD 是国内涉外资源最集中的地区，国际化程度高，集中了第一、二、三使馆区及中国外交部和大量国际组织的驻华机构，超过 9000 家的外国驻京商社、境外驻京代表机构及众多的国际交往活动场所都云集于此。借助这些多元化的国际性平台，北京可以进一步加强中国首都的对外交流，凸显中国首都的国际政治功能，释放中国首都的国际影响力，提升中国首都在国际上的政治地位，强化北京的政治中心功能。

其次，加强 CBD 建设有助于强化北京的文化中心功能。以文化传媒创意产业为主导产业之一的北京 CBD，已经成为国内外文化传媒企业落户扎根的首选地之一，聚集了北京 90% 以上的国际传媒机构，以及人民日报社、中央电视台、北京电视台、凤凰卫视等国内文化传媒产业的领军企业，在广播影视、网络游戏、广告会展、文化创意、节目制作、信息传媒等领域有着强大的创造力和广泛的影响力，有助于加强北京的文化中心建设，打造具有中国特色的社会主义先进文化之都。

再次，加强 CBD 建设有助于强化北京的国际交往中心功能。北京 CBD 是国际交往的重要窗口，区域内国际化资源高度聚集，集中了北京 90% 以上（169 家）的国际传媒机构，约 80%（110 家）的国际组织、国际商会，约 80%（50 家）的跨国公司地区总部，约 70%（160 家）的世界 500 强企业，约 70%（252 家）的国际金融机构，约 30%（17 家）的五星级酒店，约 50% 的外籍人口，北京市约 50% 以上的国际性会议、90% 的国际商务展览在这里举办，国际交流频繁，多元文化交融。北京可以充分利用 CBD 的国际资源与平台，将 CBD 内金融、总部以及跨国公司产业链在京津冀乃至全国范围内进行优化配备，强化北京的国际交往中心功能。

最后，加强 CBD 建设将有助于强化北京的科技创新中心功能。北京 CBD 内国际金融、文化创意、高端商务和总部经济等主导产业的发展均离不开科学技术的支撑，可以为北京科技创新成果的转化提供广阔的市场和平台。同时，作为外资银行聚集地的 CBD，也可以为北京的科技创新提供资金支持，强化北京科技创新中心的建设。

2. 加快 CBD 发展有助于推动北京的世界城市建设

现代意义上的世界城市是国际城市的高端形态，是世界跨国公司总部、国际高端人才、重要国际活动的聚集地，是以自身实力为基础，在政治、经济、社会和文化事务中具有重要的影响作用，成为全球社会经济活动的动力中枢和世界城市网络体系中的核心节点的城市。因此，北京建设世界城市，首先要提升其国际影响力，包括具有雄厚的经济实力、较强的要素集聚和配置能力、良好的综合承载能力和国际交往能力，最终形成具有较高国际化水平和较强国际经济社会影响力和控制力的世界城市。由表 10 可以看出，北京建设世界城市所需的核心标准和条件均能够从北京 CBD 的现有职能和主导产业中得到体现，CBD 承载着北京建设世界城市的核心功能，加快 CBD 发展有助于推动北京的世界城市建设。

表 10　世界城市的评价标准

类别	作者	评价标准
以政治、商业影响力为主	彼德·霍尔(1966)	(1)成为所在国的政治权力中心 (2)拥有大型国际机场、较大的港口或铁路等交通枢纽 (3)发达的新闻出版业和无线电、电视网络 (4)较大规模的人口并集中了相当比例的富裕阶层 (5)发展良好的娱乐服务业等
以新的国际劳动分工下的区域特征为主	弗里德曼(1986)	(1)主要的金融中心 (2)跨国公司总部(包括地区性总部)所在地 (3)国际组织所在地 (4)商业服务部门的高速增长 (5)重要的制造中心 (6)主要交通枢纽 (7)人口规模

类别	作者	评价标准
以生产者服务业的集中度为主	萨森(1991)	银行和跨国公司总部的数量
	GaWC 小组(1999)	现代服务业中的会计、广告、金融和法律等4个领域的服务能力
按照综合发展标准设置的多元评价标准	伦敦规划咨询委员会(1991)	(1)具备良好的基础设施 (2)通过国际贸易和投资带来较强的财富创造能力 (3)就业和收入的增长 (4)较高的生活质量
	诺克斯(1995)	(1)跨国公司商务活动,即世界500强企业数 (2)国际事务,即非政府组织和国际组织数 (3)文化集聚度,即城市在国家中的首位度
以城市网络体系节点的作用力和影响力为主	弗里德(1995)	城市空间体系中的作用力和影响力
	GaWC 小组(2000)	容纳力、支配力和通道三大方面的指标

注：GaWC 是由毕沃斯托克（Beaverstock）、史密斯（R. J. Smith）和彼得·J. 泰勒（P. J. Taylor）等人发起组织的"全球化与世界城市研究小组与网络"。

3. 加快 CBD 发展有助于培育形成首都经济圈的国际竞争新优势

随着经济全球化与区域一体化的发展，国家、区域之间的竞争越来越集中地表现为城市群之间的竞争。以纽约为中心的美国东北部大西洋沿岸城市群、以芝加哥为中心的北美五大湖城市群、以东京为中心的日本太平洋沿岸城市群、以伦敦为核心的英国城市群和以巴黎为中心的欧洲西部城市群均被认为是最成熟的世界级城市群地区。与这些成熟的世界级城市群相比，京津冀城市群和首都经济圈在建设国际性城市、提升经济实力、优化城市职能分工、加强区域交通网络建设等方面还有待进一步发展完善。北京 CBD 和区域内其他城市的 CBD 可结合各自的职能定位与主导产业，发挥辐射带动、高端引领等重要作用，北京 CBD 承载首都经济圈和京津冀城市群培育形成国际竞争新优势迫切需要强化其核心功能。

三　加强京津冀地区各 CBD 的协同发展有助于深化区域合作，是推动首都经济圈建设和京津冀一体化发展的重要切入点

推动京津冀地区一体化发展是一项复杂的系统工程，不可能一蹴而就，需

要通过找准区域合作的关键节点作为抓手、搭建平台，在可控的范围内，按照市场经济规律和区域发展规律，不断探索创新、积累经验，然后再逐步扩大推广，最终实现区域的整体协同发展。

（一）加强 CBD 合作是推动首都经济圈建设和京津冀一体化的重要切入点

从国内外发展经验来看，区域合作的关键节点和对接平台一般需要具备四个条件：一是发展基础良好，能够代表区域发展的制高点和发展方向；二是综合要素平台，具有较强的资源要素配置能力；三是开放平台，具有良好的内外沟通能力和对外开放基础；四是具有成熟规范的市场环境和商务环境。

目前来看，京津冀地区的 CBD 最具备这四个方面的条件。例如，北京 CBD 涉外资源密集、商务环境与国际接轨、市场环境相对成熟、更具有高端人才富集和创新性环境的优势，这是北京 CBD 吸引跨国公司总部和知识密集型服务业集聚的主要因素，也是其他区域不具备且在短期内无法复制的优势（换句话说，周边区域尚不具备承接这类企业的成熟条件）。而天津河西商务中心区、滨海新区商务中心区、石家庄中央商务区等 CBD 也是各自区域范围内的发展制高点，市场条件相对成熟，资源要素配置能力相对较强。

以加强 CBD 合作和协同发展为切入点促进首都经济圈建设和京津冀一体化发展，不但符合各地区的发展诉求和发展方向，能够激发各地政府的合作积极性，有助于打破当前京津冀地区存在的"低水平合作瓶颈"（即北京希望转移污染型或低效益的低端产业，而津冀地区希望引进清洁型、高效益的先进产业，三地发展诉求存在差异，合作意愿不高，导致合作受阻、进展缓慢），也有助于更好地发挥市场的主体作用，实现区域资源的优化配置。

（二）加强京津冀地区 CBD 合作和联动发展的基础与条件已经具备

目前，无论是从 CBD 的自身发展还是其外部环境来看，加强京津冀地区 CBD 合作和联动发展都已具备了较好的基础与条件。

首先，京津冀三地合作的政策环境趋好。早在 2004 年，京津冀三地政府就已共同签署《廊坊共识》，正式提出"京津冀经济一体化"的发展思路。国家"十二五"规划也明确要求，推进京津冀区域经济一体化发展，打造首都经济圈。2014年2月，习近平总书记再次强调，推动京津冀协同发展是一个重大的国家战略，要抓紧编制首都经济圈一体化发展规划，明确三地的功能定位、产业分工、空间布局、交通体系等重大问题，并从政策制定和项目安排等方面形成具体措施，推动京津冀协同发展。目前，由国家发改委牵头的京津冀协同发展规划正在加紧研究和编制中，而北京市也正在研究编制首都经济圈发展规划。上述规划和政策的出台，将为推动京津冀地区的深层次合作、促进京津冀地区协同发展创造良好的制度环境。

其次，各层级CBD发展态势良好。作为各城市（城区）发展的"原子核"，京津冀地区的CBD发展呈现良好态势。2012年，北京CBD功能区、北京CBD中心区、天津滨海新区CBD、河西CBD等的各项主要经济指标保持平稳快速增长，发展实力均处于所在城市（城区）的最高水平（见表11）。以北京CBD为例，2012年，北京CBD功能区和中心区分别以占朝阳区17.8%和0.8%的土地面积，贡献了朝阳区54.3%和24.6%的地区生产总值、60.3%和20.5%的税收，提供了朝阳区50.8%和22.0%的就业岗位。又如天津CBD，2013年天津河西CBD实际投入运营的商务楼宇共109座，实现纳税总额50.6亿元，占河西区三级税收总额的57.8%；2013年天津滨海新区CBD的地区生产总值同比增长26.90%，高于天津市地区生产总值增速14.4个百分点。

表11 2012年京津冀地区部分CBD的发展情况

项目 \ 地区	北京CBD（功能区）	北京CBD（中心区）	天津滨海新区CBD	天津河西CBD
GDP（亿元）	1970	891	73.53	664.5
资产规模（亿元）	57266	19558.2	—	747.85
营业收入（亿元）	12463.1*	4626.5*	8.31	1137.09
全社会固定资产投资总额（亿元）	191.8	—	183.3	90.15
纳税过亿元楼宇数量（家）	40	—	0	25
从业人员（万人）	67.5	29.3	0.12	—

＊为限额以上企业的营业收入。

资料来源：根据京津冀地区部分CBD提供的相关统计资料整理。

最后，北京 CBD 的部分功能已经出现疏解和外溢。在首都经济圈建设、京津冀协同发展这一大背景下，北京 CBD 的功能进入整合与转型升级的新时期，部分功能需要进一步强化，部分功能需要在周边地区乃至全国疏散，提升未来 CBD 在首都经济圈中的地位作用。其中，北京 CBD 需要强化的功能包括：国际信息交流中心功能、国际高端商务服务中心功能、国际金融中心功能、地区总部功能、国际人才集散功能和文化融汇传播功能。这些功能对提升北京 CBD 的影响力和控制力均具有重要的支撑作用。北京 CBD 需要疏散的功能包括：部分商务服务配套功能、文化传媒业务外包功能、批发物流配送功能以及部分总部类项目（如制造业总部）等，在京津冀区域范围内整合资源，构筑面向京津冀的 CBD 产业链。例如，北京 CBD 部分国际贸易服务的基础性功能可以疏散至天津港，利用天津港的投资与服务贸易便利化综合改革，与国际投资、贸易通行规则相衔接的制度机制，"大通关"体系，口岸监管模式和服务方式创新等优势加快发展。北京 CBD 内的文化传媒企业可以开展业务外包，为周边地区尤其是定福庄、通州以及亦庄等区域的中小传媒企业发展创造条件。北京 CBD 内物流配送、研发设计、制造业的总部类项目，特别是央企二、三级总部分支机构和各省市民营企业总部，可以疏散到通州、亦庄、廊坊、石家庄等周边地区。通过 CBD 功能的疏解与承接，加强各地区 CBD 之间的分工协作和产业联动，推动首都经济圈建设和京津冀一体化发展。

四　以构建多层级 CBD 网络为抓手打造京津冀协同发展先行区，加快首都经济圈建设和京津冀一体化进程

从国际大都市经济圈的发展经验来看，CBD 在大都市经济圈功能重构和一体化发展中起着至关重要的作用，是引领大都市经济圈走向国际化、支撑核心城市迈向世界城市行列的重要基础。未来，京津冀地区应借鉴国际大都市经济圈的成功经验，以构建具有全球影响力的多层级 CBD 网络为重要抓手和平台，加快推进首都经济圈的"强核—渗透—布网—连接"过程，最终实现京津冀区域一体化的融合发展。

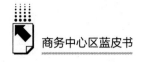

（一）强核：加快 CBD 发展，推动北京"世界城市"建设

国际经验表明，大都市经济圈的形成与发展，必须依托一个强大的发展极核即世界城市或国际化大都市的带动，而这个核心城市的经济发展往往围绕其商务中心区（CBD）呈明显的集聚特征，并通过功能外溢、产业扩散、人口疏解、资本流动等方式辐射带动整个大都市圈的发展。同样，伴随着国际化大都市和大都市经济圈的发展，大都市的 CBD 一般也经历了产业规模不断扩张、地域范围不断拓展、产业结构不断升级的发展过程，伦敦 CBD、东京 CBD、纽约 CBD、巴黎 CBD 等莫不如此。

当前，首都经济圈正朝着国际大都市经济圈的方向努力迈进，但从规模体量和产业集聚程度来看，北京 CBD 尚不足以支撑一个具有区域影响力乃至世界影响力的世界城市、世界级城市群或国际大都市圈的发展，更不能与纽约曼哈顿、东京银座、巴黎拉德芳斯、伦敦金融城等世界级的 CBD 相提并论。例如，仅以地域面积来看，北京 CBD 的面积还不到东京 CBD 的 1/2、伦敦 CBD 的 1/4，产业规模、经济体量、金融控制力、国际影响力等方面则相差更远。总体而言，目前北京 CBD 仍处于需要加快发展和集聚发展的关键时期，应通过促进跨国公司、企业总部、国际组织、金融资本等高端要素的集聚，进一步提高自身的经济影响力和国际竞争力，以 CBD 的发展和繁荣支撑北京世界城市建设，引领首都经济圈发展，推动京津冀一体化进程。

一要进一步促进跨国公司和企业总部的集聚。CBD 是重要的经济资源配置中心，跨国公司作为全球化最重要的推动力量，其数量的多少、行业的覆盖面往往代表了各资源配置中心在全球化分工中的地位。因此，北京 CBD 要想成为全球性资源配置中心，必须进一步优化区域环境、提升服务能力，加强对跨国公司和企业总部的服务，吸引国内外金融机构、跨国公司、企业总部等集聚。同时搭建国内企业进行跨国投资并购活动的平台，引导国内 500 强企业、央企总部、大型企业集团总部以及大型民营企业总部聚集。

二要进一步吸引国际组织与机构的入驻。国际组织在全球政治、经济、安全及社会、文化等诸领域的发展中具有重要的作用，吸引国际组织和机构入驻，不仅能极大提升北京市的国际化能级建设，也对扩大首都经济圈的国际影响力具有深远影响。因此，北京 CBD 应通过提供高品质服务，形成相关的外交、法律、税收等方面的制度支撑，进一步吸引专业性、功能性国际组织以及政府间国际组织与非政府国际组织入驻，逐步确立北京在国际专业信息发布、国际专业标准制定、国际专业功能协调的枢纽功能，增强北京以及国家在重要国际组织中的话语权和影响力，进而提升首都经济圈的国际影响力。

三要进一步引进和培育国际高端人才。国际顶尖的专业人才是引领经济创新发展以及提升国际竞争力的最关键资源。北京 CBD 应依托区内丰富的国际资源优势，有效利用国内外人才资源，重点引进国际金融、高端商务、信息传媒、文化创意与电子商务等方面的高端管理和专业人才；并建立包括人才选拔、使用、评价、退出机制等在内的人才动态管理模式与机制；制定包括高端商务人才落户、医疗保障、配偶安置、子女入学、居留与出入境等在内的人才引进政策；建立高端商务人才的服务保障体系和考核激励机制。

四要进一步促进国际品牌活动的集聚。国际知名品牌活动是资源配置中心在区域甚至全球范围内进行资源组织、协调和配置最重要的平台之一，此类活动的开展将在特定的领域内为 CBD 带来广泛的国际影响力，并随着活动类型的丰富、频次的增加逐步形成全方位的综合辐射力。北京 CBD 应借助既有成熟的且具国际影响力的平台，促进国际品牌活动向 CBD、北京或首都经济圈聚集，利用国际品牌活动的宣传、媒介与推动作用，进一步将国际品牌活动提升为北京乃至首都经济圈对外输出影响力的重要平台。

（二）渗透：促进 CBD 产业链延伸和拓展，辐射带动区域发展

首先，充分发挥金融、大型传媒机构的核心引领和带动作用，培育区域产业生态群。根据国际经验，金融产业和传媒产业在空间的集聚上呈现轮轴式产业集群模式。该集群的显著特征是由一个或多个核心企业支配，企业间合作以核心企业为中心展开，沿着产业价值链上下游及水平方向进行合作，形成与核心企业上下游相关联的配套企业集群。以北京 CBD 为例，央视、北京电视台等大型传媒机构显然承担了核心企业的角色，大量围绕核心传媒机构进行生产的中小传媒企业在 CBD 及其周边地区集聚，如定福庄传媒产业园就是基于这一模式发展起来的。金融业也主要呈现此种模式，往往以某个或某些银行集团

为核心，其他多家金融机构围绕该中心组成网络开展自己的业务。因此，各地区 CBD 应充分发挥金融、大型传媒机构的核心引领和带动作用，吸引配套产业在 CBD 以及各 CBD 周边区域集聚发展。

其次，积极发展总部经济，整合 CBD 战略资源和周边区域常规资源，提升区域产业竞争力。从总部经济的特征来看，总部经济是以"高人力资本和技术含量、高附加价值、高控制能力、高产业带动性"为特征的一种经济形态，这些总部型机构具有强大的上游资源、下游渠道的控制能力，以及地区和行业联盟号召能力。因此，基于这些总部型企业的产业链更有能力在周边区域、首都经济圈乃至京津冀等更广范围内进行梯度配置，辐射带动周边区域发展。因此，各地区 CBD 应充分利用 CBD 的战略资源优势，即人才、信息、资本、金融等，以及周边区域的常规资源优势，即土地、劳动力、生态资源等，积极吸引不同级别的企业总部，如跨国公司亚太地区总部、中国地区总部、研发中心、营销中心以及国内大型企业集团总部、地区总部、央企二三级总部分支机构以及各省市民营企业总部等入驻各地区的 CBD。对于各 CBD 的周边地区，如北京 CBD 的周边地区通州、亦庄、廊坊、保定等，天津 CBD 周边的塘沽区、东丽区、西青区、静海县等，可以建设这些企业总部的生产基地，也可以承接部分有外迁需求的总部，如物流配送、研发设计、制造业的总部类项目等。

最后，促进产业融合发展，增强区域产业创新发展活力。当前，制造业和现代服务业的融合发展已经成为产业经济发展的重要特征和趋势，应紧紧围绕首都经济圈建设和京津冀协同发展，依托各地区 CBD 的金融、商务服务、文化传媒、高端商业、总部经济等优势产业，加强与周边地区及京津冀范围内其他地区的制造业、物流业、科技产业等的融合发展，重点强化总部经济对产业融合的影响与促进，着重推动商务＋金融、商务＋文化、金融＋文化、商务＋科技、科技＋文化创意、信息＋服务、制造业＋科技产业等重点领域的产业融合发展，积极培育产业融合的新型业态，推动形成跨区域、跨行业、跨领域的产业融合发展的格局，增强区域产业创新发展活力（见图 2）。

（三）布网：优化 CBD 网络空间布局，构筑区域合作对接平台

CBD 网络的空间布局，不仅关系各层级 CBD 自身的健康发展，也起到强

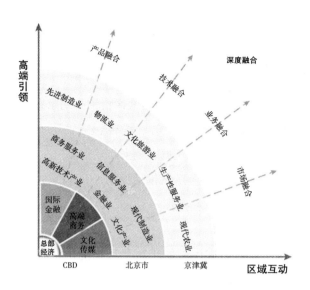

图 2　京津冀地区产业融合发展路径

化京津冀城市群内部经济网络支撑，引领区域发展、合理配置资源，提高产业效能的重要作用。

从京津冀区域角度看，目前北京 CBD 已经具备区域级 CBD① 的发展实力，吸引入驻的世界 500 强企业有 160 家、企业总部有 50 家，是中国商务区联盟、世界商务区联盟的轮值主席，在 2012 年中国主要城市总部经济发展能力排名中名列榜首，是未来最有可能成长为世界级 CBD 的中国 CBD 之一，也是引领北京走向世界城市、京津冀城市群发展成为世界级城市群的核心增长极。天津 CBD② 目前吸引入驻的世界 500 强企业有 19 家、企业总部有 20 家，在 2012 年中国主要城市总部经济发展能力排名中居第六，具有成长为区域级 CBD 的发展潜力，是打造首都经济圈和京津冀城市群的经济发展副核心。未来，京津冀地区应立足当前的发展基础和各市的资源禀赋，以北京 CBD、天津 CBD 为首都经济圈的主核心和副核心，以京津冀区域内其他各级商务中心区为节点，以便捷快速的高速公路、城际铁路为纽带，以构建多层级 CBD 网络为平台，强

---

① 区域级 CBD 是指能够为本省（直辖市）及周边省市组成的大区提供商务服务、具有区域影响力的 CBD。
② 天津 CBD 包括河西 CBD 和滨海新区 CBD。

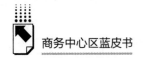

化首都经济圈的经济网络支撑，率先建成京津冀协同发展先行区。

从首都经济圈的核心 CBD 即北京 CBD 来看，随着核心区建设的快速推进、东扩区建设的启动，以及整个功能区的配套发展，当前北京 CBD 已经对周边地区产生了强大的辐射力，带动周边地区特别是北京东部地区的发展。未来，北京 CBD 应在强化功能区"一心、两带、三轴"空间结构的基础上，"强化功能核心区、联动发展五区三城、辐射带动津冀"。

"强化功能核心区"，即继续强化包括原中心区和东扩区在内的、面积 7 平方公里的北京 CBD 核心区的商务服务功能，大幅提升其对京津冀区域发展的辐射带动能力。

"联动发展五区三城"，即引领朝阳区奥运功能区、电子城功能区、温榆河功能区、定福庄功能区和垡头功能区联动发展，同时辐射带动北京东部顺义新城、通州新城和亦庄新城的发展。其中顺义新城以发展临空产业及先进制造业为主，可通过与 CBD 的联动发展，承接国际交往、会议会展等功能的外溢；通州新城以发展文化产业为主，可通过与 CBD 的联动发展承接商务服务、金融后台、休闲会议等功能的外溢；亦庄新城以发展高新技术及现代制造业为主，可通过与 CBD 的联动发展承接商务、现代物流等外溢功能。

"辐射带动津冀"，即通过构建京津冀地区的多层级 CBD 网络，以北京 CBD 为龙头，辐射带动天津河西区、天津滨海新区、河北石家庄等各层级 CBD 联动发展。依托北京 CBD 的国际金融、高端商务、文化传媒、总部经济等优势产业，一方面服务于首都经济圈和京津冀地区的经济发展，另一方面通过加强产业链的拓展与延伸，在津冀等周边有条件的区域建立 CBD 金融后台服务基地、文化传媒产业孵化基地、会议会展基地、人才培养基地和后勤服务基地等，构筑面向京津冀的 CBD 产业链，在京津冀范围内整合资源，不断强化 CBD 的资源要素配置能力和对周边地区的辐射带动能力。

（四）连接：以构建 CBD 网络为抓手，打造区域协同发展先行区

首先，在国家层面，要以建设首都经济圈和世界级城市群为目标，支持京津冀以构建多层级 CBD 网络为抓手，率先建成 CBD 区域协同发展先行区。允许京津冀政府以 CBD 区域协同发展先行区为试点，在土地出让、金融投资、

产业对接等体制机制方面进行创新研究和先行先试，积极探索以经济合作为纽带、打破行政区划分割的跨区域发展协调机制、一体化市场机制、资源合理开发机制、政府协调服务机制、规划实施保障机制等。同时在国家层面尽快出台推动京津冀协同发展的区域规划、政策体系等顶层设计，并给予财政政策、投资政策、金融政策、土地政策以及重大项目安排等方面的支持。

其次，在 CBD 网络层面，一要紧密结合本地区及京津冀区域的发展需要，准确把握 CBD 的产业发展方向，加快各地区 CBD 产业优化升级的步伐，使之更好地服务于本地区和京津冀城市群的发展。二要不断吸收国际最先进的建设和管理理念，坚持走高端化、低碳化、智能化的发展路线，进一步提升各地 CBD 的功能和品质，使之成为京津冀地区承接国内外高端要素、参与区域竞争与国际竞争的核心区域，扩大和提升京津冀城市群的全球影响力和国际竞争力。

最后，在北京市层面，要认识到北京 CBD 仍处于需要加快发展和集聚发展的关键时期，需要从市级层面进一步支持 CBD 的发展，不断强化其商务服务能力、资源配置能力和创新引领能力，从而以 CBD 为龙头和平台，吸引更加多元化、国际化的高端要素，加强资源的整合与优化配置，促进首都经济圈的发展，不断提升京津冀城市群参与国际竞合的能力。

参考文献

文魁、祝尔娟主编《京津冀发展报告（2014）》，社会科学文献出版社，2014。

Peter H. The World Cities, London Weidenfeld and Nicholson, 1966.

Friedmann J. The World City Hypothesis, Development and Change (Sage, London, Beverly Hills and New Delhi), Vol. 17 (1986).

Sassen S. The Global City: New York, London, Tokyo. Princeton: Princeton University Press, 1991.

赵继敏：《世界城市内涵的历史演变及对北京的启示》，《城市观察》2011 年第 5 期。

齐元静等：《中国经济发展阶段及其时空格局演变特征》，《地理学报》2013 年第 68（4）期。

城市建设篇

City Construction

B.5

CBD 规划建设及其空间发展

王 伟*

摘 要:

本专题研究聚焦 CBD 发展历程中的空间规划与开发建设维度，结合纽约、伦敦、巴黎、东京、上海、北京、广州、深圳等国内外 CBD 的典型案例，分析国内外 CBD 空间规划与开发建设的主要特征、一般规律、面临挑战及未来总体趋势，为中国其他地区的 CBD 建设发展提供参考与借鉴。

关键词:

CBD 空间规划 开发模式

---

* 王伟，中央财经大学政府管理学院副教授，博士，主要研究方向为城市规划与设计。

国际大都市空间分布中一个最重要的特征便是中央商务区（CBD），CBD既是现代国际化大都市经济发展的中枢，也是跨国公司、金融机构、企业、财团总部商务活动的地标中心，比如纽约的曼哈顿、伦敦的伦敦城、东京的新宿、新加坡的中心区、香港的中环铜锣湾一带等。中央商务区依托其特殊的地理位置，形成对人员、资金、信息和货物的超强聚散能力，成为体现国际大都市产业竞争力和控制力的核心空间。

一 现代 CBD 空间规划与发展特征

（一）土地利用

土地是城市最宝贵的资源，土地的区位特征决定了其不可替代性。对任何一个城市的中心区而言，其土地的价值和开发强度都是远高于其他区域的。而大城市或特大城市的 CBD，无论其位于旧城区还是新开发区，因为其自身的特点和规划赋予的功能要求，其土地利用必然要高强度、密集开发。墨菲和万斯在调研 CBD 土地利用时就认为，CBD 是城市中土地利用集约化程度很高的区域，CBD 内部的中心商务功能的多少与土地利用的密集程度有关。

虽然 CBD 以土地高强度开发为主，但其土地利用并不是均衡等量的，不同地段的土地其利用系数有很大差异，如 CBD 的硬核与核缘，硬核往往是 CBD 土地利用的峰值区，其中 CBHI > 1.5、CBII > 60% 或 CBHI > 2、CBII > 50%（上述硬核—核缘结构理论由墨菲、万斯于 1950 年代提出；但 1959 年戴维斯在研究了南非开普敦城市中心区后，将 CBHI > 4、CBII > 80% 的区域定义为 CBD 的硬核），这里是 CBD 的心脏，其经济价值表现为级差地租最高的区域，必须由最高支付能力的经济单体使用。而 CBD 的核缘或者外围的框架结构，由于其空间区位的差异，土地价值要小于硬核区，开发利用强度也不如硬核区，但一般仍然高于城市其他区域的开发。

中心商务高度指数（Central Business Height Index，CBHI）

$$CBHI = \frac{中心商务区建设面积总和}{总建筑基地面积}$$

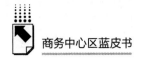
中心商务强度指数（Central Business Intensity Index，CBII），一般将 CBHI > 1，CBII >50% 的地区定为 CBD。

$$CBII = \frac{中心商务用地建设面积总和}{总建筑面积}$$

（二）功能结构

CBD 内的产业功能基本上是城市第三产业，而且以办公、贸易、金融、证券、保险、咨询、服务等高端、新兴产业为主。其中办公职能是最重要的，商务办公、金融和专业化生产三项职能的用地比例一般为 2:1:1，巴黎拉德芳斯三大职能分别占 50%、25%、25%。有学者研究证明，CBD 发展的规模与空间构成均与城市商务产业存在着对应关系，而且通过分析各个城市商务产业矩阵分布，得到了城市商务产业与 CBD 联动发展的横向模型。因此，对 CBD 进行规划设计，确定其业态布局，必须结合城市的经济水平、商务产业以及未来可能形成的优势主导产业，从而在对 CBD 开发时可以因地制宜地发挥城市的产业特色，形成完整的产业链体系，带动城市经济更快更好地发展。

针对不同城市 CBD 定位的差异，开发过程中要因地制宜，结合具体功能定位、产业定位等进行各类功能设施的开发建设。表 1 显示了不同定位级别的 CBD 与城市第三产业、市区办公建筑面积、CDD 的用地规模和办公面积之间的关系。能够看出，CBD 的级别与第三产业比重、CBD 办公面积之间的关联程度是比较高的，这也进一步表明，我们在进行 CBD 开发时要充分依据其定位水平，切不可主观臆断。

同时也要注意的是，不同的城市 CBD 功能组成虽大致相同，但由于城市的经济水平与其在全球和区域中的地位的差异，各个功能结构所占的比例往往相去甚远。如表 2 所示，商务办公占最大比例的巴黎（71%），是最小比例广州（31%）的 2 倍多；而居住公寓占最大比例的东京（29%），是最小比例上海（8%）的 3 倍多。因此在 CBD 规划设计时，应根据各个城市的具体需要，合理分配 CBD 的功能，避免出现"一面独大"和极端化。

表1　CBD 规模参考数值

城市	第三产业占GDP比重（%）	CBD用地规模（平方公里）	市区办公建筑面积（万平方米）	市区办公面积（万平方米）	CBD定位级别
纽约	84	3.3	4300	3000	世界级
东京	82	3.5~4	4200	2200	
伦敦	83	8.5	2200	1500	
巴黎		3.5~4	2800	1700	
香港	85	2	700	400	区域级
新加坡	64	0.82	750	500	
北京	60	1.5~2.5	1300	500	国家级
上海	48	3	4000	370	
广州	53	6.19		1000	地区级
深圳	38	1.5~2	443	350	

资料来源：陈一新，《中央商务区（CBD）城市规划设计与实践》，中国建筑工业出版社，2006。

表2　国内外城市CBD功能比例构成

单位：%

功能分类	上海	北京	广州	深圳	杭州	巴黎	东京
商务办公	66	49	31	49	49	71	36
商业娱乐	15	19	42	13	17	11	19
公共设施	11	5		13	10	2	16
居住公寓	8	28	27	25	25	16	29

资料来源：陈一新，《中央商务区（CBD）城市规划设计与实践》，中国建筑工业出版社，2006。

（三）空间布局

1955年，墨菲、万斯和爱泼斯坦（Epstein）对CBD内商务活动的布局进行了研究，将CBD内的商务活动以圈层划分：第一圈是零售业集中区，以大型百货商场和高档购物商店为主，它们围绕着PLVl分布；第二圈是零售服务业，其底层为金融业、高层为办公机构的多层建筑集中区；第三圈以办公机构为主，旅馆也多见；第四圈以商业性较弱的活动为主，如家具店、汽车修理厂、超级商场等需要大面积低价土地的商务活动。

根据西方城市CBD空间结构演变历史和当前CBD空间形态特征，总体上可以把CBD空间结构归纳为两种模式，即集中模式和扩散模式。

1. 集中模式

根据集中程度和集中方式的不同，集中模式又可细分单核式集中结构和组合式集中结构。

组合式集中结构是 CBD 在发展初期阶段最常表现的一种结构模式。一般出现在建成历史较长的传统工业城市。这类城市大多规模较大、工业化时间较早，市中心水平尺度大，道路网络化有限，使各类商务功能围绕一些分散的节点发展成各功能亚区，彼此之间联系松散，也无主次之分，基本呈均衡发展的状态，它们共同组合为一个 CBD 区域。这种组合式集中结构在西欧工业发达的城市表现最为明显，如伦敦旧城 26 平方公里的市中心内可以清晰地划分出相互分离或重叠的 CBD 功能亚区。此外，欧洲一些传统的城市为保护市中心历史建筑和城市文化而拒绝高层建筑的做法是组合式结构形成的原因之一，如巴黎老城中心商务功能呈现分散与复合的组合特点。

建设时间较短的新兴城市，CBD 发展初期阶段更多地表现为单核式集中结构。单核中心具有强大的向心吸引作用，导致 CBD 各项功能聚集形成高度密集的内聚式 CBD 核心。这类新兴城市历史负担轻，市中心有严谨规整的道路系统和标准化建设的高层写字楼，有利于商务空间高度集聚而形成单核，如 20 世纪初期的北美地区年轻城市。在条件适宜的时候单核式集中结构可能会向组合式集中结构转变，但受各种条件限制，这种扩散很难构成水平方向上足够大的 CBD，也难以避免一个绝对中心的存在。

2. 扩散模式

随着信息产业的深化，金融与商务地位的提高，市中心外围地区产生了大规模、集中化的商务空间，形成与原 CBD 对峙的格局。主要表现为 3 种空间模式：双子模式、内心外环模式、多中心模式。

双子模式包括分别由单核式和组合式集中结构演化而来的双核结构和区域＋核结构。在城市交通结构的影响下，单核集中结构演化出另一个核心，形成主导功能分异的双核结构。例如，纽约曼哈顿中城 CBD 就是由下城 CBD 分化而成的以总部办公为主的 CBD，它们共同构成曼哈顿 CBD 的双核结构。区域＋核结构的典型代表是巴黎拉德芳斯和伦敦道克兰。巴黎拉德芳斯经过 50 余年的建设已成功开发为巴黎最大的商务办公区，巴黎 CBD 扩散复合已成定局。伦敦道克兰是由码头区改造而来的城市综合新区，但其商务办公能力尚不及伦敦旧城中心，目前还在两者之间发展起中央活动区（CAZ），CBD 仍处于扩散发展中。

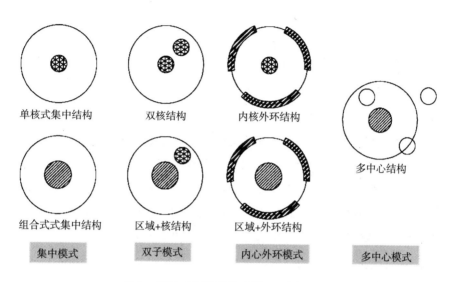

图 1　CBD 空间发展代表性扩展模式示意

资料来源：笔者自绘。

内心外环模式是在 20 世纪 50～60 年代西方国家郊区化浪潮推动下，从集中模式发展而来的内核外环结构或区域＋外环结构。最为典型的是北美城市，60 年代出现的办公郊区化使郊区商务空间由零星规模发展为围绕市中心 CBD 广泛环状分布的局面。这种郊区环形商务空间的发展能够促进中心 CBD 功能升级，但在很多城市中，由于工业区和自然障碍这种办公环境往往闭合不够完整。

多中心模式往往是规划的结果。为了解决老 CBD 的拥挤状况，在城市外围规划若干个次级 CBD 中心，各级中心相对独立，总体上形成以老城 CBD 为主，外围若干副 CBD 环绕的多中心结构。例如，东京 CBD 形成以丸之内为主，新宿、临港部、幕张等若干个副 CBD 为辅的网络结构。

（四）道路交通

城市的道路交通已经越来越成为影响和制约城市发展的主要因素。与国外相比，我国城市的道路用地明显不足、道路网密度不够都是城市发展亟须解决的问题。事实也证明"宽马路,大街区"的路网结构根本不适合中心区和CBD的发展要求,取而代之的应是高密度网络型的小街区。而且城市内部数量少、密度低的道路系统还要承受日益增长的小汽车带来的一系列问题,这更加剧了城市特别是中心区、重要的商业地段等的交通压力。

国外城市的公共交通特别是轨道交通在 CBD 内扮演着极其重要的角色。美国曼哈顿 CBD 地区,进入 CBD 者 75% 利用地铁,9% 利用公共交通,7% 利用小汽车;伦敦 CBD 地区,利用公共交通者占 83.7%,利用小汽车和摩托车仅占 16.3%;巴黎拉德芳斯 CBD 地区有着欧洲最大的公交换乘中心,RER 高速地铁、地铁 1 号线、2 号线、14 号高速公路等在此交汇,有 2.6 万个停车位,交通设施相当完善。而我国各个已建和在建 CBD 的城市,轨道交通的严重缺乏是影响其发展、制约其功能提升的重要因素。对 CBD 来说,交通的畅通与拥堵、可达性程度、出行结构等诸要素是决定 CBD 健康、活力、高效的最主要、最直接的原因,而高密度的道路网和高效的公共交通系统是解决上述问题的最佳途径。设想在人流、产业高度密集的 CBD 内,如果道路交通状况还和城市其他地段一样,低效的大马路,缺失快速公共交通和合适的停车位,而到处都是密密麻麻的小汽车堵在路上,结果,整个 CBD 交通系统也将因此而瘫痪,成为让人望而生畏的地方。

(五)环境景观

CBD 具有很高的可识别性,是城市景观的重要组成部分。这里有鳞次栉比的高楼大厦,城市的标志性建筑物往往也坐落于此;广场、商务公园等连续性的公共开敞空间贯穿其中,很好地反映了 CBD 的品位与形象;优美的街道景色更是可以让人一览城市的美妙,饱享 CBD 的精致与细腻。按照形式符合功能的说法,CBD 的形式从设计之时起便注定不凡,定位的高起点、高水平和功能的高档次、高规格,都直接决定 CBD 在环境景观方面要有自己的个性与特色,这样才能够更直观地反映出城市的高端形象,给人们带来的不只是经济、时间方面的效益,而且还带来一场视觉上的盛宴。

曼哈顿 CBD 道路系统呈规则的方格网状,一条百老汇大街由南向西北斜穿(见图 2)。规整的方格路网,覆盖全城,唯有中央公园被留出特殊地带,似乎在

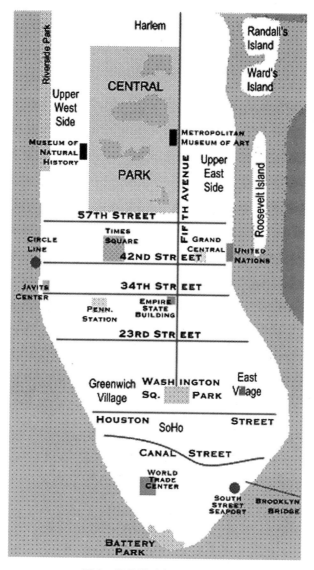

图 2　纽约曼哈顿 CBD 示意

均匀的格子路网上铺出 CBD 道路系统与中央公园一块绿"地毯",形成一个巨大的公共开敞空间,有效舒缓 CBD 高层建筑林立所产生的压抑感(见图 3)。

目前国内的一些 CBD 在规划建设中纷纷打出"生态 CBD"、"绿色 CBD"的口号,如北京 CBD 在规划了 4 个 2.5 公顷左右的主题公园后,又通过两条绿轴将四个公园串联在一起;郑州 CBD 在中心位置规划了 400 多亩的绿地和

图 3　纽约曼哈顿的路网与中央公园示意

水域，形成一个高档次的中央公园；深圳、长沙等城市的 CBD 均在中轴处布置了大片的绿地或水域。这种在寸土寸金的地方建设公共绿地，虽然土地的直接经济效益没有体现出来，却为 CBD 在以后运作过程中带来巨大无形的利益，必将成为 CBD 发展的闪光点，这也将成为未来 CBD 发展的趋势。

二　国际大都市 CBD 案例分析

（一）国际大都市 CBD 空间规模比较

CBD 从城市经济角度来看，它是城市人流、物流、资金流、信息流等经济流高度集中的地区，各种经济流利用地处城市中心部位的有利区位，进行物质和能量的充分交换和优化组合，即产生放大效应，实现经济能量的倍增（见图4）。CBD 系统是城市流量经济由单中心集聚向区域集聚发育过程中的产物，它由一个核心 CBD 及数量不等的 Sub‑CBD 组成，系统组成成员互相竞争，互补共存，处于同一有机系统内。由于 CBD 系统具有集聚性和功能性特点，所以要求 CBD 区域有一定的规模。由此可见 CBD 和 Sub‑CBD 有着一定的系统构成和功能要求。

图 4　CBD 高密度空间开发示意

从表 3 中可以看出，世界中心城市的 CBD 占地面积为 2～3 平方公里，其中以纽约和上海的规模最大分别为 3.2 平方公里和 3.0 平方公里。而 Sub – CBD 的规模在大都市副中心城市中，大多为 1.5 平方公里左右（见表 4）。从其中的建筑面积情况和三产规模情况来看，又存在着不同的等级规模和发展模式。

表 3　CBD 的用地规模

单位：平方公里

城市	纽约	芝加哥	费城	旧金山	伦敦	上海
用地规模	3.2	2.6	2.0	1.6	2.5	3.0

资料来源：陈一新，《中央商务区（CBD）城市规划设计与实践》，中国建筑工业出版社，2006。

表 4　国外大都市副中心商务规模容量比较

城市	Sub – CBD 统计数量（个）	平均用地面积（平方公里）	建筑面积（万平方米）	三产总规模（万平方米）
东京	7	1.60	160～350	100～280
纽约	5	1.65	700～1500	500～1200
伦敦	8	1.05	800～1400	500～1000
巴黎	10	1.6	250～1000	200～800
悉尼	3	1.0	150～250	100～200

资料来源：陈一新，《中央商务区（CBD）城市规划设计与实践》，中国建筑工业出版社，2006。

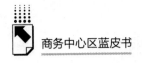

（二）国际大都市 CBD 空间布局模式

1. 纽约：强化单中心模式

曼哈顿区是纽约市的中心区，该区包括曼哈顿岛、依斯特河（即东河）中的一些小岛及马希尔的部分地区，总面积 57.91 平方公里，占纽约市总面积的 7%，人口 150 万。纽约著名的百老汇、华尔街、帝国大厦、格林尼治村、中央公园、联合国总部、大都会艺术博物馆、大都会歌剧院等名胜都集中在曼哈顿岛，使该岛中的部分地区成为纽约 CBD。曼哈顿中央商务区形成于 1970 年代，1980 ~ 1990 年代达到鼎盛。主要分布在曼哈顿岛上的老城（Downtown）和中城（Midtown），这两个商务区商务建筑量达 2500 万平方米（见图 5）。老城的华尔街金融区，集中了大银行、保险公司、交易所及上百家大公司总部和几十万就业人口，是世界上就业密度最好的地区；中城的豪华居住区，帝国大厦、莱克斯勒大厦、洛克菲勒中心等著名建筑都坐落于此，众多跨国公司总部和非营利的办公机构（如研究部门、专业团体、政府机构）都集中在中城。相关的专职事务所以及商业服务业也在此落户。

图 5 美国纽约曼哈顿 CBD 区域

（1）老城（Downtown）

老城位于曼哈顿岛南端，即下曼哈顿。由于此岛位于哈得孙河（The Hudson）和东河之间，两岸为开阔的水面，为装船和卸货提供了便利条件，因此早期的仓储业和批发业都集中在这里。同时，为航运业服务的金融保险业也在此发展起来，到 1776 年这里已发展成纽约的市中心。老城干道狭窄，高楼蔽日，在仅 0.54 公里长、不足 1 平方公里面积的华尔街——CBD 的金融区，就集中了几十家大银行、保险公司、交易所以及上百家大公司总部和几十万就业人口，成为世界上就业密度最高的地区。曼哈顿岛南端是纽约 CBD 的发源地，目前已成为全球的国际金融中心。

（2）中城（Midtown）

中城的发展要晚于老城，中城 CBD 的形成是老城 CBD 为了进一步拓展发展空间的结果。20 世纪初，随着纽约市区范围的不断扩大，处于曼哈顿岛南端的老城区由于不堪重负难以便捷地服务全市，于是，全市的经济活动中心逐步延伸到了中城区。例如，大百货商店逐渐从 CBD 金融区（即老城区）的北部边缘转移到第 34 街；豪华的专业商店则转向第 42 街时代广场娱乐中心北。

第二次世界大战后，一些诸如"百事可乐"等新的大型企业总部，则设在第 46 大街与第 59 大街间的派克（Park）大道。随着市中心建筑的高层化，一些著名的建筑如帝国大厦、克莱斯勒大厦、洛克菲勒中心等纷纷在中城区建成。随着中城区环境不断改善，许多非营利的办公机构，如工会、研究部门、专业团体、政府机构等，也都集中于此；许多相关的专职事务所如房地产、广告业、税务部门等也迅速聚集其周围；原来设在岛南部的保险业及银行也被中城良好的环境吸引而来。

到了 20 世纪 70 年代，由于纽约城市规划委员会号召对中城西部进行改建，曼哈顿 CBD 又出现了向西扩展的趋势，在西部兴建了许多办公大楼、住宅楼、展览中心等，且修建了穿过市中心区的地铁。至此，一个综合性、多功能，集商业、金融、商务、文化、娱乐等为一体的 CBD 出现在曼哈顿岛中部。

（3）上城（Uptown）

上城区虽然不属于纽约曼哈顿 CBD 的范围，但该区域是一个服务于 CBD 的综合性区域。上城区被人们称为是一个典型的富人区，上城区中的居民在相当大的程度上支撑着整个纽约曼哈顿区的经济发展。

纽约市服务业的快速发展，有效地提高了服务产品的供给能力，也刺激了面向全球的市场需求，从而诱导了曼哈顿金融商务服务业集群的形成。从空间布局上看分为两大部分：以华尔街为中心的金融贸易集群，是大银行、金融、保险、贸易公司的云集之地；而以第五大道为中心的商业区，云集了世界一流的名店、娱乐厅、酒吧等商业服务业。

2. 伦敦：多中心扩张模式

伦敦的中央商务区主要是伦敦城和内伦敦的西敏斯地区，办公建筑面积1400万平方米左右（见图6）。伦敦城是世界上金融机构最为密集的地方，这里有世界最大的外汇市场和国际保险市场，有最古老的证券交易所、黄金市场，而且，这里的欧洲货币市场和商品市场在国际上也占有举足轻重的地位。在伦敦城的中心是英格兰银行，在其周边围绕着100多家本国银行和520多家外国银行。与此相比邻的是已经有200多年历史的伦敦股票交易所，可称得上是世界证券交易的鼻祖，其现在股票交易量位于纽约和东京之后，居世界第三位。伦敦城中的黄金贸易市场和国际性保险市场在此占据着很重要的地位，在世界上也是举足轻重。

图6　英国伦敦城 CBD 区域

1990 年代，在泰晤士河码头区域形成以城市更新为代表的新城市化中心。规划区域面积约 203 公顷，其核心功能以办公为主，包括 93 万平方米办公和 10 多万平方米的会展、酒店、零售及娱乐建筑（见图 7）。

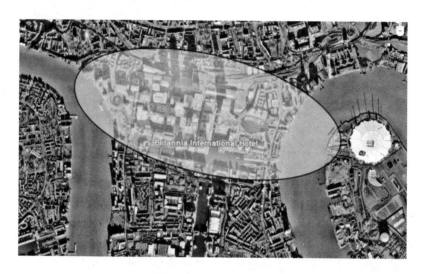

图 7　英国伦敦码头区 CBD 区域

3. 巴黎：老中心 + 新中心模式

巴黎的中心商业区主要是第 1 区、第 2 区、第 8 区和第 9 区，集中在中心城区的主要是商业（银行、金融和为企业服务的行业）、传统行业（珠宝、成衣、艺术品修复、旅店和旅游业）和一小部分被称为"脑力劳动"的产业（报纸、出版、音像技术、信息、生物技术和信息通信技术等）。中心区办公建筑面积约有 1500 平方米，为巴黎办公楼总量的 41%。与纽约和伦敦不同，巴黎中央商务区发展采取了限制市中心区 CBD 化的策略，导致在过去的 20 年里，巴黎中心城区的就业人数减少超过了巴黎的平均数。主要是第 2 区（减少 23200 人，下降 24.4%）、第 3 区（减少 14800 人，下降 33.8%）、第 8 区（减少 25000 人，下降 10.8%）和第 9 区（减少 3000 人，下降 19.2%）。

拉德芳斯的建成是巴黎政府坚持实行中央职能分散化的结果。巴黎原有的核心 CBD 位于巴黎老城区（市中心），但由于老城区聚集有大量的 17～19 世纪的建筑，为了保持巴黎市老城区原有的建筑风貌，巴黎采取了建设一个 Sub - CBD 用于承担全市大部分商务功能（见图 8）。

图 8　法国巴黎拉德芳斯 CBD 区域

拉德芳斯位于巴黎市的西北部，巴黎城市中轴线的西端，紧靠有特色的近郊区纳伊的西边，于 1958 年建设开发，全区规划用地 750 公顷，先期开发 250 公顷，其中商务区 160 公顷、公园区（以住宅区为主）90 公顷。规划建设写字楼 250 万平方米，供 12 万雇员使用，共容纳 1200 个公司。

目前，拉德芳斯已建成写字楼 247 万平方米，其中商务区 215 万平方米，公园区 32 万平方米，法国最大的企业约有一半集中在此区域。建成住宅区 1.56 万套，可容纳 3.93 万人。其中在商务区建设住宅 1.01 万套，可容纳 2.1 万人；在公园区建设住宅 5588 套，可容纳 1.83 万人。建成面积达 10.5 万平方米的欧洲最大的商业中心。拉德芳斯还是欧洲最大的公交换乘中心，RER 高速地铁、地铁 1 号线、14 号高速公路、2 号地铁等在此交汇。建成 67 公顷的步行系统，集中管理的停车场设有 2.6 万个停车位，交通设施完善；建成占地 25 公顷的公园，商务区的 1/10 用地为绿化用地，种植有 400 余种植物；建成由 60 个现代雕塑作品组成的露天博物馆，环境的绿化系统良好。

拉德芳斯的交通系统为行人与车流彻底分开，互不干扰，这种做法在世界 CBD 中是仅有的。拉德芳斯的规划和建设不是很重视建筑的个体设计，而是强调由斜坡（路面层次）、水池、树木、绿地、小品、雕塑、广场等所组成的街道空间的设计。拉德芳斯的主轴线有很强的凝聚力，特别是在巨型门建成后，全区面貌大为改观，从此，拉德芳斯有了中心，有了标志，有了精神支柱，增强了吸引力。

拉德芳斯作为巴黎市核心职能发展的最主要部分，通过特定地点的环境营造成功地吸引投资，通过大量有效的交通建设，加强与巴黎市中心直接的联系，形成轴向发展廊。其具有城市空间上的卓越价值，将城市的历史、现在及未来完美地组织在一起。拉德芳斯是"轴线扩展"的杰出典范，该设计被誉为当今最具典型意义的以空间形态发展为重要依据的商务扩展战略。

4. 东京：中心区与外围多点扩散模式

东京的都心区是全市的核心 CBD，它由千代田区、中央区和港区 3 个城市行政区组成，面积 22 平方公里。都心区聚集了全日本最有代表性的重要金融机构和大企业的总部。千代田区位于东京车站的西侧，1995 年的居住人口为 34780 人，但就业人口达 937900 人，为居住人口的 26.97 倍。该区内拥有诸如富士银行、第一劝业银行、兴业银行、第一生命保险公司、东京海上生命保险公司等金融机构共 1222 家，占东京金融机构总数的 21.3%，金融机构与相关行业的从业人员 100273 人，约为当地居民人口数的 3 倍；此外还拥有三井、富士、住友、交通、三菱、风东、日本邮政等大型跨国公司和企业集团的总部。中央区位于日本海运河和东京车站之间，居住人口 63923 人，就业人口 760701 人，为居住人口的 11.9 倍。区内共有事务所 44748 个，金融机构 1828 家，金融业从业人员 98746 人，为当地居民数的 1.5 倍。港区位于千代田区和中央区的西南，居住人口 14885 人，从业人员 833261 人，为当地居民的 55.98 倍。区内有金融机构 1039 家，从业人员 32964 人，为当地居民人数的 2.21 倍，伊藤忠、东芝、AEC 等大型跨国公司总部设于该区。

进入 1950 年代，随着日本经济高速发展，作为首都东京核心 CBD 的都心区已不能适应经济形势的需要。为控制、缓解都心区内部过于集中的状态，同时结合周边地区发展需要，1958 年东京都政府提出建设副都心（即新宿、涩谷、池袋）的设想，并首先从新宿着手。

新宿区 Sub－CBD 位于东京都中心区以西，距银座约 6 公里。经过 30 多

图9　日本东京都心区 CBD 区域

年的规划建设，新宿副都心已经在东京都的西部形成。新宿区建成的商务区总用地面积为 16.4 公顷，商业、办公及写字楼建筑面积为 200 多万平方米，并形成东京的一大空间景观——超高层建筑群（共有 40 栋大厦），其中不乏百米以上的摩天大楼。为实现办公自动化所需的人均办公面积目标，新宿还将计划建设新的超高层建筑，其中有 8 座百米以上的建筑。

随着新宿 Sub - CBD 的开发建设，尤其是东京都部分政府办公机构的迁入，新宿区的魅力大增，各行业更加积极地涌入新宿，首当其冲的是金融业。仅在以新宿站为中心、半径为 7000 米的范围内，就聚集了 160 多家银行，新宿已成为日本"银行战争"的缩影。目前，众多经济、行政、商业、文化、信息等部门云集于新宿 Sub - CBD，金融保险业、不动产业、零售批发业、服务业成为新宿的主要行业，人口就业结构已接近东京都中心三区。

1958 年在新宿建设商务办公型副中心区后，在城市外围又形成丸之内国际金融区、新宿办公区和临海商务信息区三个梯次外延地区，由此构成中心区与外围区多点扩张的中央商务格局（见图10）。

表5　东京 CBD 在"去中心化"过程中企业空间分布变动

单位：%

	1969 年	1975 年	1981 年	1996 年	2001 年
23 区小计（面积为 621 平方公里）	89.0	89.9	88.9	87.5	87.5
中央三区（CBD）	45.5	49.7	49.4	43.9	45.4
次中心 8 区	20.9	23.4	23.8	29.5	29.2
其他 12 区	22.0	16.5	15.0	13.8	12.7
境界未定地域	0.6	0.3	0.7	0.2	0.3
多摩地区（郊区）	11.0	10.1	11.1	12.5	12.5

注：所统计企业为从业者超过 500 人的企业。

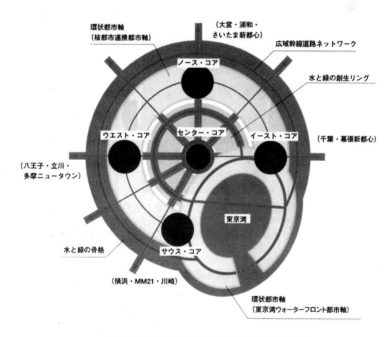

图 10　五个核心与"环状大城市群结构"

（三）国际大都市 CBD 空间开发启示

根据对以上国际特大城市 CBD 的介绍，可以总结出以下经验。

1. CBD 的建设不是一蹴而就的，美国曼哈顿 CBD 的发展经历了 100 多年

的漫长历史；而法国拉德芳斯的建成也经历了近30年的时间。

2. CBD 的发展历史有着非常清晰的轨迹，并且市场是推动 CBD 发展的主要力量。

3. CBD 内部主要以金融、行政办公、教育文化等服务性行业为主，并且公共设施、基础设施用地所占的比例较高。

4. 居住功能对 CBD 发展有很强的促进作用，如纽约曼哈顿的上城区（Uptown）对 CBD 的促进作用。

5. CBD 有着发达的交通系统，如曼哈顿 CBD 交通用地占总用地面积的42.5%。另外，交通方式主要以公共交通为主，以最便捷有效的方式来完成大量人流的聚集与疏散。

6. 注重 CBD 内部的生态环境营造，如法国拉德芳斯建成占地25公顷的公园，商务区的1/10用地为绿化用地，种有400余种植物。

7. 超前的规划与弹性的土地开发原则，如法国拉德芳斯"轴线扩展"的商务扩展战略以及分期开发模式。

8. 在新 CBD 的开发政策上，主要以"政府＋民间"共建为主，政府进行宏观上的控制（如 CBD 的规划等），提供基础设施，并选择项目诱导民间资本参与开发。

三 国内 CBD 规划建设及空间发展情况

（一）总体发展情况

鉴于 CBD 在城市经济和社会中所起的作用巨大，自改革开放以来，伴随着我国经济发展，一些城市开始探索建设 CBD，但由于 CBD 是市场化服务经济和高度产业化分工的产物。因此，直到20世纪90年代中期以前，我国只有少数东部沿海大城市明确提出要发展 CBD；20世纪90年代中期以后，随着我国经济实力的增强和城市化的快速发展，在日益融入全球化分工中，CBD 开始受到广泛重视和关注。总体上看，国内 CBD 建设大致有以下三个阶段：第一阶段，探索起步阶段（20世纪80年代初至90年代初），1986年上海市城市规划设计研究院提出了《陆家嘴地区规划》，在全国首次提出了建设 CBD。第二阶段，发展扩大阶段（20 世纪 90 年代中后期），这个阶段有两个明显特点，一是越来越多的城市开始明确提出建设和发展 CBD，如1993 年的《北京城市总体规划》和《广州新城市中心区——珠江新城规划》。此外，西安、重庆、武汉等也纷纷提出打造自己的 CBD。二是早期规划和建设的上海陆家嘴 CBD 得到迅猛发展，成为上海的商务商业核心区，成为上海的象征和标志。第三阶段，新世纪以来的创新发展阶段（2000 年迄今），伴随着中国成功加入 WTO，国内开始掀起一股 CBD 建设和发展热潮，许多城市都提出要建设 CBD。希望通过此举来提高自身的国际化水平和城市影响力，夯实城市的竞争力。

经过多年发展，总体上讲，我国绝大部分特大城市的 CBD 还处于发展的初期或中期。京沪广深等一线城市的 CBD 已经初具规模，成效显著，主要呈现出两大特征：（1）逐步形成符合现代 CBD 发展方向的多元化发展格局；（2）初步形成适应现代 CBD 发展潮流的复合性功能配套。然而，由于我国 CBD 在开发方式上主要以新建为主，其他开发方式（改造或扩建）为辅。虽然 CBD 在建筑上已经形成一定的规模，但还没有形成浓厚的商务气氛，多数处于"有 CBD 无市"的状态，市场还有待进一步培育。

（二）代表性案例分析

1. 上海：中心主 CBD 和外围 Sub – CBD 多点联动模式

上海作为典型的中央商务区（CBD）和外围 Sub – CBD 多点辅助的扩张模式，其中作为核心的陆家嘴 CBD，集聚以商务办公、金融、贸易为主的功能，如图 11 所示。

作为外围的 Sub – CBD，上海定位了 4 个副中心，分别为徐家汇、浦东花木、杨浦五角场、真如副中心（见图 12），它们的特色功能定位如表 6 所示。

结合中心城区的现代服务业发展布局，未来上海将形成一条以延安路高架路为轴线，东部商务圈、西部商务圈两翼齐飞的现代服务业集聚带。两大商务

图 11　中国上海陆家嘴 CBD 区域范围

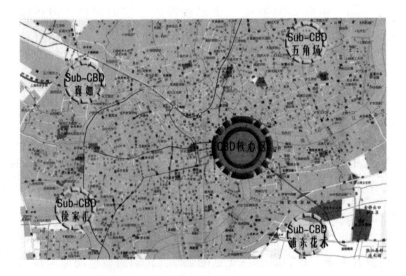

图 12　上海市 4 个 Sub – CBD 示意

表 6   上海市 4 个副中心功能定位一览

城市	副中心	副中心特色功能建设
上海	徐家汇	已初步建成综合性副中心,商业、办公、文化功能突出,服务对象的职业层次较高
	浦东花木	以行政、会展为特色功能的副中心
	五角场	以零售和科技产业为特色功能的副中心
	真如	以零售和物流为特色的副中心

圈均处于上海 CBD 网络层级结构体系的顶端地位,相互呼应,分工配合,共同构成具有国际竞争力、适应国际化大都市发展要求的高能级中央商务区。

其中,东部商务圈以陆家嘴—外滩为核心,联动世博园区、人民广场、花木,辐射南京西路、淮海路,侧重于与虚拟经济相关的金融投资、金融创新和财富管理,重点引进世界级总部和国际大型现代服务企业;西部商务圈则以虹桥交通枢纽为核心,联动虹桥涉外商务区,辐射莘庄、中环,带动松江、嘉定、青浦新城等郊区 CBD 建设,偏重于与实体经济相关的商贸活动、服务贸易和贸易金融,面向全国引进国内大企业集团和长三角民营企业总部及各类商贸企业。

从城市未来发展来看,上海将从国内经济中心迈向全球化城市,通过黄浦江两岸的综合开发,推动中心城区形成"3 + N"的功能结构体系(即陆家嘴—外滩核心 CBD、虹桥商务区、世博园区及其周边地区以及若干未来上海地区型综合枢纽),使世博园区的空间极化效应得到延伸,逐渐形成中心城区"十字轴线"商务区布局(见图 13)。

2. 北京:复合型商务社区发展模式

作为首都对外开放的重要窗口,北京 CBD 成为北京建设世界城市首当其冲的探索者、引领者和最先亮相的展示者。1993 年国务院批复关于《北京市城市总体规划》,明确提出要在北京建立具有金融、保险、贸易、信息、商业、文化娱乐和商务办公等现代化多功能的商务中心区。北京 CBD 的兴建正是基于城市定位。1998 年,北京市政府在《北京市中心地区控制性详细规划》中,将北京市商务中心区的范围确定在朝阳区内西起东大桥路、东至西大望路,南起通惠河、北至朝阳路之间大约 3.99 平方公里的这一区域。并且,

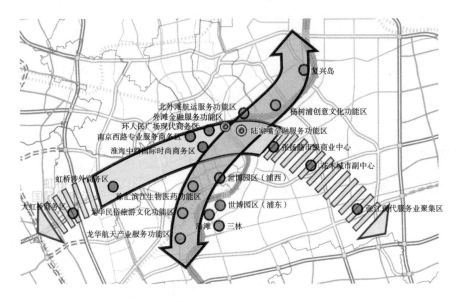

图 13　上海中心城区"十字轴线"商务区布局

2009 年 5 月 11 日市政府同意了 CBD 东扩，即沿朝阳北路、通惠河向东扩展至东四环，新增面积约 3 平方公里。同时为将来的发展预留充分的发展空间，由朝阳北路向北到农展馆南路增加了大约 3.97 平方公里的规划区域。

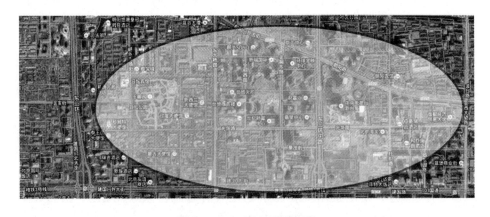

图 14　北京 CBD 区域范围

　　按照"科学布局、合理集聚、功能明确、互动发展"的原则，通过资源整合、完善布局、优化功能、提高效率，精心打造 CBD 功能区"一心两带三轴九圈"的空间布局体系（见图 15）。"一心"是指商务功能核心区，"两带"是指商务功能配套带和商务产业拓展带，"三轴"是指东部发展轴、北部发展轴和南部发展轴，"九圈"是指国贸高端商务商业圈、华茂高端商业商务圈、三里屯—麦子店商务休闲娱乐圈、双井商务休闲居住圈、平房—东风商务配套与居住圈、劲松—南磨房商务配套与居住圈、三元桥—燕莎商务商业服务圈、高碑店古典民俗文化旅游圈和潘家园古玩字画珠宝购物圈。

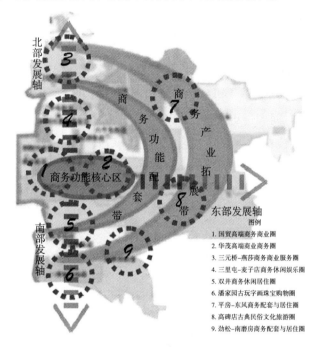

图 15　北京 CBD 功能区"一心两带三轴九圈"空间布局示意图

资料来源：宋迎昌等，《北京 CBD 功能分区与空间布局研究》，《城市》2010 年第 11 期。

北京 CBD 的规划建设定位为国际化的商务社区，突破了国际传统 CBD 布局模式，采用住宅占比相对较高的混合模式，为 CBD 发展带来了巨大活力。北京 CBD 的规划目标是打造一个具有多项功能的城市综合体，包含经济社会生活的商业、办公、展览、餐饮、娱乐、居住、交通等功能组合，功能之间互相融合和渗透，开发、用地综合化，强调开发过程中不断植入满足都市社群（民众）与经济主体（企业）的多样服务功能业态，具有高度可达性、整体统一性、功能复合性、土地使用均衡性、内外部联系完整性和形象综合化的空间特征，形成社会认同感高和具有广泛意义的城市精神，成为一个社区综合体。同时通过街区作用，实现与外部城市空间的有机结合，交通系统的有效联系，成为北京功能混合实用中心，延展提升城市的空间价值，形成利商、乐动、游憩、创业和宜居五大效应，提升人们的生活品质和城市的中心活力。北京CBD在世界范围内都是成功范例，并入选哈佛案例库。

3. 广州：新城型跳跃发展模式

1993年，广州市政府把广州城市中心（包括CBD）定在珠江新城，并打算用5~10年时间把它建成一个现代化的金融商务中心（见图16）。但随着时间的不断推移，规划中的CBD并没有如愿建起。主要原因在于以下几点：①1993年制订的时间表过于乐观；②1997年的亚洲金融危机恶化了外部环境；③20世纪90年代广州土地供应混乱，其他地段抢走了珠江新城的写字楼资源；④珠江新城建设过程中，会展、外事两大功能被调整离场。

图16 广州珠江新城规划示意

面对CBD开发不力的现实，广州市政府于2000年8月公开就珠江新城一事进行检讨，之后又于2002年6月公开发表《珠江新城规划检讨》声明，并将《珠江新城规划检讨》确定为广州CBD开发的新规划方案。在发布

《珠江新城规划检讨》的同时，广州市政府还宣布要在珠江新城这个区域建设高达 450 米的双塔式建筑，这座建筑将成为广州市新的地标。根据广州市政府意图，广州调整后的 CBD 主要由以天河体育中心为中心的周边区域以及珠江新城的西区组成。计划从 2002 年起用 15 年的时间建成，其中 3 年完成市政基础设施，10 年形成国际化、生态化的中心商业区，再花 2 年时间进行完善。

在市政府全力支持下，通过大型市政项目带动天河区开发热潮，天河 CBD 在较短时间内获得发展。以东站为圆心向周围辐射，酒店、写字楼、商厦、商铺、公寓等林立。银行证券业的发达奠定了天河北金融中心的地位。目前，天河体育中心地带 CBD 初具规模。

4. 深圳：多中心轴线转移发展模式

在 1980 年代至 1990 年代中期，罗湖区凭借其临近香港的地理优势成为当时深圳的主要城区。由于同香港的联系紧密，在罗湖区的人民南路两侧出现了大量的写字楼聚集群，这些写字楼聚集群由于具有 CBD 的一些特征，因此可以看成是早期深圳的 CBD。但这个 CBD 的地位在还没来得及巩固的情况下，就被同处于罗湖区的蔡屋围商务区所取代。

1999 年信兴地王商务中心的落成，标志着蔡屋围商务区已经形成。至今，蔡屋围商务区依然是深圳商务集中度最高的区域，每天有大量的白领出入于此。从现实来看，蔡屋围商务区是目前深圳的金融和贸易中心，由于该区域的写字楼素质总体上高于人民南路两侧的写字楼，更加能够吸引公司的入驻，因此人民南路的 CBD 地位已经被蔡屋围商务区所取代。这种在不到 10 年时间就发生的 CBD 地域变迁，在目前国内外的大城市中是非常少见的，CBD 的快速变迁主要在于深圳经济的飞速发展和城市的迅速扩张，深圳市政府和媒体把这种现象称为"西进运动"。

早在 1984 年的《深圳经济特区总体规划》中，深圳市就第一次提出了深圳中心区的概念，并将深圳中心区范围界定如下：由滨河大道、莲花路、彩田路、新洲路四条城市主干道共同围合而成。深圳两条交通干道（深南大道和红荔路）将深圳中心区分成三个功能区：深南大道以南是未来深圳的 CBD，总占地面积 233 公顷，目前规划总建筑面积达 500 万平方米；深南大道和红荔路之间区域为深圳的行政文化中心，总占地面积达 180 公顷，目前规划总建筑面积为 300 万平方米；红荔路以北区域为莲花山公园，作为城市的开放性公园，总占地面积为 194 公顷（见图 17）。

图 17　深圳福田 CBD 示意

深圳市目前已投入 15 亿元人民币用于区内市政、通信设施建设，基本实现"七通一平"。建成后的深圳中心区将是未来深圳唯一集金融、商贸、信息、文化、会展、旅游以及行政为一体的城市商务中心和行政文化中心。随着 2004 年 CBD 内的深圳国际会展中心的建成和深圳地铁一号线的开通，深圳的 CBD 建设进入一个白热化的高潮阶段。建成后的 CBD 将与深南大道以北的行政文化中心相辉映，两者之间通过一系列的公园和绿化带相互联系，形成一个绿色生态主轴，将会对深圳乃至整个华南的人流、物流、资金流、信息流等形成强大的聚集效应。可以预见，随着深港两地的融合，未来深圳 CBD 将同香港 CBD 形成良性互动，从而带动整个珠江三角洲的经济发展，对形成香港—深圳—广州国际性城市带具有十分重要的促进意义。

（三）面临挑战

1. CBD 建设缺乏层次性，导致无序竞争

据建设部一份调研报告数据显示，截至 2013 年，除北京、上海等一线城市之外，具备发展地区级 CBD 条件的城市只有重庆、杭州、大连等 10 个城市。但全国 20 万人口以上的城市中却有 30 多个已提出和实施 CBD 发展计划。该调研报告指出，目前中国提出 CBD 发展计划的城市数量甚至超过美国。

在很多人还没有弄清楚什么是真正的 CBD 时，这种盲目的热情甚至波及一些地级市和县级市。据了解，已有襄樊、淮南、晋江、绍兴等多个地级市及县级市在申请拟建 CBD。

迄今为止，国务院只批准了九个城市建 CBD，其他规划中的 CBD 都没有获批，但这并没有妨碍地方政府以此为卖点、不遗余力地宣传。的确，国内的 CBD 并不是市场自发形成的，地方政府在规划建设中显然是起决定性作用的主导力量。

2. CBD 规模偏大，与城市发展能级不匹配

从国际大都市核心 CBD 的演变历程看，核心 CBD 的功能经历了从低级向高级、从单一到综合的发展过程，服务能级不断提升。从能级表现看，城市核心 CBD 经历了商品交易中心、贸易服务中心、金融服务中心以及资源配置中心的转变，其服务和管控能级不断加强（见图 18）。

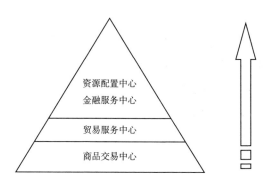

图 18　CBD 功能级别示意

在 CBD 的定位上，一些城市没有经过反复研究，不根据城市的现有条件，提出了超越自身发展能力、不切实际的大而全的目标。终因无力开发，造成资

源浪费，土地撂荒，有的采取变通措施，带来更严重的后果。目前我国多个大都市相继筹建或规划 CBD，以为只要城市规模大或有一些国际交往，就要建 CBD，误以为一个城市的行政中心或市级商业中心就是 CBD。这些城市在规划中盲目扩大城市用地规模及市中心区的规模，造成资源浪费和交通混乱。还有一些城市将新区和 CBD 混同起来，做出十分宏大的规划，前景堪忧。

3. CBD 建设房地产化，威胁城市长远利益

由于 CBD 建设所需资金巨大，不可能完全由政府出资建设，因此，在我国房地产市场常常左右 CBD 开发，使 CBD 开发完全立足于房地产开发效益，开发中投机性过多，干扰了 CBD 的开发运作。放弃市场控制，楼宇开发超前，只看重楼面开发，结果损害了开发的整体效益，使整体价值下降，反过来也削弱了每个项目的市场价值，使优势区位失去优势效益。立足于房地产开发，往往还造成布局不合理，CBD 中零售商业发展比重过大，另外商务办公设施分散于城市零售商业中心的现象得不到有效遏制，结果运营中相互干扰，影响效率。因此，CBD 开发运作的核心是公共控制，包括组建公共管理机构，实施规划控制，甚至政府直接参与融资。规划建设 CBD 的方针应是一种政府行为。CBD 开发应从单纯房地产开发提高到宏观经济发展战略的高度。

四　未来 CBD 空间规划建设发展方向

从世界著名城市 CBD 的发展来看，现代 CBD 的职能与传统 CBD 存在较大差别，尤其在纽约、伦敦等全球性经济中心城市里，中央商务区的职能与区位分布体现出新的特征，而伴随着中国经济的快速成长，以上海、北京为代表的中国大都市 CBD 呈现出跨越式追赶的趋势，并在部分规划与建设领域逐步摸索出成功经验，引发关注。

（一）集约与高强度

CBD 的土地利用与开发必须经过详细的规划与研究，力争每一块土地都能够得到有效的利用，实现最大的价值，这就需要本着集约高效的用地原则进行整体开发。芝加哥 CBD 的建筑容积率大多接近或超过 20，容积率为 36 的希尔斯大厦也位于此，而且 CBD 内的建筑密度也很高，不少建筑覆盖了整个街区；悉尼 CBD 采取中心强度发展战略，其高层建筑以高强度、低密度开发为主，部分单项目容积率高达 12；上海陆家嘴 CBD 在最初规划时就确定核心区由三栋 360~400 米的超高层建筑组成，东南入口处 25 栋塔楼，总面积约 250 万平方米，还有 18 栋 160~200 米的高层建筑，以共同形成闭合感、韵律感的界面；郑州郑东新区 CBD 由中央公园、内环和外环三部分组成，其中内环 30 栋楼均高 80 米，外环 30 栋楼均高 120 米。

表 7　国内外城市 CBD 开发强度

单中心 CBD	用地面积（百万平方米）	建筑面积（万平方米）	容积率
巴黎拉德芳斯	1.6	250	1.6
芝加哥中心	1.8	600	3.3
休斯敦中心	1.5	420	2.8
悉尼金融区	1.0	250	2.5
新加坡 CBD	1.5	350	2.3
上海陆家嘴 CBD	1.7	450	2.6
北京 CBD	1.5	600	4.0
大连新市中心区	2.2	400	1.8
深圳中心区 CBD	0.8	300	3.7
广州珠江新城 CBD	1.0	500	5.0

　　单中心 CBD 的开发建设一般有三大规律：一是用地规模多在 200 万平方米以下，二是建筑面积在 500 万平方米以下，三是开发强度之容积率在 2.5 左右。这种高强度的土地开发与 CBD 有着不可分割的关系。

　　区位的中心性、交通的可达性、经济的活跃性共同推高地价，而且 CBD 要塑造一流的城市形象，也在很大程度上催化着高层建筑的形成，从而使高强度集约化的土地开发成为必然。从国内 CBD 的规划建设来看，高强度土地开发的背后是低密度的建筑布局，一方面是为了缓解高层建筑的压抑感，另一方面可以增加开敞空间，形成良好的城市景观。此外，在城市旧城区建 CBD 不可能全部推倒老建筑改建高楼大厦，特别是在保留有历史街区的区域内，这样做既不经济也不现实，而应该对土地进行整理和用地置换，重新改造整治某些街道、建筑，使其在保持原有肌理的基础上产生新的特色，提升自身价值，促

进土地的集约利用。

CBD 集约高强度开发的另一个原因是其自身所引起的价值链效应。CBD 的地价往往是城市最高的，其高地价对周围地段地价有很大的影响作用，周围地段为了能与 CBD 相融合，常常推出高品质、高层次的商品房和商铺，这样一来，其价格的上涨就无可厚非了。中国有古语"皮之不存，毛将焉附？" CBD 就是"皮"，周边土地就是"毛"，如果 CBD 不高强度地开发建设、不集约利用土地，地价上不去，则周边地段也必定出现平庸之作，CBD 对外界积极的外部效应也就不存在了。

（二）总部经济为主导，功能复合多样

从国内外已建 CBD 来看，由于 CBD 能够产生一系列便利条件与发展机遇，许多企业都想入驻于此，然而高位的房租却限制了许多经济实力一般的单位，能够入驻 CBD 的大多为大公司、大财团或者其行政、投资总部等。随着总部经济的发展，CBD 成为总部经济发展的最好载体，对总部经济的壮大与完善起着巨大的促进作用。在纽约曼哈顿，277 家日本公司、213 家英国公司、175 家法国公司、80 多家瑞士公司及其他国家大公司都在这里设立了总部或者办事机构；北京 CBD 内集中了全市 70% 的涉外资源，60% 以上的外资机构，85% 在京跨国公司地区总部，75% 以上的世界 500 强企业。

CBD 的主要功能是商务办公，但同时也需要其他城市功能的支撑，如居住、商业、娱乐、旅游、公共服务等，这样才能构建出综合性、复合型的现代 CBD。阎小培等研究广州 CBD 得出其功能分区包括中心职能（商业、商务、金融与旅馆、信息咨询）、外向功能（外资机构等）和居住功能；陈一新将 CBD 功能概括为"1 主 3 副"，即以商务办公为主，商业娱乐、公共设施、居住公寓为副，而且这四者缺一不可，并给出了各个功能区的比例；而在功能结构的融合方面，侯寰宇等认为可以通过在 CBD 内建设建筑综合体，来实现办公、商业、旅馆、居住等多种功能的交叉存在，从而提高 CBD 的效率。

在 CBD 产业发展方面，我们要引导 CBD 的开发朝着有利于产业多样化、高级化、集中化的方向迈进。对 CBD 要进行准确的功能和产业定位，综合城市的发展潜力与对周边区域的影响能力，吸引那些有较强集聚能力、可形成产

业链、产生高附加值的产业入驻，并且通过这种优势产业的不断发展壮大与吸引能力，使 CBD 内的产业系统迅速膨胀，最终在与区域经济发展的双向选择下达到一种动态的平衡。例如，在 CBD 内开发一个规模较大的建筑综合体，首先要引入金融、贸易、保险等这类主导产业，由于产业之间本身需要频繁的往来，而现在空间距离的缩小更加节省了交往的时间与费用，提供了很大的便利，因此它们之间是愿意集中发展的。此外，由于这三者在发展的同时还需要其他一些产业的支撑，如高档商业、咨询业及其他服务业等，已经入驻企业产生的需求和尚未入驻企业看到的有利可图，共同促使着 CBD 内产业发展的理性化与系统化。

当前，现代 CBD 正在出现向新形态——中央活动区即 CAZ（Central Activities Zone）的转型。中央活动区是在中央商务区的基础上发展而来，是其延伸与具体化，在功能上既继承了中央商务区的商业、商务等主要功能，又适应新经济发展要求，突出强化文化、休闲、旅游以及商务酒店、高品质住宅等其他功能。它具备商业贸易、商务办公、行政办公、文化演艺、旅游休闲、娱乐餐饮、生活居住的功能，成为 "24 小时的活动中心和活力中心"，克服了传统 CBD 日夜活动反差巨大的不足。

（三）紧凑、快捷、高效

从规划设计方面考虑，CBD 的开发建设首先要做好道路交通层面的工作。其中加大路网密度、提高轨道交通分量、增设停车位、建立步行系统是开发的重点。

我国城市道路网络密度不足有着几千年的历史，有研究显示，我国大多数新中心区主干道宽度 40～65 米，间距保持在 500～1500 米之间，这与计划经济时期相差无几；城市的次干道和支路却有了很大的改善，但整体状况还是介于计划经济模式与西方市场经济模式之间，仍不能满足中心区的发展需要。CBD 是城市中心区的中心，更需要密集的路网系统来缓解巨大的车流和人流。快速路与主次支路的道路等级不需变化，关键是增加道路的数量，尤其是次干道和支路，而且增加应以均匀正交为主，将 CBD 内的地块尽量细分，这样既有利于 CBD 的开发，又增加了沿街铺面，还可以减少不规则地块的产生，从而多方面提高了开发效益。国内北京、上海和深圳的 CBD 其三级路网密度均超过 8 公里/平方公里,基本达到国外城市中心区道路密度 8~10 公里/平方公里的平均水平,特别是深圳福田 CBD,其总路网密度已增加到 18.5 公里/平方公里,支路网密度为 10.4 公里/平方公里。

轨道交通是现代交通体系中不可或缺的重要一环,它改变了以往的交通模式,以准时、快捷、高效的特性深刻地影响着城市的秩序。国内许多大城市都制定了轨道交通规划,上海 2005~2012 年修建 10 条城市快速轨道交通线路,修建线路总长 389 公里,总运营里程达到 510 公里,其中 2010 年世博会前运营里程达到 400 公里。应该说轨道交通对城市的开发具有积极的促进和提升作用,其所经之地土地会优先开发,而且土地价值将成倍增长。从国内外轨道交通建设经验来看,最初的轨道交通大多从城市中心区穿越,随着轨道线路的增多,才逐渐向市郊延伸。因此,CBD 的开发最好先将轨道交通打通,然后借轨道交通加快自身开发速度、提高开发质量。长沙 CBD 所在区位规划有两条正交轨道交通线路从中穿过,极大地提升了 CBD 的效率和价值。

我们倡导公共交通为主导的交通模式,但是在 CBD 内以小汽车为代表的私人交通也是不可避免的。CBD 内高价的土地使得建设地面停车场成为一种奢侈行为,但不建停车场将导致无法停车甚至引起交通混乱等问题,因此增设停车位是 CBD 开发中应该重点考虑的交通问题。CBD 的开发不能仅仅限于"向天上要空间",更要敢于"向地下求发展",但地下空间的开发,随着深度的拓展,逐渐不适合商业等的发展,但可以作为地铁站场和停车场。国外许多城市均采取这种方式,不但解决了停车问题,也为地下商业的发展带来了大量的人流和商机。

CBD 的开发最终是为人服务的,因此在道路交通方面也应该为行人提供更多的便利,彰显其人性化的一面。其中建设步行系统是主要内容。完善的步行系统既可以缓解交通的压力,又可以为行人提供观赏 CBD 风光的机会,还可以为商业带来人流,可谓一举多得。一般来说,要使步行成为一个完整的系统,可以通过建设步行街、地下街和人为引导形成,又以地下街最为可行和有效。地下街的开发可以结合大型建筑综合体以及公共绿地、广场等,通过地下街的成网结构，将这些商业、办公、休闲、娱乐等场所有机衔接在一起，使步行系统更加丰富与完善，而且也可以体现出步行系统的潜在价值。

（四）有机整体与灵活多变

CBD 的各个组成部分在功能方面相对独立，而其之间又有着相互依赖、相互影响的关系，缺少某一部分甚至数量的不足都会导致整体效率的下降，使CBD 不能达到最佳的运作状态。例如，国外在 CBD 建设方面曾经对居住和文化休闲功能的忽略或考虑不周，使商务办公功能强度很高的华尔街中心商务区变成一座"鬼城"；而强调商务、商贸功能与居住、文化、娱乐、休闲、旅游等服务功能完美结合的洛克菲勒地区，通过大量生活性服务设施的建设营造了一个人性化的空间，开发成为功能完善的"不夜城"。

CBD 开发的整体性还应该体现在空间形态与城市界面等方面。作为城市重要的区域，CBD 应是可识别的，应该具有它独树一帜的一面。虽然从CBD 的产生与发展过程看，很多 CBD 并没有一个明确的边界，然而 CBD确实需要一个整体的空间形态和特殊的界面，使人进出该区域能够清晰地识别，或者向别人介绍时可以清楚地指定，而并不是依据规划确定的范围或者是过多的解释。这就要求在开发时进行整体性开发，即使开发范围内有历史文化保护区与现代化办公大楼并存的矛盾，也要从整体上处理好二者的关系。

与有机整体相对的是 CBD 的灵活多变，这并不是一对矛盾体。整体的统一与局部的变化可以更好地彰显 CBD 功能的完善与高效性。例如，许多城市在中心区建设大型建筑综合体，这种综合体具有多种功能，可以是商业＋办公＋娱乐，或者商业＋办公＋居住＋休闲等，组合形式有多种，可以根据需求进行变化，但往往以一两种功能为主，如商业、办公，其他功能可以进行灵活变化。这样一来，许多人可以在此购物、办公、娱乐甚至居住、生活，而且办公和居住功能为商业、娱乐提供了固定的人流，商业又为居住带来很大的便利，形成互惠互利的关系，节省了大量的交通时间，提高了 CBD 的效率。而这种大型建筑综合体的出现，为城市的工作、居住、交通和游憩带来新的发展模式，灵活多变性是其重要特性，因此大型建筑综合体在城市中心

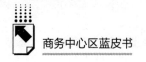

区的开发与建设必然带来新一轮高潮，也将深刻地影响和改变人们各种习惯。

（五）生态性与开放性

城市在追求经济效益的同时，越来越注重社会效益和生态效益，而城市的可持续发展理论又是根基于生态环境。以往国外城市在发展过程中"先污染，后治理"的路径，为国内城市的建设提供了很好的借鉴。而作为城市的精华与核心，中央商务区的开发同样要注重生态环境的建设。当 CBD 内的建筑越来越高、越来越密的时候，其对能源的消耗和环境的污染也是越来越大，如果没有生态保护观念，这种状况会越来越严重，最终导致开发容量远远超过土地和环境的承载力，致使 CBD 陷入危机。北京 CBD 4 个 2.5 公顷的主题公园，上海陆家嘴 CBD 的大片绿地，深圳福田 CBD 依山而建以及中央绿化带的设计，广州天河 CBD 100 万平方米的公园绿地武汉王家墩 CBD 挖开的水面等，这些都展现出国内 CBD 的建设从最初就十分重视生态环境建设。从另一角度来讲，进行 CBD 的开发，必须自始至终具有生态保护的战略目光，切不可因为追求当前的经济效益而忽略生态建设，即使最初缺乏条件对公园、绿地等的开发，也要为之留出足够的用地，待条件允许时再补之。因此 CBD 的开发，要努力构建以生态环境为重要评估要素的价值体系，以更好地服务于 CBD。

CBD 是城市这个复杂巨系统的一个子系统，这个子系统也因为自身功能的多样性而变得较复杂，然而它却是一个开放性的系统。所谓其开放性，意味着我们可以进入之，认识之，改变之。因为这种开放性是针对所有市民的，所以 CBD 的开发必须面向广大市民，其提供的设施、服务等必须满足所有人的需求。如在一些环境景观、娱乐设施的设置方面，要考虑到老人、儿童和残疾人等弱势群体的使用要求，切不可使 CBD 成为少数人的游乐场所，成为其显示身份和地位的舞台。另外，开放性也应具备包容性的含义，即不同的文化形式，不同的建筑风格，古代与现代，国内与国外，只要合理、合适，都可以在此展现，达到兼容并蓄，雅俗共赏。只有这样的开放性才是大开放、大包容，CBD 在这样的开发环境下才有可能突破原有的发展模式，发生质的转变，迈入新的阶段。

参考文献

陈一新：《中央商务区（CBD）城市规划设计与实践》，中国建筑工业出版社，2006。
宋迎昌等：《北京 CBD 功能分区与空间布局研究》，《城市》2010 年第 11 期。

B.6
中国 CBD 商务环境发展现状、问题与提升路径

林 博*

摘 要:

目前国内对 CBD 商务环境的研究尚不够系统,商务环境在 CBD 整体竞争力中的重要性未能充分体现。本文首先对 CBD 商务环境的本质进行界定,进而对国内 CBD 商务环境的发展现状及存在问题进行分析,在此基础上提出优化 CBD 商务环境的总体思路和基本原则,并就其提升路径提出几点思考。

关键词:

CBD 商务环境 提升路径

CBD 商务环境是 CBD 投资环境和办公环境的统称,集中体现在 CBD 区域对投资人和投资企业的吸引力,以及 CBD 区域内人员的满意程度。CBD 的商务环境日益成为影响 CBD 产业聚集力的重要因素,也是 CBD 区域竞争力的核心要素之一。而区域竞争力是指在国际化的市场竞争环境中,在与不同国家或城市的 CBD 或其他功能区的竞争中,实现该区域经济持续、稳定、协调发展与增长的系统能力,既包括吸引、占有、控制各类资源与市场的能力,也包括在更大区域内实现资源优化配置的能力等。虽然人们对经济活动的各个方面、各个要素在竞争力构成中的作用存在不同认识,但普遍认为商务环境应该是其

---

* 林博,曾先后供职于北京丽泽金融商务区开发建设办公室、丰台区金融服务办公室,具体负责高端商务区的战略发展研究和招商引资工作;现就职于北京市投资促进局,承担首都投资促进相关研究工作。

中的重要组成部分。

人们对商务环境在 CBD 建设发展过程中的认知是逐步深化的。初期，CBD 的规划建设者更看重规划的合理、楼宇建设的水平和高端业态的聚集等，追求更高、更大、更多，而对商务环境这一决定 CBD 发展品质的因素相对重视不够。但在经过高速发展期后，越来越多的 CBD 入驻企业开始关注商务环境，并根据自己的需求提出要求，直接提升了商务环境的重要地位。因此 CBD 的建设管理者也开始关注并着手优化和提升商务环境。

当前，国内已经有针对 CBD 的研究和针对城市投资环境、经济社会环境等方面的研究，但专门针对商务环境的研究较少。因 CBD 商务环境的内容丰富、着力点多，具有需求密度大、需求层次多、需求范围广、质量要求高的特点，很多 CBD 的规划建设者不能很好地把握商务环境的需求，导致在商务环境的改善和营造方面存在一定的主观性和盲目性。因此，对商务环境的研究必须结合实际，结合区内企业和人员的需求。本文将在充分吸收国内外已有研究成果的基础上，对我国 CBD 商务环境的发展现状及存在的问题进行分析，并借鉴国际著名 CBD 的发展经验，结合中国经济发展的实际情况和客观需求，尝试提出优化 CBD 商务环境特别是国际化商务环境的总体思路，并在需要改善的重点领域提出相关的对策建议。

一 当前我国 CBD 商务环境发展现状及存在的问题

商务环境与 CBD 的发展阶段、主导产业的类型息息相关，与区域内聚集的主要企业和人员的需求紧密相连，每个 CBD 对商务环境都有其个性化需求，本文结合 CBD 的本质特征，力求从个性中寻找当前我国 CBD 商务环境存在的共性问题。

一般认为，CBD 的本质特征主要表现在强大的影响力、高经济贡献度、国际化程度高、企业密集、高端产业引领等方面，与之相对应地要求商务环境具有国际认同度、先进的硬件设施、高效的软件服务、和谐的整体环境等。总体上看，当前我国各地 CBD 的发展程度和发展阶段不同，有的较为成熟，如上海陆家嘴 CBD、北京 CBD、深圳福田 CBD 等，有的还处于开发建设初期，如部分区域性中心城市的 CBD。当前我国 CBD 的发展现状主要有以下三个特点。

一是硬件设施的建设水平普遍较高。国内 CBD 起步相对较晚,具有一定的后发优势。因此,国内 CBD 普遍在规划阶段即确定了高起点、高标准、高要求的开发建设方向;同时中国经济社会保持了长期快速发展,特别是在投资方面常年处于高位增长,客观上也为实现 CBD 的高端硬件建设创造了条件。可以看到,国内 CBD 在新理念实施、新技术应用、新产品使用,以及楼宇的设计与建设、道路景观的建设等方面一直处于国内领先地位,成为最能代表各城市形象的标志性区域。

二是注重政策倾斜与配套。良好的政策环境是国内 CBD 的普遍优势,为促进 CBD 发展,各地普遍出台了相关政策及措施,促进产业、企业、人才、资金等优势资源在 CBD 聚集。这不仅因为 CBD 代表城市发展的未来,更是因为 CBD 的政策环境能够对全市发展起到示范带动作用。

三是政府服务逐渐完善。建设适应当前经济社会发展阶段的服务型政府是我国政府职能转变的方向。各城市普遍在 CBD 区域建设了一站式的政府服务大厅,配齐了必要的工商、税务等职能部门,更有甚者为大项目落地建立了高层次的协调机制,并安排固定人员负责和跟踪服务,虽然与投资人和企业要求相比仍有一定差距,但在带动整个政府的职能转变方面发挥了示范作用。

总的来说,各城市 CBD 的商务环境与 CBD 发展水平乃至城市发展阶段相一致,发展较为成熟的如上海陆家嘴 CBD、北京 CBD、深圳福田 CBD 等各项指标均相对领先,商务环境也处于领先位置,但相较于世界一流的 CBD,如纽约曼哈顿、巴黎拉德芳斯、东京新宿、新加坡 CBD 等,国内 CBD 的商务环境在地区形象认同、交通便利化、政府服务效率、硬件环境等方面还有一定的提升空间。本文所提到的问题是国内 CBD 普遍存在的共性问题,但并不表明所有 CBD 存在这些问题,部分发展成熟的 CBD 在一些指标上特别是硬件建设方面甚至领先于一些世界一流的 CBD。共性的问题主要有以下几个方面。

(一)国际认同度相对不足

地区形象认同度是国外 CBD 普遍注重的,并在日常工作中不断进行地区形象的塑造和强化,以持续扩大在全世界的知名度和影响力。良好的地区形象既提升了区域层次，也加强了驻区机构的认同感。例如，伦敦金融城是独立于伦敦城市的城中城，政府部门不仅专门制作了宣传短片，在金融城政府网站提供免费下载服务，而且每年金融城的市长亲自带队赴世界各主要投资来源地宣传推介金融城，并在比利时、印度、中国等国家设立代表处，仅在我国就设有北京、上海和深圳三个代表处，其主要工作就是宣传推介金融城的国际金融中心形象，促进更多的金融机构、跨国公司进驻金融城。曼哈顿地区本身就是华尔街、联合国总部的所在地，区内拥有帝国大厦等多幢标志性建筑，再加之纽约作为全世界最重要的经济中心城市，极大提升了曼哈顿的国际影响力。东京新宿拥有自己的区标、区花和区树，而且该区域已成为东京知名的景点，是展现城市发展的一个缩影。新加坡 CBD 则通过举办各种国际知名会议（如 2008 国际 G12 大会）宣传和推介自身的商务氛围，不断扩大其在世界范围内的影响力。国内 CBD 逐步认识到提升地区形象的重要性，部分领先的 CBD 也在强化和提升区域形象方面做了大量的工作并取得一些成绩。比如，北京 CBD 已经连续举办了 13 届北京 CBD 国际商务节，向国内外宣传推介北京 CBD 的形象和品牌；上海陆家嘴不但拥有环球金融中心、金茂大厦等多幢地标性建筑，还常年举办环球嘉年华、金茂跳伞、国际时装发布会等大型活动，宣传和提升陆家嘴的形象及国际知名度。但从整体上看，国内 CBD 的对外宣传推介相对不够，国际交往互动不够频繁，虽然在国内或区域内拥有一定的影响力，但区域品牌和形象的国际认同度不高，影响力有限，有待进一步提高。

（二）商务出行不够便捷

CBD 是外资企业和外籍人员相对集中的区域，区域内企业的业务也更加全球化，区域内的人员经常需要出行，特别是前往不同国家和地区进行商务活动，因此，商务出行便捷是考察一个 CBD 商务环境和国际化程度的重要指标。与国际知名 CBD 相比，在这一指标上国内 CBD 存在较大差距，以香港中环、东京新宿和新加坡 CBD 为例，香港为从事商务活动的人员提供多次往返签证，东京对符合一定条件的短期商务签证申请人可提供有效期为 1 年或 3 年的多次往返签证，新加坡为外籍商务管理人员提供多次出入境签证服务，极大地方便

了国际人员往来，人员的频繁、快速流动也大幅提升了经济发展活力。但国内
CBD 则无法做到，这既有国内相关政策限制的客观原因，也有缺乏专门针对
商务人员办理签证绿色通道的主观原因。

（三）政府服务有待提高

当前，国际上公认政府服务和行政效率最高的是新加坡 CBD 和法国拉
德芳斯。新加坡通过"新加坡政府网"全面公开新加坡的各类法律法规和
行业政策，通过新加坡经济发展局提供专业的产业政策及法律法规介绍，内
容丰富、解释详细，便于投资者检索查询。拉德芳斯则通过专门网站提供详
细的企业设立程序、劳动法、企业税、企业可享受政府提供的财政支持等相
关资料的介绍和下载，最大化地进行信息公开。这两个 CBD 之所以高效，
既有政府管理体制的原因，也是主动服务的结果。国内各 CBD 在这方面也
进行了很多尝试，如通过政府网站、宣传册、各类展会等渠道提供政策咨
询、产业引导等信息。但整体来看，在各方面因素的共同影响下，信息的完
整性、及时性和查找的便利性等方面还有待改进，其中既有政府部门存在的
多头管理、沟通不畅等问题，也有相关政策信息发布不及时、政策解读不深
的问题，迫切需要适应 CBD 建设发展的需要，尽快构建高效的政府行政服
务体系。

（四）信息基础设施不够完备

伴随着信息技术的快速发展和推广应用，快捷便利的信息资源的获取、发
布和管理已成为助力企业发展的必要因素。当前，世界一流的 CBD 都在积极
推动现代综合信息基础设施建设，香港中环和伦敦金融城在信息通信网络设施
方面较为领先，具体做法是香港中环建立了全球最全面的光纤电信网络，伦敦
金融城则建立了欧洲最大的无线局域网。国内 CBD 也逐渐认识到这一点，并
结合国家信息化建设大力推广 3G、4G 技术，加快"三网一库"（外网、内
网、专网和电子政务信息资源库）等信息基础设施的建设，但除个别 CBD 外，
整体情况还需要进一步提升，各 CBD 的信息基础设施还不够完备，不能完全
满足区内企业和人员的需求，还有待进一步提高。

（五）产业配套不够完善

世界一流的 CBD 因规划建设较早，在经过以单一主导产业为主的发展模式后，逐步认识到产业配套不齐全的缺陷，并相应调整发展战略，积极吸引和聚集了大量配套产业，一些 CBD 还在附近区域规划了新的中心用以承载配套产业。例如，伦敦金融城和金丝雀码头区，金融城主要发展银行、证券、保险等传统金融业，金丝雀码头区则大力发展相关金融及商务服务类产业，两者同在伦敦市内，通过紧密合作形成优势互补，避免这些公司去外部寻求发展空间而导致资源流失，也对伦敦金融城维护世界金融中心的地位起到极其重要的作用。国内一些 CBD 依托国家区域发展战略也逐步建立起配套产业集群，如上海陆家嘴依托上海城市发展和长三角一体化的不断深入，不仅促进相关配套产业发展，也促进周边区域经济社会发展；深圳福田依托珠三角地区合作，聚集相关配套产业。但国内大部分 CBD 产业配套尚不完备，CBD 与周边地区在产业配套、产业链衔接、资源整合等方面都有较大提升空间。

（六）交通便利化有待提高

发达国家的汽车产业起步早，很早就开始推广和普及乘坐公共交通工具出行，因此，一些世界一流的 CBD 公共交通出行率很高，为缓解交通拥堵做出了重要贡献。其中做得最好的是法国拉德芳斯和新加坡 CBD，拉德芳斯地区建成了欧洲最大的公交换乘中心，并在规划设计之初就确立了人车分流的理念，极大缓解了区域内的交通拥堵；新加坡完善的交通系统将商业区、工业区和居民区连成一体，通行顺畅。国内 CBD 起步较晚，在规划建设初期也非常重视交通出行的便利性，但因城市整体规划和人们出行习惯等因素的影响，交通仍不够顺畅，特别是目前发展较好的 CBD 经常出现交通拥堵，极大地影响了区域的商务环境。其主要原因有五点：①道路规划不够科学先进，很多国内 CBD 是在原城市中心商业区的基础上改建，因此改变原有规划重新设计较为困难。同时，由于部分地区过于追求楼宇建设和产业聚集，对道路建设的重视不够，致使路网密度偏低，不能够满足 CBD 发展的需要。②在建设时序上，地铁等公共交通建设滞后于楼宇建设，且部分 CBD 因审批等问题出现长时间滞后，造成没有合适的公共交通可供区域内员工选择。③已建成的公共交通不够便捷，存在公共交通节点到办公楼宇之间相距较远的"最后一公里"问题，虽然国内一些CBD推出摆渡车着力解决这一问题，但车次少、费用高、线路不够优化等问题仍较突出，无法满足区内员工需要。④出行方式方面，因我国汽车工业起步较晚，家庭普及机动车更晚，再加之公共交通不够便捷，人们在出行方式的选择上更倾向于自驾车出行，这就更加剧了道路拥堵。⑤停车设施方面，一些CBD停车场较少或整合不足、高科技的停车引导设施覆盖率较低等因素，致使不少车辆因长时间寻找车位滞留在路面，也直接影响了整体交通，降低了出行效率。总体上看，国内CBD交通便利化程度还有待改善。

（七）生活服务配套设施较少

"白天熙熙攘攘，晚上冷冷清清"不仅是国内CBD存在的问题，也是全世界CBD普遍存在的问题，这与CBD"24小时活力之城"、"不夜城"的发展方向不符。主要原因是大部分CBD在规划之初更多地考虑商务办公需求，而忽略或忽视了建设相关的生活服务类配套设施，即使在建设中也没有很好地弥补这些不足。当前，国内CBD在生活服务配套设施方面主要有四方面的问题：①居住需求，北京CBD、上海陆家嘴CBD等区域配套建设了一定比例的住宅和宾馆酒店，基本能够满足居住所需，但部分CBD仍缺少相应设施，致使一些住宿需求只能在离CBD较远的区域得到满足。②教育设施，因国内教育体制等原因，优质教育资源一般是长期形成并逐步固化的，因此国内各CBD普遍存在教育设施不足甚至缺失的情况。③医疗设施，情况基本与教育设施情况相同，目前普遍存在不足甚至缺失的情况。④购物中心等休闲娱乐场所，国内部分CBD建设了商场等场所，但文化娱乐设施匮乏，很难满足区域内员工午间就餐、休闲娱乐等日常所需。

总的来说，国内CBD虽然在部分指标如租金和人员成本上优于世界一流CBD，但整体商务环境仍存在不少问题，服务供给不能有效反映服务对象的需求偏好，不能很好地适应CBD这一特殊城市结构的特殊需求，还有诸多工作需要逐步改进，特别是上述七个方面还有较大提升空间。

二 优化 CBD 商务环境的总体思路和基本原则

总结问题并借鉴纽约曼哈顿、东京新宿、伦敦金融城和香港中环等世界一流 CBD 改善商务环境方面的发展经验，有助于完善国内 CBD 商务环境的理论研究和规划建设，有助于我们确定优化和提升 CBD 商务环境的基本原则、重点领域，确定改进和提升的方向。

在全球经济一体化背景下，中国的经济、社会、生活等各方面与世界的融合将更加深入，CBD 的入驻企业也将更加多元化、国际化，CBD 的最终发展目标是成为一个具有区域影响力乃至国际影响力的地区，是国际化、具引领性、具有较强辐射力的全球性或区域性经济功能中心。CBD 区域内聚集的应是高端服务业、跨国公司、国际组织、金融资本、顶尖技术、国际信息和高端人才；CBD 集中的应是金融、商务、服务贸易、信息、传媒等高端产业，且购物、文化、娱乐等生活配套设施完备。基于这些特点，入驻企业对 CBD 商务环境的要求将更加多元化、国际化、服务化。

基于此，优化国内 CBD 商务环境的总体思路是：结合区域发展实际，围绕 CBD 发展目标和产业发展特点，根据 CBD 内企业和员工的需求，明确本区域 CBD 的功能定位和发展方向，批判地吸收国内外各 CBD 商务环境的建设经验，在改善重点上不断提升地域特色浓郁、领先优势明显、具有竞争潜力的优势指标，加快发展和攻克薄弱环节及关键节点，不断缩小与先进 CBD 的发展差距；在实施策略上坚持政府引导和市场主导的有机互动与相互促进，努力建设交通便利、公共服务完善、产业配套齐全、人文环境和谐、自然环境优越的商务环境。

由于各 CBD 所处的城市不同，发展阶段和发展路径也不尽相同，当地企业和员工的需求也存在一定的差异性。因此，本文提出的总体思路和发展目标是在结合 CBD 发展目标和特征的基础上提出的共性目标，在 CBD 的规划建设实践中需根据各地的实际情况区别对待、合理使用，总体上应把握好以下三个原则。

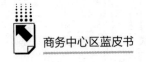

（一）针对性原则

因国内各 CBD 的资源禀赋和发展阶段不同，入驻的企业和人才也不同，在推进以上优化和提升工作过程中，要充分考虑本区域的产业、企业、人群特点，以突出优势、扬长补短为重点开展各项工作。

（二）全面性原则

CBD 作为一个多功能和高度复合的区域，商务环境在满足企业和人才正常经济活动的同时，还应具有为其文化、休闲和生活服务等其他功能，并充分考虑来自不同国家企业和人才的不同需求与偏好，因此商务环境的优化和提升要兼顾经济服务和生态生活要素。

（三）系统性原则

CBD 商务环境的优化与提升是一个系统工程，有必要根据不同地区 CBD 的区域特征建立系统的商务环境评价指标体系和动态跟踪监测机制，在此基础上开展深度的定性和定量分析，才能从系统层次上分析其优劣与存在的问题，进而选择和采取具有较强针对性的改进措施。

三 优化和提升 CBD 商务环境的重点方面

CBD 商务环境的需求主体是驻区企业和在区内的工作人员，把握优化国内 CBD 商务环境的总体思路，要从需求主体最关心的要素出发。

从企业角度看，CBD 内的企业大致可分为跨国公司、国内大型企业、国内外中小型企业三类。一般情况下，跨国公司因有在世界多个 CBD 办公的体验，对商务环境的要求最高，也最为丰富和全面。

从人员角度看，CBD 区域内的工作人员来自世界各地，大致可以分为企业领导者、企业高级管理人员和一般员工三类，这三类人员对商务环境的需求在内容和层次上都存在一定差别。一般情况下，企业领导者和高级管理人员对商务环境的要求相对较高，他们通常是来自不同国家或区域的精英阶层，具有国际化视野、要求和相对较高的素养及品位。

因此，优化和提升 CBD 商务环境应从跨国公司和企业领导者的需求出发，并充分结合大中型企业、高级管理人员和普通员工的需求，有针对性地提出方式方法。研究表明，CBD 企业及工作人员对商务环境的需求主要集中在交通体系、公共服务、行政服务、产业促进平台、信息服务体系与人文自然环境等六个方面，这既有硬件问题，也有软件问题，优化 CBD 商务环境必须从硬件软件两方面共同入手，共同提升。

（一）建设现代化交通体系

交通是城市的动脉，交通的通畅关系着城市的运行效率，对 CBD 这样产业高度集中的区域而言更是如此。应开展专门的交通规划，加强整体设计，重点做好交通节点、内部微循环等规划，建立与 CBD 发展要求和发展目标相适应的城市道路网络；应适当修正 CBD 建设时序，道路建设先于楼宇建设，在 CBD 建设之初即解决好与周边地区交通设施的连接，提高 CBD 的外部可达性和内部通畅性；应优先发展公共交通系统，优化公共交通线路，合理设置公交和地铁车站，适当提高穿行 CBD 和 CBD 内部公交系统与轨道交通的运载量；应加强人性化设施建设，如合理的人行通道设置，楼宇通道之间的连接，尽可能规划出专门的步行街等；应及时广泛地采用最新现代化科技手段，如及时的路况发布平台、准确的交通诱导系统等；应改善停车服务，大力引进高智能化停车引导系统，主动在各主要路段、各交通路口和停车场周边设立电子指示牌，从而依托高智能化的停车引导系统，为 CBD 区域内企业和员工提供实时的停车位信息发布与咨询服务（包括停车场地址、车位数和收费方式等），引导车辆尽可能快速、便捷、高效地寻找到停车位，缓解区域交通压力；应改进停车收费方式，充分结合停车时间长短的不同需求将 CBD 内停车位划分为不同的收费区域，并采取累进制收费方式，引导汽车快进快出，减少区域内汽车总量。

（二）提供便捷的商务服务和高效的行政服务

CBD 不同于城市一般区域，区内企业多、人员多，且人员来源比其他区域更加多元化，对商务服务和行政服务的要求也更加多样，因此应逐步建立专门的服务机构和完善必要的平台。①设立专门的工商、税务部门，CBD区内企业高度聚集，企业密度远大于城市其他区域，新注册成立、资本金变动等业务的数量也远高于城市其他区域，应设立专门的工商所（分局或局）和税务所（分局或局）满足企业需求。②设立服务窗口办理护照和提供签证代办服务，国际化与全球化是一般CBD的普遍特征，外资企业多、外籍员工多以及全球化开展业务等特点决定了其必然对出入境的便利化具有较高要求，应设立专门的服务窗口办理护照，并引进中介代办机构为区内企业办理签证。③建立政府官方网站，依托网站及时高效地发布政策法规信息、政务信息等。④引进配套中介服务机构，CBD区域内商务活动密集，应重点引进业内层次高、客户口碑好的律师、会计、咨询等中介服务机构，为区内企业提供优质的中介服务。除上述相应的机构和平台外，国内各CBD需要下更大力气解决好软件服务：①建立政府部门间的联合工作机制，畅通日常的沟通和交流，整合提升对CBD内各企业和人员的管理协调能力。②加强电子政务建设，依托当地政府和CBD管理方的官方网站，及时准确地发布和解读相关政策法规、优惠政策和办事程序等，不断提高政府的透明度、开放度和行政效率。③优化服务，着重解决企业和人员反映的政府服务亲和力不足、办事程序过于复杂、政策解读相对较少、政务公开范围相对较窄的问题，持续不断地提升服务质量。④加强与区内企业的沟通与互动，政府部门应加强对企业的走访，结合实际建立政企定期对话机制，及时了解企业需求，推动实施定制服务，同时加强与潜在入驻企业的联系沟通，了解企业对于商务环境的具体需求并加快完善。⑤增强政府部门的国际交往能力，通过建设多种语言形态和适合国际特点的政府网站扩大对外开放程度，提高国内外投资者获得CBD相关信息的便利性，打造高效的政府服务体系。

（三）建立配套齐全的公共设施

国内各CBD普遍存在公共设施不足的问题，这既有规划方面的"先天不足"，也有政府在建设管理中存在的缺位。应摒弃"大而全"的传统发展思路，坚持"不求所在，但求所享"的宗旨，逐步建立起配套齐全的公共设施。①对于宾馆酒店设施，目前国内各CBD不是过剩就是不足，应根据CBD规划总建筑面积，科学预测未来总人口，合理规划建设宾馆酒店等设施，并结合CBD 区域内企业和人员层次相对较高的考虑，适当提高高档次酒店的比例，满足区域内所需。②教育医疗设施不足是国内各 CBD 普遍存在的问题，虽然有城市建设中形成的历史原因，但应突破这些因素，如可通过优质学校办分校、优质医院办分院，或者通过引入国际学校和国际医院的方式加以解决，同时应结合本 CBD 主导产业特点，适当引进专业技能类培训项目。③一定的商业设施可以满足区内员工用餐和休闲娱乐需要，并注意提高商业设施档次，以商务为主。除此以外，公共设施硬件方面，应具备完善的多语指示标识、公园广场绿地、公共休憩场所等城市设施；公共设施软件方面，应具备建立在完善的公共服务设施基础上的人性化公共服务，其范围主要涵盖工作、生活、公共安全、企业发展等多方面，满足区域所需。

（四）健全产业促进平台

产业是 CBD 的核心，没有产业支撑的 CBD 无法实现可持续发展。因此，应完善 CBD 的产业发展规划，建立合理的主导及配套产业发展目录，有针对性地开展产业促进工作；地方政府应围绕主导产业，制定并出台相应的政策措施，如实施租房补贴、资金奖励、人才引进服务、软环境优化等方面，鼓励相关企业在 CBD 发展；应支持建立各类产业的商协会，发挥产业发展的合力作用，不断促进产业聚集；应建立政府与企业以及企业间的相互沟通协调机制，对主导产业的潜力企业提供融资服务、法律服务等个性化服务；应加强版权保护政策服务，既要做好宣传和教育，提高区域内单位和公众的知识产权意识，努力在 CBD 区域内乃至全社会营造版权保护的良好氛围，更要发挥政府作用，加强全社会对知识产权的保护，鼓励区域内企业通过法律手段解决版权纠纷。除此以外，因配套产业数量较大，而 CBD 的承载力有限，应加强与周边城市以及本市其他区域的沟通协调，充分调动和发挥其主动性，不仅促进其他区域提高为 CBD 产业配套的能力，也不断加强 CBD 对周边区域的辐射带动作用。

（五）建设先进的信息网络基础设施

信息网络是现代办公环境不可缺少的部分，CBD 是信息高度密集区域，需要先进的信息基础设施来支撑；同时，CBD 区域内跨国公司、国际机构众多，其对网络环境拥有更高的要求。CBD 要建立并不断完善先进的通信基础设施，应聘请专业人士制定科学、合理、适度超前的信息基础设施规划，立足于长远进行整体设计、统筹规划和统一实施；通信基础设施建设过程中要着眼于区内企业和人员 24 小时的信息需求，加强与电信运营商的事前沟通和事中协调，注重区域网络全覆盖、注重信息终端的普及、注重先进设施的引入等；应建立高水平的专业维护团队，做好已建信息基础设施的排查和管理，对已经建设的基站、光缆等信息基础设施，建立定期排查制度，掌握详细情况，纳入规范管理，确保无障碍、无事故。既要建设先进的硬件设施，也要依托设施加强商务信息建设，鼓励社会与民间机构投资建立以服务 CBD 内员工为主的商务及生活信息发布网站，满足员工在工间的生活服务需求。

（六）建设和谐优美的人文自然环境

CBD 是建筑高度密集区域，土地价格高昂且空间有限，很多 CBD 的规划建设者倾向于追求高密度、高容积率，建设更多的写字楼，实现经济效益最大化。但随着 CBD 理论的不断完善和开发实践的不断深入，现在学界普遍认为缺失人文自然环境的 CBD 是不完整的，一方面浓郁的人文自然环境可以为区内企业和人员营造人文关怀的环境；另一方面和谐的、人性化的人文自然环境可以反作用于商务环境，提升整个 CBD 的品质，不仅能够满足企业和人员的公共服务需求，还可以提升企业、人员与 CBD 的亲近程度，增强 CBD 对企业和人员的吸引力。现在，人文自然环境已成为衡量 CBD 商务环境的重要指标，直接影响区域竞争力和人才吸引能力。笔者认为，CBD 的人文自然环境宜有但不宜多，强调存在感，体现在细微处，但不必追求过多、过大。在硬件设施方面，可以规划建设符合 CBD 特点的专业博物馆，如金融博物馆、传媒博物馆等；可以规划建设小型音乐厅；可以充分利用 CBD 的闲散空间，规划建设城市绿色走廊、街区公园、社区活动场所等，为区内企业和员工提供会友空间。在软件设施方面，应设计体现 CBD 特点的 Logo，并利用各种形式，借助各类活动进行广泛宣传，不断增强区内企业及人员的认同感；应组织区内企业开展文化体育活动和艺术交流，定期或不定期组织各类展览等，提升区域品位和品牌。

参考文献

刘春成、侯汉坡：《城市的崛起（城市系统学与中国城市化）》，中央文献出版社，2012。

张杰：《中央商务区（CBD）战略管理研究》，经济管理出版社，2007。

蒋三庚：《中央商务区（CBD）研究》，中国经济出版社，2008。

韦良中、刘春成、侯汉坡：《CBD 区域商务环境评价研究的思考》，《商场现代化》2009 年 4 月（下旬刊）。

樊绯：《20 世纪城市发展与 CBD 功能的演变》，《城市发展研究》2000 年第 4 期。

康旺泉、段丽丽：《区域性中心城市 CBD 建设的动因及发展策略》，《山西建筑》2010 年第 30 期。

B.7
BLUE BOOK

中国 CBD 公共环境建设：
案例研究与问题分析

刘欣葵　贾　彤*

摘　要：

本文总结了国际城市 CBD 公共环境的基本特征，分析了我国大陆城市 CBD 公共环境存在的问题，并结合广州珠江新城、深圳福田 CBD、上海陆家嘴 CBD、北京 CBD、北京金融街、西安长安路商务区六个城市的 CBD 案例，分别提出了公共环境建设的成功之处及存在的问题。

关键词：

公共环境　CBD　公共空间

城市公共环境，是指城市人在公共空间遇到的各种环境因素的总和。城市公共环境由城市公共空间与空间中的公众活动融合而成。前者称作物质空间环境，如在特定的地理特征和气候条件下，城市建筑和设施形成的城市风貌；交通等基础设施提供的运行条件；城市绿地、广场、街道等公共空间；城市商场、饭店等公共服务设施等。后者可以称作社会人文环境，包括交通活动、文化活动、社会交往活动、管理活动，以及民俗风尚、公共秩序等。

CBD 的公共环境是城市公共环境的有机组成部分，既具有所在城市公共环境的总体特征，又因其国际化的商务功能、高密度的建筑形态和现代化的管

---

* 刘欣葵，首都经济贸易大学城市经济与公共管理学院教授，主要研究方向为北京城市发展史、城市规划与管理、公共环境建设；贾彤，首都经济贸易大学城市经济与战略管理专业在读硕士研究生。

理方式，而具有区域特点。本文讨论的 CBD 公共环境，主要涉及 CBD 区域的城市风貌特色、公共空间品质、交通设施的可达性、休闲设施的宜人性和公共服务的多样性，以及区域的人文气息等。本文从公众体验的视角，从 CBD 公共活动的基本需求出发，结合国内六大城市的 CBD 案例，来讨论 CBD 公共环境的共同特征、我国大陆城市 CBD 存在的问题，并针对 CBD 案例分析公共环境建设的成败之处。

一　CBD 公共环境的基本特征

CBD 的公共环境是每个 CBD 功能共性与功能个性的结合，是地域气候、地理特征与建筑园林特征的结合，是公共空间与社会性活动的结合，是全球化文明与本土化文化的结合。CBD 公共环境是对 CBD 商务环境的一种平衡和调剂，具有不可替代的社会价值，这些共同特征包括，最具现代化的城市设施，高密度的城市环境和立体化的交通体系，以人为本的步行和休闲公共空间，专业化的高端商务环境和多样化的城市公共服务，以及财富与艺术混合形成的高调的文化艺术氛围。

（一）追求标志性的现代城市风貌

CBD 是国际城市的标志性区域，标志着城市的核心经济功能区，标志着都市的繁华和创造财富的卓越能力。塑造城市地标，是规划 CBD 的城市政府、建设 CBD 的开发商，特别是入驻企业的共同追求，从而形成富有时代气息、体现建筑科技的摩天建筑群，也在城市的天际线上形成独特的景观地标。CBD 的标志性主要体现在以下三个方面。

（1）统领区域的规划布局。CBD 规划的标志性是在城市中心地区这样的大尺度范围内实现的，因此 CBD 的规划，在规划选址、规划布局、建筑高度控制、交通规划和城市设计等方面，突出区域在城市中心区的统领和优势地位。纽约曼哈顿的方格网规划，将商务中心区置于岛屿尖端，由北向南的笔直道路指向商务中心；东西两侧的道路指向海边；建筑形态中间高耸，近海处降低，突出了下城的中心地位和向海优势，被赫曼·赫茨伯格评价为"曼哈顿是最令人兴奋的实例"。上海陆家嘴也是通过向海优势和摩天大楼集中突出其优势地位。北京 CBD 沿着长安街和东三环路规划建筑高点，形成景观天际线。深圳福田商务区、广州天河都是通过中轴线上的地标建筑和中心绿地来凸显其中心地位的。

（2）地标性建筑的卓越设计。成功的 CBD 建设往往通过某一标志性建筑或是整体的建筑形态，来组织各种空间元素，起到塑造城市形象的作用。位于曼哈顿第五大道的帝国大厦在世界贸易中心一号大楼建成前曾是纽约第一高楼。建筑历史学家威里斯说："今天的帝国大厦一方面象征美国工商业文化，一方面也是纽约甚至是全美国的永远地标。"巴黎拉德芳斯 CBD 中的标志性建筑——35 层高大拱门是一个超大独立结构建筑，采取了 100 立方米的中空立方体造型，拱门下巨大的台阶成为游人休息的理想场所，拱门上的观光平台是眺望古老巴黎中轴线的最好去处。法国政府为了寻求到令人满意的设计方案，前后进行了三次国际招标，历经两届总统，历时十年之久。1989 年法国大革命 200 周年在大拱门举行开幕仪式，这一建筑也成为拉德芳斯的标志性象征。在 CBD 的城市设计中，设计师往往借助其独特的地理位置与现代化高层建筑群的叠加，构成富有冲击力的城市天际线。

（3）城市精神的完美呈现。象征经济繁荣和财富创造的 CBD，更需要表达城市的精神。曼哈顿岛前方的自由女神像和被毁的双塔，象征着自由市场经济国家所崇尚的自由、竞争的美国精神。法国拉德芳斯的大拱门体现了巴黎人追求典雅、纯洁的建筑风格和富有诗意的城市文化追求。上海的东方明珠和现代摩天大楼似乎在继续上演外滩的全球城市梦想和展现海纳百川的东方气质。广州中国味道的中心花园、美轮美奂的西塔和电视塔、独具特色的图书馆和博物馆，更是演绎出中国传统文化的中正平和与西方竞争开放的精神，以及全民共享改革开放成果的完美结合。重庆解放碑 CBD 的国泰广场，中国红的色彩、公众文化设施、室外公共活动广场，无疑在诠释着当代中国在追求富强的同时，开始重视公平、正义、民主的核心价值。

（二）以人为本的立体交通体系

CBD 地区一般是建筑密度和就业密度最高的区域，需要具备发达的内部和对外交通体系，才能保证大量人流、车流的畅达，满足高效、安全的需求，同时需要满足以人为本的步行需求，便于交流。成功的 CBD 交通体系，必然是以公共交通作为主导，以步行环境为基本尺度，并有多元交通选择机会的立体交通体系。

（1）布局合理的公共交通系统。良好的公共交通体系是保障 CBD 可达性的重要前提。东京新宿 CBD 内的交通系统用地面积占总面积的 22.3%，公共交通便捷，9 条地铁线穿过，加上 12 号地铁环线，日客流量超过 400 万人次，[①] 并利用智能道路交通管理系统（ITS）对交通进行有效控制。纽约曼哈顿的交通系统用地更达到 37.5%，有 24 条轨道交通为此区域服务，并通过停车收费等政策限制小汽车的使用，80% 以上在此工作的人会选择乘坐公共交通上下班。[②] 此外，法国的拉德芳斯是全欧洲最大的公交换乘中心，RER 高速地铁、1 号线地铁、14 号高速公路、2 号线地铁等在此交会。[③]

（2）以人为本的步行系统。紧凑的建筑布局、完善的步行系统，社会交往的空间场所，是构成以人为本的公共环境的基本条件。楼宇之间紧凑布局，便于交往，方便步行。楼宇与公交站点，与绿地、广场、商业街或酒吧街，均以步行为主导的街道进行连接，使白领走出高楼林立的写字楼，即可方便地享受丰富的户外公共空间。曼哈顿的洛克菲勒中心是由 19 栋商业大楼、占地 22 英亩的建筑群组成，中央是一个下沉广场。洛克菲勒中心运用人行走廊和地下廊道很好地将各个建筑物与中央广场进行连接，不仅提高了各个楼宇间的紧密度，还营造了多层次的公共空间。香港对中环进行改建时，建成香港最长的中环至上环的长廊，长廊内部有咖啡座、休闲长椅等公共设施，并通过廊道把周边林立的商场、商务楼宇进行连接。

（3）多层次的立体交通网络。为了满足大容量、多种选择的交通需求，多层次的立体交通模式已成为 CBD 的重要特征。立体交通中，机动车交通通

① 徐淳厚、陈艳：《国外著名 CBD 发展得失对北京的启示》，《北京工商大学学报（社会科学版）》2005 年第 5 期。
② 侯寰宇：《CBD（中央商务区）外部空间形态探析》，天津大学建筑学院硕士学位论文，2004。
③ 蒋三庚、张杰等：《中央商务区（CBD）构成要素研究——CBD 发展研究基地 2012 年度报告》，首都经济贸易大学出版社，2013。

道一般放在地下或周边，而把步行系统放在地面。法国拉德芳斯 CBD 是立体化交通模式的典型。该区域目前已建成空中、地面和地下三位一体的立体交通系统。最下层是快速地铁，地面 1~3 层是车行快速干道、立交桥和停车场，4~5 层的平台上建有人行道。新区内步行系统总面积达 67 公顷，彻底实现了立体化"人车分离"，体现了公交优先、步行为本的原则。

（三）富有地域特色的开放性公共空间

CBD 是现代城市的产物。国际化的商务功能和现代高层建筑，在各国的 CBD 已经趋同，但开放空间仍然需要体现地域特色，符合区域气候和地理特点，契合本地居民的行为习惯。开放空间的功能是提供休闲、通行、交流、购物多种社会活动，以及接触大自然等多种功能，包括公园绿地、广场、商业街、步行道，以及建筑间、建筑前、建筑底层的开放空间等。成功的开放空间，在规划布局、绿地设计，甚至建筑设计上，都着力突出地域文化特色和传统文化习惯，充分利用水岸、海边等自然风光。

1. 广场、草坪和咖啡吧——欧美式开放空间

源于古希腊、罗马的欧美文化，富有商业贸易文化传统，具有丰富的公共生活。由于欧洲城市的气候较为寒湿，光照不足，其公共空间以建筑围合的广场、大面积的草坪绿地为特色，并在广场周围或街道上设置户外咖啡吧，供人们在此停留、晒太阳、交谈、喝咖啡，享受着午间和傍晚的短暂休闲时光。曼哈顿下城开放空间主要是建筑前或建筑间的小广场和街道，广场上设有雕塑或喷泉，因气候特点，大部分时光广场并不是很晒。为了弥补绿地不足的缺陷，曼哈顿中城设置了占地 843 英亩的中央公园，设计了完全人造的自然景观，有大片湖泊、草坪，以及运动场、露天剧场、林荫广场，还有总长 93 公里的步行道。公园完全对外开放，周围有 112 个街口，但所有的机动车都从公园的地下隧道穿越而过，为行人保留一个广阔而安全的步行休闲空间。

2. 花园、林荫道和商业街——中国式开放空间

中国的传统文化以农耕文化为基础，公共生活在祠堂、戏台、街道、寺庙、市场或郊野中进行。中国传统的皇家大殿（如太和殿）前的广场并不对外开放。中国的气候特点，使庭院式园林与寺庙结合，或者花园内有亭台楼榭；商业街和街上的小广场，常常与园林结合，沿街有行道树，形成良好的开放空间。中国大陆 CBD 的开放空间，常常能见到以欧美式建筑围合的广场、大草坪为主的绿地，只在广州珠江新城的中心花园内感受到浓郁的岭南花城韵味。商业街则基本消亡，或者内部化为楼宇内的地下商业街。新建的街道没有林荫，优美的老林荫道没有改造成步行街。北京 CBD 的世贸天阶，把商业街和有棚的室外广场结合起来，既可徜徉其间，又能开设咖啡吧，实现中西合璧。

3. 各具特色的街道和建筑开放空间

各具特色的街道中，能看到西式的拱廊，中式的连廊，富有地域特色的骑楼，有的在建筑之间形成带棚的街巷，也为沿街两侧建筑提供了遮阳避雨的外廊，形成灵活的半公共空间。广州天河北商务区的众多商务楼宇底层对外开放，前后门甚至多个门均可穿越，中庭形成开放的公共空间，便利各个楼宇之间的通行。缪朴（Pu Miao）在讨论亚太城市的公共空间时，推荐新加坡中心的广场与建筑空间的重叠，东京银座地区的道路空间与建筑空间的相互重叠所形成的宜人环境[①]。深圳股票交易所大楼的巨大建筑四面挑出开阔的大平台，地面形成东西向稍宽、南北向略窄的楼前广场，巧妙地避开了日晒，设置了精美的雕塑、特色绿地，还可放置咖啡吧，实现了中国传统建筑的屋顶外檐与西式广场的完美组合，形成庭院空间向开放式的建筑广场空间的转变。广州天河商务区附近有一个低密度的住宅区，住宅楼底层开设了琳琅满目的小店，演变成商务区的多样化室外休闲服务区，为商务区提供了环境宜人的餐饮、休闲、商业、文化消费服务。

（四）专业化和多样性的公共服务

CBD 的高端商务活动，要求保护私人空间，维护区域的独立性和高端商务环境。同时，CBD 区域需要配套专业化服务和多样性的日常办公服务。专业化的服务包括办公服务业、公寓、酒店、商场、邮政等；多样化的公共服务

---

① 缪朴（Pu Miao）编著《高密度城市设计：中国视角》，《亚太城市的公共空间——当前的问题与对策》，司玲、司然译，中国建筑工业出版社，2007，第 270 ~ 281 页。

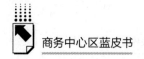

主要是餐饮、酒吧、时装、文化、艺术、体育，还有医疗、教育培训、安全等。简·雅各布斯（Jane Jacobs）把多样性视为城市的本性，她谈到曼哈顿的CBD时，认为CBD需要不止一种首要用途和多样化的服务。①

1. 保持良好的专业化办公环境

CBD的专业办公环境中最重要的公共环境是政府的服务。无论英国的金融城、日本的银座，还是美国的曼哈顿，政府机构的服务是商务区的核心功能之一。伦敦市政厅位于金融城中心，曼哈顿市政大楼、纽约市政厅以及法院和其他政府部门都位于曼哈顿南端。法律、广告、会计师事务所等办公服务业是专业化服务的必备。酒店、公寓、高级时尚店等，也是商务活动必需的配套设施。美国的CBD受土地功能分区理论的影响，以商务为单一功能，使夜晚和休息日了无人气，成为"死城"，进而新建的CBD都强调土地混合利用。但是过度混合，将影响CBD的高端环境。例如，上海陆家嘴的旅游功能，如果旅游区域不与商务空间进行适当分离，会形成混乱的街面环境。北京CBD具有公共交通枢纽功能，因轨道交通不完善，使郎家园等地区常常滞留大量往返燕郊的乘客，造成街面拥挤和混乱。广州在珠江新城开设了专线地铁，给商务人员一个相对好的交通环境。上海建设了空中廊道，避免旅游人群与地面交通的冲突。因此，要配置与CBD相配套的公寓、酒店、时尚店、办公服务和画廊等专业化服务设施，要采取措施避免商业中心、社区中心、旅游服务中心等功能的相互冲突。

2. 提供丰富多样的公共服务

教育培训、医疗、图书馆，是CBD工作的白领们必备的保障性服务设施。英国金融城有近百家高端教育培训机构，市政厅内设立英国唯一的金融城商务图书馆。这是由多家公私机构合作开设的公共服务机构，不需证件对外开放。此外，这里有伦敦博物馆、艺术中心、市立大学、展览厅、邮政总局。金融城北部有多家大型综合医院和牙科、眼科等专科医院。纽约也是医疗发达的区域。曼哈顿下城有社区医院和紧急救助中心，大型医院较少，但中城和上城都

---

① 〔加拿大〕简·雅各布斯（Jane Jacobs）：《美国大城市的生与死》，金衡山译，译林出版社，2006，第129~139页。

有很多知名的医疗机构。

住宅用地与商务用地的适度混合，便于商业服务业生存发展。餐饮等服务业早晨和晚上服务于当地居民，中午服务于办公人群，周末和节假日服务于居民，可以全天候营业，这样使商家具有良好的效益，形成多样、丰富的公共服务。商业街是提供生活服务多样性的良好形式。

3. 高调的文化艺术氛围

追求平等、竞争的文化精神，彰显自由、创造的艺术品质，是对 CBD 拜金主义的一种平衡。从曼哈顿入海口的自由女神像，华尔街的三一教堂，到重庆解放碑 CBD 的国泰艺术中心，CBD 都在彰显一种艺术价值追求。纽约曼哈顿中城有众多的剧院，CBD 核心区域有画廊、艺术品商店，中心广场上有大师的雕塑，咖啡吧的音乐和时装店的橱窗都增加了艺术气息，伦敦金融城内有更多的历史、文化、艺术遗产。我国的 CBD，如广州、深圳等都建有博物馆、大剧院等大型文化设施，广州天河还建有丰富的室外体育健身设施。珠江新城的图书馆不仅是一座地标性建筑，具有一流的阅读环境和藏书量，还有比国家图书馆先进的管理理念，读者无须任何证件，且可以携带任何物品尽享阅读服务，除了咨询处的指导员，几乎看不到管理者，还举办各种展览和讲座。深圳福田 CBD 的北端承担了文化功能，区域内有中心书城、书吧、音乐厅等文化娱乐设施。中心的书城广场夜晚的书吧灯火通明，室内的书香与室外市民活动相互交融，形成富有魅力的城市文化气息。

二 CBD 公共环境建设的案例评析

宜人舒适的公共环境是 CBD 建设成功的必要条件。使用者的体验，是对公共环境的最终评价标尺。本文基于步行体验的方法，对五个城市的 CBD 公共环境进行了实地考察，并基于专业的视角对每一个案例进行分析，以批判的精神检讨其公共环境的特征、成功之处和存在的问题。

（一）广州珠江新城：具有地域特色和公共精神的公共空间

珠江新城位于广州城市新中轴线上，北起黄埔大道，南达珠江北岸，西临广州大道，东抵华南快速干线，总面积为6.6平方公里。珠江新城的规划最早始于1993年，2002年对原有规划进行了修改，并由原来的新城市中心提升为广州21世纪城市中央商务区，其中的天河北商务区是金融机构相对集中的区域。广州珠江新城的公共环境具有如下特征。

图1　珠江新城的西塔及相邻的绿地

（1）整体空间布局上突出中轴线的作用。中轴线以象征广州的花城广场为核心，两侧是高层商务楼宇和公共服务配套设施，并形成中部偏高、两侧逐渐降低的天际轮廓线。轮廓线的制高点是位于中轴线南端珠江边上的两幢350米高的双塔（俗称西塔、东塔，目前东塔尚未建成），其建筑设计方案通过国际竞标而确定，最终形成的建筑设计方案形同两块细长的水晶，并与南面的广州塔遥相呼应，隔江相望。特别是在夜晚，建筑体上的灯光瞬息万变，同时闪烁的灯光倒映在江面，让人们可以一边漫步在江边一边欣赏霓虹闪耀的夜景。双塔也因其优越的地理位置与独特的建筑造型而成为珠江新城乃至广州最具标志性的建筑（见图1）。

（2）公共空间设计上与地域环境有机结合。在整体的空间形态上，将传统园林手法融合现代化技术，使传统与现代和谐共生。中轴线上的花城广场，其设计便是汲取了当地岭南园林的精髓，用石、水、植物等营造出岭南水乡的自然氛围。广场在定位上要打造新时期广州市的"城市客厅"，中间是亲水平台，两侧是浓密的绿荫掩映下的绿地公园，并通过行人台阶将各层次的平面紧密相连。花城广场中间配以南北贯通的步行林荫道以及众多长椅，营造出CBD中以人为本、充满活力、景观宜人的步行空间（见图2）。

图2　花城广场中间的亲水平台

（3）公共空间与楼宇之间的相邻性较好。位于中轴的花城广场与周围高耸的商务楼宇之间有适宜步行的通道连接，并有高架步行道与各个楼宇相连，各个方向到中心广场的抵达性都非常好（见图3）。由此做到中心独特的自然景观与外围现代化商务楼宇既有区分又相互融合，使得普通市民和高级白领都可以方便地共享中心公园。行走在现代化的城市中心，使人不会有大尺度的城市设计以及钢筋混凝土建筑所带来的窒息感，也不会觉得被现代化的气息所排斥，而是可以用最自然的步行方式如此亲近地融入这个城市。由此，也吸引了大批游客。

不论是整体的把握，还是细节的处理，珠江新城都很好地体现了公共精神。在整体上，将高端且适宜的公共文化设施设置其中，如歌剧院、图书馆、博物馆等，增强了公众的参与性。而在细节

图3　两侧楼宇到中心广场的很好抵达性

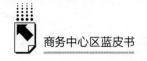

的处理上，也特别注意充分挖掘当地资源，例如花城广场的两侧道路，分别用华夏路和冼村路（原自然村庄名称）作为路名，充分体现了开放、包容的公共精神。

（二）深圳福田 CBD：标志性建筑与公共精神的冲突与融合

深圳福田 CBD 位于深圳特区的地理中心，由滨河大道、红荔路、彩田路和新洲路 4 条城市干道围合而成，总面积 6.07 平方公里。福田 CBD 的规划脱胎于 1985 年的福田中心区规划方案，最终整体设计方案通过国际招标，采纳了美籍华裔建筑师李明仪设计的中心区的格局和形态，日本建筑师黑川设计的"生态 + 信息"的脊椎主体建筑，美国 SOM 建筑师和德国欧博迈亚设计公司设计的街区发展模式。

（1）宏大布局破坏了紧凑性。早在 1985 年的福田中心区规划方案中，就明确了由南北向中轴线和东西向的深南大道构成"十字"形公共空间景观廊道。其中东西向的深南大道素有"深圳第一路"之称，其地位相当于长安街之于北京。道路之宽可达 135 米，而中心区最宽甚至达 350 米。如此宽阔的深南大道从空间布局上将福田 CBD 拦腰斩断，形成南北两片区域，北区是行政文化中心、南区是商务中心。而南北两区之间的紧凑性也因其割断而降低。

南北向的中轴线规划更早，因福田 CBD 地处深圳城市的核心区域，因此需要一条轴线来起到突出和标志城市中心的作用。福田刻意模仿了中国皇宫的中轴线传统设计方式，最终规划确定的中轴线长达 2000 米，宽 250 米，占地面积达 53 公顷，形成深圳迄今为止规模最大的公共空间。中轴线的中部是由政府办公楼、工业展览馆、档案馆等共同组成的形如大鹏展翅的市民中心，向南通过宽阔的地上平台与面积为 600 米 × 600 米的市民广场相连（见图 4）。如此庞大的建筑体将一条中轴线划分为北中轴、市民广场和南中轴三段。

（2）"市民中心"变成"政府中心"。位于中轴线中段的深圳市民中心，其设计初衷是通过大鹏展翅的建筑与开敞的市民中心广场，塑造深圳开放、亲民的政府形象，由此体现深圳以市民为中心的公共精神。初衷虽好，但事实上市民中心的设计像是塑造一个威严的政治形象，而没有真正使市民亲近。如此庞大的建筑体让人心生敬畏。地上设计了步行平台并与建筑体的入口相连，但

图4　面积为600米×600米的市民中心广场

行走在宽阔的平台上会让人觉得无比空旷，而自己被淹没在巨型的尺度之中
（见图5）。同样，南面开阔的市民广场中央几乎没有任何可供市民集聚、进行
公共活动的节点，如此大尺度的广场几乎无人问津，只有到傍晚时分才会有零
星的人来此滑旱冰、骑车，或是跳广场舞。

图5　市民中心的地上平台

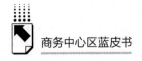

追求规划布局的宏大气势，标志性建筑的宏大尺度，市民中心广场缺乏良好的城市设计，机动化主导的交通方式也阻碍了公共空间的使用，使"市民中心"的设计本意丧失，公共精神蜕变，事实上成为缺乏人性化的公共空间。

（3）中心书城成为受欢迎的公共活动中心。位于福田CBD北端的深圳中心书城，以书城广场为中心，外围建设音乐厅、电影院、青少年宫等文化设施。广场内部通过独特的设计，利用很多小片的绿地分割成若干个公共空间，不仅满足了多种公共活动的需求，还为人们的活动提供了大片绿荫，营造了舒适宜人的公共空间。区域内的中心书城，每天晚上会营业到十点，吸引了很多市民来此读书、购书。在书城与广场之间，有供人们交流的书吧、茶歇室等休闲的公共设施，以及餐饮等配套服务设施（见图6、图7）。每天都会有很多市民自发集聚在这里，使整个广场成为深圳市民公共活动最丰富而集中的区域。

图6　中心书城区域内环境优雅的书吧

（三）上海陆家嘴：展示全球城市的摩登魔幻形象

如果说上海外滩见证了上海20世纪30年代的繁华，那么隔江相望的浦东

图 7　中心书城周边的半室内咖啡座

则记录了上海近三十年的巨变，而上海浦东陆家嘴 CBD 更是成为中国经济中心的代名词。浦东陆家嘴 CBD 的规划设计始于 1993 年，此后相继建成金融街坊、滨江绿化带，以及东方明珠、金茂大厦等标志性建筑，其气势恢弘的空间形态得以昭然显示。进入 21 世纪，随着一幢幢超高层摩天大楼竞相建成，并借助其沿江的地理优越，浦东陆家嘴已形成独具标志性的天际线。

陆家嘴公共环境建设的成功之处，是通过独特的城市设计，在非常广大的城市范围内，突出了其区域地标性，在外滩浦江之上、世纪大道两侧、陆家嘴环廊上、中心绿地内，形成欣赏摩天建筑群的空间场所，形成极大的视觉冲击力，成功地展示了她摩天、摩登、魔幻的全球城市形象。在外滩之上，能看到有东方明珠统领的紧凑、挺拔、壮观的天际线；夜晚，在浦江的游轮之上，能看到美轮美奂的建筑轮廓线和独特造型；走在世纪大道宽阔的人行道上，能感受到两侧摩天楼宇和宽阔道路组成的开敞、气派的空间；倚靠在陆家嘴步行环廊上，眼前众多的摩天大楼一下子扑面而来，形成炫目、魔幻的上海世界；坐在中心绿地里，欣赏着秀丽优美的天鹅女雕像，背景则是绿树之上挺起的银色建筑群，耳畔似乎响起了节奏放缓了的欢乐颂乐章。

但是，随着上海全球城市地位的提升，伴随着陆家嘴 CBD 的宏大尺度和光鲜形象，公共环境"软实力"不足逐渐显现。当空间形态与使用功能发生冲突、人们对于休闲娱乐的迫切需求凸显时，表面光鲜的浦东新区则暴露出一系列的问题,如机动化模式导致人的尺度缺乏、相互孤立的楼宇形同建筑围城、中心绿地集中但亲近性较差,使一些管理者和规划师陷入痛苦的思索中。

(1)机动化模式导致人的尺度缺乏。在浦东新区,有一条宽100米的世纪大道已经成为浦东标志性的空间之一,其地位和视觉冲击力不亚于巴黎的香榭丽舍大道。世纪大道横贯于陆家嘴CBD的核心区域,并将其切割成北部绿地区域和南部金茂区域。道路两边是浦东最高的三座核心塔楼(其中上海中心正在建设)以及众多高层建筑群。

图8 世纪大道上行人不宜穿行的宽阔路口

为了取得"楼高但不拥挤"的开放空间效果,建筑间距特意留大,[①] 中间贯以宽阔的道路连通。由此,过分追求建筑的标志性导致道路的机动化模式,最终使得步行成为一件特别困难的事情。在毫无阻碍的情况下,快速的步行者也要用半分钟的时间通过世纪大道,更不用说走路不灵便的行人了(见图8)。同样,道路之间过于复杂的交叉口,也给行人带来穿行的恐惧。为了弥补大尺度机动车道路而造成较为离散的公共空间,并缓解地面上步行与车行的矛盾,陆家嘴中心区设计了地上步行环廊系统。通过环廊将几个主要的建筑进行衔接,使步行空间在一定程度上得到改善。

(2)相互孤立的楼宇形同建筑围城。在陆家嘴CBD中,几乎每一栋楼宇都占据很大一片地块,而行人进入一些楼宇又十分困难,若想通过如此庞

---

① 刘晓星、陈易:《对陆家嘴中心区城市空间演变趋势的若干思考》,《城市规划学刊》2012年第3期,第102~110页。

大的建筑只得绕道而行，使得一些楼宇彼此孤立，形成外表光鲜但实际上与外界缺乏联系的孤岛。其实，看似冰冷的楼宇内部却是一个功能综合的庞大系统。每一栋楼宇的内部都像是一个微型城市体系，其中设置了配套的生活服务设施，例如超市、干洗店、邮局、水果店、餐饮店或内部食堂等，而这一切都因与外部隔绝而变得内部化。在此工作的员工除了上下班，几乎不用离开本座楼宇便可满足日常的生活需求。但是，这些设施除了个别楼宇外，大部分在周末都会停业。

（3）中心绿地集中连片但亲近性较差。从陆家嘴核心区的规划方案上看，在1.7平方公里的用地面积中，绿地面积占34.12%，其中位于核心区北部的中央绿地面积就占10公顷（见图9）。10公顷的中央绿地较为集中，不仅给高楼林立的商务区带来生机，还给高密度的区域带来显著的生态效应。但是，绿地外围由宽阔的世纪大道、陆家嘴环路和银城中路所环绕，隔绝了与周围楼宇的联系，由几座地上天桥连接于此，使行人抵达非常不便。每天中午12点到下午3点钟，这里人流较多。

图9　陆家嘴北部的中央绿地

（4）公共空间的管理有待改善。在不少楼宇的底层，都设置了楼前花园和步行道，但是许多地方将原来的步行道画成了停车位，使机动车占据了大量步行空间，而影响了行人通行的便利和安全。有些楼前虽设置了小片花园和绿地，却是对外封闭的。此外，不少楼宇的正门前，几乎成为机动车通行的通道，而没有留足步行的空间，使行人的进出非常不便（见图10）。

图10　陆家嘴的人行道已成为停车场

（四）北京CBD：国际化功能与单位制空间管理方式的冲突

1993年，北京市城市总体规划提出在北京东部建立中央商务区（CBD）。1997年，《北京市中心地区控制性详细规划》确定北京中央商务区的范围：西起东大桥路、东到西大望路、南起通惠河、北至朝阳路，总面积为3.99平方公里。2009年起提出CBD东扩方案，将朝阳北路、通惠河向东扩展至东四环，新增面积约3平方公里。

北京CBD公共环境建设的成功之处在于，土地的混合利用，形成了多样化的复合城市功能和丰富的公共服务环境。北京CBD在初期规划时就确定了写字楼、商业娱乐、居住用地的比例为50∶25∶25。采取混合用地模式，一方面是因为不同历史年代建设的居住、商业、生活服务设施仍然存在，多样性的小型服务设施（如底层商铺）在区域中占据一定比例；另一方面是开发建设中配建了较大规模的公寓和居住区，为在写字楼里工作的白领提供了就近居住的机会。同时，因该区域临近使馆区，距离日坛公园、建国门外的商业中心不远，使这里的人无论生活还是工作，总体上感觉比较便利，无论白天还是夜晚街面上都非常繁华和热闹。

在公共空间尺度上，北京 CBD 同上海陆家嘴、深圳福田相似，都追求恢弘气势，建筑体量庞大，缺乏人性化的尺度；同时以机动化为主导的交通模式，再加上该地是区域公交枢纽，人流多而且混杂，公共秩序比较混乱，在一定程度上降低了该区域的公共空间品质。北京 CBD 的公共环境具有如下特征。

（1）单位制院落比例较大，限制公共空间的发展。有学者做过统计，北京 CBD 中真正意义上的开放空间只有非建筑空间面积的一半。其中有 50% 左右属于单位的内部院落，如北京电视台、中央电视台、人民日报社、北京工具厂以及部分学校。[①] 这种空间具有一定的"大院"特色，占据很大一片区域，将室外空间划为单位内部空间，出入具有一定的限制，行人只得绕行通过，使步行距离变长。一些楼宇作为企业办公楼实行封闭式管理，一层大堂亦不能进入。

（2）规模庞大的地下服务设施，使公共空间相对内部化。北京国贸大厦是 CBD 的核心区域，由三个楼座组成，分三期建成，目前三个楼的地下空间已经贯通，并建成了一个地下商城。国贸商城以商业为主，配以生活、休闲设施，如时装、超市、餐饮、咖啡、美容院、婴儿店、牙科诊所、溜冰场等，既可为周围工作的白领提供午间用餐、休息的场所，也可为市民提供购物、娱乐的场所。但这些本应是开放的公共空间在一定程度上也存在内部化倾向，室外人行道通行非常不方便，外部人员对之的利用率相对较低。

（3）开放休闲空间不足，缺乏街区公共活动场所。土地混合利用对街区公共空间提出了更强烈的要求。早期建成东大桥路两侧，公共活动都在人行道上进行，如有些商铺摊点，有些老年居民在此休息等，富有生活气息。但新建的公寓和住宅区，缺乏吸引人的街区公共空间和休闲交流场所，特别是缺乏外国朋友喜欢的开放绿地、社区广场、咖啡吧等。临近道路的写字楼，因绿化带不可进入，只好在楼前歇脚聊天（见图11）。访谈中发现，在国贸工作并在公

[①]　熊星、朱文一：《北京 CBD 外部空间开放度研究》，《北京规划建设》2010 年第 2 期，第 94 ～ 97 页。

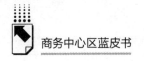

寓居住的外籍人员，普遍感到街区公共活动场所缺乏，主干道较难穿越、步行道不通畅，休闲空间不足。

图 11　午间时光白领们坐在楼宇底层基座上聊天

（4）重视智能化建设，但公共空间的管理仍有待完善。北京 CBD 在"十一五"规划中即提出要加强城市网格化管理，逐步建立覆盖全区的电视监控系统、电子报警网络系统、智能化楼宇系统等，并在 2007 年率先启动智能停车诱导系统的建设，为优化配置区域资源、提高区域综合管理水平奠定了良好的基础。但尽管如此，在公共空间管理的很多细节之处 CBD 仍然存在较大的提升空间，如在 CBD 规划中，商务区的西北、西南、东北、东南四个区域分别规划了一个面积为 2.5 公顷、具有一定主题内容的公园，并组成商务区内多种元素的环状绿化系统。① 但是，由于管理机制不完善，有的绿地虽已建好但是常年用围墙封闭而未对外开放（见图 12）；有的绿地虽然对外开放，但绿地设计并没有体现规划主题，因环境较差而缺乏人气；还有些开放广场空间被作为停车场使用。另外，北京 CBD 的交通环境状况依然不佳，存在过境交通与内部交通冲突、公交站点距离部分写字楼较远、公交枢纽功能不完善、步行交通体系不连贯等诸多问题。

---

① 北京商务中心区（CBD）官网，http：//www. bjcbd. gov. cn/NewsDetail. aspx？id＝13429。

图 12　围挡中的公园是北京 CBD 四大主题公园之一

（五）西安金融商务区：塑造具有地域文化特色的空间环境

西安是我国西部城市群的中心城市，有着悠久的历史及重要的地理区位。随着西安的快速发展，西安有希望通过建设 CBD 来进一步提升自身的影响力，成为整个区域的经济增长中心。从现状集聚情况看，西安古城南大门外的长安路两侧，集中了这座城市的金融、科技和文化资源，已经初现商务中心区的雏形。

2013 年，碑林区委、区政府决定成立长安路中央商务管理委员会及其办公室。规划的西安长安路 CBD 占地 4.55 平方公里，以长安路为轴心，以文艺路、南二环、朱雀大街和环城南路为四界，中心 3.2 平方公里为"核心区"，西侧朱雀大街到含光路约 1.35 平方公里为"辐射区"。本节以公共环境的视角，对西安长安路 CBD 的建设提几点建议。

（1）保护历史街道景观。在西安长安路 CBD 内，有几条城市道路，种植了四排梧桐树，形成独有的林荫大道（见图 13）。特别是友谊西路、友谊东路，是 20 世纪 50 年代在苏联专家指导下修建的，道路两旁的四排梧桐树，树荫浓密，使得整条道路都在绿荫的掩映下，即使在炎热的夏季，行人和开车司机都能感受到绿荫下的清凉。建议利用这一空间，弱化小汽车通行功能，增强步行、休闲、娱乐功能，成为步行休闲街道。

图 13　友谊西路——种植四排梧桐的林荫大道

（2）连通历史和文化空间。西安长安路 CBD 所在的区域正处于西安古城的南大门外，连通古城墙，区域内不仅有成功列入世界文化遗产名录的小雁塔荐福寺，还是唐长安城 108 坊中的务本坊、长兴坊等 12 坊的所在地，还有京剧院、陕西省戏曲研究院等文化机构，建议通过林荫道、中国式花园，将历史、文化空间连通起来，增加国际文化交流功能，设置综合服务设施，营造具有文化特色的公共空间。

（3）规划街坊式商务街区。长安路 CBD 地处北部钟楼商圈和南部小寨商圈中间，在商业功能上受到了制约，适宜做小规模的金融商务中心区。建议采取街坊式布局，巧妙结合中国式的庭园、商业街、林荫道，设计富有地域特色的紧凑型商务空间。巧妙利用地下空间服务机动车穿行和停车，建设步行优先的交通体系，保留或促成业态丰富的商业街，塑造街区公共活动空间，形成人性化、多样化、特色化的公共环境。

三　我国 CBD 公共环境的主要问题

CBD 建设是我国改革开放的重大成果，也是城市规划建设的重大成绩，所在城市政府为此付出了巨大的努力，规划方案和重大建筑设计方案往往都进行了国际招标，地方政府领导也高度重视。但是，从公共环境建设看，效果并不理想。从以人为本、高效、经济的视角看，我国大陆 CBD 的公共环境建设和管理上存在很多问题。虽然不是所有的 CBD 都存在所有的问题，有的问题突出些，有的问题较少，但总体上看，我国大陆 CBD 在公共空间塑造和环境建设上，问题大于成绩。主要问题如下。

（一）尺度过于宏大，缺乏人性化的空间结构

CBD 的规划追求中正的布局，超大的尺度，完美的构图。宏大的尺度体现在大面积、大地块、大马路、大高楼、大绿地、大广场上，而且功能不复合、空间不紧凑、步行不易达，损害了 CBD 特有的高效便捷的交易环境和以人为本的交往环境。

对于一个成功的公共空间来说，合适的规模是一个重要的因素①。扬·盖尔指出哥本哈根"市中心大约 1 公里 ×1 公里"，许多欧洲城市中心都是这个尺度，这正好对应了一个适当的距离，再远就不行了②。我国大陆城市 CBD 的规划占地面积一般在 3～5 平方公里，有的甚至更大，布局不紧凑。"为了取得'楼高而不拥挤'的开放空间效果，建筑间距故意留大，以至于步行成为一件困难的事"③。空间宏大的规划和设计方法，给 CBD 的公共环境带来多种问题。大地块和大马路的设计必定使路网更加稀疏，楼宇间距变大，从而使步行者的路径比小地块、窄马路更加长，而且需要绕行（见图 14）。大尺度的建筑使得穿行必须通过建筑内部空间，否则需要绕行。对于大绿地和大广场，如果广场和绿地没有良好的城市设计，使内部具有丰富的运动、服务设施，则较难吸引人流，利用率较低。这些大尺度的设施组合在一起，会使空间不够紧凑，不利于公共服务企业的成长。

---

① 阵内秀信（Hidenobu Jinnai）：《作为公共空间的东京滨水地区》，缪朴（Pu Miao）编著《亚太城市的公共空间——当前的问题与对策》，司玲、司然译，中国建筑工业出版社，2007，第 55 页。

② 扬·盖尔（Gehl, J.）、拉尔斯·吉姆松（Gemzφe, L.）：《公共空间·公共生活》，汤羽扬、王兵、戚军译，中国建筑工业出版社，2003，第 8 页。

③ 刘晓星、陈易：《对陆家嘴中心区城市空间演变趋势的若干思考》，《城市规划学刊》2012 年第 3 期，第 107 页。

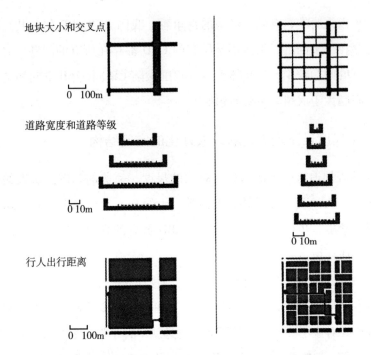

图14　大地块与路网密度、道路等级、行人出行距离的关系

资料来源：中华人民共和国建设部、英国驻华大使馆、ATKINS 阿特金斯、中国城市科学研究院联合研究项目文件，《低碳生态城市规划方法》，第 79 页 * 。

（二）开放空间设计水平较低，公共环境缺乏魅力

我国大陆城市的公共空间，普遍缺乏良好的城市设计。体现为开放空间的空间层次不丰富，地域特点不突出，公共服务功能不完备，设计不够紧致妥帖，缺乏场所精神。在规划方案、建筑设计方案普遍进行国际招标的 CBD，开放空间的设计水平仍旧很低。原因并不都是设计师的水平问题，管理者或者业主的需求起到了更加关键的作用。

开放空间的设计问题几乎无处不在。概括起来，一是开放空间的结构问题，如楼宇布局不紧凑，多是点式布局，没有建筑组群，环境缺乏领域感。再如，只有建筑空间，缺乏街区的公共活动空间，形不成街区交往环境。又如，只有大绿地、没有小块绿地和绿色通道。二是建筑与开放空间的关系问题，如

建筑立面、屋顶、连廊的设计与广场的设计不配套，再如建筑外公共空间只考虑景观和必要的通行活动，没有考虑交往环境；还有建筑退线，空间被机动车占用等。三是绿地、广场、人行道的设计问题。CBD 的绿地广场设计追求构图完美，忽视功能的耦合、交通的配置，最根本的是忽视了使用者的需求，造成绿地、广场景观化、背景化，行人难以进入或者进入后不愿驻留，如大马路围合的大广场，休闲空间可达性不好，导致休闲空间利用率不高，使绿地广场没有充分发挥出生态、休闲、交流等综合服务功能（见图 15）。

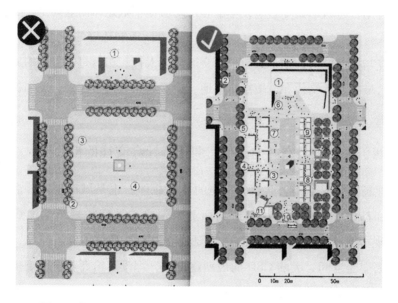

图 15 大马路围合的空旷广场与可达的有大量使用功能的广场

资料来源：中华人民共和国建设部、英国驻华大使馆、ATKINS 阿特金斯、中国城市科学研究院联合研究项目文件，《低碳生态城市规划方法》，第 138 ~ 139 页。

（三）机动化优先的交通模式，妨碍了步行环境的舒适性

CBD 的立体交通体系设计时需要处理小汽车、公共汽车、地铁、自行车和行人路权的优先次序。我国城市交通体系的设计理念是小汽车路权优先，道路设计采取了机动车主导并优先的交通模式。在此模式下，又采用了宽马路、少等级，通达到楼座而不是街区的道路设计方式，使小汽车成为街面交通的主

角。这不仅使整个城市环境违背了以人为本的价值观，也背离了低碳生态规划的初衷。此种方法用于高密度的 CBD，不能满足 CBD 大容量快速抵达的通勤需求，不利于人性化交往、交流空间的形成。

CBD 机动化优先的交通模式对公共环境的伤害在于：高峰时间周边道路和内部道路严重拥堵；内部停车位和对外停车位不足；区域内部交通不够人性化，通过步行往来于楼宇间不方便，甚至一些楼宇步行很难靠近；公共汽车站点距离目的地较远；建筑退线形成的楼宇门前广场等开放空间，甚至人行道被机动车占用，建筑形象受影响；中午和傍晚从楼宇抵达休闲空间比较费力；交叉口处人行需要通过地上人行廊或地下通道，影响环境的舒适度和生态性；地铁站点与楼宇的可达性不好，地面交通出现人行、车行过于混杂的局面；很难隔离区域抵达性交通和过境穿行交通，使区域交通流量加大，增加拥堵和污染。

（四）公共服务空间内部化，弱化了社会交往的机会

商业街不仅是城市公共服务功能的良好载体，也是城市生机、活力、文化气息和都市魅力的体现。传统的商业街消失，是现代城市的通病，但在 CBD 体现得尤其突出。商业街往往需要独立占地，且位于低层建筑，需要较多的平面交通空间，大陆 CBD 的规划建设中，都没有给商业街留下生存的空间，有些 CBD 具有传统建筑遗产和良好的街道空间，但没有利用他们建设商业街，陆家嘴还拆除了美食城。2006 年孙施文描述上海陆家嘴的写字楼："这里几乎所有的大楼都是独立的，都是内向型的，是一个一个的城堡。城堡内基本上可以做到应有尽有，而对外却显得一无所有。"他认为陆家嘴因此还不是城市中心区。陆家嘴的上班族"只能躲在一个个封闭的办公室里或者在办公室内分隔了的个人的工作台上，享用着自己携带来的饭盒或者用电话招呼来的不知道从哪个旮旯里生产出来的盒饭"[①]。其后，陆家嘴通过写字楼内部的食堂来改善服务，而调研发现，北京 CBD 国贸大厦的上班族也是经

---

① 孙施文：《城市中心与城市公共空间——上海浦东陆家嘴地区建设的规划评论》，《城市规划》2006 年第 8 期，第 66 ~ 74 页。

常带盒饭的。

CBD 解决公共服务的方法是，在每一栋写字楼内，建设庞大的地下服务系统，有餐厅、商场、便利店、干洗店、水果吧、美容室、健身室，配套设施应有尽有，使白领们可以不必到室外便能够满足日常需求。上海陆家嘴的国际金融中心，其地下有两层的餐厅和商场，若是没有门口不太明显的标识，外部人员很难找到。其地下还有基本为内部人员服务的便利超市、图文快印店、邮政服务处以及服装洗涤中心等，而这片区域与对外开放的餐厅和商场相隔离。此外，有些楼宇内部的咖啡厅、餐厅等公共空间只为内部人员服务，因此其营业时间也与工作时间同步。北京的国贸三座楼宇距离不近，但建设了相互连通的地下通道，形成了一个地下城市，还设有溜冰场和诊所等生活服务设施。

公共服务空间的内部化特点，形成了"一楼一围城"的封闭社会空间。工作人员的街面活动转为地下活动，一方面使这些公共空间具有很强的"排他性"，屏蔽了过往人群，夜晚和休息日格外冷清；另一方面，减少了工作人员接触自然的机会，弱化了社会交往机会，长期如此会影响他们的身心健康。

（五）缺乏文化体育医疗设施，人文环境有待培育

CBD 的工作人口有几十万，白领们的工作时间长、压力大，加班情况比较普遍。仅几十万的工作人口，也应该有大型的综合医院。我国的 CBD 如果是在中心区发展起来的，则会有医院，如果是新建的 CBD，一般会缺乏综合医院。北京 CBD 缺乏综合性医院，仅有一些小的专科诊所，距离较远的医院又缺乏国际化的语言服务。上海陆家嘴环路内没有综合性医院，最近的东方医院接近浦东大道。北京国贸的海外高级雇员反映，成熟的海外雇员很难招聘到，一个原因就是带孩子的父母无法及时得到有英语的医疗服务。中国的城市普遍缺乏图书馆，浦东陆家嘴建设了两座图书馆，而北京的 CBD 和金融街都缺乏图书馆，调研时发现银行业务部门工作人员非常需要图书馆和体育健身设施。

良好的人文环境是 CBD 的管理者和工作人员都希望营造的，但是功能单一的 CBD 使这些设施的运营存在困难，也会对基础设施的运营能力提出更高

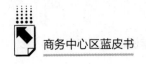

的要求。广州、深圳的 CBD 都建设有图书馆、歌剧院、博物馆和青少年宫，与 CBD 有一定的空间距离，同时在 CBD 周围有大量的居民区，有良好的城市集运系统，广州还有大型商业设施，共同营造了良好的文化氛围。

（六）国际化服务意识需要加强，环境管理存在薄弱环节

很多 CBD 把国际金融中心作为发展目标，但考察中发现有些 CBD 国际公司的成熟国际雇员正在外迁，除了空气污染、互联网的管制等原因，使他们的孩子健康受到影响，国际交往交流受到限制外，国际化人群的公共服务不完善也是重要原因。一是国际公寓缺乏公共交往空间。紧急救助系统缺乏外语服务，医疗服务缺乏外语服务，交通灯设置与国际城市不接轨（绿灯时机动车可转弯），机动车对于行人不避让，缺乏国际人士需要的出租车服务，没有国际旅游城市通用的地图等。二是城市管理需要更加规范化。停车管理存在薄弱环节，仍然能看到机动车停放在人行道上；绿地失于养护，围合起来不对外开放；盲道中断或被占用；行道树空缺没有补种；地铁口污水遍地等。

CBD 公共环境管理存在问题，与单位制管理体制、项目制的物业运营模式有关。这种中国特色的社会运行模式与国际化的开放环境存在冲突，因此越是开放的地区，CBD 的环境管理问题越少。

四　优化和提升 CBD 公共环境的对策

优化 CBD 的公共环境面临着三个巨大的障碍。一是业已形成的大尺度空间结构，包括大地块、大马路和稀疏的路网。这种物质空间形态的缺陷很难改变。二是整个城市的机动化优先的交通模式。这一障碍是城市管理理念在交通体系上的体现，但契合了"管理者"、"高端人群"的优越地位，也在短期内难以改变。三是项目开发和管理模式与单位制特权的融合共存，不利于公共空间的共享和公共意识的形成。这三大障碍具有鲜明的中国体制特色，需要相当长的历史时期来改革探索。

令人欣慰的是，近几年建成的广州以珠江新城为核心的"大商务区"的探索取得了很大的成功，避免了浦东陆家嘴的公共空间问题；即将建设的北京

CBD 核心区的方案也更新了设计理念和方法，力图避免重蹈已建成区的覆辙。他们的经验为各地商务区的建设发展提供了示范。但是，我们仍然看到近年来建成的成都天府新城等不幸重蹈覆辙。鉴于一些 CBD 还没有开发完，一些特大城市和特定地区仍在建设商务区，已建成的 CBD 也需要调整优化环境，笔者针对大陆 CBD 公共环境的问题，总结一些公共空间学者、规划设计机构和顾问公司，以及规划师、建筑师的观点，对提升 CBD 的公共环境提出以下对策。

（一）完善功能结构，形成多样化的服务

城市公共环境的大部分问题是功能单一或功能冲突的外部表征。从我国大陆 CBD 的规模看，一般都接近或超过 5 平方公里，这样的规模不可能是一个单一功能的 CBD，而是一个具有综合功能的运转有效的地区。简·雅各布斯（Jane Jacobs）说："关于城市规划的第一个问题，而且，我认为也是最重要的问题是：城市如何能够综合不同的用途——在涉及这些用途的大部分领域——生发足够多的多样性，以支撑城市的文明？"① 城市规划需要检讨 CBD 地区的功能构成，如具有几个核心功能，核心功能的排序或主从地位如何？这些核心功能与相邻城市中心的关系如何？区域内支持核心功能的设施规模和品质如何？专业化配套的服务设施是否充足？公共服务供给是否充分而公平？多样化的微小服务是否形成？

完善功能的标准是对商务活动和人的服务健全，以此提高环境对人的需求的满足程度。CBD 有几十万收入较高的白领，中等收入的公共机构人员，还有众多低工资的服务人员。除了这些工作人员外，还有大量的居住人口。因此，要扭转目前 CBD 只对高级经理人员提供奢侈服务的状况，面向大多数劳动者提供多样化、高质量的服务。第一，政府要围绕众多人口的需求配置政府服务、信息服务、医疗服务、教育培训服务、公共文化服务和运行安全管理，以及社区服务设施。第二，要供应一定比例的低成本土地和低租金的商业设

---

① 〔加拿大〕简·雅各布斯（Jane Jacobs）：《美国大城市的生与死》，金衡山译，译林出版社，2006，第 130 页。

施。建议在过宽的马路一侧、没有人气的绿地内部外围、老林荫道两侧、适合的建筑底层，甚至宽阔的人行道上，建设或改造综合功能的商业街，既增设政府的亲民服务、非政府的社会自愿服务，同时扶持多样化的餐饮、健身、休闲、办公、私人服务等多种类型的小型服务业，为多样性服务的形成创造条件。第三，要利用 CBD 的企业资源，通过合作伙伴的方式，利用商务楼宇，对社会提供专项服务，如政府、企业、非营利组织共建的图书馆或金融教育、就业信息、心理咨询服务等。

（二）坚持紧凑型开发，营造人性化的空间

正如上一个题目讨论的，一个 5 平方公里以上的区域，其主要功能不可能是一个。雅各布斯（Jane Jacobs）也认为，"地区以及尽可能多的内部区域的主要功能必须多于一个，最好是多于两个"[①]。那么，一个承载主要功能的区域，规模应该多大呢？我们建议，CBD 的核心地区作为城市的中心区，适合步行的规模应该在 1 平方公里之内。欧洲城市中心区大体是这一规模，典型的美国中心区的规模在 0.6 ~ 0.8 平方公里，中国传统的商业街长度在 800 米左右。北京紫禁城仅 0.7 平方公里。SOM 的经验："作为一项规划，单一用途园区如果没有混合其他功能，其规模不应超过 80 公顷"；"城市中心区倾向于紧凑型开发，能将基础设施集中设置并便于步行，以便商务人士能面对面会谈。"[②] 北京金融街也大体是这样的规模。

接下来要讨论的是，承载主要功能的区域的街区空间。我们建议采取小尺度的街区和密集的路网。阿特金斯的经验：小地块和频繁的交叉口可以创建更直接的步行线路，给交通带来更多灵活性，也使街景环境变得更适宜步行。地块长度宜为 100 米，120 ~ 150 米也可以形成良好的步行街区。然而 200 米以上的相邻地块往往会变得相互独立，因为较宽的机动车道会限制步行。如果是

---

① 〔加拿大〕简·雅各布斯（Jane Jacobs）：《美国大城市的生与死》，金衡山译，译林出版社，2006，第 135 页。

② 〔美〕约翰·伦敦·寇耿（John Lund Kriken）、菲利普·恩奎斯特（Philip Enquist）、理查德·若帕波特（Richard Rapaport）：《城市营造 21 世纪城市设计的九项原则》，赵瑾等译，江苏人民出版社，2013，第 53、87 页。

200 米×200 米或比之更大的地块应设置步行道地块内部。① 北京 CBD 核心区将主要地块面积从 3 公顷调整到 1 公顷，路网间距从 200 米调到 100 米，正是汲取了过去失败的教训，采纳了国际成功经验。

（三）优化交通系统，推行公共交通和步行

CBD 密度高，通勤时间客流量大。满足如此大规模的交通需求，又采用机动车为主导的交通模式，是我国 CBD 交通系统的主要特点，也是导致城市中心区拥堵的主要原因。近年来我国 CBD 的改进方案，越来越重视公共交通优先，但是始终没有真正推行步行为本。

笔者的建议是实行更加彻底的公交优先。优化集运系统，通过大运量轨道交通或快速公交线路连接居住地与 CBD。在道路网规划上，应分离过境交通和内部交通，尽量避免城市主干道或快速路穿过。CBD 内部应具有良好的交通微循环系统。要增加地铁站点密度，合理安排地铁站或公交站到达标志性楼宇或街区，降低机动车的出行需求。

任何让行人上天桥、走地下通道、过大马路的街区，都是失败的。千万不要把陆家嘴的地上人行环廊看成是成功的经验，这不过是步行交通系统失败的补救措施而已。CBD 核心区方案提出的"绿色交通方案"设计了 84% 的公交出行率，但是，地面道路仍留给了小汽车交通，行人步入地下广场②，可见将绿色交通的理念进行到底非常困难。但是，规划远见在于不能预见公车改革的时间，但能够相信公车改革仍是趋势。因此，建议在主干道围合的区域内，特别是主要建筑与商业设施、绿地广场之间的区域推行步行为本，行人优先。严格管理，将地面停车位彻底减少，还原建筑的开放空间，让行人成为地面交通的主体。

（四）倡导复合功能，塑造开放空间特色

基于开放空间功能单一、缺乏地方特色的问题，笔者建议将 CBD 的各种

---

① 中华人民共和国建设部、英国驻华大使馆、ATKINS 阿特金斯、中国城市科学研究院联合研究项目文件：《低碳生态城市规划方法》，第 126～127 页。

② 邵韦平、刘宇光：《北京 CBD 核心区总体设计和公共开发》，《建筑创作》2011 年第 8 期，第 112 页。

专项规划进行整合，完善土地利用、交通、开放空间的配置，提高可达性和土地适度混合利用。开展公共空间和景观规划。公共空间规划应强调可达性、功能复合和地方特色。

提高公共空间的可达性，如不仅设置中心绿地，还在建筑组团内部设置临近的小块绿地（如珠江新城）；再如加密路网，或在大地块内部设立绿廊和步行系统（见图16）；增加人行道林荫的覆盖度，引导人们散步到中心绿地等。

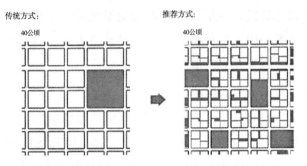

图16 大绿地与可达的绿地系统的对比

资料来源：中华人民共和国建设部、英国驻华大使馆、ATKINS阿特金斯、中国城市科学研究院联合研究项目文件，《低碳生态城市规划方法》，第130页。

根据单一绿地远远不如有商业设施的绿地、广场受欢迎的现象，建议学习上海豫园的做法，增加绿地广场的复合功能，如增加绿地、广场的运动、休闲、餐饮、图书预览服务设施；在建筑开放空间和廿阔的人行道上，增加座椅、遮阳伞、咖啡座等；在建筑围合的广场开放建筑底层，设置丰富的商业设施等；建筑屋顶或平台与人性通道复合设计，形成遮阳的人行通道；穿越建筑的室内廊道提供小微商业服务等（如深圳股票交易所）。

提升开放空间的地域特色，应该更加重视线性空间和庭园式绿地的设计。亚洲城市重视线性空间，应设计带有建筑外廊、行道树的商业街；控制商业街的长度，设置小的庭院式节点，增加凉亭等休息、交流的设施；绿地不必是英国式的景观绿地，而是东方式的带有铺砌的花园。[1] 还可以设置更多街道转角

---

① 缪朴（Pu Miao）：《高密度城市设计：中国视角》，《亚太城市的公共空间——当前的问题与对策》，司玲、司然译，中国建筑工业出版社，2007，第274～283页。

空间，在这些空间设置楼前小花园（如北京金融街）。绿植的栽种选择多层次的大树、灌木和花草，而不是大草坪。在道路绿地内开辟人行道和自行车道。

最后，设计结合自然，绝不是一个标签。地形的利用、微气候的形成、绿色建筑都亟待应用和创新。而另一个难题是滨水空间假设的高架路或快速路（如北京 CBD 的通惠河北路），阻止了人们亲近水空间，预计西方发达城市正在发生的爆破炸掉高速路、重建亲水河岸的事情未来也会在中国的 CBD 发生。

（五）促进一层楼宇开放，提高国际化服务水平

目前我国 CBD 中的外部空间属于部分开放空间，这种空间，由于权属关系或与建筑体结合紧密，导致其具有一定的私有属性和专用性。[1] 例如，一些建筑楼宇外围安装了伸缩门，在建筑进口处设置了访客登记，为一般公众进入设置了障碍，而无法将楼宇的一层作为通道方便地进入和穿过。解决这一问题的最好方法便是将楼宇的一层为商业留出生存的空间，不仅可以服务本座楼宇的工作人员，还可对外开放，提高楼宇的可进入性，创造更多的公共空间。例如，曼哈顿地区规定建筑物高度密集的地方如果不能让出空间，这栋楼的一层大厅就必须向行人开放，[2] 从而大大提高了公共空间的比例（见图 17）。建议学习广州天河北 CBD 的经验，促进 CBD 的楼宇一层对公众开放，取消建筑外空间的私人管制，将公司私有领域界定在楼宇内的专属入口，形成良好的开放氛围。

在物业管理上建议公共空间的绿地实行统一维护管理。改变目前各楼宇或小区各自外包设计和外包维护的管理方式，由 CBD 管理委员会组织协调业主，拟定适合本区域内绿地养护管理办法，使各片绿地进行统一的设计，按照统一的维护标准，连同城市行道树、中心绿地进行统一维护管理。

进一步提升 CBD 内公共服务的国际化水平。大型综合医院应为国际人士提供医疗、应急救助等方面的翻译、引导、预约服务。CBD 的公寓需要提供国际化的家政、教育等社区服务，为吸引国际企业员工创造条件。在交通管理

---

[1] 熊星、朱文一：《北京 CBD 外部空间开放度研究》，《北京规划建设》2010 年第 2 期，第 94 ~ 97 页。

[2] 蒋三庚、张杰等：《中央商务区（CBD）构成要素研究——CBD 发展研究基地 2012 年度报告》，首都经济贸易大学出版社，2013。

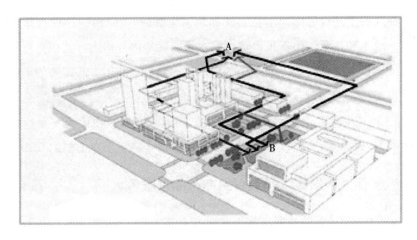

图 17 提高步行通达性的方法

资料来源：中华人民共和国建设部、英国驻华大使馆、ATKINS 阿特金斯、中国
城市科学研究院联合研究项目文件：《低碳生态城市规划方法》，第 134 页。

上，要逐步与国际城市规则对接，坚决减少地面停车，机动车行驶应避让行
人，把地面交通路权优先给行人和公共交通。

特别重要的是，中国的城市化急需为大城市的公共空间管理设立管理规
则，并进行严格的管控，这涉及城市立法和执法体系的完善，应该是当前的一
项紧迫任务。

城市的公共环境体现一个国家和城市的文明程度。CBD 的公共环境作为
一个整体，既体现了规划师、建筑师、工程师等众多专业人士的水平，体现了
开发商、运营商等众多经营企业的水平，也体现了政府和公共服务提供者的管
理水平，还体现着公众的文明素质。建设良好的 CBD 公共环境，既树立人本
主义价值观，需要设计良好的公共空间，也需要提高公众的文明素质，还需要
提升政府的服务理念。CBD 的公共环境建设，未来还有很长的路要走。

CBD 管理篇

CBD Administration

B.8

中国 CBD 管理模式分析

蒋三庚　王震　饶芸*

摘　要：

深入分析我国 CBD 现行管理体制的主要模式、发展现状和存在的问题，比较国际、国内 CBD 不同管理模式的优劣，结合我国的法律政策和制度条件，借鉴国内外相关功能区、商务区管理体制改革和创新的成功经验，提出我国 CBD 管理体制与模式创新的政策建议。

关键词：

中央商务区　管理模式　创新建议

---

* 蒋三庚，首都经济贸易大学教授，博士，主要研究方向为 CBD 经济形态、区域金融；王震，硕士，北京市工商局石景山分局，研究方向为金融学；饶芸，首都经济贸易大学硕士研究生，研究专业为金融学。

城市本身是动态的、复杂的巨系统，城市（区域）管理必然是复杂、综合性强的社会性管理系统。从世界各国中央商务区发展的经验看，无论是强化运营模式还是侧重管理方法方面，都有很多有益的经验，特别是一些典型的科学管理模式被公认为城市可持续发展的根本支撑。从城市发展和管理的角度来看，我国中央商务区同样有着自身的特点。包括：①政府是主要推动力量。政府通过城市规划和招商引资计划推动地区经济发展，形成独特的产业发展次序、社会服务模式、管理行政配套等独特的管理方式。②在政府主导的规划带动下，我国中央商务区发展还具有整体性、系统性、行政性的特点。在深化市场导向的改革中，我国中央商务区管理的理论、实践模式、管理重点必然要适应新时期的要求。本文对中国中央商务区管理模式的梳理，从指导理论、产生原因、优劣比较、模式分类、经验借鉴和优化建议等几个方面展开。

一　CBD 管理模式的理论基础

CBD 管理模式是一个公共治理领域范畴，本质上是不同主体（政府、市场、不同部门）的利益协调关系。其理论基础主要有：政府—市场辩证关系理论、新公共管理理论。

（一）政府—市场辩证关系理论

我国 CBD 产生并发展于计划经济向市场经济的转变过程中，必然具有显著的计划经济色彩，但 CBD 发展本质上是市场化过程，我国 CBD 建设发展和管理迫切需要进行正确定位。实际上，全球具有代表性的 CBD 规划建设与发展过程也是政府干预与市场自主之间权衡的过程。受历史现实因素制约，我国政府是经济社会发展的主导者，问题解决的关键在于政府。

理解市场经济的关键在于正确认识政府与市场的作用，这对于 CBD 的发展至关重要，特别是政府在 CBD 规划建设发展中的干预程度、干预方式。古典自由主义、凯恩斯主义和货币主义学说对不同阶段资本主义经济发展发挥着重要指导作用，但是上述理论都存在一些缺陷。可以说，西方资本主义社会经济发展史就是政府与市场关系理论演变史。现代新凯恩斯主义汲取其他学派的理论观点和分析方法，重新定义了市场与政府的关系，将政府干预理论建立在不完全市场与不完全信息的基础上。斯蒂格利茨认为，市场与政府都是资源配置的重要手段，本质上具有互补性；只要市场有失灵的情况，政府对市场的弥补作用就不可忽略。因此，市场和政府的作用实际上是不排斥的，是可以互补的。在市场失灵的情况下，需要政府通过制度设计弥补资源错配的缺陷。在市场可以有效配置资源的情况下，也有助于服务型政府的效率提升。

（二）新公共管理理论

作为维护公共秩序的三种力量，政府、市场和社会都不是完美的，而是各有优劣。所以政府、市场和社会是公共秩序的基础，三者应有明确的分工，相互支撑来为整个社会服务。三者的辩证关系一直是公共管理研究的重点，新公共管理理论提出了新的理论概念：治理。治理本质强调对三者在面临政府失灵、市场失灵与社会失灵时的反思，反映了现代社会从部门、机构、机制的分化走向联合的趋势。在公共管理和公共服务中单纯依靠公共部门与公共组织已经不够了，必须推行公私合作模式，重视引进和发挥私营部门作用。

新公共管理以公共选择理论为理论基础，认为政府应以市场为导向，重新定位政府职能及与社会的关系，即不同于传统公共行政模式下的政府与社会之间的关系。新公共管理思想认为，政府的根本职责是根据服务对象即公民等社会主体的需求提供适宜而有效率的服务。在新公共管理体系中，政府不再是社会管理的主导者，而是负有责任的"企业家"，公民与其他社会主体则是其"客户"。市场经济主体的逐利性保证了经济资源配置从低的地区、个体向更高收益的地区、个人转移。这是市场对资源配置起决定性作用的基础。因此，政府服务应以顾客需求为导向。

（三）基于公共管理模式的 CBD 管理

作为城市管理的重要组成部分，CBD 管理具有公共管理特征。首先，从职能上 CBD 管理承担着公共管理的服务职责。其次，CBD 的公共管理同样具备综合性、系统性管理的公共管理特征。再次，管理的对象都是公共财产和资源，最终实现维护公共利益。最后，CBD 管理机构组织和设定也要依靠公共

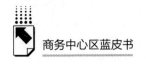

管理理论来实现。因此，公共管理理论本身可以为 CBD 管理提供足够的理论支持。

二 CBD 管理模式产生的原因

作为一种制度设计，CBD 管理模式的产生受到诸多因素的影响，主要有政治文化传统、CBD 开发模式与发展路径差异。

（一）政治文化传统

管理模式的选择必然要受到政治文化传统的制约。东西方国家在历史文化领域存在较大的差异。以英美为代表的西方国家具有悠久的民主宪政传统，崇尚自治，在城市治理领域尤其突出。因此，西方各国 CBD 以市场化主体自治管理为主，政府主要发挥引导协助的作用。而以中国为代表的东方国家长期处于威权政治时期，强调服从，行政力量是社会管理的主导，形成"强势政府、弱势市场"的格局；同时，绝大多数 CBD 由政府主导开发并将其纳入城市发展总体布局，因此，我国的 CBD 管理大多数是政府主导。但是也应当看到，我国政府层级特征显著，不同层级政府行政权限与效能存在很大差异，而我国 CBD 管理机构依托于不同层级的政府机构，导致职权与效能存在差别。

（二）CBD 开发模式差异

国内外典型的 CBD 依托不同的区位优势以及历史发展轨迹，形成不同的开发模式以及演化路径，同时也对 CBD 管理模式的选择产生深刻影响。CBD 开发模式主要有市场自发形成、政府规划开发以及政府引导与市场化运作三种模式。

1. 市场自发形成模式

CBD 自发形成也是有条件的，而不是单纯市场化就可以实现。还要有特定区位、资源禀赋、优势产业基础等条件，而吸引相关企业在该区域不断聚集，形成具有一定规模的聚集区。市场自发形成模式的特点是竞争效率高，优胜劣汰，能够充分满足市场主体的需求，并且 CBD 产业形态的发展是基于产业间的相互关联程度而逐步发展起来的，能够形成良好的产业环境。

2. 政府规划开发模式

政府规划开发模式是政府根据地区发展的客观需要，制定规划，重点发展某些产业，并集中投资建设这些产业赖以生存发展的基础设施，实行招商引资的特殊优惠政策，吸引大量区外企业入驻，最终形成特定的产业集聚区。政府规划开发模式的特点主要体现在两个方面：首先，政府规划开发的 CBD 空间布局较为合理；其次，政府能够为产业发展、产业集聚提供良好的环境，能够兼顾经济效益、社会效益和生态效益，实现综合效益的最大化。

3. 政府引导与市场化运作模式

该模式与其他模式最主要的区别在于 CBD 的建设由企业负责运作，政府只起到引导及监理作用。该模式往往采取"政府引导、市场运作、整体规划、分步实施"的开发策略，由市场组建的专业化开发机构承担起 CBD 具体规划、建设和开发工作。该模式具有区域空间布局合理、产业环境完善、招商目标明确等优势。首先，相比于政府规划开发模式，CBD 产业集聚发展路径更加贴近市场；其次，在此类模式中，开发公司和地方政府有效结合，既保证了市场化运作的主体地位，又体现了政府引导的监理作用，有效地引导 CBD 产业集聚，实现 CBD、政府以及开发公司的多赢局面。

（三）CBD 发展路径差异

从国际 CBD 的发展历程来看，CBD 形成与发展的背后有两股主要推动力量——市场自发形成的力量和政府推动的力量。前者以美国的曼哈顿、英国的伦敦为代表，后者则以新加坡、法国拉德芳斯为代表。在我国，由于政治体制与经济结构的原因，政府因素在 CBD 的形成与发展中起着重大的作用。政府因素对于 CBD 发展路径的影响主要表现在两个方面：一方面，在 CBD 的初创期，政府主导 CBD 的规划、进行大量基础设施建设和引进项目入驻，推动 CBD 的形成；另一方面，在 CBD 的发展期，地方政府给予 CBD 特殊的鼓励政策，积极引入市场化运作机制，扶持其快速发展。

1. CBD 初创期建设路径

在我国，政府因素在 CBD 的初创期最为明显，主要体现在 CBD 规划设计、基础设施建设等方面，即为 CBD 的产生预先做好"设计"，然后以强有力的行政指令、政府措施、政府行为推动 CBD 的形成和发展，北京、上海、杭州、郑州等城市 CBD 的形成背后均有较强的政府行政力量的推动。表 1 列示了我国部分城市 CBD 的发展规划。

表 1 我国部分城市 CBD 发展规划

城市	CBD 发展规划	发布年份
北京	《北京市城市总体规划(1991~2010 年)》	1993
	《北京商务中心区控制性详细规划》	2001
上海	《陆家嘴中心地区规划》	1991
	《上海陆家嘴中心区规划设计方案》	1993
深圳	《深圳经济特区总体规划》	1984
	《深圳福田中心区(深圳 CBD)详细规划》	1992
天津	《滨海新区中心商务区分区规划(2010~2020 年)》	2012
杭州	《关于进一步加快钱江新城建设和发展的若干意见》	2006
	《杭州市城市总体规划(2001~2020 年)》	2007
郑州	《郑州市城市总体规划》(2008~2020 年)	2010
武汉	《武汉市城市总体规划(2010~2020 年)》	2010
成都	《成都市 CBD 规划选址范围控制图》	2003
青岛	《青岛中央商务区及周边地区控制性详细规划》	2005
长沙	《长沙芙蓉 CBD 产业发展规划》	2010
重庆	《重庆市中央商务区总体规划》	2003
西安	《西安市 2004~2020 年城市总体规划》	2005

资料来源：北京市哲学社会科学 CBD 发展研究基地数据库。

通过对北京、上海、深圳、广州等一线城市，以及杭州、重庆、郑州、青岛等区域中心城市的观察，我们可以发现，无论是原有商业区升级为 CBD（北京、广州、深圳等），还是重新规划建设城市新的集聚中心（上海、杭州、郑州等），地方政府均发挥着主导作用，具体表现在制定城市 CBD 的发展规划，以及确定 CBD 的区位选择、空间布局规划、基础设施建设等方面。

2. CBD 成长期发展路径

我国 CBD 的初创期大多由政府主导，而当 CBD 进入成长期，则主要在政府主导下，通过各类体制性安排，强化政府、企业、市场、社会、社区的协同，有效调动各类资源参与城市 CBD 建设，完善 CBD 内涵，加快 CBD 的发展速度。杭州、武汉、郑州等城市 CBD 的发展路径均体现出这一特点。

杭州市钱江新城 CBD 完成前期规划建设后，便进入政府主导、企业主体、市场化运作的发展路径。首先，杭州市成立了一个正局级的钱江新城建设指挥部，在规划设计、招商引资、土地出让、报建审批等方面为政府与企业之间提供一条龙的快速服务和综合协调，推动社会投资项目快速跟进。其次，在政策支持方面，杭州市委、市政府于 2003 年和 2005 年，专门出台了两个关于加快钱江新城建设政策的文件，给予钱江新城"准国家级开发区"体制政策；2012 年，杭州市还出台了《关于支持浙商创业创新打造浙商总部中心的若干政策意见》，重点支持钱江新城打造浙商总部中心示范区、浙商总部经济集聚区。

武汉 CBD 在规划之初便确定了政府引导、市场运作的 CBD 发展模式。2002 年 2 月 8 日，经武汉市政府批准，设立了"武汉王家墩中央商务区建设投资股份有限公司"，并计划吸引投资总额约 1000 亿元，负责基建、招商、规划、管理和运营等一系列工作。

郑州市在发展 CBD 的过程中，突出"大招商、招大商"，重点引进规模大、竞争力强、产业关联度高的龙头型、旗舰型项目，通过招商引资，实现 CBD 的快速发展。郑州市先后引进社会投资项目 244 个，引进资金超过 350 亿元。在 CBD 注册企业超过 600 家，批准外商投资企业 46 家。力争到 2020 年，实现入驻世界 500 强企业 100 家、国内 500 强企业 100 家、各类金融机构 150 家的目标。

通过对杭州、武汉、郑州等城市 CBD 的观察，我们可以发现，随着 CBD 由前期的规划建设进入发展成长期之后，CBD 的发展路径由政府主导型路径，转变为政府引导、市场参与的发展路径。政府通过设立专门的 CBD 管委会，制定有针对性的扶持政策，引导 CBD 的发展；同时，积极引入市场化运作机制，吸收金融机构、企业总部进驻 CBD，成为 CBD 发展的重要支持力量。

三 国内 CBD 管理模式的分类

CBD 管理模式体现了不同主体（政府与市场、不同部门）之间的利益协

调关系。受历史和现实因素的制约，CBD 管理模式具有多样化特征。CBD 管理模式分类情况见表 2。

表 2　CBD 管理模式分类

分类标准	类型		典型地区
政府与市场的关系	政府主导型	政府主导、市区两级协调管理模式	北京 CBD 与广州天河 CBD
		政府主导、区级管理模式	重庆解放碑 CBD 与天津滨海新区 CBD
		政府主导、一体化管理模式	上海陆家嘴 CBD、贵阳市观山湖区与杭州钱江新城
		非管委会型管理模式	西安长安路 CBD、杭州武林 CBD、长沙芙蓉 CBD 与深圳福田 CBD
	市场运作型		武汉王家墩 CBD 与银川阅海湾 CBD
CBD 管理机构职能定位	管制型		—
	服务型		天津滨海新区 CBD、杭州武林 CBD、西安长安路 CBD 与武汉王家墩 CBD
	混合型		北京 CBD、杭州钱江新城 CBD 与沈阳 CBD

资料来源：北京市哲学社会科学 CBD 发展研究基地数据库。

（一）按政府与市场的关系分类

按政府与市场的关系分类，CBD 管理模式大体分为两大类：政府主导型与市场运作型，其中前者又可以进一步细分为政府主导、市区两级协调管理模式，政府主导、区级管理模式，政府主导、一体化管理模式和非管委会型管理模式。其中，政府主导型管理模式在我国普遍采用，市场运作型管理模式盛行于西方国家。

1. 政府主导型

由于我国中央商务区多为政府规划建设，商务区开发建设过程中行政力量居于主导地位，因此，CBD 管理模式以政府主导型为主。各地大多成立了相应的职能机构（中央商务区管理委员会等）以承担 CBD 开发建设和日常管理等职能，这样的职能机构在各地区的级别归属、机构性质和职能权限等方面存在较大差异。

（1）政府主导、市区两级协调管理模式

在这类管理模式下，CBD 所在地政府成立相应的职能机构，如 CBD 委员会等，该管委会是市级政府在 CBD 区域设立的派出性质的行政机构，级别与所在区一级政府相当，获得市政府授权并代表市政府统一行使 CBD 开发建设和管理职能，由所在的区人民政府代管。此类模式体制优势较为明显，CBD 管委会代表市政府统一行使开发建设和管理职能，执行和协调能力较强。这类管理模式具有代表性的有北京 CBD 与广州天河 CBD。

①北京 CBD

作为我国发展最早、最具有代表性的 CBD 之一，北京 CBD 与国际接轨，推行国际标准的管理体制，对 CBD 运行机制进行积极探索，初步建立两级管理体制模式，实践中逐步形成市、区两级主导的管理架构。管理组织结构如图1 所示。

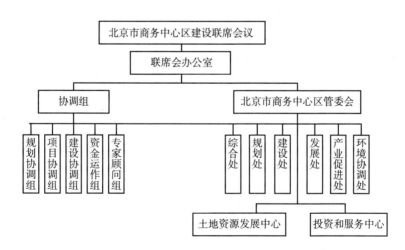

图1　北京 CBD 管理组织结构

资料来源：根据北京市商务中心区管委会提供资料整理。

北京商务中心区建设联席会议由市级的多个部门共同组成，通过联席会议制度，统一协调有关工作。联席会议下设规划协调组、项目协调组、建设协调组、资金运作组和专家顾问组等五个工作组作为执行机构，分别负责 CBD 区域内建设项目的立项、可行性研究、投资计划报审、建设项目规划控制审批、基础设施建设资金筹集使用等重大事项。各协调组实行"一个窗口"服务，

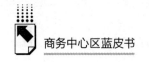

减少审批环节，为投资者提供高效便捷的服务。

北京市商务中心区管理委员会成立于 2001 年 10 月，是北京市政府在商务中心区设立的行政机构，同时也是北京市商务中心区建设联席会的办事机构，委托朝阳区政府管理，与朝阳区委商务中心区工委合署办公。管委会负责制定区域内总体规划、控制性详细规划，以及交通、市政和景观等专项规划；负责区域内开发建设项目的审核和报批及配套设施规划的综合协调工作。管委会下设综合处、规划处、建设处、发展处、产业促进处、环境协调处以及土地资源发展中心、投资和服务中心两个平台机构。

北京市商务中心区的体制优势较为明显，北京市商务中心区管委会代表北京市政府统一行使北京市商务中心区的开发建设和管理职能，机构的执行和协调能力较强；同时，北京朝阳区发改委通过预算审批、经济指标考核以及建立区域信息系统等手段，充分调动朝阳区各部门、各街镇的积极性，为中央商务区的发展创造了一个良好的体制环境，从而使各级各类政府资源在空间规划、产业布局、区域扩张、税源清理以及促成地标性建筑等关键问题上形成合力。

②广州天河 CBD

为了全面提升 CBD 的管理营销和服务水平，切实打造国际一流的中央商务区，2011 年 3 月，广州市天河区成立中央商务区管理委员会。管委会代表市政府统一行使中央商务区建设管理职能，由天河区委、区政府代管，负责统筹广州中央商务区的日常建设、管理、营销、审批、服务等各项事务，管委会统一行使天河 CBD 的管理、营销、服务职责。目前，管委会主要负责三个方面的工作：一是负责统筹 CBD 的对外整体营销推介和招商引资工作；二是负责统筹入驻 CBD 企业的综合服务工作；三是通过创新管理模式，在城市环境管理、治安管理、市场管理、社会管理和公共服务方面营造最适宜 CBD 发展的小环境。

广州天河 CBD 管委会目前主要在六个方面开展管理营销和服务工作：一是全面开展 CBD 整体营销，即面向全球征集中央商务区的标识、制作宣传图册、利用国外考察机会进行营销等；二是致力于开展全球招商引资，即积极参加市政府组织的赴美国、韩国招商活动，通过"新广州·新商机"北京推介会成功引进总计 200 亿元的项目，在上海推介会上引进 100 多亿元的项目；三是精心搭建政企沟通平台，即进一步完善区级领导联系重点企业制度，召开纳税大户、金融机构联谊会，积极协助英国壳牌等 11 家公司申请总部奖励；四是贴心服务入驻企业，即积极开展中央商务区信息数据库和官方网站建设，在市政务中心开设首个区级服务窗口，为入驻 CBD 的企业提供贴心服务；五是重点强化 CBD 城市精细化管理，组建一支超过 200 人的专业执法队伍开展经常性巡逻，在 CBD 范围内全面推进智慧城管及广告招牌规范、垃圾分类管理试点工作；六是大力优化 CBD 交通环境，即通过推进智能交通系统模块建设、建立停车引导系统、优化调整现有跨区域线路等 32 项措施，进一步改善 CBD 区域交通条件。

（2）政府主导、区级管理模式

在这类管理模式下，CBD 所在地政府成立相应的职能机构，如中央商务区管理委员会等，该管委会是区政府在 CBD 设立的派出性质的直属行政机构，级别与所在街道办事处相当，代表区政府统一行使 CBD 开发建设和管理职能。CBD 管委会受到行政权限与级别不高因素的制约，执行和协调能力稍弱。这类管理模式具有代表性的有重庆解放碑 CBD 与天津滨海新区 CBD。

①重庆解放碑 CBD

2003 年 7 月，《重庆市中央商务区总体规划》通过重庆市人大审议通过，解放碑 CBD 开发面积 0.92 平方公里。解放碑 CBD 连续获得“中国十大新地标商务区”、“中国著名商业街”、“全国特色文化广场”、“中国总部经济研究发展实践基地”、“2007 中国最具投资价值 CBD”等荣誉称号。

2003 年，重庆市渝中区成立解放碑 CBD 管委会，为区政府直属机构，区委常委兼任管委会主任。根据区委、区政府的授权，CBD 管委会领导解放碑中央商务区的工作，统筹协调解放碑中央商务区的城市规划、建设和产业发展，负责解放碑中心购物广场的城市管理，服务解放碑中央商务区企业。管委会下设党政办公室、规划发展科、产业发展科、广场管理科与综合执法队，分别承担政务管理、规划编制、产业服务、解放碑广场管理与行政综合执法等职能。

②天津滨海新区 CBD

天津滨海新区 CBD 是滨海新区九大功能区之一，规划面积 37.5 平方公里，主要包括于家堡金融区、响螺湾商务区、解放路商业区、大沽宜居生活区、蓝鲸岛生态区五大板块，重点发展金融服务、现代商务等现代服务产业，是滨海新区金融改革创新的试验基地。天津滨海新区 CBD 管委会组织结构如图 2 所示。

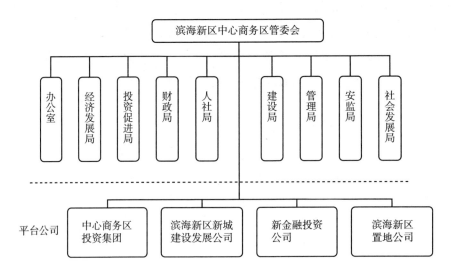

图 2　天津滨海新区 CBD 管委会组织结构

资料来源：根据天津滨海新区中心商务区管委会提供资料整理。

天津滨海新区 CBD 管委会成立于 2010 年 12 月，为滨海新区政府派出机构，下设办公室、经济发展局、投资促进局、财政局、人社局、建设局、管理局、安监局、社会发展局等部门。管委会主要负责日常管理与服务工作，行政审批权由 2014 年 5 月成立的行政审批局统一行使，项目运作与招商引资工作由管委会下属的平台公司（中心商务区投资集团、滨海新区新城建设发展公司、新金融投资公司与滨海新区置地投资公司）负责。

（3）政府主导、一体化管理模式

在这类管理模式下，CBD 规划开发与运营管理被纳入功能区统一体系。CBD 所在地政府未成立专门的 CBD 管理机构，而是由 CBD 所在功能区管理机构负责统一管理。这类管理模式具有代表性的有上海陆家嘴 CBD、贵阳市观山湖区与杭州钱江新城。

①上海陆家嘴 CBD

上海陆家嘴金融贸易区位于上海浦东，是目前为止国务院批准设立的全国唯一以金融贸易区命名的国家级开发区，占地 1.7 平方公里。上海于 1993 年成立了浦东新区管委会，作为市委、市政府的派出机构，享有市级管理权限和国家经济特区的特殊政策，直接负责浦东区域的管理和开发建设事宜，也包括对陆家嘴 CBD 的管理。

上海市浦东新区陆家嘴金融贸易区在对外宣传和综合服务方面特色更加突出。陆家嘴地区由于依托上海国际金融中心的定位，20 年来已经获得了长足的发展，聚集了大量金融、航运、贸易企业以及跨国企业总部，也成为很多后发地区总部招商追赶和挖角的对象。因此，陆家嘴金融贸易区目前的工作重点主要放在"稳商"和"服务"上，通过不断强化本区域的金融、航运、贸易中心优势，通过专业化的招商和服务团队与投资者对接；同时，灵活运用扶持政策，鼓励和促进本区域内商业、餐饮、文化、娱乐和其他商务配套的发展，增强本区域对于高端商务人员和高学历就业者的吸引力。

②贵阳市观山湖区

2000 年，针对贵阳中心城区面积狭小、人口密度过大、空间超负荷承载，与省会城市和区域性重点城市地位不符，不利于经济社会发展的现状，贵阳市决定开发金阳新区。2012 年 12 月 21 日，经国务院批准，金阳新区正式建立行政区并更名观山湖区。观山湖区位于贵阳市中心区西北，区域规划面积达307 平方公里，目前常住人口超过 25 万。观山湖区按照"6 + 1 战略"的目标，即加快交通枢纽之城、生态宜居之城、会展金融之城、体育文化之城、总部产业之城和商贸物流之城的建设，大力发展实体经济，最终实现以城促产、以产兴城、产城互动的目标。目前，观山湖区计划重新规划 CBD，初步拟定贵州金融城地区；同时，规划开发若干副 CBD：贵阳北站高铁商圈、世纪城居住 CBD、特色 CBD（奥体中心区域）。观山湖区未设置专门的 CBD 管理机构，CBD 管理被纳入观山湖区统一管理，具体职能由区发展改革局、商务局、建设局等部门承担。

③钱江新城

钱江新城位于杭州老城区东南的钱塘江畔，钱江新城的建设也标志着杭州城市发展从"西湖时代"迈向"钱塘江时代"。2003年和2006年，杭州市委市政府相继出台了《关于加快实施钱江新城建设的若干意见》（市委〔2003〕20号）和《关于进一步加快钱江新城建设和发展若干意见》（市委〔2006〕6号）两个重要文件，"办事不出新城，资金自求平衡"是其核心思想。钱江新城管委会为正局级一类事业单位，经费渠道为管理费开支，与属地两城区领导实行交叉兼职，市区联动，钱江新城建设管委会在钱江内行使市政府的管理权限、牵头组织开展新城范围内规划管理、城市建设、城市经营等工作。同时，管委会出资10亿元成立杭州市钱江新城投资集团公司，并成建制将相关资产划入集团公司，承担资产经营管理、城市开发建设、资本投资运作；承担城东新城、钱江新城扩容区块及三堡和上城区块开发主体职能并实施开发建设；履行市铁路投资责任主体职能，负责市级铁路建设资本金的筹集和划拨，并履行出资人的责任和义务。

④郑东新区CBD

作为郑东新区核心组成部分，郑东新区中央商务区经河南省发展和改革委员会规划批复、郑州市机构编制委员会办公室批复，于2013年3月29日成立，由商务外环路、如意东路、龙湖金融中心外环路、如意西路围合的"如意形"区域，规划面积7.1平方公里。从管理上，中央商务区在郑东新区的办事处与所在的如意湖办事处套合管理，合署办公，下设经济发展组、规划建设组、项目推进组、企业管理服务组、社会事业组、综合协调组。但是CBD管委会依托于街道，行政层级较低，成立时间短而且权限不足，在具体管理过程中依托于郑东新区管委会相应职能部门（金融服务局、规划局、经济发展局和商务局）。

（4）非管委会型管理模式

很多地方的中央商务区仍处于开发建设阶段，因此并未建立管理委员会，更没有采用市场方式经营，而是通过所在开发区的相关部门来管理。很多地方在CBD开发期，成立CBD项目指挥部或开发建设领导小组，这一类机构多为临时性议事协调机构，级别较高但行政权限不足，具体职能行使依赖于其依托的政府部门。具有代表性的有西安长安路CBD、杭州武林CBD、长沙芙蓉CBD与深圳福田CBD。

①西安长安路 CBD

2013 年 6 月，西安市碑林区区委、区政府正式决定成立长安路中央商务区管理委员会办公室，为负责长安路中央商务区规划建设、招商引资和产业发展工作的区政府派出机构。管委会办公室为正处级全额拨款事业单位，设事业编制 15 名，由长安区管理；编制外工作人员实行公开招聘，由管委会办公室自行管理。管委会办公室下设综合部、规划建设部、产业发展部与企业服务部等 4 个科室，分别承担相应职责。同时，长安路 CBD 积极探索市场运作模式，注册成立长安 CBD 建设发展公司，由管委会办公室主任兼任总经理，负责具体交易与投融资，进一步整合区域资源，促进老城区优化升级发展。

但是，管委会办公室成立时间短，作为碑林区政府的派出机构，与街道办职能存在重叠，不具有行政审批权（重要权限在市一级，基本职能则在区一级，而且分散于区级政府职能部门），目前只能做协调工作。这些工作往往是其他职能部门不愿从事的领域，如旧城拆迁改造中群众满意度调查，行政职能与效能受到严重制约。

②杭州武林 CBD

杭州武林中央商务区位于杭州市下城区，2003 年开始建设，是国内较早建设的 CBD。其核心区块东临中河北路，南起庆春路，西至武林路、环城北路转密渡桥路接京杭运河，北到文晖路，面积约 2.5 平方公里。2003 年 2 月，杭州市下城区成立武林中央商务区建设领导小组，区委书记兼任组长。领导小组下设办公室，为区政府直属事业单位，副区长兼任办公室主任，总体负责武林中央商务区规划建设与开发管理。由于受到各类因素制约，领导小组办公室实际职权不明确，商务区开发管理依托于下城区政府部门与街道办事处，缺乏实际行政权限，在一定程度上制约了管理机构效能的发挥。

③长沙芙蓉 CBD

长沙芙蓉中央商务区地处长沙城市的核心区域，于 2006 年 8 月经长沙市人民政府批准正式成立。长沙芙蓉中央商务区核心区东起韶山路，西至黄兴路，南临人民路，北接八一路、中山路，东西轴线五一大道与南北轴线芙蓉路形成中央商务区的"金十字"地带，核心区面积约 2.7 平方公里。其总体目标是以金融、商务为重点，同时带动信息、商贸、中介、咨询、旅游、文化产

业和高档房地产，是我国中部地区主要的商务副中心，湖南省商务中心，区域性商贸中心和文化中心、地区级生产服务中心。

2006 年 8 月，为切实加快长沙芙蓉中央商务区建设工作，长沙市人民政府决定成立长沙芙蓉中央商务区建设协调领导小组，常务副市长任组长，成员单位包括市发改委、市建委、市国土局、市商务局、市规划局、市房产局与芙蓉区政府。领导小组下设办公室（设在芙蓉区政府），芙蓉 CBD 管理组织结构如图 3 所示。

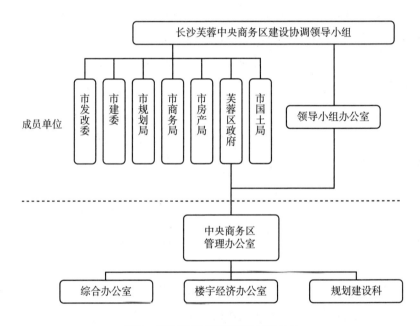

图 3　长沙芙蓉 CBD 管理组织结构

资料来源：根据长沙市芙蓉中央商务区管理办公室提供资料整理。

2011 年，中央商务区管理办公室与楼宇经济办公室合并，为芙蓉区政府直属二级机构，负责 CBD 项目规划、建设协调、楼宇经济管理与宣传推介活动。管理办公室下设综合办公室（负责组织协调办公室的日常工作）、楼宇经济办公室（负责管理楼宇经济工作）、规划建设科（负责 CBD 项目规划、建设协调）。

CBD 管理办公室对芙蓉 CBD 规划管理主要通过前置审批权实现，长沙市规定芙蓉 CBD 新地块开发必须经过 CBD 管理办公室初审通过后方可进入市规划委审核程序。在楼宇经济管理方面，由于芙蓉区楼宇产权为私有，CBD 管理办公室成立由物业管理经理参加的楼宇商会，通过该商会对 CBD 区域内楼宇进行管理；此外，由街道派出楼宇专干参与楼宇管理。CBD 区域内社会管理职能由区域所在街道负责。

④深圳福田 CBD

2012 年以前，福田 CBD 没有指导区域发展、服务区域企业的专门政府机构，这使得深圳福田 CBD 建设与发展处于无序状态，阻碍了福田 CBD 的进一步发展。福田区政府虽然在原华强北管委办基础上成立"福田中央商务区和华强北管委办"，但该机构始终没有进驻福田 CBD 区域办公，同时机构职能定位也不能实现对 CBD 统筹规划与综合管理。管理体制严重缺位成为制约深圳福田 CBD 发展的因素。

2012 年 6 月，经深圳市政府批准，福田区将中央商务区和华强北管委会办公室、辖区企业服务中心进行合并，并对各部门服务企业的职能进行整合，成立了"福田区企业发展服务中心"。作为区政府的直属单位，企业发展服务中心负责联系与服务包括 CBD 在内的福田区企业工作，是政府与企业沟通的桥梁，有利于提升企业服务效率。

2. 市场运作型模式

市场运作型即市场化管理，是指在 CBD 建设与发展过程中，包括项目确定、规划编制、投资规模选择与管理模式安排等方面都以经济可行性、市场容纳度与投资价值大小作为运作决策依据。市场化管理在我国处于起步阶段，武汉王家墩 CBD 是我国第一个市场化运作的 CBD。此外，银川阅海湾 CBD 也采取此类管理模式。

（1）武汉王家墩 CBD

武汉王家墩中央商务区是我国第一个市场化运作的中央商务区。虽然与北京 CBD 和上海陆家嘴金融区相比，武汉王家墩 CBD 起步较晚，但管理方面却独树一帜。经过多年探索，武汉市政府明确提出"高起点、高标准、高品位、高效率"开发建设 CBD，采用"政府引导，市场运作"的开发管理机制。武汉市高度重视 CBD 的建设与管理，于 2009 年设立了以 CBD 所在的江汉区为班底的武汉王家墩商务区管委会。管委会主任由江汉区区委书记兼任，区长

兼任副主任；江汉区常务副区长兼任常务副主任，负责主持管委会日常工作。管委会下设4个部门：经济发展局、综合计划局、土地管理局、规划建设局。

武汉CBD实行市场化滚动式开发模式，开发主体多元化，同时存在两大市场化开发管理主体，如表3所示。

表3　武汉王家墩CBD市场化开发管理主体

主体名称	成立年份	企业性质	控股股东	与管委会关系
武汉中央商务区投资控股集团公司	1999	国有企业	武汉市国资委	由管委会托管
武汉王家墩中央商务区建设投资股份有限公司	2002	民营企业（股份制）	泛海集团	接受管委会服务与监督

资料来源：根据武汉王家墩商务区管委会提供资料整理。

由于武汉市财力有限，武汉CBD开发过程中政府不投资，由武汉中央商务区投资控股集团公司作为政府融资平台参与CBD开发，入股武汉王家墩中央商务区建设投资股份有限公司。同时，管委会与武汉王家墩中央商务区建设投资股份有限公司通过例会制度与不定期专题会议进行协调，确保武汉CBD开发与规划的协调性。招商工作主要依托管委会，商管公司与营销中心也承担一部分。截至2014年3月已引进各类企业71家，特别是引进金融企业区域总部，例如，招商银行武汉分行、平安银行武汉分行、邮储银行湖北分行。拟引进烟草、移动、信息产业，建设金融信息服务总部基地。同时，武汉CBD基础设施建设具有特殊性，由于采取市场化开发模式，基础设施建设采取BT（建设—移交）模式，由武汉王家墩中央商务区建设投资股份有限公司负责，建成后也先由开发公司暂时管理，然后再移交政府部门并结算建设资金。

（2）银川阅海湾CBD

银川阅海湾CBD规划建筑面积约520万平方米，投资近500亿元，由银川阅海湾CBD核心区、中阿经贸论坛永久会址区和鸿曦悦海湾城市花园项目区三部分组成。CBD核心区占地面积3300亩，规划总建筑面积400万平方米，以"两区、三基地、三平台"为定位。商务区实行"市区共建、以区为主，

212

责任明晰、独立运行，市场运作、自负盈亏"的运作模式。银川市、金凤区共同负责商务区的规划建设、土地运作、招商引资、项目服务、政策优惠等工作，商务区内的企业总部项目、商务中心区项目和部分基础设施建设项目全部采取市场化运作方式，政府不参与投资，只进行宏观管理。

商务区实行领导小组领导下的管委会负责制。市政府成立银川阅海湾中央商务区建设管理领导小组，市长兼任领导小组组长，主管建设副市长、金凤区党委书记与区长兼任领导小组副组长；市发改委、财政、规划、土地、建设、商务、经济合作等部门负责人及金凤区分管副区长为领导小组成员。领导小组负责履行市政府承担的各项职能。金凤区成立银川阅海湾中央商务区管理委员会，区委书记兼任管委会主任，承担相应职责。

（二）按管理机构职能定位分类

按照 CBD 管理机构职能定位，可以分为管制型、服务型与混合型。

1. 管制型

管制型模式是以行政或政治控制为主的管理模式。任何公共机构都有一定的管制功能，这是建立秩序、解决矛盾、发展经济社会必不可少的手段。管制型模式赖以建立的基础是封建社会的传统观念，特别是"家长制"的思想观念，与计划经济体制相适应的高度集中集权的行政体制。

管制型模式具有以下特征：①政府是 CBD 建设开发的主导者，CBD 管理机构直接隶属于当地政府，政府将其定位为行政派出机构，是 CBD 区域的行政管理者。②CBD 管理机构具有一定的行政权限与审批权，CBD 区域管理职能的实施对同级次以及更高级次政府机构的依赖性小，能够独立有效地管理 CBD 区域内的事务。③CBD 区域开发企业与平台公司是 CBD 管理机构的附属部门，后者借此实现对项目开发、招商引资、企业管理等方面的有效控制。

从国内外 CBD 管理实践来看，由于管制型模式计划经济色彩浓厚、体制不灵活，与现代 CBD 发展规律契合度低，基本不存在完全意义上的管制型模式成熟案例。但是在我国早期 CBD 开发建设过程中，基于开发进度与规划有效性等方面的考虑，这类模式被普遍采用。

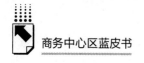

2. 服务型

服务型模式就是为公众、为 CBD 经营主体服务的管理模式，它把为公众、为 CBD 经营主体服务作为 CBD 管理机构存在、运行和发展的基本宗旨，遵循了 CBD 总体规划与建设发展的规律。按照现代公共管理的理念，政府等公共管理机构不是凌驾于社会之上的官僚机构，从某种意义上讲更像是负有责任的"企业家"，公民则是其"顾客"。这里的"企业家"并非生意人，而是不断提高公共资源配置效率的人。服务型模式将以市场即公众需求为导向，因为只有顾客驱动的管理机构，才能提供满足人们合理、合法需求的公共服务。

服务型模式具有以下特征：①CBD 管理机构虽然多隶属于政府机构，但是政府将其定位为公共型服务机构，是 CBD 区域的公共服务者。②CBD 管理机构构架简单，缺乏行政独立性、行政权限与审批权，主要发挥协调与服务职能，CBD 区域行政管理职能的实施往往依赖于同级次以及更高级次政府机构的配合。③CBD 区域开发企业、平台公司与 CBD 管理机构存在股权关系，CBD 管理机构委托前者承担 CBD 区域建设开发与部分服务性职能。

从国内外 CBD 管理实践来看，服务型模式体制灵活，与现代 CBD 发展规律契合度高，在国内外被普遍采用。我国比较有代表性的服务型模式有：天津滨海新区 CBD、杭州武林 CBD、西安长安路 CBD 和武汉王家墩 CBD。

3. 混合型

混合型模式是一种介于前两者之间的管理模式，在尊重市场规律的基础上，为 CBD 经营主体提供灵活有效的管理与服务。混合型模式较好地处理了市场与政府的关系，以市场需求为导向，为 CBD 提供有效的公共服务。

混合型模式具有以下特征：①CBD 管理机构虽然多隶属于政府机构，但是同时具有管理者与服务者双重属性。②CBD 管理机构具有一定的独立性，同时也具有一定的行政权限与审批权，在对 CBD 进行行政管理的同时发挥协调与服务职能，CBD 区域行政管理职能的实施也需要同级次以及更高级次政府机构的配合。③CBD 管理机构行使权力的目的，不再是管制，而是为公众与经营主体提供更好的服务。

从国内外 CBD 管理实践来看，混合型模式体制灵活，与现代 CBD 发展规律契合度高，在我国得到广泛采用。我国比较有代表性的混合型模式有：北京 CBD、钱江新城 CBD、沈阳 CBD 等。

四　各种 CBD 管理模式的优劣势分析

各种 CBD 管理模式的形成都有特定的历史与现实背景，均与该 CBD 特定发展阶段相适应。总体而言，政府管理型模式在体制方面优势明显，市场化模式则具有机制灵活的特征。同时，各类管理模式也不可避免地存在局限性。

（一）政府管理型模式

1. 优势分析

①体制优势明显

以北京商务中心区为例，商务中心区管委会等实体机构代表政府统一行使商务中心区的开发建设和管理职能，机构的执行和协调能力较强。同时，商务中心区管委会等通过预算审批、经济指标分派考核以及建立区域信息系统等手段，充分调动朝阳区各部门、各街镇的积极性，为中央商务区的发展创造了一个良好的体制环境，从而使各级各类政府资源在空间规划、产业布局、区域扩张、税源清理以及促成地标性建筑等关键问题上形成合力。

②服务机制优势

为企业提供优质高效的服务，搭建良好公共服务平台，是吸引企业落户 CBD 的最有效方式。因此，首先要建立高效、便捷的服务机制。CBD 管委会可为企业提供的前期服务包括前置审批、设立申请、注册登记、写字楼选址等；后期服务则包括促进企业交流、成立行业协会、开展专业领域研讨会、与驻区单位街道社区建立沟通渠道、对外宣传、为工作人员供餐等。在一站式服务方面，青岛市市北区 CBD 的创新值得一提。青岛市 2013 年在市北区成立中央商务区综合服务中心，真正做到政府服务企业"零距离"。这种"一站式代办"，简化了办事流程，为企业提供了舒心办公环境。青岛中央商务区综合服务中心内设综合服务大厅、社会组织孵化基地、党建工作室、综合活动室等，可以为中央商务区内的企业和员工提供经济、民生、城管、综治、党群等

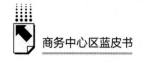

"一站式代办服务"。

③公共服务完善

CBD 公共服务包括 CBD 入驻企业的员工子女入学与就医、员工工作餐供应等生活配套服务。实践表明，可以通过建立定期与入驻企业交流沟通机制来切实解决这些问题。在教育方面，可通过与区教育部门的沟通，尽量妥善解决 CBD 员工子女就近入学的问题；在医疗方面，既要与大型医院合作，鼓励它们推出高层次健康咨询、医疗保健服务，满足企业外籍职员、高层管理人员对优质服务的需求，也要加大对社区卫生服务网络、妇幼保健等基层公共卫生机构的扶持力度，满足普通员工的日常生活需要；在餐饮方面，可引进多家知名品牌快餐连锁店，为区内员工提供价廉物美、安全可口的工作餐，切实解决 CBD 就餐难的问题；在体育活动方面，可由 CBD 管委办组织协调，引导开展全民健身运动，丰富园区生活。

北京 CBD 有一些创举，比如，2013 年 11 月 28 日，由北京商务中心区总工会和爱心企业共同捐资发起，联合中华社会救助基金会设立的"CBD 公益基金"暨紧急援助金计划正式启动。该项救助计划提出了"员工及家庭成员综合帮扶"的特色援助模式，对罹患重大疾病或遭遇突发意外的北京 CBD 企业在职职工及其家庭成员提供即时的紧急援助，对有这样需求的员工及家庭着重于医前、医中进行援助，最大限度地发挥"CBD 公益基金"的救助作用。

2. 劣势分析

①行政权限不足，制约效能发挥

迄今为止，很多地方的中央商务区仍处于开发建设阶段，因此并未建立管理委员会，更没有采用市场方式经营，而是通过所在开发区的相关部门来管理。很多地方在 CBD 开发期，成立 CBD 项目指挥部或开发建设领导小组，这一类机构多为临时性的议事协调机构，级别较高但行政权限小，具体职能行使依赖于其依托的政府部门，行政职能与效能受到严重制约。

②部门工作对接困难

大多数地区的中央商务区管理机构成立时间较短，作为政府派出机构，与同级政府部门以及街道职能存在重叠，大多不具有行政审批权，重要权限在市一级，基本职能则在区一级，而且分散于区级政府职能部门。当前管理机构工作以协调性和事务性工作为主，这些工作往往是其他职能部门不愿从事的领域，使其行政职能与效能受到严重制约。此外，政策存在局限，与同级甚至是上级政府部门工作对接存在困难。

③政府规划管理规范性差

目前，部分 CBD 规划存在与管理脱节、持续性不强的问题，在组织上表现为组织保障力度不足。同时，行政管理的长官意志、形式主义造成了职责不清、管理效率不高的情况出现，致使一些规划实施存在政策风险，制约 CBD 的可持续发展。

④缺乏统一的政府管理机构

管理方面的缺陷包括：一是部分 CBD 管理机构事实上定位于临时性机构，不具备完整的管理权，行政权限不足；二是由于职责界定不清，各类机构都插手 CBD 开发与管理，多龙治水，CBD 建设进度往往受到制约。此外，现行土地管理体制也存在问题，一些 CBD 开发缺乏应有的秩序，招商和建设审批不到位。不少城市在开发建设过程中，由于住宅项目的资金投入量相对少一些，成本低，政府和开发商为寻求短期利益，热衷于开发商业住宅，CBD 开发看重短期经济效益，对未来发展空间预留不足。

（二）市场运作型模式

1. 优势分析

①开发方式灵活

政府引导与市场化运作模式相对于政府规划开发模式而言，最主要的区别在于 CBD 的建设是由企业负责运作，政府只起到引导及监理作用。该模式往往采取"政府引导、市场运作、整体规划、分步实施"的开发策略，由市场组建的专业化开发机构承担起聚集区具体规划、建设和开发工作。该模式除了具有政府规划开发模式所呈现的空间布局合理、产业环境完善、招商目标明确等特点外，还具备一些独特的优势。

首先，相比于政府规划开发模式，CBD 产业集聚发展路径更加贴近市场。公益性强的项目由专门部门统筹管理，民营企业也与政府相关部门进行沟通，得到政府支持并共同合作，使市场化运作机制得到有效运转，从而获得 CBD

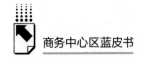

商务区的经济价值和区域经济效应。

其次，在政府引导与市场化运作模式中，开发公司和地方政府有效结合，既保证了市场化运作的主体地位，又体现了政府引导的监理作用，有效地引导CBD产业集聚，形成CBD、政府以及开发公司的多赢局面。

②服务效率高

市场化运作管理主导权在开发企业。开发企业遵循市场化经营原则，在提供服务时更注重从企业实际需求出发设计服务方案，为入驻企业提供个性化服务。例如，武汉CBD在服务机制上进行创新，推出客户会服务模式。CBD菁英汇作为泛海航程会（武汉中央商务区建设投资股份有限公司股东）旗下客户会之一，是由武汉中央商务区建设投资股份有限公司在"创造城市新生活"的经营理念下，为会员提供的高端生活交流平台，营造精英人士社交圈。会员分为金卡和白金卡，金卡会员可享受置业服务、活动服务、商家服务；白金卡会员除以上会员权益外，还可享受有机会参加为白金卡会员举办的尊享活动，会员将有机会获赠武汉CBD年度限量版礼品，会员重复购房可享受积分返还优惠，会员推荐他人购房可享受积分返还优惠等。

2. 劣势分析

①市场化运营涉及市场化开发主体与政府关系协调问题

受到开发资金短缺、经验不足等因素制约，以武汉为代表的部分CBD开发采取政府规划、市场运作的开发模式，实际开发运作由民营化的企业承担。CBD跨越多个街区，存在与政府部门和地方行政协调的问题，主要问题在于征地拆迁、公共管理服务等方面。作为市场化主体的企业由于不具有行政权，在与有关政府部门和地方行政协调方面存在困难。

②建设速度慢，规划时效性面临挑战

开发主体是民营企业，企业经营以利润最大化为目标，采取市场化的滚动开发模式。选择该模式主要取决于企业战略布局与市场行情，当市场行情低迷时往往会选择延迟开发或缩小开发规模，导致原有开发计划难以按期执行。但是政府希望CBD开发能尽快完成，市场化滚动开发模式与政府预期存在矛盾。

五　CBD 管理模式的国际经验借鉴

纵观全球 CBD 发展史，政府无疑起到重要作用。各国政府通过立法、规划与税收等手段促进 CBD 发展，但不同地区政府采取的管理模式存在着差异。全球中央商务区各有特色，在管理模式方面各具特色。总体而言，CBD 的建设和发展强调政府引导、市场运作、公众参与。

（一）全球主要 CBD 管理模式

1. 伦敦金融城的"商务区自治"

伦敦是世界金融中心，还是全球最大的黄金与有色金属交易市场，在全球贵金属与大宗商品定价领域具有举足轻重的影响。伦敦金融城是伦敦的行政区之一，在 33 个行政区中面积最小，但拥有完整的行政管理机构，是伦敦市的"城中城"。

伦敦金融城政府架构包括：伦敦金融城市长、参事议事厅、政务议事厅、商业行业公会组织委员会以及由选举产生的市政委员会委员、城市管家等。主要职能基本包括三项：①确定和制定主导产业、发展重点和负面清单；②在公共服务等多方面进行规划管理，为金融服务业发展创造良好的环境，包括医疗、教育、社会服务等；③拥有独立的警察机构与中央刑事法庭，管理泰晤士河口、西斯港、希思罗机场检疫站等重要交通基础设施。

2. 纽约曼哈顿的"政府引导 + 市场运作"

曼哈顿行政面积 57.91 平方公里。地处纽约中心区，区内有著名的百老汇、华尔街、帝国大厦、格林尼治、中央公园、联合国总部、大都会艺术博物馆等。曼哈顿 CBD 位于老城的华尔街，长仅 1.54 公里，面积不足 1 平方公里，这里是全球最重要的金融中心，集中了 1248 家银行业分支机构、4319 家证券分支机构以及 1016 家保险分支机构，金融服务业从业人员高达29 万。

曼哈顿 CBD 形成于 20 世纪 70 年代，其迅速成为世界金融中心一部分归因于 60 年代市政府成立"35 人委员会"。该委员会主要由专家、学者、企业

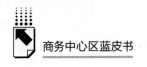

高管、政府管理人员等组成，作为政府咨询机构，负责识别分析曼哈顿 CBD 商业发展、维持金融等现代服务业发展竞争力并提出对策，有效促进了地区经济发展。

3. 东京 CBD 的"多中心并行发展"

东京 CBD 是典型的多中心系统发展模式。该模式的形成并非自发，政府在东京 CBD 的主导作用非常突出，这是东京 CBD 区别于英、美的重要特点。

东京 CBD 最早发端于东京市火车站。由于商务成本逐渐提高、商务环境质量降低与居住人口减少等因素的制约，原有的 CBD 区域发展趋于衰退。为提升东京都 CBD 区域竞争力，日本政府 1997 年制定"区部中心部整治方针"。该计划将东京都 CBD 区域划分为都心、都心周边区域以及都心接近居住区域三个类型并分别进行整治。比如，在 CBD 的核心区大手町、丸之内、有梁町地区，联合公共与民间力量积极参与投资建设，翻新建筑物，使区域发展走向文化、商务等多样化功能；同时将东京 7 个副都心作为具备商务、商业、文化、娱乐、居住等多样化生活功能的区域核心点进行整治，制定相应的"副都心整治规划"。通过各中心的功能特性进行区位定位，极大地推动整个 CBD 系统有序运行，同时发展出多中心并行发展、相互补充的新型管理模式。

4. 新加坡 CBD 的"政府指导 + 公私合作"

新加坡 CBD 位于新加坡的中心区，面积约 6 平方公里。政府也十分重视新加坡 CBD 的发展。1966 年，成立"城市复兴局"，作为新加坡 CBD 建设、发展的指导管理机构，全面负责规划、引导与建设工作。

5. 拉德芳斯 CBD 的"政府调控 + 公私合作"

拉德芳斯 CBD 位于法国首都巴黎市西北部，已经成为欧洲最大商业中心与综合交通枢纽，优美的环境与完善的设施每年吸引 200 万游客观光。

法国政府对拉德芳斯 CBD 建设的作用表现为，开发初期成立商业化开发公司——EPAD。EPAD 一方面与政府保持密切联系，执行政府制定的拉德芳斯 CBD 发展规划，通过多种途径有效控制开发者的建设活动，完善拉德芳斯 CBD 的公共服务能力；另一方面，EPAD 不断参与市场化运作，利用市场机制不断增强自身实力，在土地收购、基建、配套服务建设中具有较大的自主权。

这种模式不仅能保证政府的主导作用，也能发挥市场机制作用，有助于更好地协调政府与居民之间的利益关系。EPAD 运作高效，在交通系统规划、国际级写字楼设计、CBD 基础配套设施建设、城市景观文化、环境美化等方面都取得了显著成绩，被公认为 Sub – CBD 建设典范。

（二）全球主要 CBD 管理模式经验与启示

1. 加强规划引导

如果政府没有做好规划，进行土地、交通设施、公共服务规划等方面基础工作，单凭开发商基于逐利本能进行盲目开发建设，CBD 发展将不具备持续性。因此政府维护 CBD 建设发展的有序和健康十分必要。

2. 明确市场定位

CBD 发展面临客观资源禀赋限制，需要明确市场定位，做好市场细分，走特色化发展的道路。好的市场定位可以帮助 CBD 实现快速发展，维持差异化竞争优势。

3. 营造投资环境

一流的商务环境有助于 CBD 现代服务业的快速发展。而产业集聚、网络信息化建设、公共服务能力提升、社区文化建设等服务能力的加强，能够促进商务环境的改善，带动区域投资者增加。交通基础设施、公共休闲服务、社会教育服务等公共性的基础设施完善，对吸引高素质的人才也有促进作用。营造投资环境，根本上是为人创造更好的投资和生活环境。

4. 重视发挥市场机制作用

无形的市场资源与有形的基础设施、资金等共同构成 CBD 发展的经济内容。企业、信息、资金、人力资源等软环境是 CBD 发展的灵魂。从曼哈顿 CBD、新加坡 CBD 等 CBD 发展历程看，市场在发展早期具有自发性特征。市场既是 CBD 发展的主导力量，也是 CBD 竞争力提升的评判者。市场成熟度与发展水平是检验 CBD 发展水平的重要标志，政府的职责重点在于服务，主要包括提供公共服务、营造良好环境、制定并监督执行规则。

5. 推广公私合作管理模式

CBD 建设终究要由市场的发展水平来决定。拉德芳斯 CBD 的模式，符合

我国当前发展实际，该公私合作的管理模式对我国 CBD 建设有实践的借鉴意义，有一定的推广价值。

六 我国 CBD 管理模式的优化建议

CBD 管理模式的选择本质上是不同主体（政府、市场、部门）的利益协调的关系。CBD 管理模式优化应遵循"政府管理、市场运作、公众参与、利益协调"的原则，发挥市场主体的作用，完善配套政策法规，整合政府管理机构，引入公众参与监督机制，从而提高 CBD 管理的有效性，促进 CBD 的健康和可持续发展。

（一）发挥市场主体作用

市场的主体作用是 CBD 发展的根本。受到历史文化传统等因素影响，我国 CBD 建设发展过程中政策供给处于先导地位，我国 CBD 在规划概念提出后，有效需求的创造应是重点考虑的问题。政府在完成 CBD 规划后不能甩手不管，必须在 CBD 进一步发展方面发挥应尽的职责。在 CBD 建设发展初期，政府是 CBD 资源供给分配的主导者，但是政府不应取代市场自行操作，应通过前期运作积极创造条件发挥市场主体的基础性作用。CBD 前期运作对市场取向具有直接决定作用，进而深刻影响 CBD 功能的形成。政府规划是一柄双刃剑，在资源有限的情况下，政府与市场同时参与资源配置；由于行政力量的强势性，政府规划往往会占据主导地位，造成资源配置在不同区域的非均衡性。因此政府在制定实施 CBD 规划时，不仅应考虑 CBD 所在区域的经济布局与产业分工，同时也应将资源集中问题纳入考察范畴。

（二）完善配套政策法规

完善的法规政策体系是 CBD 管理的依据，也保障了规划实施管理的有效性。法规政策体系侧重于保障城市公共设施与公共利益。政策法规制定的目标是提高 CBD 区域内工作生活的人群服务效率，不仅应吸引"人气"，同时也要留住人。规划理念应正确处理好现实利益需求与长远发展要求的关系，要制定一系列法规保证 CBD 有序、持续、健康发展，也要重视自然环境、人文环境、文化产业等要素的保护，更要重视与周边地区发展协调问题，发挥 CBD 作为区域增长极的辐射带动作用。

（三）整合政府管理机构

大多数地区的中央商务区管理机构成立时间较短，作为政府派出机构，与同级政府部门以及街道职能存在重叠，大多不具有行政审批权，职能分散于区级政府各职能部门。当前管理机构工作以协调性、事务性工作为主，与同级甚至更高层级政府部门的工作对接存在困难，行政职能与效能受到严重制约。因此有必要整合政府管理机构，强化 CBD 管理机构的行政权限，实现 CBD 开发管理一体化，进而提高管理效能。

在政府间合作网络中，很多公共事务涉及面广、内容复杂，需要多个行政辖区政府机构协作共同完成。跨区域政府机构协作行为促使政府间的关系发生转变，由纵向条块状权利划分演变为复杂的扁平化管理体系。我国 CBD 建设中也存在一些特定或阶段性的问题，如城中村改造问题。我国 CBD 开发中各级政府部门权责划分不明晰，具体工作缺乏合适且明确的责任主体，往往会发生各方推卸责任的问题。应积极构建跨区域跨层级间政府协作体系，有助于提高行政效率。

针对中央商务区建设发展中的政府管理问题，笔者提出建立统一的 CBD 管理机构的构想——CBD 综合管理委员会，即首先建立一个由各级政府以及职能部门共同协调的政府机构，然后成立一个既包含政府组织（政府的公共管理协调机构）又有 CBD 开发主体（政府授权的开发公司）的综合管理体系——CBD 管理委员会。争取对中央商务区建设进行高效的政府管理和多部门协调，可及时针对问题进行全力处理，有效保证中央商务区的健康发展。CBD 综合管理委员会的详细组织结构如图 4 所示。

CBD 综合管理委员会是由多级政府共同组建，作为统一领导中央商务区建设工作的协调机构。管委会代表市政府统一行使 CBD 管理职能，负责 CBD 日常管理事务。其主要职能在于实施与监督 CBD 区域总体规划、公共设施开发建设等。负责对具体项目实施监督，定期汇报，确定管理方案。

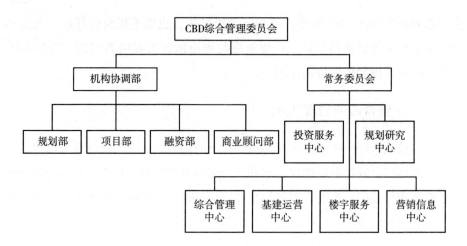

图4 CBD综合管理委员会组织结构

资料来源：根据北京市哲学社会科学CBD发展研究基地提供资料整理。

（四）引入公众参与监督机制

在现代公共管理模式下，建立起公众参与监督机制，通过公众舆论监督规范行政行为，有利于防止行政干预的负面影响。建立完善的行政监督、法律监督、群众监督和舆论监督管理体系，需要充分听取不同社会群体与利益集团，包括专家、开发建设主体和群众的意见，充分保障利益相关者的知情权与参与权，为政府规划管理决策服务。

B.9

CBD 人才聚集现状、影响
因素及对策建议*

侯汉坡 蒋三庚 倪江涛 刘欣 陈洁**

摘　要：

人才是 CBD 的活力之源。作为引领 CBD 经济创新发展的最关键资源，本文重点分析曼哈顿、新宿以及香港中环等国际知名 CBD 吸引高端人才的成功经验和有效做法，创造性地提出将人才分成主导型、辅助型和管理协调型三种类型，并以北京 CBD 作为案例，通过大量的样本数据进行分析，提出了影响 CBD 人才聚集的因素，并就这些影响因素的重要性进行排序。另外，从产业环境、社会环境和人才环境三大方面，对人才聚集的因素进行分析，最后提出了吸引高端人才的具体手段及政策，对我国 CBD 人才发展具有一定的指导意义。

关键词：

CBD　人才聚集　高端人才

---

* 本报告参照了北京恒聚天德城市规划设计研究院、北京市商务中心区管委会、中共北京市朝阳区委组织部、首都经济贸易大学等单位在 2008 年共同完成的"北京 CBD 发展与人才聚集关系研究"、"北京 CBD 人才聚集比较研究"等课题研究成果，同时参考了《北京 CBD 功能区"十二五"时期人才发展规划》部分内容。

** 侯汉坡，北京工商大学副教授，研究方向为区域发展战略、CBD 经济、产业园区经济；蒋三庚，首都经济贸易大学特大城市经济社会发展研究院常务副院长，研究员，研究方向为 CBD 与区域金融；倪江涛，北京恒聚天德城市规划设计研究院规划所所长，研究方向为 CBD、产业园区战略及规划设计；刘欣，北京恒聚天德城市规划设计研究院研究员，研究方向为 CBD、园区规划；陈洁，北京恒聚天德城市规划设计研究院规划所副所长，研究方向为 CBD、老工业基地战略规划。

一 CBD 产业发展及其人才需求分析

（一）CBD 产业发展特征

按照各国 CBD 建设的发展历程，现代 CBD 大多具备一些显著的共性特征。其核心特征之一就是第三产业尤其是专业化中介服务业的高度聚集。商务办公、信息咨询、金融及零售商业活动都是 CBD 内的主要经济活动。众多实力公司将总部机构设立在此。CBD 内商务活动的高度集聚进一步促进了城市资本和功能的集聚。归纳起来，CBD 区域内的产业发展具有以下特征。

1. 国际化程度突出

一个城市的知名度与其 CBD 发达程度呈高度的正相关性，两者互为依托、互为条件。在某种意义上，像纽约的曼哈顿、巴黎的拉德芳斯、香港的中环已经成为区域国际化的代名词。作为国际都市经济功能的核心构成，CBD 越来越成为所在国经济实力和国际竞争力的象征和标志，成为区域性乃至全球性经济控制中心的载体和象征，如崛起的陆家嘴 CBD，已经成为"中国改革开放的象征，上海现代化建设的缩影"。

2. 高端化特征明显

现代服务业的快速发展是支撑全球服务业持续发展的主要动力。以北京 CBD 为例，区内聚集了大量的金融保险、商务服务等高端的生产性服务业，入驻 CBD 区域的 4470 家法人单位中，世界 500 强企业占到了 102 家，以区域总部为主的商务服务业占企业总数的 38.14%，显示出高端化的发展特征。

3. 专业化特色凸显

依托得天独厚的涉外资源，CBD 借势发展国际化现代服务业，专业化、特色化突出。以北京 CBD 为例，这里是全市金融机构数量最多、种类最全的区域，金融业作为特色产业发展良好。除了金融产业外，CBD 区域内还集聚了大量的文化创意产业，文化创意产业法人单位占全部法人单位的 30.72%，成为 CBD 发展的经济增长点。

（二）CBD 人才需求指向

在 CBD 发展聚集的形成过程中，必然伴随着不同种类人才在不同产业发展阶段的聚集。CBD 作为彼此关联的公司、专业化供货商、服务供应商和相关产业的企业，政府和大学、规则制定机构、智囊团、职业培训机构以及行业协会等其他相关机构的地理聚集体，其中蕴含着巨大的人才聚集效应。

CBD 既是产业高端功能集聚区，也是城市的有机组成部分。根据 CBD 社会建设、产业发展与人才聚集的互促发展关系，其经济和社会发展迫切需要主导产业型人才，也需要辅助服务型人才和管理协调型人才，三者构成一个人才体系，主导产业型人才是 CBD 产业发展的核心动力，辅助服务型人才和管理协调型人才是发挥区域服务能力和管理协调能力、保障主导产业人才有效发挥其自身价值的关键，三者有机互补，不可偏颇。

1. 主导产业型人才

商务功能是 CBD 的核心和主导功能，但与其他一般性商务区或办公区相比，CBD 的高端商务占据较大的比重，现代服务业十分发达。CBD 能高效集约和便捷地提供包括商业、旅游、购物、娱乐、文化乃至行政、法律等多方面的服务，各种专业性强、智力密集的高端服务业在 CBD 内布局，商务的高端特征明显，从人才角度看主要集中在如下四个方面。

一是国际金融类人才。从世界各个知名 CBD 来看，CBD 通常是外资金融机构的聚集地。对金融精算师、金融理财师、注册金融分析师、证券分析师、产业核赔员、寿险储备员等高级专业人才需求迫切。

二是文化创意类人才。文化创意产业成为继金融产业之后各地 CBD 的又一支柱产业。从伦敦、韩国等国家文化产业发展过程的经验看，文艺演出管理人才、影视节目制作和交易人才、出版发行和版权贸易人才、动漫和网络游戏制作人才、艺术品创作及交易管理人才、手机电影和网络媒体制作人才等都是需求热点。

三是时尚商业类人才。零售商业对于 CBD 现代服务业的发展仍然具有基础性作用。无论是纽约曼哈顿，还是北京 CBD，无论是香港中环，还是上海陆家嘴，商业零售百货巨擘纷纷在 CBD 区域抢滩，零售商业类人才特别是高端零售商业类营销人才和高端零售商业类管理人才在 CBD 非常抢手。同时，CBD 作为引领时尚和潮流的区域，对于时尚类人才和新兴电子商务人才也有大量需求。

四是商务服务类人才。随着 CBD 规模的壮大，CBD 业务需求日趋专业化，会计、法律、猎头、房产、留学、企管、物业等中介服务类人才面临着大量的个性化需求，如杭州武林 CBD 租赁和商务服务业类人才大约占 15%，北京 CBD 租赁和商务服务业类人才已经占到 28.5%。

2. 辅助服务型人才

CBD 人才体系中对辅助服务人才有着特殊的需求，要求其能够提供多样的服务内容、优质的服务水平和无忧的服务保障。如何更好地服务于支柱产业人才的发展，是辅助服务人才的价值所在。产业自身存在着餐饮、医疗、健身、教育、培训、理财、职业培训、休闲娱乐、物业管理等诸多潜在需求。辅助人才在其中发挥着不可小觑的作用，巩固着产业人才价值的发挥、生活质量的提升。

3. 管理协调型人才

CBD 区域内往往聚集了大量的跨国企业，同时拥有成百上千家国内知名企业和快速成长型企业，相关企业有商务服务、文化传媒、国际金融等高端产业人才需求。在 CBD 区域内做好针对众多企业的管理服务工作，塑造良好的区域发展环境和区域形象，推进区域社会建设，规划和引导相关产业聚集发展，解决企业发展过程中的实际问题，为产业发展保驾护航，为高素质人才发展提供有效的支持和服务，获得区域最大的经济贡献，都急需高素质、具有国际化视野的管理协调型人才。

（三）CBD 人才发展特征

环境、资源、产业、人文等作为 CBD 高端人才聚集的影响因素，具有普遍适用性。如上所述，与 CBD 区域的产业发展具有国际化程度高、高端化发展、专业化特色突出等"三高"特征相对应，CBD 区域内人才的发展特征也具备高端性，具体体现在如下三点。

1. 具备国际视野

由于 CBD 日益渗透的国际化氛围和外商聚集特色，在 CBD 工作的人才大多经过国际性公司、国际化氛围的培养和历练。CBD 区域内的人才在工作选择、生活考虑和创业筹划时，更多地从国际发展的大趋势方面进行安排，具有国际性的发展视野。

2. 知识层次较高

这类人才大多有较高的知识层次和需求层次。选择机会多，自我意识强，重视个体的独立性，对通过从事创造性工作来体现自我价值具有较高期望。他们有多渠道获取信息的条件和能力，随时捕捉可能的发展机会。

3. 具有专业特长和突出的创新能力

这类人才往往具有专业特长、突出的创新能力和更加强烈的成就感。他们更在意对自身价值的实现，并期望得到社会的尊重与承认。他们更热衷于从事挑战性工作，以之作为实现自我价值的方式。

CBD 区域人才发展特征与产业特征的关系，可以用图 1 所示的互动关系表示。

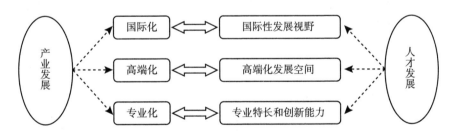

图 1　CBD 区域人才发展特征与产业特征的关系

二　国际 CBD 人才聚集的经验借鉴

纵观国内外 CBD 的发展过程不难发现，CBD 人才聚集伴随着 CBD 产业集聚的发展之中，同时，人才的高度聚集又强有力地促进了 CBD 的发展。但各地 CBD 产业发展和人才聚集的状况会因各地 CBD 不同的特点呈现不同的特

征。下面，以曼哈顿 CBD、新宿 CBD、香港 CBD 等典型 CBD 为对象，进行 CBD 产业发展和人才聚集比较分析。

（一）国际 CBD 人才聚集概况

1. 曼哈顿 CBD 人才聚集概况

20 世纪 20 年代，在全球经济竞争中，纽约取代伦敦正式成为世界金融和贸易中心。在约 23 平方公里的曼哈顿内集中了数百座摩天大楼，吸引了众多大型跨国公司，提供了上百万个就业职位。其中，金融业集中在曼哈顿南端的华尔街，集中了 3000 多家金融和保险公司，1000 多家外国银行和办事处，吸引了大量的人才。在曼哈顿 CBD 从事金融工作的员工，最多时达到 40 多万人。

曼哈顿 CBD 产业发展过程中其金融商务人才高度集聚的原因如下。

一是优越的地理位置，利于人才交流。处于依德森河和哈德森交界处的曼哈顿，是美国的航运中心和运输交通枢纽，因此人才来往变得非常便利。

二是制定人才培训计划，保持人才活力。政府按计划不断培训本地人才，同时，也充分发挥移民的才能。在纽约的人口构成中，美国白人占 80%，华人占 10%，西班牙人占 8%，剩下的 2% 是其他少数民族。一个具有多民族多种族特征的美国社会，使得曼哈顿 CBD 具有并能够保持足够的人才创造力和活力。

三是努力创造机会，重视员工生活。2003 年，曼哈顿区区长 C. 弗吉尼亚·菲尔兹提出，要努力通过计划来创造机会，组建更多的投资，努力吸引和留住区内公司。并通过相关措施和优惠政策引导促进相关公司将重建居民区作为自身业务的一部分。通过努力，不断为区内公司创造一个更好的人居环境。

四是产业融合发展，彰显文化品位。人才在曼哈顿 CBD 的高度聚集与纽约作为国际性文化都市息息相关。耳熟能详的华尔街、百老汇、中央公园、大都会艺术博览馆、联合国总部等建筑均汇集于此，吸引着全球游客驻足。纽约的旅游产业蒸蒸日上，年平均接待游客 800 万人次。书籍出版业，曼哈顿占到 70%，美国最大的报刊出版社的总部和广播公司也坐落在此。曼哈顿独特的文化品位和娱乐环境以其独有的魅力，吸引着各种人才的聚集。

2. 新宿 CBD 人才聚集概况

新宿是日本东京的经济发展重心所在地，与曼哈顿 CBD 类似的是，也吸引了大量的证券、银行、保险等金融公司和跨国公司总部以及东京都政府等一大批政府机构的入驻。除此之外，还吸引着众多的现代服务业和零售业在新宿聚集，形成 CBD 的核心商业区。与曼哈顿 CBD 不同的是，新宿 CBD 核心商业区内零售商业人才大量聚集。出现这种情况与新宿 CBD 的产业发展状况密切相关。

一是零售商业人才聚集特色浓郁。重商业的新宿 CBD，以零售商业最为突出，相关零售商业人才高度聚集，人才市场高度发达。而形成这种现象和日本人口密集、地域狭小密切相关。

二是城市建设充分考虑方便人的工作和生活。通过交通格局区分，新宿 CBD 的商业聚集地形成车站周边区、街区、住宅区、道路区等地区。一方面，这种商业聚集方式是政府强力规划的结果，另一方面也充分考虑到了人才的生活便利程度和活动地域。发达的地铁和公交体系，促进着新宿 CBD 区域人才工作和生活。

3. 香港 CBD 人才聚集概况

香港成为国际金融中心的一个重要原因就在于其拥有大量聚集的专业人才。香港能提供会计师、律师、精算师、经济师、系统分析师、管理顾问等各类专业人才，完善而广泛的人才体系为香港中环 CBD 经济的发展提供有力支撑。

香港 CBD 产业繁荣和人才发展的特色如下。

一是产业发展带动人才聚集。香港中环 CBD 北临维多利亚港，航运业是产业发展的龙头。1843 年香港就已经形成 12 家大商行，并沿中环海岸建立了货仓，灯笼洲的商店向西发展，在今天的皇后大道形成了商业区。随着时间的推进，香港商业、工业、运输业、建筑业、旅馆业、金融业等行业不断建立、发展与繁荣。与之相对应，各类型专业人才聚集于此。

二是人才发展融合中西方文化。香港大多数从业人员熟悉西方市场，熟悉中西方文化。香港在回归后成为中国和世界经济的连接点。通晓中外贸易特点和中西方文化，使香港中环 CBD 人才具有极强的竞争力。

三是人才培养未雨绸缪。面对西方市场的激烈竞争，香港中环 CBD 下大

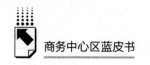

力气培训、吸引相关人才。进行系统培训，提升人才素质；发挥产学研优势，建立人才储备。

（二）国际 CBD 聚集人才的经验启示

纵览国内外 CBD 的发展过程，可以发现，各地 CBD 产业发展和人才聚集的状况呈现不同的特点。对纽约曼哈顿 CBD、东京新宿 CBD、香港中环 CBD 进行比较分析，得到如下四方面的经验和启示。

1. 完善产业链条，带动人才聚集

全球著名的 CBD 普遍具有优越的区位优势，依托地缘优势发展龙头产业、完善产业链条成为突出特征，产业体系的高度发展为这些 CBD 聚集了大量高端人才。例如，香港东连珠江口，南濒南海，西望澳门珠海，北接深圳，拥有深水良港，扼太平洋和印度洋的交通要冲。香港中环 CBD 北临维多利亚港，位于香港岛中部的核心区域，地理位置极为优越。因此，香港 CBD 以航运业作为产业龙头持续发展，并随之发展现代商业与服务业。

2. 发展商业文化，彰显文化品位

曼哈顿 CBD 的综合文化优势，香港东西方文化交融的特点，以及新宿浓郁的零售商业文化特征都是这方面的典型代表。其中以纽约曼哈顿 CBD 最为突出，它借助金融业等生产性服务业的迅速发展和产业融合，充分发挥纽约作为国际性文化都市的优势，高度聚集全球各地的专业人才。由于北京的历史文化特点和国家政治文化中心的地位，这一点对于北京 CBD 而言具有很强的可参照性。

3. 加强基础设施建设，便利人才工作生活

完善基础设施，不仅要从吸引企业投资入驻的角度来考虑，而且要关联高端人才生活工作发展的需要。曼哈顿 CBD 是大力创造机会、重视人才生活的突出典范。曼哈顿相关发展计划，要求通过规划努力吸收和留住区域内的公司，为公司及其员工创造一个良好的、和谐的人居环境。

4. 明确人才指向，加大对人才的培训、激励和储备

高端人才发展是产业繁荣的基础，各地 CBD 都非常重视对人才的吸引、培训、激励和储备。通过推出针对人才培养和发展的各项计划，全面提升人才素质。通过筹办各种人才交流联谊会、解决人才子女教育问题等留住优秀人才。

通过对国内外 CBD 聚集人才的经验进行分析可以看到，CBD 区域聚集人才需要重点考虑的因素，包括产业氛围、文化气息、环境设施、发展空间、交流培训、福利待遇、人才储备等。

三 国内 CBD 人才聚集情况及其影响因素

近年来，随着 CBD 在我国竞相发展，各类专业人才尤其是商务人才也开始逐渐聚集。但总体来看，我国 CBD 区域专业人才仍然表现为总量不足、结构失衡、缺乏国际化专业人才的现实状态。这和我国 CBD 起步较晚、人才吸引和服务机制不完善、区域发展不均衡有很大关系。对北京、上海、广州等一线城市而言，人才聚集状态相对乐观。

以北京 CBD 为例，北京 CBD 是我国起步最早、当前比较成熟的典范。国际化的区位、便捷完善的基础设施等环境因素，金融资源、文化传媒资源等因素，以及产业需求因素和消费时尚、文化氛围、政府管理方式和水平等人文因素，不同程度地影响着 CBD 区域的产业聚集和人才发展。本部分以北京 CBD 为例，探讨影响 CBD 高端人才聚集的因素。

在研究中我们把上述因素归纳为人才政策、经济政策、社会环境、落户政策、国际化气息、基础设施完善以及其他共七个方面，进行了实地调研。根据调研数据，进行 CBD 吸引人才的因素重要性排序，如表 1 所示。

表 1　吸引人才因素重要性排序

单位：%

重要性排序	影响因素　企业类别	金融	文化创意	商务服务	其他	汇总
1	国际化气息	23.06	20.67	19.30	15.91	78.94
2	社会环境	19.18	20.16	23.06	15.63	78.03
3	经济政策	19.63	24.81	16.35	14.20	75.00
4	基础设施	21.02	14.99	20.64	11.87	68.53
5	人才政策	22.16	12.92	13.14	15.98	64.20
6	在北京落户	7.10	5.68	6.70	6.16	25.65
7	其他	4.11	0.78	0.80	3.98	9.67

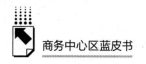

根据上述分析，我们认为，影响 CBD 区域人才聚集的因素包括产业环境因素、社会环境因素和人才环境因素三个方面。

（一）产业环境因素

产业结构、产业布局和产业发展状况等产业发展方面的因素决定着区域内人才资源的结构和人才聚集的程度。区域产业发展决定着区域人才的需求数量、需求结构和使用效率，在促进区域人才总量增长的同时，也促进了人才素质的提高。

该因素细分为产业政策因素、产业导向因素和产业发展氛围因素。

1. 产业政策因素

该因素是影响产业发展环境的潜在因素。北京 CBD 产业的迅速发展，和针对性产业政策是分不开的。北京 CBD 管委会积极落实《朝阳区促进北京 CBD 金融业发展的若干措施》、《北京商务中心区〈关于促进首都金融产业发展的意见〉实施意见》、《朝阳区关于促进楼宇经济发展的奖励办法》等一系列政策，极大地吸引了精英人才的聚集。数据显示，北京 CBD 产业经济政策对人才的吸引度达到 75%，凸显政策的良好社会经济效果。

2. 产业导向因素

建立积极的产业发展引导政策和激励机制，充分调动各方面积极性，强力推进产业快速发展，被实践证明是推动区域产业发展行之有效的重要举措。CBD 也不例外。CBD 定位为发展以现代金融、文化创意和商务服务业为主的现代服务业，对人才形成了一定的指向，10 年来吸引了大量的现代服务业企业入驻 CBD，并带动了大量专业化的人才聚集，这一因素应该说是影响产业发展环境的一个直接因素。

3. 产业发展氛围因素

CBD 渐渐成为一个"影响世界的地方"，区域外资企业密度居于全市首位。结合调研结果看，78.94% 的调研对象对 CBD 的国际化气息非常认可。拥有国际化商务特色的产业氛围已经成为 CBD 发展的一个基础因素。

（二）社会环境因素

社会环境因素对人才聚集也有深刻的影响，主要表现为经济发展环境、企业发展状况以及基础设施发展水平。

1. 经济发展环境

区域经济发展有活力、有潜力，是衡量社会环境的一个重要因素。对于北京 CBD 而言，上一级政府朝阳区、北京市的经济发展环境对其影响至关重要。

2. 企业发展状况

企业是社会经济发展的细胞，也是承载人才的重要平台。企业的发展状况直接影响人才的聚集水平。在调查对象关于企业发展状况和前景的调查中，有35.29%表示"比较满意"，22.22%认为"稍许满意"，"不满意"或"稍不满意"者仅占2.83%，如图2所示。可见，调查对象对其各自企业发展前景很乐观。这一方面说明 CBD 区域内的企业大多属于朝阳产业，其发展状况良好，后劲很足；另一方面也说明 CBD 区域企业发展态势良好。

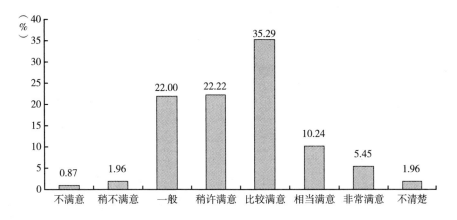

图2 企业发展状况和前景评价分析

3. 基础设施发展水平

基础设施发展水平是区域为基本社会生产和居民生活提供公共服务的物质工程设施，是保障区域正常稳定发展的基本公共服务能力。在一定程度上也是影响人才的必要因素。基础设施完善、足够智能、能够提高劳动效率等，对企业的发展、高级人才流动的影响日渐显现。调研结果显示，68.53%的人才对CBD 基础设施发展水平较为满意。

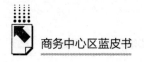

（三）人才环境因素

这里谈到的因素是直接影响人才发展的因素，通常与人才市场发展水平、人才政策以及人才发展环境三个因素相关。

1. 人才市场发展水平

人才市场是配置人才资源的主渠道，人才市场发展水平也是人才认识区域发展水平的重要窗口之一，直接影响人才的引进和聚集。调研结果显示51%的人才对人才市场环境较为满意，这也是对区域发展的肯定。

2. 人才政策

吸纳人才需要有硬性、刚性的政策支撑。这一因素主要包括人才的引进、服务权益、激励机制、人才资源配置等若干方面。从调查结果看，满意度水平总体不高，这表明CBD还需要不断完善人才政策。

3. 人才发展环境因素

这一因素主要是针对人才在CBD可持续发展的相关环节，通常包括人才技能培训、人才职称服务、人才发展测评等若干方面。

在对调查对象不同年龄段"建立培训基地，培训CBD专业人才以及为CBD员工的技术职称考试等提供培训"的调研时发现，35岁及以下者中有30.09%将其作为政府应第一侧重的服务，而35岁及以上者这一比例为17.59%。对于这一项目的汇总百分比，35岁及以下者为79.66%，35岁及以上者为62.96%。相比中年人才，中青年人才正处于事业的上升期，需要不断"充电"提高自身能力，以面临更加激烈的竞争，因而培训需求更加强烈，其主动参加各种培训，也希望政府能够尽可能提供培训的便利。

（四）分析结论

总的来看，北京CBD人才聚集的影响因素可以归纳为如表2所示。

1. 经济、社会等因素多角度影响CBD的人才聚集

根据CBD实际状况和资料分析可以看出，社会环境、产业环境以及人才环境是三大关键因素，在这三大因素之下还包括经济发展状况、企业发展环

表2　影响北京 CBD 区域人才聚集的因素分类

序号	分类	影响因素细分指标	影响程度
1	产业环境因素	产业政策	潜在因素
		产业导向	直接因素
		产业发展氛围	基础因素
2	社会环境因素	基础设施	基础因素
		经济环境	直接因素
		企业状况	首要因素
3	人才环境因素	人才市场环境	直接因素
		人才政策环境	潜在因素
		人才发展环境	基础因素

境、社会文化发展、人才市场状况、人才发展政策环境以及生活环境状况等六类关键因子，是重要影响因素。

本课题针对上述关键因子，提出了衡量人才综合环境满意度的指标体系，包括了6大维度以及28个细分选项，通过发放500份企业人才问卷以及2000份企业负责人问卷，成功整理回收487份、1529份有效结果，从而获得第一手资料。结果发现，人才环境要素针对企业 HR 和企业人才有不同影响（见图3）。

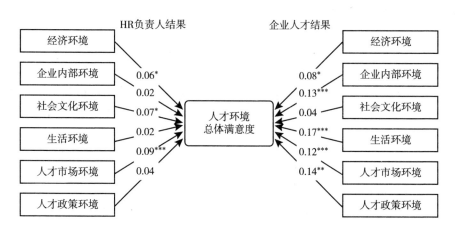

图3　人才环境要素对企业 HR 负责人和企业人才的不同影响

注：以上数值表示各方面环境对人才环境总体评价的影响系数，分别来自 HR 负责人和企业人才的数据结果。"*"、"**"、"***"分别表示不同的统计显著性程度（0.10 水平、0.05 水平和 0.01 水平），分别对应边缘显著、显著、非常显著。

结果显示六大环境要素中，对于企业 HR 负责人，影响其总体满意度的关键因素依次是人才市场环境、社会文化环境和经济环境；而对企业人才影响显著的关键因素为生活环境、人才政策环境、企业内部环境，其次是人才市场以及经济宏观环境，社会文化环境影响并不显著。总体上可以认为，数据结果从实证的角度，验证了这六大环境因素是影响北京 CBD 人才聚集的关键因素。

2. 国际化气息成为吸引人才的首要因素，户口关注度不高

针对上述因素，课题组在问卷调查中，从多方面分析各种因素对人才来 CBD 工作发展的影响水平，具体见表1。

表1 结果表明，CBD 的国际化气息已成为吸引人才的首要影响因素，尤其是对金融产业人才；社会环境、经济政策、基础设施、人才政策等因素影响重要，是否在北京落户则重要性不大。

3. CBD 人才具有较为强烈的公共服务需求

针对"期望政府提供的服务"问题的调研显示出区域人才对公共服务的需求。

（1）"信息沟通"是政府服务的第一要位。不仅是 CBD 管委会的职责所在，也为朝阳区政府所重视。在调查对象对"朝阳区政府对 CBD 企业及员工的服务应侧重于哪些方面"问题的回答中，有 31.04% 的被访者选择了"举办专场活动，大力宣传推介并促进与国内外企业和团体的信息沟通"。

（2）培训需求较高，尤其是中青年人才。调研结果显示，相比中年人才，中青年人才的培训需求更加强烈，他们正处于事业的上升期，需要不断"充电"提高自身能力，以面临更加激烈的竞争，因而主动参加各种培训，也希望政府为其提供这方面的便利。

（3）户籍、工作居住证、出入境签证等方面仍存在一定程度需求。在"期望政府提供的服务"方面，21.06% 的被访者对户籍问题较为关注。因为户籍对出入境签证、子女上学等方面仍发挥重要作用。

4. CBD 人才环境满意度评价结果喜忧参半

调查结果显示，企业人才与企业 HR 负责人对于区域人才环境各方面的评价既有较为满意之处，也有满意度相对较低的地方，可以作为今后改进的方向。

调查结果显示各方面对人才环境评价趋于一致，从 487 位企业人才的反馈来看结果如下。

（1）企业人才对经济环境和社会文化环境的满意度较高。数据表明，对于经济环境总体，近六成企业人才表示较为满意，累计满意比例为 65.37%。在收入水平上，企业人才整体表示满意。其中，金融业人才对收入水平表示满意的比例最高，为 56.25%；文化传媒业次之，为 49.04%；现代商务业最低，为 40.91%。同时，企业人才对 CBD 区域内企业发展前景表示乐观，满意比例达到 73.5%，这表明 CBD 企业的整体状况良好，赢得了企业人才特别是中高级人才的青睐。

（2）CBD 的社会文化环境总体令人满意。在针对企业人才对社会文化环境的调查中，"区域治安和稳定状况"和"区域的道德风气"两项的满意度较高，总体满意度分别为 69.3% 和 65.4%，回答"比较满意"者的比例分别达到 35.71% 和 30.37%；对"文化艺术氛围和居民的文化素养"的总体满意度也达到了 63%。可见，CBD 区域内治安、道德风气、文化艺术氛围、居民整体素质等社会环境较好，区域内人才对此比较满意。

（3）企业人才对生活环境的满意度不高。调查结果表明，住房条件和交通状况成为 CBD 区域内两大难题。企业人才对住房条件和交通状况的满意度分别只达到 38.7% 和 26.7%。住房问题主要在于 CBD 区域房价高，在 CBD 内工作的许多高端人才很难就近解决住房问题，而导致不甚满意。交通方面更有高达 31.2% 的企业人才认为"不满意"，18.18% 表示"稍不满意"，在所有调查项目中其满意度最低。另外，子女入学、医疗服务等保障性措施还有待加强。企业人才对医疗服务的总体满意比例为 44.7%。对子女入学问题，回答满意比例仅占 29.8%。

（4）人才市场环境和人才政策环境有待提升。在人才市场环境方面，企业人才对"区域范围内人才中介机构的服务质量"的满意比例仅为 37.0%；关于"政府人才机构（人才中心/职介中心）效率"的满意度基本与此持平，为 38.6%。说明本区域人才中介机构的服务质量和政府人才机构的服务效率都需要进一步提高。

人才政策方面，企业人才对人才引进、人才激励、人才流动、人才优化配置、人才权益保障以及人才开发费用支持等各方面政策的总体满意度均在40%左右，选择"一般"的比例则都超过30%。更值得注意的是，在人才政策相关调查内容上选择"不清楚"的比例明显高于其他方面，均为20%左右。这说明政府对人才政策的宣传力度明显不足，以致相当多区域的人才对人才政策所知甚少或完全不了解。这既阻碍了人才政策的贯彻实施，又影响了政府在人才政策服务上留给区域内人才的印象，应引起足够重视。

四　促进国内 CBD 人才聚集的对策建议

北京 CBD 的人才聚集状况，是我国 CBD 人才发展的一个集中缩影。CBD 区域的竞争，将聚焦于高端人才的竞争。对我国 CBD 而言，加强人才工作十分紧迫，意义重大。下一步，需要通过宏观调控、人才规划，从产业规划、基础设施、社会发展以及人才政策、人才市场服务等多方面进行协调推进，对区域产业氛围加以引导和宣传，为人才聚集营造良好环境。

（一）制定 CBD 人才聚集规划，建立人才环境监测体系

根据人才扩张战略的要求，依据 CBD 产业发展规划研究制定 CBD 人才聚集规划，明确 CBD 不同发展阶段的人才聚集战略和重点产业人才的聚集目标与方向。建立人才环境监测体系，包括：编制 CBD 国际化人才和重点产业人才发展指数，每半年统计和公布指数变化情况，定期对 CBD 区域人才变化和需求情况进行量化分析，定期向社会发布各类人才需求情况，形成人才聚集导向；以服务外包方式委托专业调查机构，定期开展人才满意度专题调研，对政策和环境情况进行评估反馈，及时进行调整改进。

（二）完善 CBD 人才工作格局，加强区域人才统筹

加强区域人才工作的统筹和协调，建立区域工商、税务、统计、公安、街道、工商联等单位参加的联席会议制度，共同研究推进区域人才工作。积极探索人才工作与党建工作统筹推进的新方式，结合楼宇党建等工作形式开展人才

工作，在党建中聚人才，以聚人才促党建。进一步发挥好 CBD 区域工、青、妇组织和 CBD 各商会、协会等组织联系人才、服务人才的优势，广泛联系和凝聚人才。

（三）优化人才发展环境，增强高端人才吸引力

针对 CBD 存在的具体问题，在人才政策、人才市场服务、公共培训、生活环境等方面加以改进。

1. 加强政策宣传，推动政策优化，完善人才服务公共信息平台

加大人才政策宣传力度，推进上级政府在人才引进、配置、激励、流动、人才开发经费、人才合法权益保障等方面的支持政策的优化，配合做好相关落实工作，减少在户口引进、职称评定、办理工作居住证、出入境签证、子女入学等方面给人才带来的不便。建立人才公共信息服务平台，进一步整合 CBD 国际人才港、CBD 网站等公共信息网络资源，围绕人才创业、工作、培训、生活等环节，提供政策咨询、人才需求、人才培训、职称评定、管理咨询以及餐饮、娱乐、健身、购物等公共信息服务。

2. 发挥政府主导作用，建立国际人力资源交流平台，完善人才市场服务体系

充分发挥政府所属人力资源机构的权威性和公信力，建立健全人力资源中介组织联盟，通过开展人才中介机构沙龙活动，举办年度 CBD 人才发展论坛、CBD 高端职业经理沙龙等方式，组织好 CBD 区域内人力资源中介机构的沟通交流，研讨人力资源开发的方法和途径，引导和规范人力资源中介机构健康发展，提高人才市场服务的质量与效率，为 CBD 高端人才的优化配置与流动形成良好的服务支撑。

3. 整合社会资源，创建 CBD 人才公共培训平台

整合政府所属人才机构的培训资源，有偿使用社会培训机构，充分利用 CBD 区域内的公共培训设施和场所，创建面向企业中青年人才和社会工作人才的公共培训体系。为区域内优秀中青年人才提供国际经济、贸易、文化、交流和国际规则等培训，加快国际化人才培养，以国际化人才促进区域国际化。探索建立人才培训新机制，以纳税大户奖励为基础，设立 CBD 人才培训

基金，根据企业纳税贡献情况，每年从税收中返还一定比例，用于企业人才培训培养、人力资源管理咨询、人才招聘引进等，促进人才成长和企业发展。

4. 改善交通状况，推进商业医疗服务体系建设，完善区域基础教育条件，便利人才工作生活

加快 CBD 道路规划的实施力度，打造智能交通系统，如实行点对点商务班车开行制度等，降低人才的交通和办公成本；促进商业医疗机构来区域发展，或者协调相关部门与医疗机构，在 CBD 区域周边增设涉外医院或分院，解决看病难护理难的现实问题；基础教育环境方面，加大资金投入，加强对教育人才的培养和引进，改善 CBD 基础教育条件，解决区域人才在子女上学方面的后顾之忧。

（四）突出区域优势宣传，营造良好人才氛围

通过各种宣传渠道，大力宣传 CBD 的产业氛围、国际化气息、商业文化、职业发展空间与社会文化艺术氛围，以及本区域在经济可持续发展与前景、道德风气、社会治安、消费环境等方面的优势和便利，提高人才的发展预期，同时加大人才开发投入，吸引全球人才来 CBD 发展。

在 CBD 区域内，充分结合 CBD 高端人才的工作生活规律，加强对网络等新媒体以及 CBD 商务班车等移动宣传平台的充分利用，并可考虑创设 CBD 人才刊物，以及利用一些高品位、国际化的户外宣传载体等，构建高覆盖度的宣传网络，加强对 CBD 人才工作、人才典型等的宣传，打造尊敬人才的环境氛围。

参考文献

蒋三庚：《著名 CBD 现代服务业人才聚集借鉴》，《北京工商大学学报（社会科学版）》2010 年第 4 期。

孙其军、王詠：《北京 CBD 人才聚集的影响因素及对策研究》，《人口与经济》2008 年第 5 期。

张杰、蒋三庚:《中央商务区(CBD)人才聚集因素分析:产业发展与对策建议》,《首都经济贸易大学学报》2009 年第 2 期。

丁凯、菲尔兹:《曼哈顿指点北京 CBD》,《经济观察报》2003 年 10 月 20 日。

李蕊、张弘、伍旭川:《美国曼哈顿金融业的发展及其对北京 CBD 的借鉴》,《河南金融管理干部学院学报》2006 年第 5 期。

中国实践篇

China's Practice

B.10

北京 CBD：建设实践与经验

北京商务中心区管委会*

摘　要：

北京 CBD 自 2000 年开始建设以来，经过十几年的发展，在硬件设施、产业发展、平台建设、人文环境、对外交流、管理服务等方面均取得显著成就。公共服务便捷高效，高端产业聚集发展，人文环境兼容并包，对外交流日益广泛，辐射效应日益增强，已经成为在全球具有一定影响力的商务中心区。北京 CBD 的建设实践与经验表明要以政府的规划指导把控 CBD 的航向，以功能的复合化丰富 CBD 的内涵，以紧密衔接的产业链强化 CBD 的实力，以网络化交通组织提升 CBD 的效率，以多元化的创新引领 CBD 的发展，以和谐的人文环境激发 CBD 的活力，以现代化的管理推动 CBD 持续快速健康发展。

---

* 北京商务中心区管委会是北京市政府在北京商务中心区设立的行政管理机构，代表北京市政府统一行使北京商务中心区的开发建设和管理职能。

关键词：

CBD　规划建设　产业链

CBD（Central Business District）是城市经济的核心载体，对引领城市经济发展特别是现代服务业的发展具有举足轻重的作用。北京 CBD 始建于 2000 年，经过十几年的发展，在硬件设施、产业发展、平台建设、人文环境、对外交流、管理服务等方面均取得令人瞩目的显著成就。公共服务便捷高效，高端产业聚集发展，人文环境兼容并包，对外交流日益广泛，辐射效应日益增强，已经成为在全球具有一定影响力的商务中心区。

一　发展脉络

自 1992 年北京市政府在当时的城市总体规划中首次提出设立"北京商务中心区"的建设构想以来，北京 CBD 经历了自发成长、政府推动、产业升级和空间拓展（即 CBD 东扩）的发展历程。

（一）规划提出，区域自发成长

1992 年，北京市政府在《北京城市总体规划（1991～2010 年）》中提出建设北京商务中心区（CBD）的构想，并对其选址做了研究和论证。在综合考虑北京城市特点、古都传统风貌保护要求、选址的地域环境和交通条件的基础上，确定了北京商务中心区的建设范围。1993 年 10 月，国务院正式批准了这一规划。1993～2000 年的规划论证阶段，在 CBD 的区位选择上，北京市曾先后提出过五个方案，即王府井、前门外、建国门外、西二环、南四环。经过分析比较和综合评估，最终决定在朝阳门至建国门、东二环至东三环之间建设北京市的商务中心区。建设北京 CBD 作为北京城市发展战略的重要构成得以确定。

1999 年，《北京市区中心地区控制性详细规划》制定出台，确定北京商务中心区的范围为：西起东大桥路，东至西大望路，南起通惠河，北至朝阳路

（三环路以西到关东店北街）之间约3.99平方公里的区域（见图1）。2000年，"CBD"这一概念首次在北京朝阳国际商务节上成功推出。2001年，《北京商务中心区控制性详细规划》出台，规划CBD的总体建筑体量为1050万平方米，其中，50%为商务办公设施（包括写字楼和酒店），25%为居住设施（以公寓为主），25%为商业及其他配套设施。

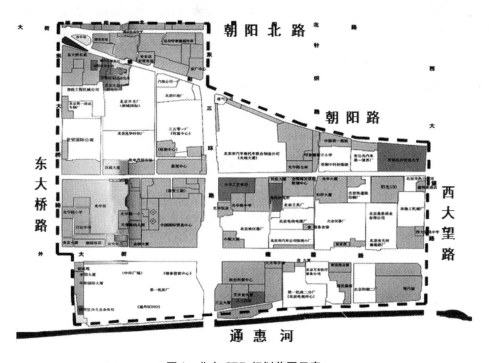

图1　北京CBD规划范围示意

在这一阶段，北京CBD基本上处于一种自发成长的状态，如京广中心、嘉里中心、汉威大厦、燕莎购物中心、赛特购物中心、蓝岛大厦、贵友大厦等商业办公设施兴建，逐步形成以商业办公集聚为特征的商务中心区，商务办公设施达到一定规模，初具商务中心区雏形。

（二）政府主导，全面推进建设

2000年以来，商务中心区进入政府主导发展的阶段，全面推进了建设发展速度。2000年12月至2001年3月，为确保规划建设的高起点，北京CBD

面向国际公开征集规划方案，邀请德国 GMP 事务所、美国 SOM 事务所、日本都市环境研究所、荷兰高柏伙伴事务所、美国 JOHNSON FAIN PARTNERS 公司、北京城市规划设计研究院、上海城市规划设计研究院等国内外著名的规划设计单位参加规划招标征集活动，统筹安排商务中心区的土地开发、基础设施建设、整体风貌设计和环境形象塑造。规划征集活动结束后，北京商务中心区对规划设计方案进行了综合，出台了《北京商务中心区规划综合方案》。

《北京商务中心区规划综合方案》根据商务中心区所在地域的基础条件，结合北京的城市特点，提出在满足商务中心区所需的商务办公功能及其设施建设之外，增加居住、文化、娱乐、休闲、科技等其他功能，建设 24 小时充满人文活力的社区。其具体举措如下。

（1）通过建设混合型功能区，使北京 CBD 的功能更加多元和丰富，有利于增强 CBD 的 24 小时活力和可持续发展能力。

（2）通过加大内部道路的密度，提高路网覆盖率，促使 CBD 内部的路网与外部城市道路更加衔接，内外交通更加流畅便利。

（3）通过增加地铁、地下通道等地下交通设施，以及增加公交线路和公交停车场等公共交通设施，建设现代化、立体化、公交导向的综合交通体系。

（4）通过科学规划、合理布局，有序建设北京 CBD 的广场、公园、绿地和绿化带体系，打造优美、绿色、舒适的区域环境。

2002 年 12 月，北京 CBD 管委会、北京市规划设计院又进一步编制完成了《北京商务中心区控制性详细规划》，充分考虑北京的城市特点、商务中心区特定的现状和条件，强调规划实施的经济性和可操作性，在道路的规划、公用设施布局上适当注重各方利益的平衡以及实施的可能性。《北京商务中心区控制性详细规划》主要包括用地功能布局规划（见图 2）、绿化系统和公共开放空间规划、空间形态规划、交通规划、地下空间规划五个方面。

北京 CBD 的建设发展阶段一直持续到 2005 年。在这一阶段，北京 CBD 区域内的国际金融业迅速发展，逐渐形成了"一线三点"的现代商务服务业发展格局。北京 CBD 的产业发展呈现外资银行逐渐聚集、现代商务服务业逐渐发展的特征。

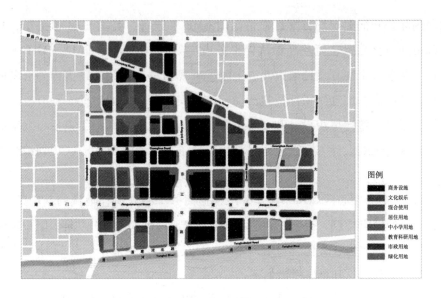

图2　北京 CBD 用地功能规划示意

（三）产业提升，集聚效应凸显

2005年以后，伴随着空间建设的日趋成熟，北京 CBD 进入产业提升阶段。随着 CBD 集聚效应的逐步显现以及政府扶持政策的生效，不仅国内企业大量入驻 CBD，外国公司进入北京也往往首选商务中心区，商务空间的不断拓展使得 CBD 区域内的跨国公司集群初具规模。

2007年，北京 CBD 根据当时的发展态势，审时度势地提出在加快 CBD 建设和发展的同时，进一步做好产业发展规划的研究，推动北京 CBD 从以规划建设为主的发展阶段逐步转入以产业促进和品牌培育为主的发展阶段。在这一阶段，随着产业发展环境的不断优化，北京 CBD 现代服务业快速发展，吸引了众多世界500强企业和跨国公司企业入驻，极大地带动了北京 CBD 的产业发展与产业提升。

（四）规划调整，发展再次飞跃

在高端产业加速集聚、承载空间已然不足的背景下，北京 CBD 启动了规划调整战略，为持续发展预先做好必要的空间布局。北京 CBD 进入以拓展空间、提升品质为主的新的发展阶段。

2009年5月，北京市政府召开专题会，同意北京CBD沿通惠河和朝阳北路向东扩展至东四环路，增加约3平方公里的面积。东扩后，北京CBD区域面积增到7平方公里，总建筑体量由1050万平方米增加至近2000万平方米。北京市政府还同时决定，将从朝阳北路向北到农展馆南路的约3.97平方公里的范围作为CBD规划控制区。北京CBD东扩建设正式启动。

根据规划，北京CBD在东扩以后将适当增加甲级写字楼的比重，并提供定制专业化楼宇的服务，满足跨国公司总部、央企总部、世界500强企业以及外资银行等国内外大型企业的入驻需求，为推动CBD产业升级提供空间载体。与此同时，北京CBD还提出，要通过丰富和完善国际教育、国际医疗、文化娱乐、体育休闲等配套设施，推动CBD从"因商而住"向"因住而商"的方向发展，将CBD东扩区建设成为大型企业或公司行政总部的聚集地。

二 建设成果

经过十多年的发展，北京CBD区域的建设项目、道路、公园、绿地、广场等基础设施建设都已完成规划的80%，写字楼的总体出租率达到80%，入驻的跨国公司地区总部占到北京市的80%以上，世界500强企业和国际金融机构均占到北京市的70%，成为首都国际金融机构主聚集区、总部经济示范区、北京市国际传媒文化创意产业集聚区和高端服务产业聚集地，初步形成了"国际化优势明显、区位条件优越、基础设施完善、服务体系规范、人才资源丰富"等突出优势。总体上看，北京CBD用短短十几年的时间规划发展，实现了国外CBD通常需要30~40年才可以达到的综合水平。

（一）规划建设与国际同步

1. 建设标准与世界同步

2000年，北京CBD面向国际征集规划方案；2009年，北京CBD进行规划调整，再次面向国际征集规划方案；2010年，北京CBD核心区面向国际规划招标。三次国际招标聚集了来自美国、法国、英国、德国、荷兰、日本、韩国、新加坡等国家的世界顶级设计机构和世界著名设计大师，共同参与北京CBD的规划设计。

一直以来，北京 CBD 的规划建设标准始终坚持与国际最先进水平同步，规划方案和区域建筑不乏经典杰作。2010 年，北京 CBD 荣获西班牙巴塞罗那地产博览会城市设计大奖；2007 年底，中央电视台新址被美国《时代》杂志评选为 2007 年世界十大建筑奇迹之一；2010 年，北京 CBD 规划调整设计方案获得了美国建筑师协会大奖。

2. 空间规划合理优质

经过 2009 年的规划调整，北京 CBD 的规划建筑总体量达到近 2000 万平方米，在这其中写字楼约占 50%，公寓占 25% 左右，商业、服务、文化、娱乐、休闲等其他设施占 25% 左右。合理的规划建设比例为北京 CBD 全天候 24 小时保持活力奠定了良好的基础，同时也为 CBD 的产业发展提供了大体量的优质空间。

在交通规划中，北京 CBD 的路网规划得到进一步的优化设计，道路覆盖率约 37%，形成以公交优先、立体化建设、智能管理为特点的 CBD 综合交通体系。根据规划，北京 CBD 将建成"五纵四横"的轨道交通网络，其中已建通车的地铁有 3 条，分别为 1 号线、6 号线、10 号线；在建地铁有 14 号线；远景规划的轨道交通线有 5 条，分别为机场快线、1 号线快线、11 号线、17 号线、四环—海淀线；轨道交通站点 500 米覆盖范围达到 80%。同时，北京 CBD 在规划中还充分考虑了地下空间的利用，力图形成地上地下全方位、立体化的交通体系，逐步实现 CBD 各主要建筑物之间地下一层和地下二层的全面连通。

北京 CBD 虽然寸土寸金，但区域内绿地覆盖率高达 13.6%，除了环状绿化带以及绿化长廊外，还包括公共空间绿化、集中绿化、道路退线绿化、垂直绿化和屋顶绿化等，并在区域内建设了 7 个城市公园，形成绿色、和谐、优美的区域生态环境。为了美化环境、突出 CBD 的人文内涵，北京 CBD 以整体景观规划为基础，进一步编制了 CBD 的灯光照明规划、广告规划、街道家具规划等一系列专项规划。

为了加强 CBD 的安全建设，北京 CBD 还计划利用先进科技和信息化管理手段，进一步完善 CBD 的安全防控体系，包括消防信号联网采集系统、多语种紧急公告和信息发布系统、高层建筑数字化应急预案系统、CBD 安全防控系统指挥和数据中心、双语种紧急救助系统等多个子系统，为城市安全提供保障。

（二）高端产业持续发展

北京 CBD 自规划建设以来，一直保持高速的经济发展态势。"十一五"期间，CBD 年均入驻企业一直保持着 25% 的增长，生产总值年均增速达到 21.56%，税收年均增幅达到 26%。2013 年，北京 CBD 生产总值超过 1000 亿元，同比增长 12.7%。以北京市 0.42‰的空间创造了全市约 5% 的国民财富，每平方公里产值达 143 亿元，处于全国领先地位。高端产业集聚，形成高、精、尖的产业发展形态。

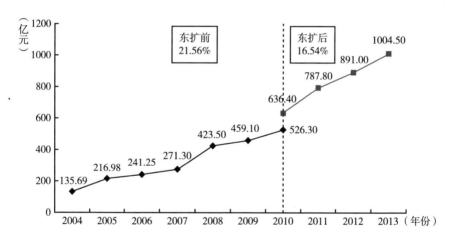

图3　北京 CBD 历年生产总值增长情况

资料来源：根据北京 CBD 历年统计资料整理。

1. 现代商务体系完备

北京 CBD 的产业经过多年培育和发展，目前已经形成以国际金融业为龙头，以高端商务服务业为主导、文化传媒产业聚集发展、总部经济优势突出的现代服务业产业新格局。入驻企业 3.3 万家，其中拥有跨国公司地区总部企业50 多家，世界 500 强企业 160 家，各类金融机构 1000 余家，文化传媒企业超过 2000 家，商务服务类企业 9000 余家，现代商务服务业产业链基本完备。

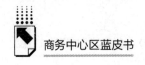
2. 总部企业高度聚集

北京 CBD 是北京市落实总部经济政策的试点区域，目前聚集了三星、丰田、壳牌等跨国公司地区总部 50 家，占北京市的 80% 以上；聚集了德意志银行、路易达孚、普华永道、世邦魏理仕、德勤等世界 500 强企业 160 家，占北京市的 70% 以上，是中国大陆地区总部经济和世界 500 强企业最为聚集的地区，被北京市政府评为总部经济集聚区。

3. 国际金融优势显著

截至 2013 年底，已经有 1000 余家金融机构入驻北京 CBD，其中包括外资金融机构 252 家、国际金融证券等交易机构近 10 家。有如德意志银行、意大利银行、蒙特利尔银行、渣打银行、东亚银行等世界级银行，以及全球最大的纳斯达克股票市场、纽约证券交易所的在京办事处等，是北京市国际金融机构最多、种类最全的区域。

4. 文化传媒产业初具规模

北京 CBD 也是北京乃至全国文化传媒产业最集中的地区，区域内共有文化传媒企业 1800 余家，其中既包括中央电视台、人民日报社、北京电视台、北京青年报社、广告门等国内大型文化传媒企业，也包括 WPP 集团、电通广告、阳狮集团等全球知名的文化传媒集团，聚集了 BBC、CNN、华尔街日报、VOA、凤凰卫视等 169 家国际传媒机构，占到北京市国际传媒企业的 90% 以上。

5. 楼宇经济贡献突出

楼宇经济发达是北京 CBD 的一大特色。目前，北京 CBD 内共有 119 座商务楼宇，汇集了国贸大厦、京广中心、京城第一高楼——国贸三期、世贸天阶、华贸金融中心、"中国尊"（在建的中信集团总部大楼，高约 500 米，建成后将成为北京第一高楼）等北京在各个发展时期的地标性建筑。

截至 2013 年底，北京 CBD 中心区共有 43 座商务楼宇的税收超过亿元，经济贡献占 CBD 中心区的八成以上。其中税收过 10 亿元的楼宇有 6 座，税收最多的招商局大厦年税收贡献超过 40 亿元。此外，国贸中心聚集了 57 家世界 500 强企业，是北京 CBD 聚集世界 500 强企业最多的写字楼；东方梅地亚中心内 80% 的企业为文化、传媒、创意类企业，是北京 CBD 的文化传媒创意产业大本营；华贸中心现入驻有蒙特利尔银行、德意志银行等世界著名金融机构，是北京 CBD 国际金融业集中的重点商务楼宇；环球金融中心聚集了瑞穗银行、渣打银行等国际知名金融机构，是北京 CBD 的专业化国际金融机构楼宇；建外 SOHO 聚集了 2000 多家企业，是北京 CBD 内聚集企业最多的商务楼宇群。

（三）国际资源高度聚集

北京 CBD 是中国涉外资源最丰富、最密集的地区，集中了中国第一、第二、第三使馆区，中国外交部、大量国际组织的驻华机构、除俄罗斯和卢森堡以外的所有外国驻华使馆、超过 9000 家的境外驻京代表处和外国驻京商社以及众多的国际交往活动场所都云集北京 CBD 及其周边区域。目前，北京 CBD 内聚集了北京市 50% 以上的常住外籍人口、70% 的国际金融机构、80% 的国际组织和商会、30% 的五星级酒店、50% 的国际会议以及 90% 的国际商务展览，国际化程度高，国际资源高度密集。

三　发展环境

经过十多年的发展，北京 CBD 已经形成了相对成熟的发展环境，国际化程度高，硬件设施先进，软件服务高效，整体环境和谐，并主要呈现以下五个特点。

（一）公共服务便捷高效

为提高区域管理和服务效率，北京市成立了北京商务中心区管理委员会作为北京市政府的派出机构，统一行使对北京 CBD 的开发建设和管理职能。在管委会的协调下，北京 CBD 又先后建立了区域专属的北京 CBD 统计所、北京 CBD 工商所、北京 CBD 国税所、北京 CBD 地税所等管理机构，以及北京 CBD 公共服务中心、北京 CBD 劳动保障服务中心等服务机构，逐步建立和完善各类服务载体，为驻区企业提供工商登记、税收缴纳、劳动保障、教育培训、文化娱乐等多元化的服务。同时，北京 CBD 还大力推进自身服务管理体系的现代化，努力与国际通行规则或国际惯例接轨，积极搭建各类企业服务平台，建立为企业服务的"绿色通道"，创新体制为投资者和企业提供量身定制的管家式服务（见表 1）。

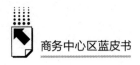

表 1　北京 CBD 公共服务与管理

类别	主要做法
健全服务与管理机构	1. 成立北京商务中心区管理委员会，代表北京市政府统一行使北京 CBD 的开发建设和管理职能 2. 建立 CBD 工商所、国税所、地税所、统计所等管理机构 3. 成立 CBD 公共服务中心 4. 成立 CBD 劳动保障服务中心 5. 设立 CBD 警务工作站，组建 50 人专职交通协管员队伍
提高服务与管理效率	1. 建立企业服务"绿色通道" 2. 为投资者和企业提供管家式服务 3. 推行政府各主要部门"一站式办公"
完善公共服务与管理	1. 加强机动车及非机动车停车管理 2. 完善 18 条主要道路交通基础设施，修补破损垃圾桶、道路指示牌等，完善道路公共服务设施 3. 清理非法户外广告牌匾，打击无照经营游商摊贩，规范废品收购网点，打击黑车黑摩的，净化区域环境 4. 以烟花爆竹安全管理和防灾减灾及应急处置等工作为抓手，组织各类消防演练，进行防灾减灾宣传，加强区域环境安全管理 5. 设置 CBD 区域停车诱导系统、路侧违章停车自动抓拍系统、楼宇地下停车指示牌，清理取缔非法停车场，加强停车秩序规范管理 6. 启动长安街东延长线环境建设改造，针对步行系统不顺畅、服务设施不完善、城市家具不规整、日常管理不到位等四个方面进行升级改造，全面提升城市景观效果 7. 开通连接地铁站点与主要商务楼宇的免费商务班车，试行由居住区至办公区的社区通勤快车 8. 开通区域无线网络，实现 CBD 公共区域免费无线网络覆盖等

资料来源：根据北京商务中心区相关资料归纳整理。

　　为提升区域公共服务与管理水平，北京 CBD 在社会服务方面开展了许多创新性的探索，并取得了明显成效。例如，配套建设 CBD 区域停车诱导系统、路侧违章停车自动抓拍系统、楼宇地下停车指示牌系统，清理取缔非法停车场，加强停车秩序的规范管理。建立城市管理调度指挥中心，建设楼宇连廊、地下通道等立体交通体系。开通连接地铁站点与主要商务楼宇的免费商务班车，试行由居住区至办公区的社区通勤快车，最大限度地优化区域交通环境。开通区域无线网络，实现 CBD 公共区域免费无线网络全覆盖，允许多种终端接入，使 CBD 范围内的所有人员均可享受免费、高速、顺畅的无限宽带网络服务（见表 1）。

（二）政策体系日趋完善

目前，北京CBD集成了楼宇经济、金融产业、文化创意产业、现代服务业、高新技术产业、总部经济、节能减排、科技创新等奖励政策，初步形成相对完整的产业促进政策体系。同时，北京CBD的人才服务体系也日趋完善，建立北京海外学人中心CBD分中心，整合CBD国际人才港、人才聚合大讲堂等，建设大型国际化人才市场，集成了市、区两级引进高级人才、推进海外学人工作、鼓励海外高层次人才创业的系列政策，以此带动社会、企业发展，完善人才服务、培训、储备和输送，为经济发展积蓄力量（见表2）。

表2　北京CBD产业和人才政策体系

颁发政府	政策类型	具体政策
北京市	产业政策	1. 关于进一步促进服务业发展的意见 2. 关于鼓励跨国公司在京设立地区总部的若干规定实施办法 3. 关于促进首都金融产业发展的意见 4. 关于促进首都金融产业发展的意见实施细则 5. 关于促进首都金融业发展的意见 6. 关于加快首都金融后台服务支持体系建设的意见 7. 北京市促进文化创意产业发展的若干政策 8. 北京市文化创意产业发展专项资金管理办法（试行）
	人才政策	1. 北京市吸引高级人才奖励管理规定 2. 北京市吸引高级人才奖励管理规定实施办法
朝阳区	产业政策	1. 朝阳区高技术产业与现代制造业发展专项资金暂行办法 2. 朝阳区关于促进北京商务中心区金融产业发展的实施意见 3. 朝阳区文化创意产业专项资金管理办法 4. 朝阳区关于鼓励跨国公司地区总部及现代服务业发展专项扶持资金管理办法（试行） 5. 朝阳区关于促进楼宇经济发展的奖励办法（试行） 6. 朝阳区招商引资支持资金管理办法 7. 朝阳区促进非公有制中小规模企业发展专项资金管理办法 8. 朝阳区中小企业扶持资金管理暂行办法 9. 朝阳区中小企业国际市场开拓资金管理办法（暂行） 10. 朝阳区专利资助及奖励暂行办法 11. 朝阳区科技发展进步奖励办法 12. 朝阳区节能发展专项资金管理办法
	人才政策	1. 朝阳区鼓励引进优秀人才暂行办法 2. 朝阳区关于大力推进海外学人工作的实施意见 3. 朝阳区鼓励海外高层次人才创业和工作暂行办法

资料来源：根据《朝阳区促进经济发展政策汇编》（2010年2月）归纳整理。

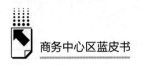

（三）多元平台协同共促

为促进北京 CBD 的企业交流与合作，2005 年 6 月，北京 CBD 与 25 家金融机构共同发起成立了 CBD 金融商会。2006 年 9 月，北京 CBD 与近 70 家国内外传媒业著名企业共同组建了 CBD 传媒产业商会。2007 年 10 月，国贸、国华置业、世邦魏理仕、远洋地产、第一太平戴维斯（北京）等近 40 家物业及地产企业共同发起成立了 CBD 物业管理及地产开发企业协会。2013 年 6 月，北京市人力社会保障局批准北京 CBD 成立 CBD 博士后（青年英才）创新实践基地，普华永道、宜信公司、中期研究院、北京中纺海天染织技术有限公司、北京富基标商流通信息科技有限公司等 5 家 CBD 企业博士后工作站同时获批。2013 年 11 月，北京 CBD 发起成立了 HR 经理人俱乐部，CBD 内近百家企业成为 HR 经理人俱乐部的会员（见表 3）。

表3　北京 CBD 的交流合作平台

名称	成立时间	主要功能
CBD 金融商会	2005 年 6 月	培育和增进区域内网络机制和地区战略联盟的概念，打造北京 CBD 国际金融聚集区
CBD 传媒产业商会	2006 年 9 月	促进政府、传媒企业和传媒专家之间的交流与合作，促进和带动北京市朝阳区文化传媒产业的发展
CBD 地产物业协会	2007 年 10 月	建立定期活动机制，通过项目推介会、新闻发布会等形式宣传推广北京 CBD；加强会员单位之间、会员单位与跨行业企业之间的合作，增强 CBD 的整体影响力，实现企业实体与 CBD 区域共同发展的目标，共同打造 CBD 品牌；加强企业、政府间的沟通，切实解决会员单位在企业运行、业务拓展过程中面临的问题和困难
CBD 博士后（青年英才）创新实践基地	2013 年 6 月	集人才培养、技术创新、科技成果转化为一体，旨在将企业的技术需求和高校研究机构的人才资源实现对接，达到推动技术创新和人才培养的目的
HR 经理人俱乐部	2013 年 11 月	汇聚优秀人才、促进区域发展，依托政策支持，联合区域企业，共同构建人才政策发布、服务、沟通交流的平台

资料来源：根据调研及北京 CBD 官方网站的相关资料归纳整理。

截至 2013 年底，北京 CBD 已经搭建起包括商会、协会、HR 经理人俱乐部、CBD 博士后创新实践基地等多种形式的合作交流平台，经常性组织企业间的交流合作，为政府、企业和社会各界提供了一个相互交流合作发展的良好环境，营造出亲商、融商的良好区域氛围，增强了入驻企业的归属感。

（四）全球视野交流合作

北京 CBD 作为北京乃至中国联系世界的窗口，一直注重其自身在世界范围内的交流与合作，并通过参加和举办各种大型商务活动，塑造北京 CBD 区域品牌，提升北京 CBD 国际影响力。

从 2000 年起，北京 CBD 每年连续举办北京 CBD 商务节，目前商务节已经成为北京市重要的国际交流合作平台和最重要的国际经贸交流活动。每届商务节均结合国际经济社会发展形势，确立主题、促进合作、寻找商机、彰显特色，提升北京 CBD 和北京的国际影响力。商务节期间的北京 CBD 国际论坛得到了国内外政府官员、企业领袖和专家学者的大力支持与积极参与，已经具有一定的国际影响力。

2008 年，北京 CBD 与法国拉德芳斯、加拿大蒙特利尔、南非开普敦、英国利物浦、俄罗斯莫斯科城区国际商务区等 6 家商务区在法国拉德芳斯共同创建了世界商务区联盟，旨在促进世界各国各地区 CBD 的交流与合作，北京CBD 当选世界商务区联盟第二任轮值主席，并于 2012 年成功连任。2010 年，北京 CBD 又发起成立了中国商务区联盟，促进中国各城市商务区的交流与合作。联盟总部设在北京 CBD，北京 CBD 成为"中国商务区联盟"首任轮值主席单位（见表 4）。

表 4　北京 CBD 的部分交流合作活动

名称	开始时间	主要功能
北京 CBD 国际商务节	自 2000 年起每年举办一次	北京市最重要的对外经贸交流活动,促进北京及北京 CBD 的国际交流与合作,深化与国内外企业的经贸合作发展
北京 CBD 国际论坛	自 2005 年 9 月起每年举办一次	为世界各大商务区、大型企业、国内外知名专家学者搭建国际化的交流与合作平台,共同探讨全球化背景下中国与世界经济发展中的焦点问题、发展趋势,促进北京及北京 CBD 现代服务业的发展

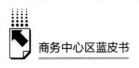
续表

名称	开始时间	主要功能
北京跨国公司地区总部联盟	2008年11月成立，定期组织正式或非正式的交流、考察活动	为企业之间以及政府和企业之间搭建交流沟通平台，宣传解读政府的产业政策，交流企业发展和市场信息，定期组织正式或非正式的交流考察活动，及时解决企业在发展中面临的实际问题，促进总部经济健康快速发展
世界CBD联盟轮值主席单位	2008年11月	促进世界各国各地区CBD的交流与合作
中国商务区联盟	2010年成立	整合中国不同商务区的资源和特色，加强彼此间的交流与合作，给中国商务区联盟成员带来更多的发展机遇，促进和带动城市经济健康快速发展

资料来源：根据调研及北京CBD官方网站的相关资料归纳整理。

通过多元化的国际交流与合作，北京CBD在技术层面、管理层面、资金层面等多个层面寻求对外合作，力求整合中国不同地区CBD的资源特色，交流经验，提供信息，为中国CBD带来更多的发展机遇，实现互利共赢，更好地引领带动城市经济发展。

（五）人文环境兼容并包

北京CBD经济产业发展和各方人才的聚集，也催生了文化的不断发展。北京CBD的人文环境有其独特的文化性，也是CBD品牌的重要内涵。北京CBD已形成多元化、高端化、国际化为特色的文化品牌。

1. 传统与现代结合的建筑文化

北京CBD的城市建设在吸收国内外现代化科技与设计理念的同时，还以深厚的中华文化为依托，将传统文化全面融合在现代建筑中，力图建设具有鲜明民族特色的城市商务区。

位于北京CBD核心区的银泰中心，使用中国灯笼很好地诠释了"世界看中国，中国看世界"的窗口概念创意。朝外SOHO的外形设计理念来自闽西客家环形土楼，而在每层商业空间都形成数条"胡同"，分布于商业空间的大量扶梯、楼梯和观光电梯将各层的"胡同"连成一个有机的整体，形成一个立体的商业街区。CBD区域内各大写字楼和餐厅中的中国元素更是比比皆是，例如星巴克三里屯店，墙上是近乎涂鸦的中国龙、中国狮、中国面具等图案，色彩明丽，线条夸张，栩栩如生，既活泼明快，又质朴传统，既摩登时尚，又透出浓郁的中国风。CBD 内部有着强大的文化张力，植根于传统文化，创造出前卫的都市景观，演变为具有文化特质的城市设计风格。

2. 开放兼容的社区文化

北京 CBD 在规划和建设过程中，非常注重对混合功能区的建设，使得开放、多元与包容成为北京 CBD 文化的主旋律。

首先，北京 CBD 文化有着明显的"开放型社区"特质，通过建设多样化公共开放空间，举办各种展览、音乐会等丰富多彩的活动，让人们更好地融入所在的环境当中，在商务中心区建立社区感和培养归属感。例如，2007 年修建的 CBD 现代艺术中心公园，以现代艺术风格为导向，通过各种现代雕塑传达艺术气质，与贯穿公园的南北向艺术步行街共同组成北京商务中心区的"现代艺术走廊"。现代艺术中心公园周边没有机动车道，围合性强，充分强调了公共空间的共享和使用，促进艺术与公共空间的结合，让人们在品鉴艺术、感受美学的同时，也能够得到充分的休憩与交流。

其次，社交文化是 CBD 重要的文化形式之一。CBD 内随处可见的各种会所、酒吧、咖啡馆为白领精英们提供了除家庭、公司之外的第三类社交圈，通过亲朋小聚、休闲消费、联系业务、培养人脉，让各类职场人士、商务精英的情感、人脉与商务互动都能得到很好的满足。

四　发展启示

北京 CBD 是中国第一个由政府提出兴建的 CBD，经过十多年的发展已经取得令人瞩目的成就。北京 CBD 的发展既汲取了西方发达国家 CBD 规划建设的宝贵经验，同时也积极探索出一条具有中国特色的促进 CBD 可持续发展的道路。

（一）以政府的规划指导把控 CBD 的航向

从东京银座、巴黎拉德芳斯、上海陆家嘴等众多 CBD 的成功经验和失败教训来看，无论是国外还是国内，政府必须在宏观战略、土地利用、交通建设等方面加强对 CBD 的规划指导，而不能任由开发商本着自身利益最大化的原则或基于市场的逐利本能进行无序开发，否则将很难保证 CBD 功能结构的合理性和产业发展的多样性。政府部门应根据规划测算严格控制各类用地的比例，既要以高标准的写字楼和商务设施来承载 CBD 的主要功能，又要适当加大住宅、公寓和其他文化、娱乐、教育、医疗等配套服务设施的供应量，打造24 小时充满活力的 CBD，否则将很难真正实现 CBD 所被赋予的引领城市发展的历史使命，甚至导致出现白天人潮汹涌、夜晚人去楼空的"鬼城"现象。

北京 CBD 一直由稳定的管理机构——北京商务中心区管理委员会负责 CBD 的土地开发、建设、招商、管理等项目，这样既保证了 CBD 开发、建设的连续性，又使其在建设发展过程中一直具有明确而有针对性的管理，对 CBD 总体规划的遵守和落实工作非常有利。

（二）以功能的复合化丰富 CBD 的内涵

CBD 的发展过程是有序而渐进的。溯源 CBD 的发展历史可以发现，一个城市的中央商务区总是随着经济发展的需要应运而生，它既是城市经济发展的产物，又引领着城市经济的发展，具有自身特殊的历史使命。其建设和发展过程往往漫长而曲折，需要进行综合性、前瞻性的科学规划和引导。

虽然 CBD 是提供金融、贸易、商务服务等现代服务业发展的核心载体，但单纯强调建设大量写字楼、酒店等商务办公设施显然是远远不够的。必须认识到 CBD 不仅是商务办公的场所，更是城市生活的有机组成部分，其健康和可持续的运行发展，除了要保障其首要功能外，也要具备作为城市生活单元的其他必备功能。否则，不仅会导致城市资源的浪费和运行效率的下降，也会给 CBD 的工作人员生活带来诸多不便，继而影响 CBD 的发展活力，甚至导致企业迁出、地区衰退。因此，以功能的复合化来实现全天 24 小时的繁华显得尤为重要。

（三）以紧密衔接的产业链强化 CBD 的实力

CBD 发展的核心是营造有利于服务业产业链发展的良好环境，以形成一个有机的产业网络，增强企业在 CBD 的根植性。

产业链条不单是一个上、中、下游的问题，还有一些横向的产业链，即为制造业服务的那部分产业，如物流、咨询、金融、保险、信息、传媒等产业。因此，政府的作用应体现在：从企业的角度出发思考问题，系统地研究企业的动向，因势利导，按照企业的规律来招商引资，打造产业链，造就合理的产业链条，形成良好的企业生态环境，加强 CBD 产业链的薄弱环节，填补空白环节，发展相关的产业链、跨产业链的产业，调整自己的思路，超出地区限制，积极推进地区间、企业间的经济合作。

（四）以网络化交通组织提升 CBD 的效率

由于 CBD 土地稀缺、地价高昂，CBD 内的建筑大多采取了高强度的垂直发展模式——积极向高空发展，从而造就了整个城市中建筑密度最大、投资强度最高的区域。商务楼宇的集中必然带来就业人数的集中，每天都有大量的人群在 CBD 区域集中和疏散，从而要求区域交通快捷便利且四通八达。

CBD 是现代服务业的核心载体，现代服务业的发展对运行效率有着极高的要求，而交通路网建设及其便利程度直接关系 CBD 在高度聚集状态下能否有效运行。国内外 CBD 的发展经验表明，大规模的 CBD 开发建设要想取得成功，必须以合理的 CBD 交通发展规划为前提，以科学的路网和交通体系建设为支撑。应根据 CBD 的发展需要，将 CBD 的道路交通体系建设纳入城市交通体系的整体规划中，促进 CBD 交通体系建设的网络化、立体化和公交化，力争实现 CBD 内部交通以及内外交通的无缝对接和便捷高效。

（五）以多元化的创新引领 CBD 的发展

在激烈的市场竞争环境中，不仅需要企业有持久的创新，政府管理模式也需要创新，才会有 CBD 真正的长远发展。

首先，管理模式的创新决定 CBD 发展的持续动力。伦敦“金融城自治模式”，东京新宿 CBD“组织共治式”模式，新加坡 CBD 公私合作、政府规范的模式，北京金融街政府主导、“公司经营式”管理模式，以及中国众多 CBD“政府主导、市场参与”的模式，都是在当地 CBD 发展的条件上进行了适应

性改进，适应了企业与政府的互动需求。

其次，在信息化时代，运用新技术来提升 CBD 的运行系统也是一种有益的创新。在新经济背景下，CBD 的发展应该更具前瞻性，更加重视智慧城市的开发、建设和投入，利用宽带技术、无线技术、移动终端技术、云计算技术等现代科技，努力建设以大数据为支撑的个性化、互动化、网络化、智慧化的商务办公环境，显著提高 CBD 的运行效率和智能化水平。

最后，创新 CBD 土地出让模式，注重主导产业的可持续发展。比如北京 CBD 在核心区开发建设方面，按照"竞方案、竞实力、限价格"的原则，将国有土地使用权招标、规划设计方案招标和产业项目招标整合在一起进行出让。具体操作方式是：房地产开发商带着设计方案与企业招商方案参与两轮打分竞标，政府随机选取专家对开发商企业资质打分，对引进金融业、总部型企业的开发商加分，取排名前列的开发商开发，保障每一个开发项目带着产业项目。

（六）以和谐的人文环境激发 CBD 的活力

打造和谐的 CBD 人文环境应从规划开始做起，规划则应体现对城市和人的感知：延续历史文脉，保护和丰富历史建筑结构和风格，并处处体现出对自然的保护和对人的深度关怀。

成功的 CBD，应该倾注对于人文精神的关怀，对于和谐发展的领悟，重视 CBD 的人文建设和精神建设，将诚信、合作、互惠、互利与团结、友爱、平等、和谐等商业观与价值观融合在一起，使 CBD 在一个健康积极的环境中不断成长，让人们在享受现代繁华的都市生活的同时，也能尽情体会传统文化的安详和人文社会的温馨。

上海中央商务中心区
建设实践及启示

武占云*

摘　要：

在全球化背景下，上海陆家嘴 CBD 作为上海乃至国家经济战略
转型的先导地区，经过近三十年的发展建设，正在成为亚太地
区重要的国际金融贸易中心，以及在全球具有一定影响力的商
务中心区，由此也奠定了上海在全球金融中心以及全球城市体
系中的重要地位。本文结合国家及上海经济战略转型历程，重
点分析陆家嘴 CBD 的发展演变历程、建设成就及其经验启示。

关键词：

CBD　经济战略　战略转型

全球化背景下，CBD 是国际大都市发挥其全球经济职能的功能集聚体，
是国际大都市应对全球化、参与全球竞争，确保在全球或区域范围内居主导地
位的核心区域。陆家嘴 CBD 作为上海乃至国家经济战略转型的先导地区，经
过近三十年的发展建设，正在成为亚太地区重要的国际金融贸易中心，以及在
全球具有一定影响力的商务中心区，并由此奠定了上海在全球金融中心以及全
球城市体系中的重要地位。根据全球化和世界城市研究小组（The Globalization
and World Cities Research Network，GaWC）的研究，上海在世界城市网络中的
地位已由 2000 年的第 27 位跃升至 2012 年的第 6 位，上海在世界城市网络中

---

* 武占云，中国社会科学院城市发展与环境研究所助理研究员、博士，主要研究方向为城市规划、
城市与区域经济等。

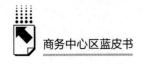

已开始发挥面向全球的连接作用。

从空间范围来看，"陆家嘴"有三个概念：一是陆家嘴中心区，面积1.7平方公里，从空间形态来看，即围绕"绿心——中心绿地"的商务楼宇群。二是国务院1990年批准建立的陆家嘴金融贸易区，即上海城市内环线的浦东部分，面积31.78平方公里。三是陆家嘴功能区域，包括陆家嘴金融贸易区，以及位于内环线以外的部分区域，总面积42.77平方公里。陆家嘴功能区虽然有部分区域在陆家嘴金融贸易区之外，但这部分区域是陆家嘴会展业和高端住宅业的所在地，从产业结构和空间位置来看，也可视为陆家嘴CBD的重要组成部分。本文对陆家嘴CBD的研究范围扩展至陆家嘴功能区。

一　发展演变历程

陆家嘴CBD的形成与上海的经济社会变迁是紧密联系在一起的，在短短几十年的发展历程中，见证了上海由传统工商业城市、国家经济中心城市向全球城市的转型发展。结合陆家嘴CBD的规划建设历程及上海经济社会变迁，将陆家嘴CBD的发展演变历程划分为以下四个阶段。

（一）雏形发展阶段（1978年以前）

新中国成立之前的上海，是商工并重、商业为主的多功能经济中心。19世纪40年代，中国的上海、厦门、广州、宁波和福州等五座城市被定为通商口岸，上海凭借位于长江黄金水道与海岸线交汇点的区位优势以及较好的工业和商业发展基础，经济社会等各方面发展快速。至19世纪末期，初步形成了以南京路为主轴，范围包括福州路、广东路、福建路和河南路等街市在内的商业中心区。同时，西方国家的主要银行纷纷在上海开设分行或分支机构，至1930年，外资银行在上海的金融资本达到34.8亿元，80%以上的国内银行将其总部设在上海，在河南路至外滩约0.5平方公里的范围内，中外资金融机构达到400余家（韩可胜，2008），此时的上海成为中国金融机构最聚集、金融资本最集中、金融控制力最强的远东金融中心。这一阶段，外向型经济的发展为CBD的形成奠定了坚实的经济基础。

新中国成立之初，由于西方国家的经济封锁，中国对外贸易、国际资金融通和技术交流受到了制约，上海在近代所形成的远东金融中心的地位不复存在。从国内来看，上海在工业化进程和技术水平方面仍领先于其他城市，这一时期的国家战略也将上海定位于全国的制造业生产基地。随后实行的计划经济体制则进一步强化了上海作为国家制造生产中心的功能。由此，上海由近代的对外贸易和金融中心逐渐转型为典型的单一功能的工商业城市。外滩区域的金融和商业活动也几乎停滞，CBD功能开始萎缩，上海作为远东金融中心的地位也逐渐丧失。

（二）规划论证阶段（1979～1993年）

1978年，我国进入改革开放的新时期。在改革开放进程中，上海不断冲破传统计划经济体制的束缚，通过解放生产力，实现了新的城市功能。1992年党的十四大报告提出"以上海浦东开发开放为龙头，进一步开放长江沿岸城市，尽快把上海建成国际经济、金融、贸易中心之一，带动长江三角洲和整个长江流域地区经济的新飞跃"。"一个龙头和三个中心"的战略定位不仅明确了上海在全国改革开放和经济建设中的地位与作用，也明确了上海在世界经济发展中应有的地位和作用。

这一时期，为了支撑上海城市功能的提升，上海市政府提出在陆家嘴附近形成新的金融贸易区。1988年2月，由中法两国合作编制了《陆家嘴中心地区规划》，提出依托陆家嘴中心区和外滩金融聚集带建设商务中心区。1990年，国务院正式批准开发开放浦东新区，并设立"陆家嘴金融贸易区"。1991年，上海市政府正式启动陆家嘴金融中心区的国际招标工作，1993年完成规划设计方案并启动开发建设工作，陆家嘴金融贸易区也成为上海新的中央商务区建设的重点地区。为了快速推动CBD的建设，浦东充分利用中央赋予新区的"土地空转"政策，针对金融中心区的特性，先从吸引国内金融机构着手，引进了一大批内资国家银行、证券、保险公司在陆家嘴金融中心区建设总部大楼，包括中国人民银行上海分行、工商银行、建设银行、交通银行、农业银行、上海证券交易所和中国人民保险公司等（周振华，2010）。在金融市场体系方面，1992年，上海证券交易所、上海人才服务中心成立并正式运转；同

年，上海融资中心成立，成为全国最大的同业拆借中心。金融机构的入驻和金融体系的建设为陆家嘴形成上海的金融中心奠定了坚实基础。

（三）快速发展阶段（1994～2008年）

随着浦东新区上升为国家战略，上海实施"以东带西、东西联动"的发展战略，并通过创新管理体制、实施土地批租和鼓励发展资本市场等途径（周振华，2010），推动城市的改造开发、产业结构的调整优化，实现了经济的快速增长，以此也提升了上海在全国乃至亚太地区的资源集聚与要素配置能力，上海又一次全面融入世界经济的发展中并逐步演变为以金融、贸易和航运为支撑的多功能经济中心城市。

为了推动浦东加快从形态开发转入功能建设，1996年，上海开始将一部分要素市场迁入陆家嘴CBD，以推动形成浦东大市场、大流通和大外贸的格局。东迁的要素市场涉及证券、外汇、资金、人才、技术、生产资料等领域。随着浦东先行先试的各项功能性政策的全面落实，美国花旗银行、日本三菱、兴业和中国香港汇丰银行上海分行等外资银行进行人民币业务试点工作分批顺利展开，八佰伴国际集团、西门子、罗氏集团等跨国公司地区总部也陆续迁入陆家嘴CBD。如今，陆家嘴CBD已经是上海证券、期货、产权、房地产、人才、钻石等7个国家级要素市场的集聚地，这些功能性市场载体和国家级大市场的建立，确立了陆家嘴CBD作为全国要素配置中心的地位，并强化了陆家嘴CBD作为国际金融中心、贸易中心的功能。

至2008年底，陆家嘴中心区初步形成了五大功能区，一是中外贸易机构要素市场区，以金茂大厦、上海证券交易所等为主体构成；二是国际银行楼群区，以中国人民银行、汇丰银行、中银大厦等中心绿地周边地区为中心；三是休闲旅游区，以东方明珠、正大广场和香格里拉酒店等为核心；四是江景住宅区，以仁恒、世茂、汤臣、鹏利等滨江地带为核心；五是跨国公司区域总部区，以陆家嘴CBD西区地块为中心（严华鸣，2008）。

（四）创新发展阶段（2009年至今）

2009年后，受国际金融危机的影响，以及土地调控、节能降耗措施、减排和环保等内外环境的约束，上海过度依赖土地财政维持发展、过度依赖投资和出口以获得快速增长的方式难以为继，自身的深层次结构性矛盾日益凸显，上海也因此于"十二五"时期提出了"创新驱动，转型发展"的思路。同时，随着后金融危机时代的到来，世界经济格局发生了调整，全球经济重心开始向亚洲地区转移，处于东亚沿海地带枢纽位置的上海，成为全球经济网络的重要节点城市，在我国参与和影响世界经济事务中发挥重大作用。根据全球化和世界城市研究小组（GaWC）的研究，上海在世界城市网络中的地位已由 2000 年的第 27 位跃升至 2012 年的第 6 位（前 10 位分别是伦敦、纽约、香港、巴黎、新加坡、上海、东京、北京、悉尼和迪拜），上海在世界城市网络中已开始发挥面向全球的连接作用。为支撑上海全球城市的建设，并推动形成全球资源配置能力为核心的城市功能再造和提升，上海在空间上的开发建设更加注重培育特色鲜明的功能发展区，即围绕国际航运中心，着力发展洋山深水港、北外滩航运服务集聚区；围绕国际金融中心建设，着力发展陆家嘴金融城、黄浦江外滩金融带、杨浦科技金融集聚区等；围绕国际贸易中心建设，进一步拓展外高桥保税区功能内涵，加大力度推进虹桥交通枢纽建设。

陆家嘴 CBD 作为上海实现全球城市目标的重要空间载体，也开始寻求创新发展。2009 年 3 月 25 日，国务院常务会议通过《关于推进上海加快发展现代服务业和先进制造业、建设国际金融中心和国际航运中心的意见》，陆家嘴被确认为上海打造国际金融中心的核心区域。2011 年的《浦东新区加快推进国际金融中心核心功能区建设"十二五"规划》提出了陆家嘴金融贸易区的扩容计划，计划新增地上建筑面积 350 万平方米。其中，上海中心大厦、陆家嘴滨江金融城、上海国际金融中心、上海国金中心、世纪大都会、浦东金融广场、塘东总部基地、中国金融信息大厦、上海纽约大学和路发广场等，被列为陆家嘴金融城十大重点推进工程，总投资约 520 亿元人民币，总占地面积约 40 万平方米。2012 年 1 月，国家发改委颁布的《"十二五"时期上海国际金融中心建设规划》明确了陆家嘴金融城将在金融环境、金融功能、金融乘数、金融人才和金融文化等五个领域全方位推进改革和创新发展。

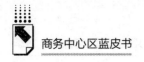
二 规划建设成就

（一）规划建设和管理与国际接轨

为保证 CBD 的开发建设达到世界先进水平，陆家嘴 CBD 在规划之初就聘请了世界著名规划设计专家参与设计总体规划和各专项规划。其中，经上海市政府批准的陆家嘴金融中心区的规划方案，集中了中、英、法、日、意等国著名设计大师的智慧，体现了当代规划设计的先进水平。

1. 规划设计首次引入国际设计团队

陆家嘴 CBD 的规划方案经历了创议、发展、咨询、深化和完善五个阶段（黄富厢，1998），来自英、法、日、意等国家的设计团队不同程度地参与了从创议到完善的各个过程，也开创了新中国成立后在城市规划设计中首次引入国际力量的先河。

创议阶段——1986 年，国务院批准的《上海市城市总体规划方案》提出，在陆家嘴附近形成新的金融贸易区，随后《陆家嘴地区规划》明确提出以金融贸易为主，并按照上海的中央商务区进行规划开发，在全国首次确定了CBD 的使用性质。1987 年，中法合作方案确认了陆家嘴地区的设计原则和格局。

发展阶段——1990 年，国务院正式批准开发开放上海浦东新区，随之浦东新区上升为国家战略，陆家嘴中心区建设的知名度大幅提升，为了更好地保证项目开发，上海市政府先后成立了浦东开发办公室和陆家嘴金融贸易区开发公司。

咨询阶段——1991 年 4 月，朱镕基市长访欧并与法国政府装备部长贝松签署协议，法方提供技术经济援助，并由上海市政府和法国公共工程部联合组织国际规划设计竞赛，包括中国上海联合设计咨询组、法国贝罗、英国罗杰斯、日本伊东丰雄和意大利福克萨斯共五家设计单位参与陆家嘴中心地区国际方案征集，并最终形成了《城市设计建议书》。

深化阶段——1993 年初，成立上海陆家嘴中心区规划深化工作组，按照

"中国与外国结合、浦西与浦东结合、历史与未来结合"的原则,进行陆家嘴中心区的规划深化工作。并最终选定方案三(综合市政府批准的陆家嘴地区调整规划和法国 Perault 方案组成核心区超高层双塔和高层带)作为深化完善基础,经小型国际研讨会建议组成核心区三塔。

完善阶段——方案决定后,1993 年 3 ~ 7 月,规划深化完善工作按城市形态、城市设计、综合功能、道路交通、基础设施、控制与实施等重点展开并结合考察,并于 1993 年 8 月正式完成《上海陆家嘴中心区规划设计方案》编制工作,并上报市政府批准实施。

2. 连接浦江两岸的立体交通体系

在交通和市政设施方面,陆家嘴 CBD 以统一规划、较少投入,创造了高效、便捷、连接浦江两岸的立体交通体系。已经建成的延安东路、大道路和复兴东路车行越江隧道、南浦和杨浦两座大桥、越江地铁 2 号线,以及越江人行隧道、明珠线二期越江有轨交通,在黄浦江上构筑成立体交通体系,使浦东与浦西保持畅通的交通联系。在市政设施方面,以三条共同沟 2.8km 长度服务 92% 的建筑,工程量仅及巴黎拉德芳斯(同规模)同类工程量的 1/3(黄富厢,1998)。

3. 地下空间的高效利用

地下空间的建成进一步完善了陆家嘴地区立体交通体系,实现人车分流,改善步行环境,加强商务楼宇间的联系。为了进一步规范地下空间的利用、改善地下空间碎片化建设,上海市人大于 2014 年 4 月 1 日公布实施《上海市地下空间规划建设条例》。

4. 现代化标志性建筑群

面对浦江对岸近代上海象征的外滩建筑群,由东方明珠广播电视塔、新上海国际大厦、上海环球金融中心、金茂大厦、汇亚大厦和上海招商局大厦等建筑构成的陆家嘴天际线则代表着中国 21 世纪现代化的国际形象。

(二)国际金融中心建设成效显著

经过近三十年的发展建设,以陆家嘴 CBD 为核心的国际金融中心建设成效显著。目前,区域内有各类机构和单位约 2.4 万家,约占浦东新区的 1/3。

要素市场11家，涵盖证券、期货、钻石、石油、金融期货、产权、人才、房地产、化工、石化等领域。中外资企业2万多家，跨国公司地区总部50家，国内大企业（集团）总部100多家，法律、会计、审计、咨询等商务服务企业近4000家。各类金融机构459家，其中中外资银行86家（其中外资银行67家），中外资保险公司60家（其中外资20家），证券公司及营业部47家，基金公司25家。初步形成以中外银行、保险公司、信托投资公司、证券公司、财务公司、基金公司、金融租赁公司等为主的金融机构体系。陆家嘴CBD金融市场规模和影响力不断提升。

随着陆家嘴CBD建设的快速推进，会展和旅游业也成为陆家嘴CBD发展的特色产业。现代化的展馆、酒店和商业设施陆续建成并投入使用，包括上海新国际博览中心、国际会议中心、科技会馆、香格里拉大酒店、金茂大厦和正大广场等建筑楼宇，东方明珠、世纪公园、外滩观光隧道和海洋水族馆等旅游景点也逐渐被中外游客所熟知。这些具有代表性的国际展馆、高端商业设施、标志性旅游景点的建成和使用也大大增强了陆家嘴CBD的现代会展和都市旅游功能。同时，以金融、贸易软件的开发和交易为主导方向，陆家嘴CBD依托上海浦东软件园陆家嘴分园，为信息产业的研究、开发、生产、销售、培训、服务及投资创造了优越的商务环境，逐渐吸引大量有影响力和竞争实力的信息科技企业入驻，以此也带动了陆家嘴CBD信息服务业的快速发展，浦东软件园陆家嘴分园也逐渐成为上海最具影响力的金融、贸易软件研发中心及软件交易中心。陆家嘴CBD也是浦东商业贸易最繁荣的地区，拥有国金中心、新上海商业城和正大广场等众多高档商业设施，凸显了陆家嘴CBD活力。

（三）引领形成多层级CBD网络体系

改革开放后，随着经济的快速发展和全球化进程的加快，上海形成了陆家嘴核心CBD和外围Sub-CBD多点联动的发展模式。当前，随着上海从全国经济中心迈向全球化城市，通过陆家嘴CBD、虹桥CBD、世博园区及其周边地区以及若干地区型综合枢纽的建设，正在推动中心城区形成"3+N"的CBD网络体系。其中沿黄浦江两岸，依托陆家嘴CBD、外滩金融集聚区、世博园区、徐汇滨江至闵行滨江形成世界性的滨江开发格局；而以延安路高架为轴线，则呈现东部商务圈、西部商务圈两翼齐飞的现代服务集聚发展带，东部以陆家嘴 CBD 为核心，联动发展人民广场、花木和世博园区，辐射带动南京西路和淮海路，定位于形成世界级市场中心和总部经济功能，强化金融市场建设、金融业务创新、流量经济管控与国际制度接轨等方面的世界级 CBD 功能；西部则以虹桥 CBD 为核心，辐射带动莘庄、松江、嘉定、青浦新城等副中心，定位于上海国际贸易中心的新平台和长三角地区的高端商务中心，着重发展商贸服务和服务贸易，重点引进民营企业总部和国内大型企业集团（高骞，2010）。通过陆家嘴 CBD 的带动，从而形成具有全球竞争力、适应全球城市发展需要的高能级、多中心 CBD 网络体系。

三　发展经验及启示

（一）发展演变支撑上海经济战略转型

CBD 的演化过程实质上是城市转型的空间反映和重要内容。随着上海由近代的远东金融中心、新中国成立后的传统工商业城市向改革开放后的国家经济中心的发展演变，陆家嘴 CBD 作为金融机构和要素市场最为集中的区域，走在改革开放的最前沿，始终引导着浦东的发展，是上海经济战略转型的先锋地区。当前，随着上海由全国经济中心向全球城市的转型，陆家嘴 CBD 不仅是上海重要的商务中心区，而且进一步形成世界级市场中心和总部经济功能，强化金融市场建设、金融业务创新、流量经济管控与国际制度接轨等方面的世界级 CBD 功能，从而支撑上海实现"四个中心"和现代化国际大城市的战略目标。

（二）开发实施以适宜的管理模式为保障

纵观全球 CBD 发展史，政府无疑起到重要作用，各国政府通过立法、规划与税收等手段促进 CBD 发展，陆家嘴 CBD 的管理模式是典型的政府主导、一体化管理模式。陆家嘴 CBD 在开发建设之初，借鉴巴黎拉德芳斯的管理模式，确定由政府主导长期扶持土地开发、保障规划的实施以及土地增值收益的获取。1990 年，国务院正式批准开发开放上海浦东新区，上海市政府相继成立了浦东开发办公室和陆家嘴金融贸易区开发公司；1993 年成立了浦东新区管委会，作为市委、市政府的派出机构，浦东新区管委会享有市级管理权限和国家经济特区的特殊政策，直接负责浦东区域的管理和开发建设事宜，也包括对陆家嘴 CBD 的管理。2004 年，浦东新区成立陆家嘴、外高桥、金桥、张江等四个功能区域，陆家嘴 CBD 隶属于陆家嘴功能区管委会管理，陆家嘴功能区管委会受浦东新区委托行使区域内内外资项目审批等 39 大项职能，大大提升了 CBD 运行管理效率，并通过与各地商会、楼宇协会、外商投资协会等中介机构和信息网络的密切合作，为企业提供工商、财政、税务等方面的服务，提升了陆家嘴国际化的商务环境。随着 CBD 由形态开发转向功能建设和创新发展，陆家嘴 CBD 的管理模式也呈现出更加多元化、更具弹性的发展。2010 年，借鉴伦敦金融城自治的管理体制，陆家嘴功能区域管委会被撤销，成立了陆家嘴金融贸易区管委会，主要承担经济发展、规划建设、产业促进和环境优化等职能。近年来，为进一步强化陆家嘴 CBD 作为国际金融中心的载体功能作用，陆家嘴金融贸易区管委会重点借鉴国外成熟的金融城管理经验，探索创新多方参与的陆家嘴金融城管理体制和治理机制，打造金融城品牌。

（三）土地开发开创"土地空转"模式

1987 年，中央同意上海在国内率先以行政规章的形式建立土地使用权有偿转让的有关制度；1988 年，虹桥开发区 26 号地块通过招标，由日本一家企业有偿获得 50 年土地使用权，土地批租制度正式进入实际运作层面（周振华，2010），为上海发展外资经济提供了重要的基础。浦东开发开放初期，在国家政策支持下，也积极探索在规范土地市场框架下的运行机制创新，提出了"资金空转、批租实转、成片开发"的滚动开发模式。浦东的土地滚动开发机制，最核心的是将"土地资本与金融资本、社会资本、产业资本大规模深层次地结合起来"，这种模式为陆家嘴 CBD 的形态开发提供了动力机制，有力推动了陆家嘴从形态开发向功能开发的深化。

（四）开创国内 E－CBD 的创新发展模式

与传统 CBD 不同,陆家嘴 CBD 在开发建设之初,就将信息化建设列入了总体规划框架之中,提出了金融、贸易等商务信息化应用与推进的目标。但受制于当时对 E－CBD 模式认识不够以及信息科技水平较低等因素,并没有建立系统的 E－CBD 框架体系。近年来,随着信息技术的快速发展以及信息基础设施的建设,陆家嘴 CBD 规划建设了以"一个平台、八方专网"为主体的信息基础设施和功能开发项目,开创了国内 E－CBD 的创新发展模式。

四　结论

陆家嘴 CBD 的形成与上海市的经济社会变迁是紧密联系在一起的。在几十年的发展历程中,陆家嘴见证了上海由近代的远东金融中心、新中国成立后的传统工商业城市向改革开放后的国家经济中心演变以及当前向全球城市转型发展的演变历程,作为改革开放的前沿区,陆家嘴 CBD 在很大程度上支撑了上海经济战略的转型发展。有学者提出,至 2050 年,上海将在"四个中心"的基础上,建成具有全球影响力、辐射力和竞争力的科技创新中心、资源配置中心、财富管理中心和信息交互中心,即成为世界性的全球城市,这对陆家嘴 CBD 未来的发展提出了更高的要求和挑战。

参考文献

高骞、王丹、陶纪明:《上海 CBD 建设及陆家嘴—外滩核心 CBD 发展构想》,《科学发展》2010 年第 3 期。

韩可胜:《CBD 的经济结构与政府管理模式研究——国际经验与上海陆家嘴的实践》,华东师范大学博士学位论文,2008。

韩乾:《浦东新区城市空间结构研究》,华东师范大学硕士学位论文,2004。

黄富厢:《上海 21 世纪 CBD 与陆家嘴金融贸易中心区规划的构成》,《时代建筑》1998 年第 2 期。

刘晓星、陈易：《对陆家嘴中心区城市空间演变趋势的若干思考》，《城市规划学刊》2012 年第 3 期。

严华鸣：《城市更新中的土地开发研究——以上海陆家嘴 CBD 为例》，同济大学硕士学位论文，2008。

周振华等主编《上海城市嬗变及展望》（中卷：中心城市的上海 1979 - 2009），格致出版社、上海人民出版社，2010。

庄崚、经一平：《E - CBD：21 世纪国际金融贸易中心模式创新》，上海人民出版社，2002。

B.12

香港中央商务区（CBD）的形成、特色与前景

薛凤旋*

摘 要：

香港自1841年由英国人夺取统治权及建立自由港以来，一直成为西方进入中国市场的重要门户。1949～1978年，由于中国的自力更生政策与西方的敌意封锁，香港的国际商贸端口功能一度受到打击。然而，自20世纪60年代起的出口型、两头在外的加工工业的兴起，香港的国际商贸活动再度兴起。香港岛的中环，由于地处香港的地理中心、水陆交通交汇点及最早的开发区和行政中心，一直以来成为城市核心及支撑香港国际贸易与服务性商业活动的中央商务区。1979年，中国展开了改革开放新的历史进程，而亚洲又成为世界经济发展的火车头，香港的中央商务区亦迎来了持续数十年的高速发展，成为香港这个亚洲国际大都市的标志。在这期间，中央商务区除向横向和纵向（向高空）发展之外，更出现了质变，即其主要活动更趋向于金融、商贸等高端服务业。

关键词：

香港 CBD 城市土地利用 城市发展模式

本文以西方资本主义城市土地利用模式理论，解释香港中央商务区的

---

* 薛凤旋，英国伦敦大学经济学院博士，北京大学等多所国内大学客座教授，香港大学前地理系主任，香港浸会大学前当代中国研究所所长，主要研究方向为城市与区域经济。

275

形成及其发展原因。通过对其主要经济活动在时空上的变化，解析在市场动力下中央商务区的土地利用如何配合外部宏观经济的变化而作出调整。在这个过程中，经济集聚与规模的效应至为明显。政府在中央商务区与全市各区间交通通达的保持、提升，以及在中央商务区内促进便利步行的规划与构建，更是促使 CBD 成为高档金融与商贸服务活动高效平台的重要原因。

一 中央商务区（CBD）的形成

依据西方传统的城市发展假说，比如，伯吉斯的同心圆模式（Burgess' Ring Model），霍依特的扇形模式（Hoyt's Sector Model）或是哈里斯和奥曼的覆内核模式（Harris & Ullman's Multiple Nuclei Model），城市的土地利用结构都是环绕着一个中心商业区而展开的。上述这些西方近现代城市模式，反映出美国等资本主义国家大城市的土地利用结构，非常依赖市场经济竞争，即所谓地租因素的作用。这与工业发展前期的城市结构及社会主义国家的城市结构有一定的区别。工业发展前的城市（Pre-industrial City），教会及皇室最具影响力，因而反映他们权力的建筑物占据了市中心，商业楼宇则在偏远地方。在社会主义国家的城市，市政府办公楼、群众集会广场及纪念革命的建筑物，通常都占据市中心位置，显示出社会主义的特点，这也是我国 1979 年改革开放前城市的通例。

香港是中国一个特殊的地区，一百多年来一直是英国管制下的资本主义高度发达的工商海港城市，市中心的土地利用结构以商业为主，与传统的美国城市结构吻合。不过，美国大都市数十年来（1970~2000 年）的离心发展很强，因为城市化趋向郊区化，以及交通和通信技术的发展，不少商业及服务业逐渐迁离市中心，趋向郊区选址。在香港，随着交通网络的发展中央商务区的高级商业及其他服务业活动，也有某种程度的向外扩散，但自中国改革开放以来，金融及高档商业服务活动大增，使中央商务区的地位更显重要；而它在地域上、功能上亦发生了一定的转变，显示出在市场主导下，为适应宏观经济的变化，CBD 的空间扩展与功能也随之改变。

二 香港 CBD 的土地利用及其特点

香港的 CBD 一般指香港岛的中环，但中环其实只是一个统计和行政的小区。真正的 CBD 有一部分伸延至西边的上环和东边的湾仔（见图 1）。

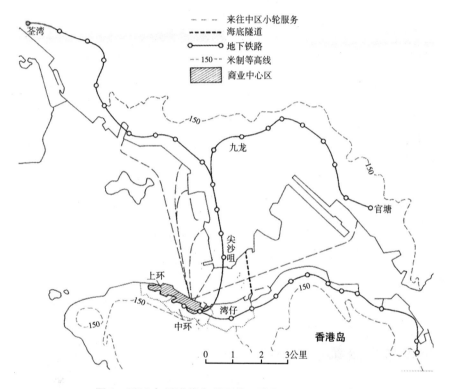

图 1　1983 年香港维多利亚港两岸及 CBD 位置示意

资料来源：彭琪瑞、薛凤旋、苏泽霖，《香港、澳门地区地理》，商务印书馆，1991。

CBD 的土地利用分布，按学术研究惯例，大抵可归纳为以一个高峰地价的交叉点（Peak Land Value Corner，PLVC），按商业活动的级别自交叉点向外分布：最高级活动，即银行业最接近交叉点；其次为高级零售行业，如高级时装；再次是写字楼（即办公楼）；边沿部分为过渡地带，混杂着写字楼、零售点、批发点和住宅等（见图 2）。

从国际 CBD 的发展经验来看，CBD 地域的大小和其内部的土地利用结构

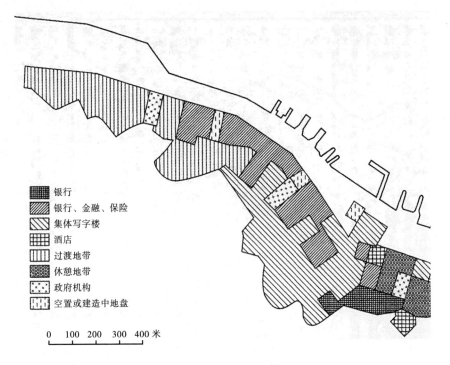

图2　1983 年香港 CBD 的土地用途及功能分区示意

资料来源：彭琪瑞、薛凤旋、苏泽霖，《香港、澳门地区地理》，商务印书馆，1991。

是随时间和 CBD 的自身发展而改变的，香港 CBD 亦是如此，图 3 显示了 1968～1984 年香港 CBD 的土地利用结构及其各类功能占用空间的变化情况。

香港 CBD 2/3 在中环、1/6 在上环、1/6 在湾仔。近年来，随着中环湾仔北的填海以及交通的发展，CBD 向湾仔的伸延更为明显。图 4 显示，CBD 的范围及边界线不断变化，反映了港岛上的地形、都市发展、交通发展方向以及香港高级商业活动发展的趋势。香港 CBD 的主要服务行业包括银行和财务公司、律师和会计师楼、工程和商业顾问公司、进出口商行和零售批发总公司、保险公司、大酒店、高级消费品商店、交通及旅游总公司及主要门市部等。

上述机构一般是为整个香港经济体（甚至覆盖整个中国及远东和太平洋地区）服务，以全港市民为他们的顾客网，故须选择市中心地带，即最容易到达的地点。中环成为最受欢迎的地方，因为它交通最方便，位于人

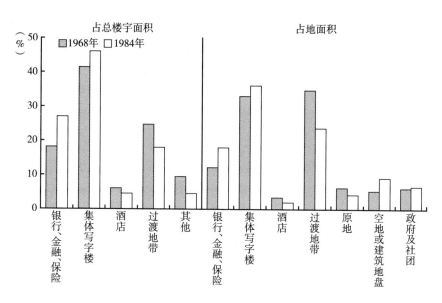

图3　1968~1984年香港CBD的功能转变及其空间占用情况

资料来源：薛凤旋，《香港发展地图集》，香港三联书店，2009。

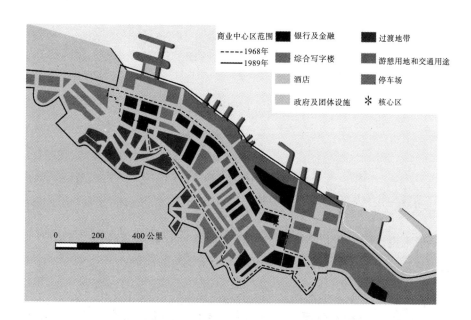

图4　香港CBD的范围变化及其土地利用情况示意

资料来源：薛凤旋，《香港发展地图集》，香港三联书店，2009。

口最集中的维多利亚港两岸（约有全港七成人口）的中央点。中环在"二战"以来一直有多条渡轮及公共汽车线与全港各区联系，自1979年地铁通车后更是全港地铁枢纽，促成了高级商业活动以中环为目的的向心性（见图5）。

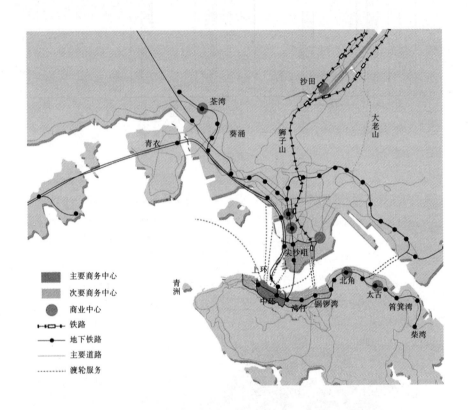

图 5   2012 年香港市内公共交通及商业中心网示意

资料来源：薛凤旋，《香港发展地图集》，香港三联书店，2009。

一般来说，CBD 的形成与一些高级商业活动有高度关联性。不少商业企业的决策及其有关文档需要立即传递，也有不少商务问题要以面谈方式保密及迅速地解决。因而在工商业繁忙的大都市中，CBD 至少在其核心部分，是个"步行城市"，业务相关公司的总部办公室集中在一起，高层人员的跨企业会议能以步行方式由不同地点的企业 20 分钟内集中起来。同时高级商务活动通常还要涉及政府机构及邮政总局等主要行政决策部门及通信机构，毗邻这些机构方便商务活动与市内外和政府部门间的来往。

一直以来，香港 CBD 的受雇人员九成以上是以公交车为上下班出行工具，只有部分雇主及高管人员以公司或私人小汽车出行。同时，CBD 内的主要地铁出口、公交总站或换乘处都与一个横跨整个 CBD 的空中走廊系统相连接（不少部分穿越办公大楼），从而使 CBD 区域成为一个全天候的"步行城市"。企业间的紧急会议及文件的派送，完全可以在十多分钟内以步行方式实现或送抵，使 CBD 避免了路面交通的拥塞，成为香港 CBD 高效运行的一大特色。

三 香港 CBD 空间发展的特点

香港 CBD 内功能区的分布，亦显示出这些机构的承租能力与它们之间的地域关联，均是可以步行通达相连的企业。图 2 及图 6 显示出香港 CBD 不同年代的功能区分布。

银行区占了南面的中央位置，并与政府总部毗邻。香港主要银行的总行，如汇丰、中银、渣打及东亚即设在该处；其中在汇丰与旧中银大厦间的一条街更名为"银行街"。那里的气氛与中环其他地区不同：高耸的、设计特殊而堂皇的银行大厦，散发出 CBD 核心地带金融中心的特有气息。但南缘有旧政府总部办公楼和山坡的阻挡，这样银行核心只可向东西方向推移。南面的绿化山坡及北面的绿色开放公园，虽增强了银行区的堂皇气势，却局限了它的南北向发展。较次级的商业活动，从银行核心分别向东西两边分布。在电车路即皇后大道和战前填海形成若干条的通衢地带，主要聚集着银行、金融及保险业；在西南面，是几类写字楼，包括律师、会计师、专科医生及工商业顾问公司的办公室；电车路向西环伸展的是狭长的过渡地带，有不少小型办公室、进出口公司及小型旅游公司等。

1980 年代前香港 CBD 的发展一直受英军军事用地金钟兵营所阻，之后兵营搬离，现已成为 CBD 扩张之地。其上的太古广场及金钟广场等已将湾仔部分和中环的高档商业发展相连接，强化了 CBD 向东伸展的趋势。自 1990 年代起的新一轮中环及湾仔填海，更为 CBD 发展向北提供了扩展新空间，已发展了香港国际金融中心一期至三期、中环中心及会展中心等。新立法会及新政府总部亦于 2012 年在此新区落成（见图6）。

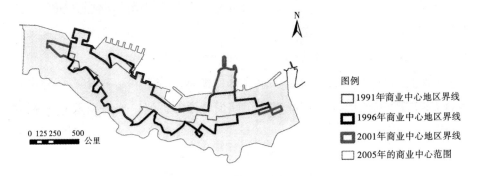

图例
□ 1991年商业中心地区界线
■ 1996年商业中心地区界线
▣ 2001年商业中心地区界线
□ 2005年的商业中心范围

0 125 250   500
公里

图6 香港 CBD 范围变迁

资料来源：薛凤旋，《香港发展地图集》，香港三联书店，2009。

　　总的来说，任何经济活动都占用空间，而位置较好、交通便利的地点，一向成为各种经济活动竞争的对象。结果，在资本主义市场经济之下，土地利用分布就成为不同经济活动负担"地租"能力的空间体现。分析 CBD 不同时期的土地利用情况，不但可以揭示这些空间经济动力，也可以反映香港经济特质及其发展情况。从香港 CBD 经济活动占用地域的情况即可以看到，金融业的发展非常蓬勃。随着市中心高级商业活动的加强，一些次要功能区所占的空间不断下降，如酒店业、过渡地带及绿地等。

　　香港 CBD 除了内部的空间结构有所变化之外，1968～1984 年，为适应香港经济急剧发展对高级商业活动尤其是金融活动产生的需求，曾有两种不同的方式实现了空间扩展与结构优化。第一，CBD 分别向上环和湾仔作平面式扩展（见表1）。依据穆菲（Murphy）的 CBD 指数——CBI，加上适合香港环境的一些改良，计算出香港 CBD 的范围共增加了101％。第二，在这期间，有不少楼宇拆卸重建；同时亦有一些街廓（street blocks），原来不是以 CBD 活动为主的被 CBD 活动取代了，大大增加了 CBD 强度指数（CBII）。如果 1968 年的 CBII 为100，则 1983 年已增至285。这个185％的增幅比 CBD 地域扩展的幅度大得多，显示了通过城市更新非 CBD 活动"逐出去"的"净化"过程，使狭窄的 CBD 能有效地满足社会经济发展的需求。

表1　1968年和1983年香港中环区商业活动统计比较

类　别	企业数目（家）				就业人数（人）			
	1968年		1983年		1968年		1983年	
	数目	%	数目	%	数目	%	数目	%
中心商业活动								
银行	175	2.1	234	2.4	14995	14.8	21845	17.5
金融活动	812	10.0	1063	12.4	8079	8.0	14213	11.4
杂类商业服务								
一般写字楼及商业服务	1779	21.8	1038	12.1	22064		12702	10.2
出入口	2859	35.1	2271	26.4	24142	23.9	16685	13.3
零售	1135	13.9	1369	15.9	8292	8.2	8028	6.4
酒店与餐厅	110	1.4	144	1.7	7088	7.0	8199	6.6
非中心商业活动								
批发	271	3.3	338	3.9	2314	2.3	1891	1.5
交通、仓库、通信	522	6.4	508	5.9	9814	9.7	23927	19.1
其他服务	480	5.9	1629	19.0	4217	4.2	17636	14.1
总　　数	8143	100.0	8594	100.0	101038	100.0	125126	100.0

资料来源：彭琪瑞、薛凤旋、苏泽霖，《香港、澳门地区地理》，商务印书馆，1991。

四　远东国际金融中心地位的建立："二战"后CBD的发展

香港作为远东国际金融中心的地位，大体在1970年代已经确定了。其条件是非常充足的。除了地理位置及港口优良等自然条件之外，香港庞大的出口工业经济和自由贸易的体制，都是十分重要的有利条件。香港经济在1960年代初，因出口工业带动而开始发展，且有一个较完整的金融及财务设施作支撑。政府对经济发展采取了最少干预的态度，税种少、税率低，自由的外汇市场，外汇开放政策以及稳定的财政政策等，对金融业有较大的吸引力。加上香港有充足的专业服务及外来专业人才，如银行、保险、会计及法律专才来港执业或受聘鲜有限制，有连接世界各地的运输与通信网络，且处于世界经济增长率较高及经济潜力充沛的东亚地区，更令其金融业有长足的发展。中国大陆自1979年后开展改革开放新政策，这个崛起的"世界工厂"使香港的金融业经历了 30 多年的第二次快速发展,因此香港的 CBD 实际上是这种中国式出口工业经济中的"前店"(即前店后厂模式中的前店)。

1965 年香港共有持牌银行 85 家;1985 年底增至 143 家,总存款额 1101021 亿港元。外国银行在香港设立办事处的亦有 313 家,总存款额 4546 亿港元。这些机构业务与金融有关的保险和商业服务活动,占香港 GDP 的比例也从 1971 年的 14% 升至 1983 年的 24%。金融业在当时已成为与制造业并重的经济支柱产业。金融业的雇员人数,1971 ~ 1976 年年平均增加 9%,1976 ~ 1979 年为 15%,是香港当时雇员增长最快的行业。2012 年,香港认可银行增至 198 家,全球最大 100 家银行有 70 家在香港落户,根据伦敦金融中心指数显示,香港已是全球第三大金融中心;其金融业及其他工商支持行业占 GDP 比例达 28.7%,雇用了全港 19.5% 的雇员,体现了香港 CBD 高度的"曼哈顿"化。

作为高级商业活动,金融业主要集中在 CBD 内。以核心公司为例,1984 年就有 70% 设在中环和上环,另有 15% 在湾仔。图 7 清楚显示出 1996 ~ 2005

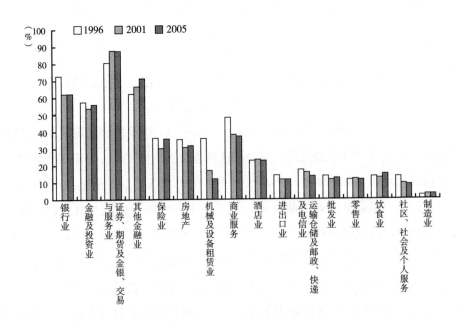

图 7 1996 ~ 2005 年香港 CBD 不同行业雇用人数比例

资料来源:薛凤旋,《香港发展地图集》,香港三联书店,2009。

年银行业、证券业、保险业及其他金融业在香港中环的集中趋势。这些数据反映了上文提到的"净化"过程，证明较高级 CBD 活动将部分次级 CBD 活动推出 CBD 核心的趋势，即市场经济下的市中心空间变化过程。另外，庞大的金融业亦成为香港 CBD 的最大功能（不论以地域面积、楼面面积或就业人数计算），成为它的最大特色。它的发展及空间结构，反过来说明了香港近年来向国际主要金融中心发展的过程；同时亦说明了这个 CBD 的活动与发展动力，不但满足香港本地经济，也为邻近的亚太地区，特别是中国大陆提供金融及全球化高级商业服务。

五　结论：发展前景——中国的曼哈顿

香港发展成为国际金融中心主要是从 1970 年开始。1970～2005 年的空间分析和统计数据显示了香港 CBD 如何适应经济发展和金融服务及其他高级商业服务的需求变化。据香港一家顾问公司估计，1978 年高级商业楼宇的供求比为 1∶9.6，1979 年的中环商业楼宇平均租金比 1978 年增加了 3 倍，使部分次级商业活动被迫转移到九龙的尖东。

从地区规划看，最高档的金融与相关服务要留在中环地区，除了行业的聚集效应及关联企业的联动效应外，香港的行政及法律中心亦在中环，不少高档商业活动也需要即时与这些非商业性单位互动，香港的中环提供了有利条件。此外，CBD 内还有为学区的雇主及各阶层雇员提供用餐、朋友小聚、喝咖啡、酒吧、购物、旅游服务等场所。

从功能及行业规划看，由于外围地区蓬勃持续的经济发展，香港 CBD 并没有如西方主要大都市的 CBD，在近 30 年来面对停滞甚至萎缩。同样的高级商业楼宇供不应求的情况在 2003 年后又导致一些次级 CBD 活动被迫落户于九龙的官塘和新蒲岗，促使了两个副中心（或二级 CBD）的形成。

香港 CBD 的经验有几方面值得内地参考：例如，吸引相关行业、商业企业与政府行政中心在空间上紧密相连；通过构建"步行城市"，香港 CBD 从业人员出行可以以公交为主以降低路面交通压力，以及进行"紧凑"型土地利用开发等。内地有些城市的 CBD，如北京和上海，与金融中心及主要行政

集中地分离，是值得再思考的。

从香港的经验亦可见，对 CBD 的动态分析能对商业及建筑行业提供准确的发展预测，同时亦为交通需求、城市发展方向提供指引。通过对 CBD 企业的行为和特点的分析，才能对 CBD 内的微细规划作出科学的决策，包括"步行城市"的构建、公交节点的选址及机动车泊位的需求等。

香港 CBD 的高楼大厦及其摩肩接踵的人群，是一个广阔区域即亚太地区空间经济引力的产物，同时它们也是为这个广大地区服务的。因此在制定吸引企业投资政策时，应促使更多的国际企业以香港为其亚洲总部及吸引内地企业利用香港作为其"走出去"的平台，也要考虑到国家新的发展方向及对香港的政策（如人民币业务及人民币离岸中心建设），以及其他竞争者如新加坡、东京与上海的相关政策等。

参考文献

Raymond E. Murphy & James E. Vance, "Delimiting the CBD", *Economic Geography*, 1954, Vol. 30.

Victor F. S. Sit, "The Changing Frontier of the CBD", in Sit (ed.), Urban Hong Kong, Summerson, Hong Kong, 1980, pp. 78 – 102.

国际经验篇

International Experience

B.13

纽约中央商务区发展报告

刘 强*

摘 要：

本报告从产业集聚与产业结构、区域集聚与辐射、政府管理等
方面对纽约市中央商务区的形成与发展过程进行了分析，并提
出对中国发展城市中央商务区的参考建议。其中四条规律值得
中国借鉴：①经济主导，自然发展，跨区域优化；②产业结构
多元化；③经济、人文与生态并重；④政府发挥重要作用但不
越位。

关键词：

纽约 都市经济 中央商务区

---

* 刘强，中国社会科学院数量经济与技术经济研究所能源研究室副主任，副研究员、博士，中
国循环经济与环境评估预测研究中心副主任，主要研究方向为数量经济、环境经济、城市经
济等。

都市经济是美国经济的重要组成部分，美国前十大都市区的 GDP 之和比其经济总量后 36 位州 GDP 的总和还要多，纽约和洛杉矶的经济总量超过了美国的 46 个州，仅小于佛罗里达、得克萨斯、加利福尼亚和纽约州。如果在世界经济中排名的话，纽约市列为第 13 大经济体，休斯敦名列第 30，达拉斯名列第 32。2012 年，就业岗位增量的 92.3%、GDP 增长中的 89.2% 都发生在都市区[①]。

每个都市区都形成了自己的中央商务区（CBD），并作为都市区经济的发动机，带动着整个美国经济的复苏与发展。其中纽约市作为全美经济的龙头，其中央商务区，即著名的曼哈顿，更可以说是世界经济的心脏。

一　纽约 CBD 概况

纽约是美国人口最多的城市，纽约都市区也是世界上人口最多的城市群之一。纽约市（New York City 或者 City of New York）是纽约州的一个组成部分，它本身又由 5 个行政区，即布朗克斯、布鲁克林、曼哈顿、王后区和史坦顿岛（Bronx，Brooklyn，Manhattan，Queens，Staten Island）在 1898 年合并组成。

纽约市拥有世界上最大的天然港口之一——纽约港，同时也是世界和美国重要的商业、金融、传媒、艺术、时尚、研究、科技、教育、文化和娱乐中心，纽约是联合国的总部，也是很多金融跨国公司的总部，有时也被看做全球外交政策、金融政策的决策中心。

纽约市统计的地域面积为 790 平方公里（305 平方英里），人口 840 万[②]（2013 年），有 800 种语言被不同群体使用着。2013 年统计数据显示，纽约都市统计区（MSA）有 1990 万人口，联合统计区（CSA）有 2350 万人口[③]。

① Global Insight, U. S. Metro Economies Outlook-Gross Metropolitan Product, with Metro Employment Projections, Prepared for The United States Conference of Mayors and the Council on Metro Economies and the New American City. November 2013.
② Michael Howard Saul (March 27, 2014). New York City Population Hits Record High. *The Wall Street Journal.*
③ U. S. Census Bureau. Annual Estimates of the Resident Population: April 1, 2010 to July 1, 2013 - Combined Statistical Area; and for Puerto Rico.

2012 年的 GDP 数据，都市区为 1.33 万亿美元，联合区为 1.55 万亿美元[1]。如果与全球经济相比，都市区相当于第 13 大经济体，联合区相当于第 12 大经济体[2]。

可以说，纽约是美国经济的 CBD（中央商务区），曼哈顿是纽约的 CBD，它甚至就叫纽约县（New York County）。曼哈顿行政区大多位于哈德逊河口的曼哈顿岛上，由东河、哈德逊河和哈莱姆河所环绕，另外还包括几个毗邻的小岛和大陆上的一小块地方。

整个曼哈顿可以分为下曼哈顿、中城区和上城区（Lower，Midtown and Uptown regions），上城区又被中央公园分为上东区和上西区，公园之北则是不那么响亮的哈莱姆。而除曼哈顿之外的其他四个行政区有时统称为外四区（outer boroughs）。

在美国其他城市，"下城"（downtown）一般指商业中心区或闹市区。而曼哈顿有两个商业区，一个是南部的金融区，另一个是新的中城商业区，这两个地区构成整个纽约中央商务区的核心区。

曼哈顿是纽约市 5 个行政区中地域面积最小、人口却最多的一个，它几乎就是纽约的象征。华尔街、纽约交易所、NASDAQ 交易所、世贸中心、洛克菲勒中心、大都会博物馆、中央公园、联合国总部、百老汇、时代广场、哥伦比亚大学等如雷贯耳的机构都在曼哈顿。

二 经济与产业的集群模式

1. 巨大的经济影响力

2012 年，纽约都市区的 GDP 为 13584.2 亿美元，比整个纽约州的 GDP 还

---

[1] Executive Office of the President-Office of Management and Budget. Revised Delineations of Metropolitan Statistical Areas, Micropolitan Statistical Areas, and Combined Statistical Areas, and Guidance on Uses of the Delineations of These Areas. p. 106.

[2] *U. S. Metro Economies* (*note CSA* 2012 *GMP total includes sum of New York*, *Bridgeport*, *New Haven*, *Allentown*, *Trenton*, *Poughkeepsie*, *and Kingston MSA* 2012 *GMP values cited*). IHS Global Insight, The United States Conference of Mayors, and The Council on Metro Economies and the New American City. November 2013. pp. 9 through 18 in Appendix Tables.

高，这是因为纽约都市区把新泽西州、宾夕法尼亚州的一部分纳入统计范围。这也反映出纽约市经济对周边的辐射能力。

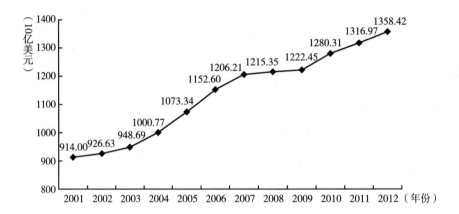

图1　2001～2012年纽约都市区的GDP

资料来源：Stratista 2014，http：//www. statista. com/statistics/183815/gdp – of – the – new – york – metro – area/。

　　根据全球城市影响力指数2011年的排名，在全球35个国际性大都市中，纽约市高居第一位。其影响力的定义是：从全球吸引创造性人才和杰出企业的能力。纽约市之后依次是伦敦、巴黎、东京。

　　纽约也经历了从工业基地转向服务业经济的过程，其间伴随着传统工业如造船业和服装产业的快速衰落。港口服务从散货转向集装箱船，大批码头工人失业。许多大企业总部从曼哈顿迁往郊区，甚至更远的城市。尽管如此，服务业尤其是金融、教育、医药、旅游、传媒、娱乐和法律服务的快速发展足以弥补这种转移。纽约作为美国最大的都市和金融、商业、信息及文化中心地位从未动摇过。

　　纽约市的产业结构是一个集群系统。第一个集群是以金融业为引领的高端生产性服务业，带动各种实体经济的发展；第二个集群是以高端人才为支撑的创意产业，包括广告业、娱乐业、传媒业、文化产业、艺术品收藏等。在这两个引领性产业之外，是为大规模高端人口聚集提供各种各样服务的产业集群，包括旅游、餐饮、商贸等。这样一个富有活力的经济结构，加上朝气蓬勃的多元化人口结构，形成整个纽约市活力四射、影响力巨大的大都市经济。

2. 金融业

金融业是纽约市产业结构金字塔的塔尖，也是曼哈顿作为纽约市 CBD 的核心产业，创造了最大的附加值，同时形成对全球和美国经济的巨大影响力。金融业是曼哈顿的支柱产业，也是纽约作为世界经济中心的基础。

纽约联邦储备银行就位于曼哈顿。尽管美联储系统有 12 家联邦储备银行，但是纽约联邦储备银行的地位是其他 11 家所无可比拟的。它一直是美国货币政策的执行者，负责执行公开市场操作和买卖财政部债权。纽约联邦储备银行的地位，也是曼哈顿作为美国金融中心的写照。

证券业是纽约金融业中最大的部门，提供了超过 50% 的金融服务就业岗位。纽约股票交易所（NYSE）、纽约交易所市场 NYSE MKT（前美国股票交易所，AMEX）、纽约贸易委员会、纽约商品交易所（NYMEX）、纳斯达克（NASDAQ）都位于曼哈顿下城。在 2008 年的金融危机之前，美国最大的五家证券交易企业都把总部设在曼哈顿[①]。2013 年 7 月，NYSE Euronext（纽交所与泛欧交易所合并后的巨型金融公司）从英国银行业协会手中接管了伦敦银行间拆借利率的管理权，进一步强化了华尔街全球金融中心的地位[②]。

中国人民银行发布的《2010 国际金融市场报告》显示，2010 年纽约是全世界第二大外汇交易中心，市场份额为 18%，2010 年末全球主要证券交易所股票市值约为 54.88 万亿美元；全球股票市场五大交易所集团为纽约交易所集团美国区、纳斯达克、东京证券交易所集团、伦敦证券交易所集团和纽约交易所集团欧洲区，比重分别为 24.4%、7.1%、7%、6.6% 和 5.3%。纽交所和纳斯达克稳居首位；纽约是世界第二大黄金场外交易中心，交易所成交量 44.73 亿盎司，位居全球第一。

美国 9 家主要银行中有 6 家在纽约，即花旗银行、大通银行、摩根公司、银行家信托公司、制造商汉谢威公司和化学银行。50 个国家的 168 家跨国银行企业在纽约市有办公室，前 20 大国际银行的 18 家把其美国分公司总部设在

---

① "America's 500 Largest Corporations". Fortune. April 30, 2007. pp. F – 45 and F – 64.

② David Enrich, Jacob Bunge, and Cassell Bryan-Low (July 9, 2013). *NYSE Euronext to Take Over Libor. The Wall Street Journal.*

纽约。金融机构的大量集聚，又吸引了与之有关的各种专业服务部门，如房地产、广告、税收、法律、设计、数据处理各类事务所等。

3. 文化与创意产业

尽管在很多影视文学作品中把纽约描述成一个冷漠的城市，但实际上纽约是一个很有文化底蕴的地方。1754 年，根据英王乔治二世颁布的《王室特许状》（Royal Charter），在下曼哈顿成立了国王学院（King's College）。美国建国之后，更名为哥伦比亚大学。曼哈顿拥有众多的学院和大学，包括哥伦比亚大学、纽约大学、库珀联盟和洛克菲勒大学，都是世界排名前 50 的知名学府[①]。

同时，纽约市和曼哈顿也是世界上文化多元性最显著的地方。根据 2009 年的美国社区调查，曼哈顿大约 58.4% 的 25 岁以上人口拥有学士或以上学历。27.0% 的人口出生于国外，61.7% 的 5 岁以上人口在家只说英语。祖籍爱尔兰的人口占 7.8%，德国裔美国人和俄罗斯裔美国人分别占总人口的 7.2% 和 6.2%。

表 1 曼哈顿区居民族群构成

单位：%

族群构成	2012 年	1990 年	1950 年	1900 年
白人	65.2	58.3	79.4	97.8
非拉美裔白人	47.6	48.9	—	—
黑人或非洲裔美国人	18.4	22.0	19.6	2.0
拉美裔	25.8	26.0	—	—
亚裔	12.0	7.4	0.8	0.3

资料来源：State and County Quick Facts：New York County（Manhattan Borough），New York. United States Census Bureau. Retrieved June 8，2013。

曼哈顿见证了美国历史上的多次文化运动。1920 年代的哈莱姆复兴运动开启了美国的非洲裔文化运动，1950 年代和 1960 年代纽约市遍布着各种涂鸦艺术。与曼哈顿下城相邻的 Chelsea 是艺术品收藏和文化活动的中心，拥有超

---

① "Academic Ranking of World Universities". Arwu. org. Retrieved July 2，2013.

过 200 家的艺术画廊，收藏了众多的现代艺术品，既有成名已久的艺术家的作品，也有正在成长中的新星的作品。

曼哈顿文化产业的代称是百老汇（Broadway），其中心地带在第 42 街"时代广场"附近，周围云集了几十家剧院，中段是美国商业性戏剧娱乐中心，百老汇这一词汇已成为美国戏剧活动的同义语。而今，它也是美国现代歌舞艺术、美国娱乐业的代名词。

曼哈顿也是艺术品收藏与展览的中心。大都会博物馆、艺术博物馆、现代艺术博物馆、Frick Collection，Whitney 美国艺术博物馆等都是博物馆中的翘楚。

在浓厚的人文气息和多元文化的支持下，纽约市中央商务区具备了发展创意产业的先天条件，也形成纽约市经济发展的第二个产业集群。

图 2　曼哈顿百老汇大街

互联网革命和美国信息高速公路计划之后，纽约市成为世界的数字创新和企业中心。数字媒体公司雇员数量在 2007 年至 2011 年之间增长了 80%，包括 Google 的 3000 名雇员，也是谷歌公司的全球第二大办公区。同时，纽约市内的高科技企业风险投资公司也增长了 25%[1]——同期美国其他地区却

---

[1]　The 2013 Report—Presented by the NYC Mayor's Office of Media and Entertainment.

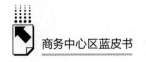

下降了。这一增长在很大程度上得益于布隆伯格市长的有关扶持和人才吸引政策。

2002年，纽约市从事创意产业的就业人数即达到309142人，占全部就业人数的8.1%。其中278388人直接受雇于创意产业，另外30754人受雇于相关产业，如服装公司的时尚设计师。在纽约市的创意产业核心区，有11671家商业和非营利机构，占全市的5.7%。另外，纽约市的创意产业还有79761家个体所有企业，这也意味着创意工作者中有29%是自我雇用的[1]。

2010年，布隆伯格市长与Commissioner Katherine Oliver认识到需要鼓励媒体和娱乐业的发展，这些政策最后产生了一个NYC Digital，属于市长媒体和娱乐业办公室的新机构。2011年该机构提出了纽约市数字路线图计划，规划了纽约市开发数字产业潜力的具体步骤。路线图战略建立在四个支柱之上：连接便利、开放型政府、公众参与和产业。许多以纽约市为基地的高科技公司相互合作，为纽约居民和地方政府之间建立连接通道，帮助他们使用创新型的新技术与项目、寻找新工作和继续教育，以及为各类企业提供发展资源等[2]。

纽约是处于世界时装行业领先地位的"时尚之都"，拥有比其他城市多得多的时尚设计师和销售企业。纽约时装周和展览吸引着众多的观摩者来到纽约，其中约有1/5来自国外。纽约与巴黎、米兰和伦敦一道跻身世界四大时装周。纽约是美国最大的服装零售市场，其销量占到全美27%[3]。

纽约是当代全球电视、广告、音乐、报纸和图书出版业的重镇，其电视与电影产业位居全美第二，仅次于好莱坞[4]。世界最大的两家全球市场营销机构Omnicom Group和Interpublic Group的总部设在纽约。全球媒体巨人如时代华纳、Viacom、新闻集团等也选择曼哈顿作为总部所在地。

伦敦规划咨询委员会曾对世界著名城市的各项文化功能进行评分，结果纽

---

① CREATIVE NEW YORK, Center for an Urban Future, DECEMBER 2005, www.nycfuture.org.
② The 2013 Report—Presented by the NYC Mayor's Office of Media and Entertainment.
③ 肖奎喜、杨岩：《纽约增强城市辐射力研究——兼论对广州的启示》，《城市观察》2013年第5期。
④ 肖奎喜、杨岩：《纽约增强城市辐射力研究——兼论对广州的启示》，《城市观察》2013年第5期。

约的平均分居第一位，超过了伦敦、巴黎等城市。评分的标准最高为 10 分，最低为 1 分。结果纽约在电视、戏剧、音乐、广告 4 项中居第一位，在电影、设计、时装 3 项中居第二位。平均为 9 分，高居榜首。在这次评分中，伦敦居第二位，东京则落在巴黎之后。

文化与创意产业的发展，抵消了纽约传统上的不利条件。据报道，从 2007 年到 2011 年，接近 500 个纽约创业公司得到注资，自 2007 年起纽约的创业资本成交量就上升了 32%，而其他地区包括硅谷，却有所下降①。

纽约市同样是高科技研发基地。曼哈顿和布鲁克林区已经有一批技术公司。全球著名的新能源汽车公司特斯拉和 Etsy② 已经在纽约落户。2012 年，纽约更是在各方面的风险投资吸纳超越了硅谷。2005～2010 年，纽约高科技产业创造的工作岗位增长了近 30%③。

纽约不仅是商业中心，也是一些世界上最好的医院和科研机构的所在地。纽约市的研究中心和医院，每年从国家健康研究所收到 13 亿美元的资金，仅次于马萨诸塞州的波士顿—剑桥都市区。

4. 传统服务业

纽约市最大的服务业其实是总部经济，以及总部经济带来的对服务业的全面繁荣。纽约是很多大公司的总部所在地，其中大部分在曼哈顿。2013 年的世界财富 500 强中，纽约市有 52 家，包括摩根大通集团、麦高希尔、雅诗兰黛等都是其成员。实际上，纽约市并不是最多的，加利福尼亚州拥有 54 家财富 500 强企业，得克萨斯州也有 52 家。按照财富 500 强排名，2014 年纽约市前十大企业依次是威讯通信电信、摩根大通集团、国际商业机器公司、花旗集团、美国国际集团、大都会保险公司、百事公司、辉瑞制药有限公司、国际资产控股公司、高盛公司④。从这些名字就可以知道纽约市的经济实力了。

---

① 江文君:《纽约城市发展转型及对上海的启示》,《文汇报》2014 年 2 月 17 日。

② Etsy 是一个网络商店平台，以手工艺成品买卖为主要特色，曾被《纽约时报》拿来和 eBay、Amazon 比较。

③ 江文君:《纽约城市发展转型及对上海的启示》,《文汇报》2014 年 2 月 17 日。

④ http://www.wnyc.org/story/291687 - fortune - 500 - features - 52 - new - york - companies.

表2 总部位于纽约市的前十位财富500强企业

单位：亿美元

排名	公司名称	营业额	利润
16	威讯通信电信（Verizon Communications）	1206	115
18	摩根大通集团（J. P. Morgan Chase & Co. ）	1063	179
23	国际商业机器公司（International Business Machines）	998	165
26	花旗集团（Citigroup）	936	137
40	美国国际集团（American International Group）	687	91
42	大都会保险公司（MetLife）	682	34
43	百事公司（PepsiCo）	664	67
51	辉瑞制药有限公司（Pfizer）	538	220
66	国际资产控股公司（INTL FCStone）	438	0
74	高盛公司（Goldman Sachs Group）	409	80

资料来源：http：//www. fortunechina. com/fortune500/c/2014 – 06/02/content_ 207496. htm。

曼哈顿作为美国与世界经济中心，吸引了更多高端服务业进驻。世界顶级的八家广告业网络集团都把其总部设在曼哈顿（麦迪逊大道）[1]。

2013 年，曼哈顿有大约 5. 2 亿平方英尺（4810 万平方米）的办公面积，是美国最大的写字楼市场，也是美国最大的中央商务区（主要集中在中曼哈顿）[2]。如果把中城（Midtown Manhattan）和下城（Lower Manhattan）分开，那么中城依然可以作为美国第一大中央商务区，下城则是美国第三大中央商务区（排在中城和芝加哥之后）。

尽管纽约市的房地产价值很高，但是纽约市及其中央商务区曼哈顿都没有把房地产作为支柱产业，事实上新建筑的出现也受到很大限制，其发展空间有限。反而是纽约市批发零售、旅游业和生产性服务业（如交通、物流）等传统服务业非常发达，纽约市也没有所谓"腾笼换鸟"发展高端现代服务业的打算。

纽约作为全美的金融和商贸中心以及第一大港口，有着发达的商业贸易和

---

① Top 10 Consolidated Agency Networks：Ranked by 2006 Worldwide Network Revenue. Advertising Age. April 25，2007.

② Understanding The Manhattan Office Space Market，http：//www. officespaceseeker. com/manhattan –office – space – market. html。

生产服务业。曼哈顿区作为整个纽约市的心脏，其批发零售贸易额占整个纽约市的58％以上。2010年纽约市批发零售贸易共解决507867人就业，2011年解决520392人就业①。

三　区域集聚与梯次发展

纽约市中央商务区的发展，是一个典型经济驱动的集聚、发展与辐射的过程。伴随着纽约港口经济的发展，下曼哈顿地区开始形成中央商务区。当经济规模日益扩大之后，下曼哈顿狭小的空间不足以满足总部经济的要求，中央商务区开始向北发展，直抵中央公园的南端，形成目前的中央商务区规模。此后，纽约市经济在中央商务区的带动下，进入梯次发展阶段，桥梁和地铁设施的建设使中央商务区与布鲁克林、长岛、布朗克斯等更便利地连接在一起，为中央商务区的发展提供了更广阔的地理空间和经济纵深，形成总部经济、高端服务业与制造业、房地产业、商贸等次级产业的高度配合。

20世纪之后，伴随着交通便利化和信息化的进程，中央商务区规模经济、范围经济形成的成本下降优势，开始被高度聚集模式带来的高成本所抵消，部分产业尤其是制造业和企业总部开始搬离中央商务区，扩散到成本更低的地区，从而把中央商务区的地理空间留给了更需要区域规模经济的产业，如金融业和时尚、广告、文化传媒等创意产业。可以说，纽约中央商务区已经走完了一个完整的生命周期过程，进入稳定发展阶段。

1. 向心集聚

从地理上看，纽约成为美国经济的中心有其必然性，它是一个非常优良的深水港口，同时其临近地区又是资源非常丰富的工业地区。即使在工业革命之前的殖民地时期，纽约也是内陆资源最为适宜的出海口。因此，纽约非常自然地成为美国东北部乃至全国的航运中心，再由航运中心成为金融中心是很自然的事情。

---

① 肖奎喜、杨岩：《纽约增强城市辐射力研究——兼论对广州的启示》，《城市观察》2013年第5期。

纽约市经济发展成为美国龙头既有历史必然性，也是由一个个事件促成的。纽约港虽然在荷兰时期即已存在，但是其能够辐射的纵深有限。东北部地区还有波士顿、巴尔的摩等港口可以与之竞争。1825 年伊利运河竣工成为纽约市经济发展的分水岭。运河建成前，从布法罗市用船运送一吨面粉到纽约市，需要 3 个星期和 120 美元的运费，但是运河开通后，只需要 8 天时间，运费也降低到 6 美元。原本必须通过密西西比河运到新奥尔良出海的货物开始流向东部。1800 年时大约 9% 的美国出口经由纽约港，这一数据在 1860 年达到了 62% 。

随着伊利运河的开通，纽约成为世界首屈一指的新兴城市。纽约市人口在 1790 年代前的增长速度是每十年约 3 万人，之后迅速增长，1820 年有 12.3 万居民，1830 年人口达到 20.2 万，到 1860 年人口增加到 81.4 万①。人口快速发展促使曼哈顿岛以每年两个街区的速度拓展。

到 19 世纪 40 年代，纽约的金融市场规模已经成为美国最大。在那之后，电报开始迅速流行，越来越多的人在纽约市场从事贸易活动。美国金融中心的地位也是从那时开始建立起来的。另外，19 世纪 40~50 年代美国铁路延伸也加强了纽约的中心地位。

美国内战之后，大量欧洲移民进入美国，拉动美国经济快速发展。纽约港作为移民进入美国的第一站，促进了纽约经济的繁荣，并强化了曼哈顿作为中央商务区的地位。1886 年 10 月 28 日自由女神像的竖立，更加确认了纽约与美国经济的巨大活力，也造就了纽约经济自由与开放的精神特质。

1910 年代，由于地处港口附近和优越的区位优势，下曼哈顿从市政厅到炮台这一只有 0.6 平方英里的地区，开始发展成为世界上重要的商务中心。这时的商务中心以港口商贸物流与金融服务业为主导，既是美国的金融中心，也是美国东北部地区的商业与航运中心。

2. 梯次发展

1883 年，跨越东河的布鲁克林大桥开通，标志着纽约从曼哈顿的港口经

---

① 王淑霞、萧山：《世界发动机的十次点火——美国 400 年经济史回眸》，http://blog.sina.com.cn/s/blog_3 e7850 a501000 adg.html。

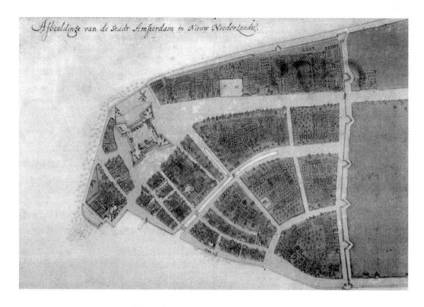

图3　最早的曼哈顿规划图——Castello 计划

注：Castello 计划是已知最早的荷兰殖民地时期的新阿姆斯特丹发展规划，该图绘于 1660 年。规划图上方写的是："新荷兰的阿姆斯特丹市图"。作者是时任新阿姆斯特丹总督 Jacques Cortelyou。

资料来源：New York Public Library, Digital Gallery. Digital ID：54682，Digital Record ID：118555. 转引自 Wikipedia。

济走向功能辐射的大纽约都市区。1874 年，现今布朗克斯县的西部从韦斯特切斯特县划归给纽约县（即今日之曼哈顿），1895 年现今布朗克斯县的剩余部分也合并至纽约市。1898 年，纽约市与周边三个县整合为大纽约市（City of Greater New York），基本形成今日纽约的行政区划。

1904 年，纽约市地铁开通，以及越来越多的布鲁克林大桥，使得都市区联系更为紧密。即使是在 20 世纪 30 年代的大萧条时代，也没有影响曼哈顿一些摩天大楼的修建，包括帝国大厦、克莱斯勒大厦和 GE 大厦。20 世纪 80 年代华尔街再次繁荣，纽约依旧是世界金融产业的中心。

20 世纪 20 年代，伴随着非洲裔美国人的大迁徙，纽约市人口快速增长，经济进一步繁荣，纽约市出现了大量的摩天大楼。到 1925 年，纽约市超过伦敦成为世界上人口最多的城市。纽约市经济也从曼哈顿中央商务区向外梯次发展，形成环绕中央商务区的多个区域次中心，并形成跨越行政边界的纽约—新

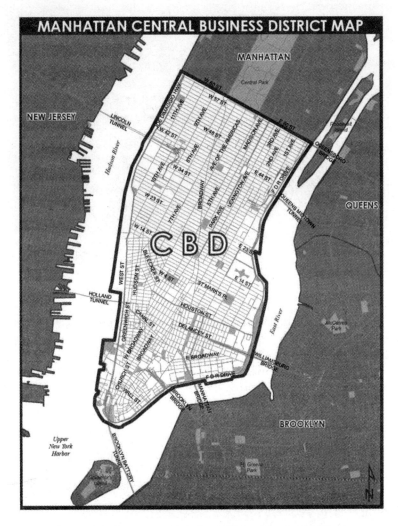

图 4　曼哈顿中央商务区地图：严格限制于中央公园之南

资料来源：聚思－中美清洁能源合作组织，《纽约城市规划（plaNYC）——
更绿色、更美好的纽约》。

泽西都市经济圈。

3. 向外辐射

自 20 世纪 80 年代以来，纽约市生产服务业的就业规模增速放缓，总部经
济发展乏力。这不仅表现在金融、房地产、商务、法律等行业就业率下降；还
表现在世界 500 强企业的总部外迁或者重组，1984～1999 年绝对数量减少了

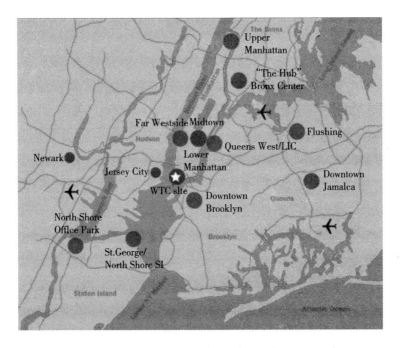

图5 纽约市商务中心分布示意

资料来源：New York New Visions. Principles for the Rebuilding of Lower Manhattan February 2002. By New York New Visions, a pro-bono coalition of architecture, engineering, planning and design organizations committed to honoring the victims of the September 11 tragedy by rebuilding a vital New York。

24家。造成这种结果的原因包括信息技术广泛应用降低了企业对空间的依赖程度；快速交通网络的修建提高企业外迁的积极性；中央商务区各种成本的上升迫使更多企业采取郊区化战略①。

与其他美国大都市一样，纽约也经历了社会治安恶化和族群冲突等问题。电影《教父》生动地表现了这一过程。20世纪90年代之后，得益于纽约市政府的努力，通过打击有组织犯罪和发展哈莱姆等欠发达社区等措施，纽约的犯罪率明显下降，人口外流的趋势得以扭转，纽约再次成为世界各地移民的终点站。受美国当时低利率政策和华尔街金融赢利的刺激，纽约市房地产市场再次繁荣。2001年的"9·11"事件，虽然造成巨大的冲击，但是

---

① 叶振宇、宋洁尘：《国际城市生产性服务业的发展经验及其对滨海新区的启示——以纽约、伦敦和东京为例》，《城市》2008年第9期。

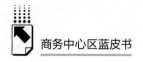

丝毫没有动摇纽约作为世界金融中心的地位，仍然居美国都市区经济排名的榜首。

表3 纽约－北新泽西－长岛都市区在全美都市经济中的排名

单位：10亿美元

2011 年排名	都市区	2011 年	2012 年	2013 年	2014 年
1	纽约－北新泽西－长岛都市区,NY－NJ－PA	1294.2	1335.1	1379.7	1431.3
2	加州洛杉矶－长滩－圣安娜都市区	732.2	765.7	792.4	827.6
3	芝加哥－朱丽叶特－内伯维尔都市区,IL－IN－WI	548.5	571	585.9	610.4
4	华盛顿特区－阿灵顿－亚历山大里亚,DC－VA－MD－WV	437.2	446.9	455.8	477.5
5	休斯敦－糖地－湾镇,TX	425.5	449.7	463.7	488.7

资料来源：Global Insight, U. S. Metro Economies Outlook-Gross Metropolitan Product, with Metro Employment Projections, Prepared for The United States Conference of Mayors and the Council on Metro Economies and the New American City, November 2013。

经过数十年的建设，纽约有全世界最好的交通枢纽，有三个主要机场把纽约与世界其他城市联系起来，进出港旅客超过1亿人次（2006年）。有高速铁路连接波士顿、华盛顿和更远的地方。纽约市对美国东北部经济的辐射能力日益加强[①]。

四 公共管理与城市交通网络建设

1. 管理机制

自1898年大纽约市成立以来，曼哈顿一直由纽约市宪章管理。自1989年修订之后，纽约赋予了市长委员会系统更大的执行力。集中化的纽约市政府负责曼哈顿区的公共教育、惩教机构、图书馆、公共安全、康乐设施、卫生、供水、福利服务等。

---

① 聚思－中美清洁能源合作组织：《纽约城市规划（plaNYC）——更绿色、更美好的纽约》。

曼哈顿区长办公室创立于 1898 年，目的是平衡市政府的集中化管理与社区管理的关系。以前，每个区长拥有纽约市预算委员会的投票权，因此也就拥有很大的权力。该预算委员会负责城市预算和土地利用的审批。1989 年美国最高法院宣布纽约市预算委员会违宪，因为人口最多的布鲁克林区没有比人口最少的史泰顿区拥有更大的代表性，这侵犯了平等保护条款的第 14 修正案，即"一人一票"原则①。

图 6　曼哈顿市政厅大楼，美国最大的市政府建筑

作者：Momos。
资料来源：wiki。

1990 年之后，区长的权力弱化，差不多相当于在市长下属机构、城市理事会、州政府和企业之间的一个协调人。曼哈顿现在的区长是 Gale Brewer，2013 年 11 月以 82.9% 的高票率当选。曼哈顿拥有 10 个纽约市理事会成员，在五个区中排名第三。它拥有 12 个管理区，每个管理区由一个社区委员会提供管理服务。社区委员会相当于本地居民在城市管理事务中的代理人。

2. 市政府在 CBD 形成中的作用

美国经济奉行市场之上原则，但是绝非没有规划。在纽约曼哈顿 CBD 建设发展历程中，纽约市政府发挥了重要作用。尤其在 20 世纪 80 年代后曼哈顿 CBD 发展较为迅速的阶段，纽约市政府在改善 CBD 的总体环境方面采取了一些积极的措施。

第一，加强对曼哈顿 CBD 的土地用途规划，主要以建设标准和土地用途审批的形式来推行其规划目标。在整个 80 年代，纽约市 CBD 的许多原有厂房改变为住宅楼、办公楼、机构办事处和商店。纽约市规划部门要求，

---

① New York Times. January 25, 2014. New York 2013 Election Results.

在进行改造的时候必须使得改造后的项目能够为纽约人创造更多的就业机会。在审核项目时，纽约市规划部门尽量做到新的居民与现有的商业设施和谐。

第二，加强产业发展规划与促进措施。如前所述，对创意产业采取各种鼓励措施，并成立产业发展基金，鼓励响应产业的发展，以及新技术的孵化。2002 年起，纽约启动了超过 40 个项目扶持生物科技产业，并帮助建立了一系列的孵化网络扶持该地区的起步公司。纽约设立了政府创业基金，这是在硅谷之外成立的第一个创业基金。此外，斯坦福大学计划投资 20 亿美元在纽约罗斯福岛建立 61 万平方米的园区，地铁一站路即可到达纽约中城①。

第三，改善曼哈顿 CBD 原有的公共环境。纽约市政府对一切有碍于 CBD 发展的不利公共环境因素进行逐步解决，如对 CBD 中原有街道、人行道的严格管理。为解决曼哈顿 CBD 的交通拥堵，纽约市政府鼓励发展公共交通，不鼓励曼哈顿私家车的发展，并时刻注意进城车辆的废气排放情况。同时投入大量资金进行环境保护和环境美化建设。纽约市的电信业历来是世界上最先进的，纽约市电信部门倡导的"可信赖网络"计划使不同的电信公司携手合作，以对付紧急状态下可能出现的问题②。

第四，支持曼哈顿区以外次级 CBD 的建设。除了曼哈顿 CBD 以外，在布鲁克林、长岛市也有小型的 CBD 作为曼哈顿区 CBD 的后援补充。纽约市积极改善这些地区的商务条件，作为对曼哈顿 CBD 的补充。

3. "9·11" 后的恢复重建工作

"9·11" 事件发生之后，美国立即启动了曼哈顿下城中央商务区的恢复工作，并计划在原址重建世界贸易中心和纪念设施。并希望以此为契机，通过重塑下城的交通和商务基础设施，进一步强化其经济集聚与辐射能力。纽约市政府提出的主要重建原则如下③。

①尊重世贸中心原址作为纪念地的重要性，保留原址的一块区域用于建设

---

① 江文君：《纽约城市发展转型及对上海的启示》，《文汇报》2014 年 2 月 17 日。
② 赵弘：《总部经济（第二版）》，中国经济出版社，2005。
③ *Lower Manhattan Development Corporation：Principles And Revised Preliminary Blueprint For The Future Of Lower Manhattan*，www.renewnyc.com.

永久性纪念物。

②促进下曼哈顿的持续复苏，确保其长期活力。

③恢复全部或部分街道网络，并把世贸中心旧址与下城其余部分重新整合。

④消除华尔街在金融区和炮台公园之间的隔离作用。

⑤协调快速轨道服务系统，使曼哈顿下城与纽约其他地区连接更为便利。

⑥建设一个高效的换乘中心，连接通道、地铁系统和未来的区域轨道系统，使之成为进出曼哈顿下城的门户。

⑦创建各种便利设施，适应未来包机、旅游、公共巴士的快速增长，探索各种街道之外交通的发展机会。

⑧力争扩大居住人口，提高生活质量，树立创建曼哈顿下城社区意识。

⑨促进零售和商业机会，支持曼哈顿下城成为日间和夜间活动的适宜场所。

⑩建设或扩大曼哈顿地区的文化和公民机构。

⑪为下曼哈顿建设一个方便、有吸引力和功能全面的公园与开放空间体系。

⑫支持鼓励可持续发展设计、绿色建筑技术设计与工程中的安全性、便利性。

⑬确保设计中让下曼哈顿成为世界对纽约市印象中的标志。

⑭鼓励对城市杰出历史结构与文化景观的保护。

⑮发展下曼哈顿，不仅激发和加强其金融服务/华尔街的活力，而且要使其成为经济活动的新中心。

4. 都市交通网络建设

纽约市经济实际上是因交通枢纽而发展成为大都市经济的典范。快速交通网络对于形成和强化曼哈顿 CBD 的经济集聚与辐射功能至关重要。

曼哈顿作为 CBD 是纽约市经济的引擎，它有 230 万雇员，居住在整个纽约市大都市区，几乎是纽约市就业 2/3 的岗位。白天，曼哈顿人口为 394 万，其中有 134 万居住在曼哈顿之外[1]。夜晚，下曼哈顿 CBD 变得十分清静，而时代广场等著名旅游景点依然人流如织。这种人口活动结构产生了巨大的城市交通需求。

---

[1] Mitchell L. Moss and Carson Qing, The Dynamic Population of Manhattan, Rudin Center for Transportation Policy and Management, Wagner School of Public Service, New York University, March, 2012. http：//wagner. nyu. edu/files/rudincenter/dynamic_ pop_ manhattan. pdf.

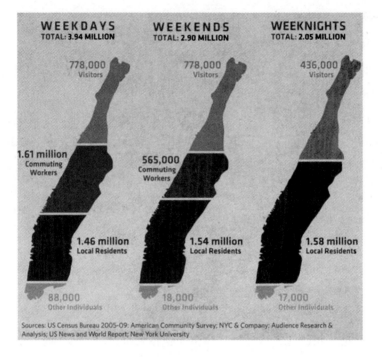

图7 曼哈顿 CBD 的人口活动规律

资料来源：Mitchell L. Moss and Carson Qing, The Dynamic Population of Manhattan. Rudin Center for Transportation Policy and Management, Wagner School of Public Service, New York University, March, 2012。

在整个20世纪上半期，纽约通过大规模的市政建设、公共交通网的联结，使城市面貌焕然一新。如纽约第一条地铁在1904年开通，纽约地铁全长656英里（1056公里），共468站，是全球最错综复杂的轨道交通系统，每日搭载人数达到800万人次。据2010年统计，纽约居民通勤使用公交的比例接近55%，在美国大城市中名列第一①。

通过纽约市政府各种措施的努力，纽约地区形成了与美国其他地区截然不同的出行特征，多数人以公共交通方式出行，有77.5%的家庭甚至不购买汽车②。

---

① 江文君：《纽约城市发展转型及对上海的启示》，《文汇报》2014年2月17日。

② Pratt Center for Community Development, Manhattan factsheet。Data source：U. S. Bureau of the Census. 2000 Decennial Census.

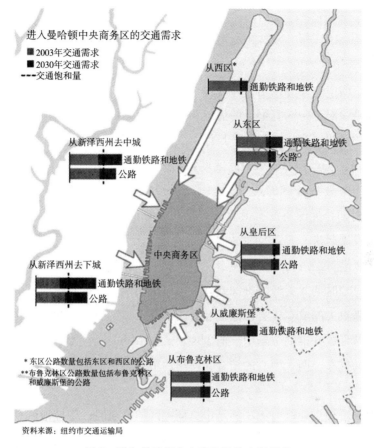

图8　进入曼哈顿中央商务区的交通需求

资料来源：聚思－中美清洁能源合作组织，《纽约城市规划
（plaNYC）——更绿色、更美好的纽约》。

美国普查局 2000 年的调查数据显示，纽约市居住和工作都在 CBD 并乘公
交系统出行的人数占 33.2%，居住和工作都在 CBD 之外并乘公共交通往返的
占 36.7%，两项合计为 69.9%；居住在 CBD 之外并乘公交往返 CBD 的人数占
30.1%，其中单独乘车的人数仅占 1.3%，拼车进入 CBD 的占 0.7%，乘地铁
系统占 23.8%，在家工作、步行、自行车、摩托车或打车的人数占 4.2%[①]。
从这些数据可以看出，纽约客的出行相当绿色。

① Pratt Center for Community Development，Manhattan factsheet。Data source：U. S. Bureau of the
Census. 2000 Decennial Census.

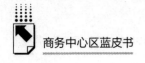

五 对中国发展中央商务区的启示

纽约市的中央商务区是全球发展 CBD 的典范，也是最为成功的 CBD。它的历程和经验对于中国有很强的借鉴意义。目前国内有多个城市提出建设中央商务区，并以纽约为标杆和追赶目标。

1. 经济主导，自然发展，跨区域优化资源

纽约市中央商务区的形成反映了市场经济的巨大自组织力量。纽约市 CBD 形成时期，美国还没有诞生。但是在优势地理区位资源的吸引下，港口经济自发发展起来，并带动商品贸易、工业生产、一般服务业向港口周边聚集，形成以港口经济为龙头的城市经济集群。

受殖民地时期北美经济资源开发带来商机的推动，以及美国建国后伊利运河竣工带来更大的成本优势，港口经济的优势更加明显，纽约市作为北美经济中心的地位形成并推动金融中心的出现。资本市场的完善为各产业集群的发展带来强劲的支撑。两大中心的结合，使纽约市尤其是下曼哈顿不可避免地成为总部基地。

在下曼哈顿供地能力无法满足中央商务区的要求时，中城地区自然发展成为新的中央商务区，并与下城商务区完美融合成一个大的中央商务区。二者在金融贸易等现代服务业与创意产业之间的分工，有效地利用了总部经济集聚带来的规模经济与范围经济，并形成梯次发展的产业集群。随着集聚程度提高所带来地价成本的变化，各产业依其自身规律，或选择核心商务区谋求最大程度的信息流，或选择周边地区谋求较低的成本并维持与核心信息场不远不近的距离，从而通过流动性保持了经济的总体活力。如纽约市的创意产业中心，就经历了多次的中心转移。

总部基地实际上是信息交汇与财务结算的中心，集聚过程的完成必然开启后面的经济辐射。中央商务区周边稍远一点的地区，就成为向总部基地提供员工居住的社区和商品生产基地，并形成一个一个的次级经济中心。

美国经济不受行政边界的限制，因此，纽约市经济辐射功能迅速跨越自身的行政边界，进一步带动周边地区如新泽西和宾夕法尼亚州的经济发展，实现

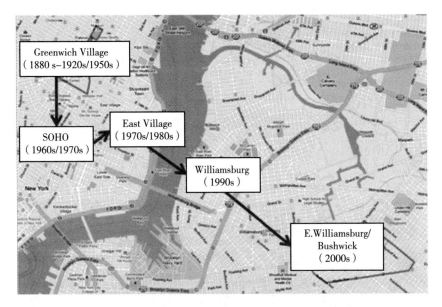

图9 1920～2010年纽约市创意产业中心的转移

资料来源：S. Zukin，L. Braslow，*The Life Cycle of New York's Creative Districts：Reflections on the Unanticipated Consequences of Unplanned Cultural Zones. City，Culture and Society* 2 (2011) 131－140。

跨区域的经济资源优化。

政府在这一过程中的作用，尽管也是不可或缺的，但是纽约市政府非常恪守自己的服务功能，除对土地用途进行把关之外，没有直接插手具体的经济事务。由社区领袖组成的纽约市政府机构，有效地把各种审批标准导向就业与社会责任指标。

2. 产业结构多元化

纽约市中央商务区的产业结构十分多元化，这与国内对中央商务区的理解有很大不同。纽约市CBD既有高端大气上档次的金融业、保险业，也有时尚潮流的电信、生物科技和创意产业，更有大量的旅游业、商贸零售、服装设计加工等国内视为需要更新替代的产业。这些不同的产业集群为中央商务区的存在提供了各种各样的服务需求。甚至可以说，正是因为多种产业集群在周围的集聚，才有了曼哈顿中央商务区存在的必要性。

3. 经济、人文与生态并重

纽约市是经济之都，但是在发展中绝对没有唯经济论。从地理面积上看，纽约市的中央商务区，即曼哈顿下城和中城相连在一起的地块，可能是世界上面积最小的中央商务区。纽约市严格把中央商务区的面积限制在中央公园之南的狭小地域内，宁可向上发展，也不横向扩张。剩下的大半个曼哈顿岛基本上留给了中央公园等绿地面积和哥伦比亚大学等学院，以及数量不少的教堂等人文设施。曼哈顿南边面积巨大的史泰顿岛一直保留为纽约市的生态用地。这种情况与国内诸多城市大量牺牲城市绿地、把各大学搬迁到远郊区来搞房地产的情况完全不同。

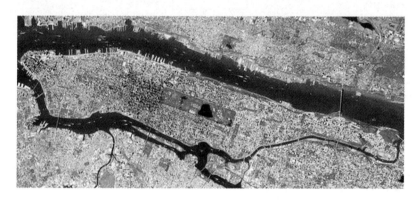

图 10　曼哈顿卫星图，中央部分为中央公园，可以看出区域内的绿色环境

资料来源：From Wikipedia。

事实上，哥伦比亚大学和中央公园的存在，大大提升了曼哈顿作为世界最佳中央商务区的品位。漫步在曼哈顿，虽然白领、金领经常步履匆匆，但是整个曼哈顿并不显得浮躁与喧嚣。哈莱姆地区等上城地带，日益成为创意产业和美国文化产业的中心，这与浓烈的人文气氛是分不开的。

4. 政府角色重要但不越位

如前所述，纽约市在经济发展和中央商务区形成过程中发挥了重要作用，但是并没有越界直接参与到经济活动之中。

纽约市政府最重要的职责是提供基础服务，包括城市发展的规划，特别重视对土地用地的审查。从荷兰殖民地时期起，市政府就非常重视土地规划（见前面图 3）。另外，纽约市政府投入最大精力的就是纽约市的快速公共交通网络。正是基于这套完整的、远近结合的便捷交通体系，纽约市中央商务区才能让这一复杂系统运转良好，从而留住众多的雇员和企业总部。同样是 2000 万人口的大都市，纽约市公共交通系统的便捷性和舒适性远好于中国的北京和上海。否则以美国社会的高度流动性，企业和雇员都会流向更为舒适的地区去安家置业。

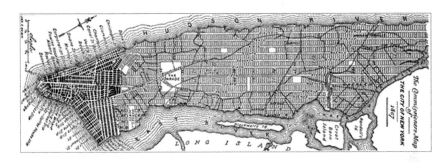

图 11　1811 年的纽约市路网规划

资料来源：wiki. com。

　　纽约市高度集聚的中央商务区模式，使得其地价很高，因此只有那些能够产生足够经济效益的项目才可能买得起曼哈顿的地产。纽约市政府尽管提出了一些鼓励创业产业发展的措施，但是从来没有想过提供土地优惠措施来激励这些产业的发展。正是这种尊重市场规律的做法，才使得纽约中央商务区自然精选了那些最优的项目留在了曼哈顿。

　　纽约市政府的另一大贡献就是平衡区域发展，营造良好周边环境。众所周知，纽约市历史上曾经出现过哈莱姆这样的贫民窟和意大利黑手党、唐人街恶棍街这样的混乱地区。通过多年的努力，这些地区的面貌都大大改变。哈莱姆地区已经彻底绅士化，成为纽约市黑人文化的代表地和创意文化的中心，前总统克林顿也把其办公室搬到了哈莱姆区。以前黑社会横行的时代也已经彻底过去。这与巴西里约热内卢那种富人区与贫民窟比邻而居的情况有着天壤之别，也和国内有些大城市只注重景观街道的建设思路有着明显的高下之分。

B.14
巴黎 CBD 发展经验及其借鉴

Camille　Boullenois *

摘　要：

第二次世界大战后，作为欧洲主要的中央商务区，拉德芳斯在
政府规划与市场力量的双重作用下产生并发展，其经济发展和
空间演变体现了 20 世纪后半叶法国的社会经济变化以及城市转
型。拉德芳斯独特的规划理念以及成功的政府运作机制为世界
各地 CBD 的建设提供了可资借鉴的经验。

关键词：

拉德芳斯　建筑历史　经济演变

拉德芳斯区位于巴黎市中心与市郊的分界线——环城大道的西面，占地
160 公顷，其中，办公区占地 300 万平方米，住宅区占地 60 万平方米，商业
占地 23 万平方米，入驻了 2500 家企业和 1500 家公司总部，其中包括 15 家世
界 50 强企业，提供了 15 万个就业岗位，配备了 9 万名管理人员。拉德芳斯区
是欧洲最具影响力的商务中心区之一，同时也是法国经济繁荣的象征，它是在
政府引导与市场力量的双重作用下产生并发展，不仅展现出政府在城市规划决
策中的强大影响力，而且有效带动了经济社会的发展。法国悠久的空间开发历
史和深厚的空间规划传统对巴黎拉德芳斯成功的开发和建设起到了至关重要的
作用，在长达半个多世纪的建设和发展中，拉德芳斯也见证了法国经济和社会
的重大转型。

＊ Camille Boullenois（法国），巴黎东方语言文化学院和巴黎政治学院双硕士学位，牛津大学东方
研究所博士，主要研究方向为城市化和社会变迁。

一 拉德芳斯商务区的起源

拉德芳斯位于巴黎西北部，以巴黎凯旋门为主轴线，连接卢浮宫与凡尔赛宫，它是在法国政府有意识的推进城市副中心建设的背景下建设而成的，也是"二战"后巴黎最重要的新兴都会建设杰作。同时，"这座新城"也是在国家与地方权力机构、政府与投资者、建筑师与策划者之间多方利益博弈下，历经漫长的孕育过程而产生的，如今已经成为欧洲最具影响力的商务中心区。

（一）早期计划：政府主导的规划设计

拉德芳斯的发展与巴黎历史主轴线的诞生是紧密相连的。1599 年，亨利四世时期开辟了自卢浮宫向西连接巴黎西郊的圣日耳曼昂莱城堡的皇家城堡道路；路易十四时期，建筑师安德烈·勒诺特尔（Andre Le Notre）对此道路进一步加宽和修饰；路易十五时期建设了协和广场；拿破仑三世时期兴建了凯旋门；20 世纪 50 年代末，法国政府决定在巴黎西郊建设以现代化高层建筑为设计理念的办公区域，并建成了标志性建筑——大拱门（Grand Arc）。自此，历经几个世纪，原来的皇家道路已然成为巴黎城市历史轴线，自东向西串联了卢浮宫—协和广场—凯旋门—大拱门。拉德芳斯的建立也诠释了巴黎历史轴线以空间延续的方式，演绎着巴黎的历史、文化和城市建设。

拉德芳斯一期计划是在法国政府有意识的推进城市化的背景下开始的，两次世界大战见证了法国城市化以及城市治理的快速发展，二者标志着国家权力在法国城市发展方面的领导作用。1929 年组织的拉德芳斯区设计竞标中，著名的建筑设计师勒·柯布西耶（Le Corbusier）提出了一个建设性的想法，即在拉德芳斯区内通过人车分流解决交通问题，通过高层建筑的建设提升公共空间的比例。这一设计方案勾画了拉德芳斯规划的雏形，但这一方案在第二次世界大战之后才得以实施。

第二次世界大战后，法国进入了城市化深入发展和工业重建的重要时期。同时，为了有效指导战后重建、解决地区发展不平衡问题，以及缓解中心城区的人口压力和交通压力，法国政府和学者共同推动国土整治规划，策划者们开始强调城市布局的分散化，巴黎市郊成为战后重建的重点区域。这一时期，法国领土整治部的高层 André Prothin 推动了巴黎城的扩展，通过规划将拉德芳斯圆形广场作为城市化建设的标志性地区，并由巴黎地区治理技术部门负责此项工程，与此同时，在拉德芳斯区建设具有法国现代化标志的展示性用地的计划又被重新提上日程。首个工程的实施源于一个私人发起者——工业工程联盟（Federation of Engineering Industries），其计划包括一座展览中心——国家工业科技中心（National Center for Industry and Technology，CNIT），CNIT 的最终建造计划在 1953 年确立，这一标志性工程的设计与建造充分展现了法国工业技术的复兴。经过半个世纪的建设，拉德芳斯已成为巴黎最具现代化的城市景观地区，更是欧洲最具影响力的商务中心区。

（二）实施保障：合理有效的开发机制

法国历史上具有较强的中央集权意识，其人口和经济高度集中于首都巴黎，为了降低巴黎中心区密度，促进区域均衡发展，法国政府制定了多项规划。拉德芳斯区的建设就是在《光辉三十年》的背景下实施的，在此过程中，法国的城市化发展主要是在中央政府有计划的推动下进行的，而地方政府在这当中扮演的角色微乎其微。1958 年，为了缓解巴黎中心区压力，法国政府制定了《巴黎地区国土开发与空间组织总体计划》（简称 PADOG 计划），拉德芳斯区也被纳入 PADOG 计划。由于拉德芳斯区的建设涉及 3 个城镇（Courbevioe，Manterra，Puteaux），这在当时成为法律上很棘手的问题。为此，政府设立了共同利益行动（OIN），由多个组织和市镇在政府提供的公共框架内共同合作，将分散的行政能力、资源和资产整合在一起共同致力于拉德芳斯地区的建设。该共同利益行动于 1958 年 9 月 9 日创立，被命名为拉德芳斯区域开发公司（Public Establishment for The Development of La Defense Region，EPAD）。

EPAD 由一个各方人数相同的管理委员会领导，即由 9 个地方团体及民众组织代表和 9 个政府代表组成，法国领土整治部高层 André Prothin 对此机构的领导持续了十年。尽管有原则声明，但 EPAD 与中央政府的联系仍未密切，它贯彻执行政府发展规划，而开发者在区内的建设则较多地受到了控制，总体而言，政府在规划和建设中处于主导地位。这也使得 EPAD 在土地收购、基础设施建设与出售方面获得了有较大的自主权。建设初期，EPAD 通过基础设施的建设吸引投资者，并通过向开发者出售建筑权，从而获得开发建设资金。EPAD 机构的成立保证了拉德芳斯建设规划的有效实施。而对于政府规划方案持有异议的市镇也通常聚合起来组成反对 EPAD 的阵线，尤其是在 20 世纪 60 年代，一些市镇开始反对政府在市镇形态和人口规划方面的计划，并积极争取土地开发和管理等方面的权限。

创立 EPAD 的法律条文明确规定了 EPAD 拥有的财政资源，即包括出售动产或不动产所得、借款，以及获许可的"国家土地资源整治经费"（FNAT）的预支。其中，来自 FNAT 的经费成为 EPAD 的主要财政来源，但这些经费往往需要在较短的时间内偿还（最短期限是四年，较长的期限为六年），但由于土地增值收益需要相当长的时间才能获取，这一预支机制存在一定的不合理性。因此，在 1961 年，EPAD 获得国家拨付的一笔资产捐赠，并获得来自法国信托投资局的长期借款，FNAT 的借款期限也延长至 8 年。此外，EPAD 的收入还包括转入建设权所得，出租公共设备所得以及其他借款所得。而 EPAD 的支出则包括财政花费、施工花费以及偿还借款花费等。其中，公共设备的出资由国家、市镇（主要负责公共交通网）和 EPAD 三者共同分担（主要负责重新安置和相关设备）。同时，国家从 EPAD 获取的收入金额也相当庞大，在必要时国家也拨付给 EPAD 相当数额的投资津贴，这种"交错行动"也使得准确评估 EPAD 开展土地整治行动的盈利情况变得困难。

EPAD 成立后的首个大规模任务是妥善解决贫民窟居民的重新安置问题。贫民窟位于拉德芳斯圆形广场的后方——Nanterre 城，城中 415 公顷的土地被征用，大约 480 家工业企业和居住在 9250 栋危旧房屋中的家庭需要迁移和重新安置。在 EPAD 成立的第一年起，就在法国领土整治部高层 André Prothin 的领导下，开始严格地按照其首批任务实行土地征用，重新安置居民，并通过土地的购得与再销售以及建筑权的商业化，获得巨大的增值利益。从 1964 年开始，在 EPAD 的负责下，一个占地 40 公顷的混凝土工程被批准实施，在其工程之上矗立着一些高层建筑。工程的实施花费了大量的时间和资源，对建造水平也有着很高的要求。和其他城市土地整治者不同，EPAD 并没有在土地整治好就彻底离开，而是把小块土地出售给推销商或投资人，把公用设备转让给市镇，并最终留下来负责拉德芳斯的管理。由于设备转让经常会横跨多个市镇，设备转让中伴随的相关问题以及财政收入等问题逐渐显现，为了更好地对公用设备进行维护、保养及运营管理，政府于 2006 年成立了拉德芳斯公立管理机构（EPGD），这个新机构在 2009 年开始运作并在 2010 年取名为 Defacto，其行政会议由 Hauts de Seine 省的 7 个代表以及 Puteaux 和 Courbevoie 两个市镇的 3 个代表组成。另外，由一个拥有 15 个成员的协商委员会来担任机构管理下的公共区域和公用设备的法人，这种协商结构催生出了新的治理模式——更加注重民众对区域治理的参与。而之前的 EPAD 则开始专注于土地整治工作，并在 2010 年变为 EPADESA，即拉德芳斯塞纳河拱门公立土地整治机构。

二　丰富的建筑历史

拉德芳斯的建成给拥有两千多年历史的文化名城巴黎带来了浓烈的现代气息，早期的两座象征性建筑——新工业科技中心和大拱门，充分体现了现代建筑的特点。此后通过连续几代建筑的修建，拉德芳斯见证了法国近几十年建筑学的发展。

（一）第一代高层建筑

新工业科技中心（CNIT）的建造始于 1956 年，它是第一个在拉德芳斯建造的现代化建筑，其目的在于展示法国工业技术的复兴与创新，被认为是展示法国战后复兴的未来主义窗口。整个建筑采用混凝土拱形结构，占地 22500 平方米，拱形结构的厚度仅有 6 厘米，壳体平面为三角形，每边横跨 218 米，是世界上最大的壳体建筑。新工业科技中心的建造成为一项技术壮举，同时也成为一项世界纪录。

20 世纪 60 年代，一些高层建筑相继建立起来，早期建筑包括 Esso 石油公司总部、Aquitaine 大楼和 Nobel 大楼，Nobel 大楼是在 Dynamite Nobel 公司的要求下，由建筑师 Mailly 和 Zehrfuss 设计的。1968 年前后，第三批建筑竣工，第四批的建设也在进行当中（包括 Aurore，Atlantique，EDF 和 Europe 等），这些大楼也构成了拉德芳斯一期建筑的主要组成部分。为了维持拉德芳斯地区建筑风格的一致性，政府要求所有建筑的基地尺寸为 42 公尺长和 24 公尺宽，建筑高度被限制在 100 公尺。建筑的内部布局通常由可拆卸隔板墙连接，这样的布局有利于入驻公司根据实际需要划分办公区域。简洁与实用也成为 60 年代建筑现代化的代名词。与此同时，城际列车网（RER）于 1961 年开始动工，为了连接从星形广场站到拉德芳斯地区一线，施工必须穿过塞纳河下方，此工程耗时长达九年。最终，拉德芳斯 RER 城际列车车站于 1970 年 4 月 26 日竣工，地铁站内还建设了一个面积达 5600 平方米、可容纳 40 个商铺的商业中心。

（二）第二代与第三代建筑

1969 年，住房与设备部批准了拉德芳斯的修正方案，该方案放松了对建筑高度的限制，将建筑高度提升至 30 级（即 100 米），此上限在 1970 年再次被提高。这些改革以及来自美国建筑美学新潮流的影响直接推动了拉德芳斯第二代大楼的建造。1970 年 2 月，ERE 城际列车的提速使拉德芳斯和星形广场间的运行时间缩短至五分钟，大大提高了在拉德芳斯工作的 12000 名工薪阶层的通勤效率。同时，为了满足日益增长的商务办公空间需求，以及更好地平衡财政收支，EPAD 提出建设一个拥有 150 万平方米的办公区。随后，EPAD 开始着手对 Nanterre 公园区进行研究，计划将其建成一个拥有 6000 套住房以及 13000 平方米办公区的区域。1972 年该项计划被采纳并实施，第二代大楼开始兴建，包括高 120 米、建筑面积 65000 平方米的 Franklin 大楼，高 159 米、建筑面积 68000 平方米的 Assur 大楼，高 179 米、建筑面积 85000 平方米的 GAN 大楼，高 184 米、建筑面积 90000 平方米的 FIAT 大楼。与此同时，拉德芳斯也开始重视景观环境的营造和艺术品的布置，园林、雕塑、喷泉等错落有致地布置在区内，第二代建筑则以简约、冷峻和坚韧的线条，给人带来与众不同的感受。例如，Areva 大楼坐落于一个近乎正方形的基地上，与第一代圆形边角建筑不同，Areva 大楼有着锐角的边角、黑色的外表，以及正方形的窗户。由于新建的高层建筑打破了巴黎原有宁静的天际线，这一时期的建筑规划一度引发了大众的争议和不满，例如，Areva 大楼非人性化的办公区设计（阳光的长时间直射、噪音问题，以及存在争议的空调系统等）以及 GAN 大楼对巴黎天际线的破坏等。同时，受 20 世纪 70 年代经济不景气和经济危机的影响，拉德芳斯的建设步伐也大幅度地放缓了。

1978 年，拉德芳斯巨大的混凝土板结构人行广场建成，36 公顷的面积覆盖了快速线路、RER 城际列车、公共汽车网、地铁以及停车场。交通系统采用四层的立体组织架构以实现人车分流，地面层与城市公交、机动车干线对接，地面二层是公园及步行系统，地下一层与地铁对接，地下二层与铁路快线对接，这种比较理想的交通组织模式一直被认为是很好的借鉴模式。

20 世纪 80 年代，建筑师们开始寻求更好的方法以满足大楼使用者的需求，这也促使了拉德芳斯第三代大楼的诞生。第三代大楼不再完全翻版美国的建筑理念和模式，开始更加注重人性化的设计，新技术和新材料的使用也催生了一系列节能型办公楼，而且大楼外观更加高挑，确保了个人独立的办公区和自然采光，Pasca 大楼、Voltaire 大楼、éve 大楼，以及四季商业中心都是这一时期的代表性建筑。

这一时期，人们建造了大拱门——唯一一座在世界上没有任何先例的建筑。大拱门的建筑计划最初是法国总统乔治·蓬皮杜和吉斯卡尔·德斯坦所设想的，并以"保卫计划"的名义在密特朗时期实现。大拱门既展示了古典建筑的艺术魅力，又具有现代化的办公功能，并将巴黎城市历史轴线延伸至西端，自东向西形成了卢浮宫—协和广场—凯旋门—大拱门的标志性历史中轴线。大拱门于 1982 年动工建设，1989 年落成，它不仅展示了非凡的建造技术和建筑创意，外形上继承了凯旋门的历史形象，成为了巴黎新时代的标志。

（三）第四代与当代建筑

20 世纪 80 年代末 90 年代初，第四代建筑开始兴起。与前三代建筑不同，第四代建筑开始反思现代建筑带来的问题，充分考虑建筑设计与生态环境的融合，更加注重造型的美观变化，办公空间也被设计为直接采光，并减少了外墙面的反光材料，更追求经济舒适。第一个引领设计潮流的是 Elf 大厦（如今的 Total Coupole 大厦）。这一设计倾向一直持续到 90 年代，Pacific 大厦和 Société Génerale 大厦均是第四代的代表性建筑。进入 21 世纪，信息的进步以及新材料的使用进一步推动了当代建筑的发展，尤其是新材料的应用使得高层建筑的外观更加复杂化和更富曲线性，高层建筑愈加趋向于不规则、不对称和曲线形的外观。新建大楼同样越来越多地考虑环境因素，所有新建建筑都必须遵循高环境质量标准，这一时期的标志性建筑有 Coeur Défense 大厦、Défense Plaza、CBX、Exaltis 以及 EDF 等。

（四）2006 年更新计划

随着国际化的加速推进，以及法国城市规划领域的革新，政府开始重审过去半个多世纪拉德芳斯的规划设计和发展模式。2006 年，法国内务部、土地规划部部长尼古拉·萨科齐和交通部、旅游部、海洋部部长多米尼克·佩尔本递交了一份更新计划，2006 年 12 月，《拉德芳斯更新规划》（Schema Directeur de Renouveau de La Defense）正式被法国政府批准。更新计划的主要内容包括四个方面：（1）开发面积为 45 万平方米的新办公区，其中 15 万平方米来自现有建筑的重建，10 万平方米由住房和设备部进行建设。该项目的目的在于通过由国际建筑师设计的享誉盛名的建筑工程，提升拉德芳斯在国际竞争中的影响力。在此期间，四座摩天新建筑应运而生，即 Phare 大厦、Generali 大厦、Signal 和 Hermitage 大厦。（2）开发面积为 10 万平方米的住宅区，提升拉德芳斯的混合功能。（3）发展公共交通。加强公共交通网的建设，该计划的目的是将拉德芳斯建设成一个多元运输枢纽，其中包括从圣拉扎尔延长 RERE 城际线，建设到达各机场的快速交通，以及计划建设在未来连通巴黎—鲁昂—勒阿佛尔铁路线的高速火车站。（4）机构重组。成立了拉德芳斯公立管理机构 EPGD（于 2010 年改名为 Defacto），EPAD 则开始只负责土地整治工作，并在 2010 年变更为 EPADESA，即拉德芳斯塞纳河拱门公立土地整治机构。作为拉德芳斯历史上最雄心勃勃的计划之一，《拉德芳斯更新规划》虽然没有完全实现，但已经被写进了发展纲要之中。

三　经济的演变及发展

拉德芳斯创建后，经历了快速增长时期以及经济危机时期，首当其冲地见

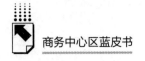

证了法国经济和社会的重大转型。然而，在此过程中，拉德芳斯一直保存并强化了它的特性，能源、石油工业、信息技术、商务服务和金融业等领域的企业一直常驻于此，拉德芳斯也成为法国经济繁荣的象征。

（一）快速增长时期

20 世纪 60 年代至 70 年代初，法国经历了大幅经济变迁和快速发展，经济发展重心转移到石油化工、汽车、造船、通讯设备等新兴工业部门，商务办公空间的需求随之快速增长，尤其是保险业发展快速。这一时期，主导法国乃至世界经济的龙头企业大规模入驻拉德芳斯，包括能源、化工、设备和制药业等行业的企业总部，同时信息技术以及保险、咨询、金融等商务服务业在这一阶段也得到了快速发展，并在之后相当长的时期内支撑着拉德芳斯地区的发展。充满经济活力的拉德芳斯大大提升了法国在世界经济中的影响力。

（二）经济危机时期

进入 20 世纪 70 年代后，受石油危机引发的世界经济危机的影响，法国经济进入了缓慢增长阶段，商务办公空间的需求随之大幅下降，从 1974 年到 1977 年，拉德芳斯地区面临空前的危机，办公空间的闲置面积高达 60 万平方米，在此期间，EPAD 也无法出售任何建筑权，为了平衡租赁收益，一些工程被迫停止施工。

1978 年，法国政府开始通过政策促进拉德芳斯建设的复苏。1978 年 10 月 16 日，法国总理 Raymond Barre 在多部门协调委员会会议之后对 EPAD 做出了若干拯救措施，包括批准增设 35 万平方米的办公区域，继续建设 A14 高速公路，增加贷款以改善区域环境，并推动公共工程部入驻拉德芳斯。接下来的几年里，拉德芳斯开始恢复活力，办公空间的潜在需求开始重新重现。1981 年，四季商业中心投入运营，该商业中心拥有占地 10 万平方米的商业区和 51000 名雇员，内部涵盖了各种商业及服务设施，成为这一时期欧洲最大的商业中心。

（三）经济重振时期

进入 20 世纪 80 年代，法国政府的复苏措施取得了较为显著的成效，1983 ~

1992 年是拉德芳斯发展的重振期。1985 年审批程序的简化促进了房地产市场的繁荣和大规模的运作，咨询、培训、市场调查、酒店、娱乐服务等专业化、多元化的服务快速发展，CNIT 的翻新、大拱门和 Imax Dome 的建造等大型项目给拉德芳斯的发展注入了新的活力。在此阶段，拉德芳斯也逐渐成为第三波国际跨国公司总部所在地，包括 IBM 欧洲总部、ELF 总部等纷纷落户，进一步奠定了拉德芳斯的国际地位。这一时期，拉德芳斯地区企业发展的一个重要特征是机构重组趋向大型化，据统计，1995 年，48.5% 的企业被重组进拥有500 名员工以上的大型企业，其中包括拥有 6500 名员工的法国兴业银行、拥有 3000 名员工的道达尔等大型机构。同时，随着大型企业外包服务需求的产生和增加，一些规模小于 20 人的小型企业也逐渐成为支撑拉德芳斯发展的最具潜力主体，尤其是化学制药业和冶金工业所占比例较大。1992 年，拉德芳斯区在巴黎房地产危机的影响下经历了一次新的危机，但这次危机与 1974 ~ 1978 年的危机有所不同，EPAD 不再出售土地占有权，并通过服务的提升以及环境的营造，使得办公区域闲置现象有所控制，并进一步强化了拉德芳斯作为巴黎重要商务办公区的形象。在此期间，法国兴业银行将其总部以及分散在巴黎其他地区的办公区均迁至拉德芳斯。此外，企业间的联合、并购现象活跃，能源业、金融业、保险业和商务服务业与 IT 产业竞相发展。

历史上，巴黎的金融机构主要集中在巴黎证券交易所附近，随着信息技术特别是互联网的发展，20 世纪 80 年代末，大量金融机构开始入驻拉德芳斯。至 2000 年，金融业逐渐占据主导地位，800 家银行和保险公司聚集在拉德芳斯，包括兴业银行、花旗银行、德克夏银行、法国东方汇理银行、LCL、法国巴黎银行、美国运通、通用电气银行、荷兰国际集团、安盛、安联、Gan 以及 Marsh 等。此外，高技术服务业也成为拉德芳斯另一个重要的支柱产业，咨询、通信和信息技术等企业纷纷入驻，其中包括源讯、CSC 公司、凯捷管理顾问公司、甲骨文公司以及 Thalès Communications 等。至 2006 年，拉德芳斯提供了 11.5 万个就业机会，拥有近 3 万平方米的写字楼，容纳了法兰西岛 0.5% 的雇佣机构，其中央区的就业密度超过每公顷 800 人。现如今，拉德芳斯区已经成为法国的跨国公司总部、金融和信息传播中心，在法国经济战略转型中扮演了极其重要的角色。

四　经验及启示

近半个世纪以来，拉德芳斯的规划建设虽然一波三折，但俨然成为法国经济繁荣的象征。拉德芳斯独特的规划理念以及成功的运作机制为世界各地 CBD 的建设提供了可资借鉴的经验。然而，随着时间的推移，拉德芳斯的建筑和公共设施日趋陈旧，与周边地区的关系、生态环境问题以及日益增长的交通需求等问题，对拉德芳斯未来的发展构成严重挑战。

（一）便捷的立体化交通

拉德芳斯的独特之处在于结合了所有城市运输的公共交通枢纽，包括 RER、有轨电车、公交车和环线等，并首创"人车分离"原则，形成了高架交通、地面交通和地下交通三位一体的便捷、高效的交通系统。但拉德芳斯的交通运输系统也存在较多的问题。一是已建成的交通基础设施一直未能确保省、国内和国际三个层面交通的快速连接。二是公共交通的通达问题长期存在。由于受制于部门分隔和技术水平的制约，一些交通项目的协调难度较大，以至于很多项目被迫放弃或者搁置。例如，1961 年，巴黎 Nation 站（民族广场站）和 Nanterre 站（楠泰尔站）之间的一段 RER 建设项目上马执行，然而由于较高的挖掘难度，这一路段直至 1970 年才得以成功完成。由于拉德芳斯区域开发公司（EPAD）和巴黎大众运输公司（RATP）间协调的困难，一个环绕拉德芳斯区的单轨交通项目不得不被放弃。2009 年，政府有关部门决定将大巴黎地铁系统 RER 线路从 Saint Lazare 延长至 Mante‐la‐Jolie，不过该项目一直处于考虑之中。值得欣慰的是，法国国家铁路公司（SNCF）、巴黎大众运输公司（RATP）和巴黎地铁系统（RER）三者逐渐开始联合运作，新建的大型客运车站由于实现了公交车和 2 号有轨电车的连接而提升了公共交通的通达性。在中距离运输问题上，有项目提议应建设从拉德芳斯开始一直连接到诺曼底的线路，也有意见表示应该在拉德芳斯设立一个火车站，以高铁连接巴黎西部主要城市，并以摆渡车方式连接机场。近年来，随着"大巴黎计划"的提出，社会各界开始更多地关注拉德芳斯地区的交通问题。三是交通发展的不均衡问题明显。虽然公共交通极大地促进了拉德芳斯对周边地区的影响，但交通服务的布局并不均衡，55%的交通运输集中于巴黎城与拉德芳斯之间，面向西部和西南部的交通分别占27%和18%。目前，每天约有40万人往返于巴黎市中心与拉德芳斯之间，其中87%选择乘坐公共交通。不断增长的交通需求也是未来拉德芳斯面临的挑战之一。

（二）合理有效的开发机制

拉德芳斯和世界上其他商务区的最大不同之处在于受国家规划的影响巨大，带有强烈政府色彩的开发公司——EPAD的设立既是一个大的创新，也保障了拉德芳斯规划的有效实施。EPAD贯彻执行政府对拉德芳斯发展规划的同时，与社会开发商一起共同开发建设，并成功地协调了拉德芳斯所在地同时归属多个行政单位的问题。国家的财政支持不仅让EPAD得以稳定发展，还催生了很多大规模、有影响力的计划。然而，公共政策对拉德芳斯的巨大影响使得它对政策改变以及继任政府对它的关注程度非常敏感，国家对管理的过多干涉也使人们开始反思，这一治理模式是否利于公民的充分参与。2006年，运行了近半个世纪的EPAD发生了改变，新的治理模式应运而生，EPAD开始专注于土地整治工作，并在2010年更名为EPADESA，即拉德芳斯塞纳河拱门公立土地整治机构。同时，新成立拉德芳斯公立管理机构（EPGD），并于2010年更名为Defacto，Defacto的设立让民众、社团和工会更多地参与到拉德芳斯的治理中。

（三）对周边地区的有效带动

拉德芳斯位于巴黎历史轴线的西端，其所在区域是巴黎西郊的生活居住中心，如今，该地区已经成为拥有10万人口、集办公、购物、休闲和生活于一体的现代化新城区。由于靠近巴黎第十大学、巴黎第九大学、列奥纳多·达·芬奇大学中心，以及楠泰尔建筑学院和巴黎大剧院舞蹈学校，拉德芳斯地区也成为了法兰西岛地区重要的文化教育区。与此同时，拉德芳斯由于发达的交通网络以及较强的经济实力，有效带动了周边市镇的发展，包括 Puteaux、Courbevoie、Nanterre、Colombes、La Garenne – Colombes、Levallois – Perret、

Neuilly – sur – Seine、Suresnes 和 Rueil – Malmaison 等周边市镇提供了大量就业岗位，也使得这些市镇的工业传统得以延续，其中，Courbevoie、Puteaux 和 Nanterre 三镇在拉德芳斯的影响下发展最为快速，特别是 Nanterre 镇，成为近几年经济增长最强劲的市镇，其就业岗位数量在 20 年内翻了一番，写字楼面积位居上塞纳（Haute – de – Seine）地区第四。

（四）与巴黎中心区的竞相错位发展

最近几十年，伴随着巴黎老城中心向外围的疏解和扩张，法兰西岛地区的经济活动与就业呈现出较为明显的分散化趋势。但经济活动的分散化并没有导致巴黎中心区的衰落。实际上，在这一演变过程中，巴黎中心区与拉德芳斯区形成了竞相发展、错位发展的格局。巴黎中央商务区进一步聚焦于专业化发展，包括会计服务、法律咨询等在内的专业服务，以及商店、旅馆和餐馆等进一步在巴黎中心集聚。而拉德芳斯则聚集了更加专业化的金融、保险、中介、电信、信息技术和企业管理等产业，20 世纪末，拉德芳斯地区的专业化水平超越巴黎中心区，成为继巴黎之后的第二个经济中心。同时，经济活动的分散化发展也给其他商业中心带来了机会，一些企业逐渐落户到其周边其他省份或地区。

五　结论

在长达半个多世纪的建设和发展中，拉德芳斯见证了法国经济和社会的重大转型。如今，它不仅是巴黎西部极具特色的现代化城市景观地区、巴黎郊区最繁忙的交通枢纽中心以及法兰西岛最主要的商业中心，也是欧洲地区最具影响力的商务中心区。同时，拉德芳斯也被视为法国"二战"后具有激进色彩的实验区，宏伟的建筑设计和几经波折的发展历程，在法国城市蓝图和历史中留下了重要足迹。

当前，拉德芳斯也面临着新的挑战，包括自然资源的枯竭、生态环境的恶化、廉价能源的获取、日益增长的交通运输需求，以及对低收入及中等收入群体的排斥等问题日益显露。虽然拉德芳斯建有针对低收入和中等收入群体的社会保障住房，但分布十分不均匀，新建地产项目也多以满足第三产业和大型企业的需求为主，不能满足日益多样化的社会性住房需求和小型企业的办公需求。此外，对于拉德芳斯区的管理者来说，如何寻找有效途径，让当地的民众、社团和工会充分参与到地区的发展和治理中，也是管理者未来面临的重要挑战之一。

参考文献

Belton, Leslie, 2009, " De la permanence du concept de frontière. Les liens entre travail et vie privée à La Défense", Espaces et sociétés, no. 138（3）: 99 – 113.

Chabard, Pierre, Picon – Lefebvre, Virginie, dir. , 2013, La Défense, architecture et politique, dictionnaire, histoire et territoire, atlas, Marseille, éditions Parenthèses.

Gaschet, Frédéric et Lacour, Claude 2002, "Métropolisation, centre et centralité", Revue d'économie Régionale & Urbaine, février（1）: 49 – 72.

Guillain, Rachel, Le Gallo, Julie, Boiteux – Orain, Céline, 2006, " Changes in spatial and sectoral patterns of employment in Ile – de – France, 1978 – 1997 ", Urban Studies, Volume 43, no. 11, 2075 – 2098.

Halbert, Ludovic, 2004, "The Decentralization of Intrametropolitan Business Services in the Paris Region: Patterns, Interpretation, Consequences", Economic Geography, Vol. 80, No. 4 （Oct. , 2004）, pp. 381 – 404.

Halbert, Ludovic, 2006, " The Polycentric City Region That Never Was: The Paris Agglomeration, Bassin Parisien and Spatial Planning Strategies in France", Built Environment, Vol. 32, No. 2, Reflections on the Polycentric Metropolis, pp. 184 – 193.

"La Défense 2050, Au delà de la forme, Cahier de session de l'atelier d'été " – 27 Août 23 Septembre 2011, 29ème session des Ateliers Internationaux de Maîtrise d'oeuvre urbaine de Cergy – Pontoise, Île de France.

"La Défense dans son territoire : Comment un quartier d'affaires international peut – il être aussi un pôle de développement métropolitain?", Institut d'aménagement et d'urbanisme Ile de France, juin 2010.

Maleyre, Isabelle, Nappi – Choulet, Ingrid, et Maury, Tristan – Pierre, 2007, " Un modèle hédonique des prix de bureaux à Paris et en Petite Couronne ", Revue d'économie Régionale & Urbaine octobre（3）: 421 – 451.

Padeiro, Miguel et Terral, Laurent 2013, " La centralité d'affaires parisienne face au desserrement des emplois. Un examen par le biais de la localisation d'activités 《témoins》（1993 – 2008）", Géographie, économie, société, 2013/3 Vol. 15, p. 205 – 237.

Piercy, Philippe, 1999, "La Défense : 1958 – 1998, de la banlieue au pôle majeur de la région capitale", L'information géographique, Volume 63 n°1, pp. 33 – 36.

Scicolone, Maria, 2012, "Developing Skyscrapers Districts: La Défense", *CTBUH Journal*, Issue 1.

Terral, Laurent et Padeiro, Miguel, 2013, "La centralité d'affaires parisienne face au desserrement des emplois. Un examen par le biais de la localisation d'activités "témoins" (1993 – 2008)", Géographie, économie, société, Vol. 15 (3): 205 – 237.

附 录

Appendix

B.15

1990～2013 年中国 CBD
发展大事记

1990 年

1990 年　国务院宣布开发开放上海浦东，并在陆家嘴成立中国首个国家级金融开发区——陆家嘴金融贸易区，这是中国唯一以"金融贸易"命名的国家级开发区。

1992 年

1992 年 8 月 30 日　上海陆家嘴金融贸易区开发股份有限公司成立，主要致力于陆家嘴金融贸易区的开发建设。

1992 年　广州市委、市政府为进一步发挥中心城市的引领作用，决定建设广州新城市中心——珠江新城。

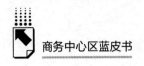

1993 年

1993 年 国务院批准《北京城市总体规划》（1991～2010 年），首次提出建设北京商务中心区的构想。

1993 年 广州市政府批准实施《广州市新城市中心——珠江新城综合规划方案》，对珠江新城建设实行统一规划、统一征地、统一开发、统一出让、统一管理。

1996 年

1996 年 6 月 1 日 主楼高达 391 米的中信广场在广州市天河区新城市中心建成并投入使用，成为广州市新的地标建筑。这是当时中国的最高建筑，也是当时世界上最高的混凝土大厦。

1996 年 8 月 18 日 中国大陆最早的超大型购物中心——广州天河城正式开业，进一步推动了广州市天河中央商务区的建设。

1999 年

1999 年 《北京市区中心地区控制性详细规划》确定北京商务中心区（北京 CBD）范围，总用地面积 3.99 平方公里，并确定位于国贸桥"金十字"东北角面积约 30 公顷的地区为 CBD 的核心区。

1999 年 北京市朝阳区委、区政府决定借筹划首届北京朝阳国际商务节之机，推出 CBD 概念，进而全面加快 CBD 建设。

2001 年

2001 年 7 月 1 日 杭州大剧院破土动工，标志杭州钱江新城（CBD）建设正式启动。

2001 年 10 月 29 日　武汉市政府第 158 次市长办公会议原则同意在王家墩地区建立"武汉中央商务区"。

2001 年　北京市提出构筑"一线两翼"首都经济格局，东部商务中心区和西部中关村科技园区形成两翼，商务中心区建设被纳入北京市国民经济与社会发展第十个五年计划。

2001 年　北京市政府采用国际招标方式，向国内外征集并推出北京商务中心区综合规划，决定全面加快商务中心区建设。

2002 年

2002 年 2 月 19 日　以"两横九纵"道路和"两大水体"为主的杭州钱江新城基础设施建设全面启动。

2002 年 12 月　武汉 CBD 邀请国内知名 CBD 规划专家共同编写了《武汉王家墩商务区规划建议书》。

2003 年

2003 年 1 月 20 日　北京 CBD 面向国际公开征集北京商务中心区核心区规划方案。

2003 年 1 月　武汉市在第十一届第一次人代会所作的《政府工作报告》中，正式提出在汉口王家墩老机场原址建设"武汉王家墩商务区"的战略部署，武汉 CBD 建设正式拉开序幕。

2003 年 2 月　杭州市下城区委、区政府提出了"全力打造中央商务区，全面推进下城现代化"战略，武林 CBD 建设正式启动。

2003 年 4 月 26 日　温家宝总理视察北京 CBD 重点项目——北京财富中心一期工程。

2003 年 7 月　重庆市人民政府第十二次常务会议通过《重庆市中央商务区总体规划》，确定解放碑 CBD 是重庆 CBD 的重要组成部分。

2003 年 9~12 月　武汉市规划局委托美国 SOM 设计事务所、德国欧博迈亚设计咨询公司、澳大利亚 DESIGNINC&ANS 公司、英国阿特金斯顾问有限公司和中国城市规划设计研究院等五家国内外著名的规划设计机构进行武汉 CBD 规划方案的国际征集。

2003 年 10 月 9～11 日　第四届北京朝阳国际商务节成功举办，明确北京商务中心区以国际金融服务为龙头、发展现代服务业的产业定位。

2003 年 10 月 22 日　杭州市委、市政府专题下发市委〔2003〕20 号《关于加快钱江新城的若干意见》文件。

2003 年 12 月 17 日　根据北京商务中心区管理委员会建议，中国农业银行北京市分行、交通银行北京分行、国家开发银行北京营业部、中国民生银行总行营业部、中国光大银行总行营业部、中信实业银行总行营业部、东亚银行北京分行、北京市商业银行等发起并自愿联合成立北京商务中心区银行联席会。

2003 年　大连中山区委、区政府成立大连中央商务区前期工作领导小组，开始推进大连中央商务区建设的前期工作。

2004 年

2004 年 1 月 6 日　国务院副总理曾培炎，在建设部部长汪光焘、北京市委书记刘淇、市长王岐山等有关领导陪同下，到北京商务中心区重点项目——金地国际花园工地考察。

2004 年 5 月 11～13 日　北京市朝阳区政府及北京商务中心区管委会在美国纽约曼哈顿时代华纳中心举办"北京朝阳区展暨北京商务中心区投资环境展示会"，宣传推介北京商务中心区的投资环境，美国多家新闻媒体对此进行了报道。

2004 年 7 月 3 日　武汉市政府召开市长办公会议，决定成立武汉王家墩商务区开发建设指挥部，全面加快推进武汉 CBD 开发建设。

2004 年 9 月 15～19 日　第五届北京朝阳国际商务节成功举办。商务节以迎接奥运为契机，以跨国公司和服务业发展为主题，旨在进一步推动 CBD 的国际化进程、现代服务业聚集发展和政府服务体制机制创新，成为北京 CBD 建设由概念、规划阶段进入全面建设和产业发展新阶段的重要标志。

2004 年 9 月 22 日　位于北京商务中心区的中央电视台新址建设工程举行奠基仪式暨开工典礼。

2004 年 9 月　国内首份以研究和推进 CBD 发展为宗旨的期刊——《北京 CBD》杂志创刊，杂志采取中英文双语、双月刊，公开发行。

2004 年 10 月 10 日　"北京 CBD 成就与规划"在"中国城乡建设与人居环境成就展"上展出。

2004 年 10 月 16 日　首届"中国上海 E – CBD 论坛"在浦东世纪公园国际会议厅揭开序幕，论坛主题是"虚拟经济与城市商务中心区功能创新"，来自北京、上海、深圳、杭州、重庆、香港与纽约、伦敦、东京等城市的 150 多位中外著名 CBD 的代表和专家学者参加会议。

2004 年 10 月 18 日　首届中国中小企业博览会在珠江新城广州花城会展中心开幕。

2004 年 12 月 3 日　武汉市政府正式批准《武汉王家墩商务区总体规划》。

2004 年 12 月 22 日　由香港太古集团投资的大型商业地产项目——太古汇正式动工，这是内地首个集艺术、文化、零售、办公及酒店于一体的超大型商业地产项目，广州天河 CBD 以天河城、正佳广场和太古汇构筑的"金三角"初步形成。

2005 年

2005 年 1 月 15 日　位于广州天河 CBD 的正佳广场正式营业，正佳商业广场是当时中国第一、亚洲最大、全球第五大的超大型购物中心。

2005 年 5 月 22 日至 6 月 4 日　在湖北省政府经贸代表团访欧期间，武汉中央商务区建设投资股份有限公司与德国展览集团在慕尼黑签署了《战略合作备忘录》和《武汉 CBD 会展中心委托咨询协议》。

2005 年 6 月 9 日　北京 CBD 金融商会成立，北京 CBD 金融商会第一次理事会、会员代表大会在京召开。

2005 年 7 月 1 日　位于北京 CBD 的泰国盘谷银行北京代表处获准升格为分行，泰国总理他信主持庆典，中国银监会刘明康主席、朝阳区区长陈刚出席

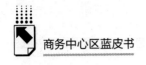
了庆祝仪式。

2005 年 7 月 6 日 中航三星人寿保险公司在北京 CBD 开业，成为入驻北京 CBD 的第一家金融企业总部。

2005 年 9 月 15 ~ 18 日 以"商机、合作、服务、发展"为主题的第六届北京朝阳国际商务节在京召开。

2005 年 9 月 25 日 武汉中央商务区建设奠基典礼在王家墩机场北部的范湖地区举行。

2005 年 9 月 北京 CBD 国际论坛成立暨第一次理事会举办。

2005 年 10 月 拥有亚洲最大梦幻天幕，集品牌旗舰店、特色主题餐厅、家居生活、美食广场等于一体的休闲购物中心"世贸天阶"在北京 CBD 正式封顶。

2005 年 以港航服务业为特色的中央商务中心区规划被纳入大连市"十一五"规划，要求：全面推进从中山广场至海之韵广场具有金融、商贸、旅游、涉外商务及港航等服务业为特点的中央商务区建设，完善和提升服务功能，逐步发展成为邮轮经济核心区和国际航运中心的服务区之一。

2005 年 规划总用地面积597公顷、陆域面积278公顷、填海面积319公顷、规划总建筑面积1200万平方米的东港商务区建设正式启动，成为大连中央商务区的延伸区，旨在为中央商务区空间拓展和功能提升带来更大的发展空间。

2006 年

2006 年 5 月 1 日 杭州市委颁布《关于进一步加快钱江新城建设和发展的若干意见》，要求进一步加快钱江新城的建设和发展。

2006 年 8 月 经长沙市人民政府批准，长沙芙蓉 CBD 正式挂牌成立。

2006 年 9 月 21 ~ 24 日 以"商机·合作·服务·发展"为主题的第七届北京 CBD 国际商务节隆重召开。

2006 年 9 月 22 日 北京 CBD 传媒产业商会、北京商务中心区传媒文化俱乐部成立，并召开新闻发布会。

2006 年 10 月 18 日　由武汉市人民政府主办的"中国武汉 CBD 项目推介会"在旧金山市美洲银行大厦举行，推介活动取得了良好的成效。

2006 年　北京市"十一五"规划将北京 CBD 列为北京市六大高端产业功能区之一。

2006 年　北京市朝阳区人民政府在北京 CBD 中心区的基础上，划定了总面积 84 平方公里的北京 CBD 功能区，并制定了《北京 CBD 功能区"十一五"发展规划》，以"立足中心区、辐射功能区"为思路，进一步推进北京 CBD 的发展。

2007 年

2007 年 1 月 3 日　北京 CBD 传媒商会、北京 CBD 金融商会共同主办"北京商务中心区（CBD）新年音乐会——东方梅地亚之夜"，约 1500 人应邀出席。

2007 年 1 月 3 日　天河城西塔爆破工程成功爆破，拆除地上 4 层钢筋外墙。此次爆破解决粉尘、噪音、震动等一系列爆破带来的问题，被称为"中国环保第一爆"。

2007 年 2 月 1 日　京津冀经济一体化区域合作论坛暨北戴河区——北京 CBD 战略合作协议签字仪式举行。本次论坛标志着京津冀地区经济一体化合作迈出了实质性的一步。

2007 年 4 月 9 日　天津市塘沽区委下发《关于加快中心商务商业区开发建设意见》（塘党发〔2007〕12 号），决定成立"滨海新区中心商务商业区开发建设管理委员会"，天津市滨海新区 CBD 开始筹建。

2007 年 4 月 20 日　北京 CBD 西北区集中绿地——现代艺术中心公园竣工，在土地资源稀缺的 CBD 地区建成独具一格、完整连续的公共绿色空间。

2007 年 5 月 21 ~ 23 日　武汉中央商务区 2007 香港推介会举行。

2007 年 5 月 28 日　杭州沿江大道开工，标志杭州钱江新城 CBD 扩容二期建设全面启动。

2007 年 7 月 16 日 "优化首都发展环境 推进金融总部聚集"高层研讨会举行。北京 CBD 金融商会 44 家会员单位出席。会上，北京 CBD 金融商会与中国欧盟商会签署战略合作协议，为金融商会的国际化发展奠定了基础。

2007 年 9 月 9 日 北京 CBD 商务节"第二届京津冀经济一体化区域合作论坛"在北戴河举办。130 多家企业参加了论坛，凸显北京 CBD 对周边地区的辐射和带动作用。这也是北京 CBD 商务节首次在外地设立分会场。

2007 年 9 月 12 ~ 15 日 以"奥运·环境和谐·发展"为主题的第八届北京 CBD 国际商务节顺利召开。商务节突出奥运主题，规格高，前瞻性强，影响力大，取得了显著成效。全国政协副主席张怀西、北京市市长王岐山等 300 余位领导和中外嘉宾出席了开幕式。

2007 年 10 月 12 日 应区域地产企业的要求，CBD 管委会组织成立了北京 CBD 物业管理及地产开发企业协会，CBD 协会体系逐步健全。

2007 年 12 月 3 日 纳斯达克股票市场公司北京代表处在北京 CBD 正式成立。

2007 年 12 月 11 日 美国纽约证券交易所北京代表处在北京 CBD 开业。这是首家获批在华开设代表处的外国证券交易所。

2007 年 12 月 24 日 北京 CBD 开通免费商务班车，为区域内工作的白领出行提供便利。

2007 年 12 月底 西安碑林区开始力推长安路 CBD，立志把长安路 CBD 打造成为西安的中央商务区。

2007 年 杭州市下城区委、区政府提出构筑"南有 CBD，北有新天地"发展新格局，武林 CBD 进入"品牌化建设"新阶段。

2008 年

2008 年 2 月 14 ~ 15 日 北京 CBD 代表团出席了在法国拉德芳斯举办的"世界商务区可持续发展峰会"，并在开幕式上作为亚洲唯一代表作了主题演讲。

2008 年 3 月　世界三大资信评级机构之一标准普尔落户北京 CBD。

2008 年 4 月 15 日　北京 CBD 获得"北京市文化创意产业集聚区"称号。

2008 年 5 月 2 日　《武汉王家墩商务区控制性详细规划》获武汉市政府批准。

2008 年 5 月 27 日　《武汉王家墩商务区地下空间规划》获武汉市政府批准。

2008 年 6 月　北京 CBD 停车诱导系统投入使用，区域地下停车场实现共享。

2008 年 7 月 31 日　中央电视台新厦外部结构和装饰工程全部完工。

2008 年 8 月　京城第一高楼——国贸三期完成主塔外装修。

2008 年 10 月 9～29 日　主题为"商机·合作·发展·责任"的第九届北京 CBD 国际商务节成功举办。

2008 年 11 月 15 日　北京跨国公司地区总部联盟在北京 CBD 成立，爱立信等 36 家总部企业入盟。

2008 年 11 月 26 日　塘沽区编委下发《关于天津市滨海新区中心商务区管理委员会职能配置、内设机构和人员编制规定的通知》（塘编字〔2008〕13 号），根据市编委《关于成立滨海新区中心商务区管理委员会的批复》（津编事字〔2008〕254 号），同意成立天津市滨海新区中心商务区管理委员会。

2008 年 11 月 28 日　随着碑林区"一路五村"城中村综合改造项目的开工建设，西安长安路 CBD 建设大幕正式开启。

2008 年 11 月 28 日　北京 CBD 代表团出席了在法国举办的"世界商务区联盟成立大会"，并做了主题发言。

2008 年 12 月 12 日　德意志交易所北京代表处在北京 CBD 举办开业仪式，选址华贸金融中心。

2008 年 12 月 29 日　北京 CBD 被北京市商务局授予"服务外包示范区"称号。

2008 年　特雷克斯（中国）投资有限公司、日本三井住友银行股份有限公司北京分行和德意志银行（中国）有限公司 3 家世界 500 强企业在北京 CBD 落户。

2008 年　杭州武林 CBD 被评为 2008 中国最具投资价值 CBD。

2009 年

2009 年 1 月　武汉王家墩商务区管委会成立。

2009 年 1 月　"珠海十字门中央商务区"前期研究成果资料汇编工作完成。

2009 年 2 月 26 日　北京市规划委到 CBD 调研扩区工作，标志着 CBD 扩区工作从设想分析进入规划调整研究阶段。

2009 年 3 月 25 日　国务院常务会议通过《关于推进上海加快发展现代服务业和先进制造业、建设国际金融中心和国际航运中心的意见》，陆家嘴作为当时国内唯一以"金融贸易区"命名的国家级开发区，被确认为上海打造国际金融中心的核心区域。

2009 年 4 月 24 日　武汉 CBD 项目首次亮相武汉 2009 年春季房交会。

2009 年 5 月 11 日　北京市政府专题会同意北京 CBD 东扩方案，将 CBD 沿朝阳北路和通惠河向东扩至东四环，新增面积约 3 平方公里。

2009 年 5 月 27 日　上海浦东新区"陆家嘴人才金港"盛大开启。这是上海市贯彻落实国务院推进上海建设国际金融、国际航运两个中心的重要举措，标志着上海国际金融中心人才高地建设正式启动。

2009 年 6 月　珠海华发集团有限公司正式成立珠海十字门中央商务区建设控股有限公司。

2009 年 7 月 10 日　上海市委常委会决定成立上海虹桥商务区管理委员会。

2009 年 9 月 1 日　珠海十字门中央商务区展示中心打下第一根桩，标志中心的建设正式拉开序幕。

2009 年 9 月 1 日　塘沽区机构编制委员会办公室根据市编委办公室（津编事字〔2008〕254 号）和区主要领导同志的批示精神，将天津滨海新区中心商务商业区开发建设管理委员会正式更名为天津市滨海新区中心商务区管理委员会。

2009 年 9 月 25 日　华中第一高楼——"武汉中心"项目开工典礼隆重

举行。

2009 年 10 月 9 日 北京 CBD 地税所正式对外办公。

2009 年 10 月 12～18 日 第十届北京 CBD 国际商务节举办。主题为"商机·合作·发展·责任",突出 CBD 十年发展历程,体现 CBD 的"创新"、"发展"等内涵。

2009 年 10 月 16 日 北京 CBD 东扩区规划方案评审结果揭晓。美国 SOM 建筑师事务所设计的方案获得一等奖,美国 KPF + 北京建筑设计研究院获得二等奖,中国城市规划设计研究院 + 英国空间句法公司设计方案获得三等奖。

2009 年 10 月 20 日 恒基兆业与渣打中国冠名及租赁协议签署仪式在北京环球金融中心举行,渣打银行北京分行正式入驻北京 CBD,北京环球金融中心东塔正式命名为"渣打大楼"。

2009 年 10 月 22 日 北京 CBD 统计所成立,举行揭牌仪式。

2009 年 10 月 30 日 上海虹桥商务区管理委员会举行揭牌仪式。市委副书记、市长韩正为上海虹桥商务区管理委员会揭牌。

2009 年 10 月 北京商务中心区东扩建设指挥部成立。

2009 年 12 月 1 日 北京 CBD 国税所正式对外办公。

2009 年 12 月 30 日 武汉 CBD 营销展示中心对外开放,营销展示中心成为全面展示宣传武汉 CBD 的窗口和平台。

2010 年

2010 年 1 月 4 日 上海市政府第 66 次常务会议审议并通过了《上海市虹桥商务区管理办法》。

2010 年 1 月 7 日 中国最大期货公司——中国国际期货有限公司从深圳迁入北京 CBD,获得中国证监会的正式批复。

2010 年 3 月 30 日 北京市委书记刘淇,市委副书记、市长郭金龙等领导到朝阳区专题调研北京 CBD 有关情况,提出要以建设世界城市试验区的高度,早日把北京 CBD 建成国际一流的高端商务区,同步推进区域东扩。

2010 年 4 月 2 日 武汉 CBD 首个市级公园——"王家墩公园"开工

建设。

2010 年 5 月 20 日　朝阳区委办公室和朝阳区人民政府办公室印发《朝阳区加快北京商务中心区核心区建设实施方案》。成立北京商务中心区核心区建设领导小组，全力推进核心区建设。

2010 年 5 月 31 日　北京市加快 CBD 核心区建设工作组设立，成员包括市发改委、市规划委等 13 个单位，负责协调解决核心区拆迁安置、规划编制、前期手续、政策体制等相关问题。

2010 年 6 月 28 日　珠海十字门中央商务区首期项目——会展商务组团一期及市政基础设施一期正式动工。

2010 年 8 月 9 日　CBD 警务站成立，抽调 4 名民警、组建 50 名协管员队伍专职负责 CBD 地区的停车秩序管理，并租用两辆拖车协助民警执法。

2010 年 8 月 23 日　中国国家副主席习近平到北京 CBD 调研强调，北京市要坚持从首都实际出发，系统谋划和实施加快转变经济发展方式的各项工作，努力取得更大成效。

2010 年 10 月 12 日　广州市规划局公布珠江新城规划，正式将珠江新城定位为"广州市二十一世纪中央商务区"。

2010 年 10 月 15 日　上海虹桥管委会在西郊宾馆召开《虹桥商务区产业发展重点支持目录》发布会。

2010 年 10 月 28 日至 11 月 7 日　主题为"转变经济发展方式、建设国际商务中心"的 2010 北京 CBD 国际商务节举办。其间，举行了"世界 CBD 联盟 2010 峰会暨北京 CBD 国际论坛"、"国际人才与区域发展高端论坛"、"北京 CBD 国际金融论坛" 3 项高规格论坛，以及"中国商务区圆桌会"、"国际城市论坛 2010 年年会"、"第四届中外跨国公司 CBD 圆桌会"、"第八届北京国际商务车展" 4 项商务活动。

2010 年 10 月 29 日　北京 CBD 当选为世界商务区联盟第二届轮值主席单位。

2010 年 10 月 29 日　中国商务区联盟成立，北京 CBD 当选为首届轮值主席。来自中国 12 个商务区的代表共同讨论了《中国商务区联盟章程》。

2010 年 10 月　大连（人民路）中央商务区加入联盟，成为东北地区仅有的两家中国商务区联盟成员之一。

2010 年 11 月 8 日 广州珠江新城旅客自动输送系统（简称 APM 线）开通，这条无人驾驶地铁线连通广州塔、海心沙公园、天河体育中心等多个地标性建筑。APM 线全长约 4 公里，地处广州城中轴线，穿过珠江，连接起广州北部的天河区和南部的海珠区。

2010 年 11 月 12 日 第 16 届亚洲运动会开幕式在广州海心沙公园举行，国务院总理温家宝出席开幕式并宣布亚运会开幕。亚奥理事会主席艾哈迈德亲王、国际奥委会主席罗格以及来自亚洲各地的贵宾出席开幕式。27 日，闭幕式在广州海心沙公园举行。

2010 年 11 月 16 日 宁波南部商务区正式开园。

2010 年 12 月 12～19 日 广州 2010 年亚洲残疾人运动会开幕式在广东奥林匹克体育场举行。中共中央政治局常委、副总理李克强，中共中央政治局委员、国务委员刘延东，中共中央政治局委员、广东省委书记汪洋，亚洲残奥委会主席拿督扎纳尔·阿布扎林等出席开幕式，亚残运火种永留广州。

2010 年 12 月 天津市委、市政府批准成立滨海新区中心商务区管委会并建立党组，成为滨海新区政府的派出机构。

2011 年

2011 年 1 月 6 日 北京 CBD 核心区基础设施工程开工。市领导刘淇、郭金龙、吉林、李士祥、陈刚、程红出席开工仪式并为项目奠基。该工程位于核心区中央公共绿地及道路下方，集交通、市政、景观以及综合防灾功能为一体，是推动北京 CBD 核心区建设的先导工程。

2011 年 2 月 17 日 中央政治局常委、全国政协主席贾庆林到北京 CBD 调研，强调要继续打造和强化以生产性服务业为主导的服务经济格局，大力实施首都服务的品牌战略。

2011 年 3 月 28 日 珠海十字门中央商务区会展商务组团（一期）正式进入主体工程施工阶段。

2011 年 3 月 31 日 广州市天河中央商务区管委会挂牌暨进驻项目签约仪

式在广州国际金融中心（西塔）举行。国家发展银行广东省分行总部、交通银行股份有限公司广东省分行总部、LV 等 28 个总部或名牌项目正式签约进驻天河中央商务区。

2011 年 4 月 28 日 美国最大综合艺术表演中心林肯中心在纽约与新金融公司达成战略合作协议，将在天津滨海新区合力建造一座具有世界一流水准的艺术中心。

2011 年 4 月 28 日 北京 CBD 免费无线网络开通试运行，成为北京首个 24 小时免费向公众提供无线网络服务的公共区域。

2011 年 4 月 北京 CBD 传媒产业商会、中国农业银行文化创意产业专营金融服务中心、金达信用担保有限公司共同签署战略框架协议，为 CBD 传媒商会及驻区传媒企业提供 10 亿元人民币的授信额度。

2011 年 5 月 10 日 北京 CBD 管委会作为中国商务区联盟首届轮值主席，组织召开中国商务区联盟 2011 年会。吸纳广州天河中央商务区、银川阅海湾中央商务区、珠海十字门中央商务区等 3 家单位加入联盟，成员单位增至 17 家。

2011 年 5 月 北京 CBD 东扩规划征集方案荣获 2011 年美国建筑师协会（简称 AIA）颁发的地区及城市设计荣誉奖。

2011 年 6 月 13 日 蒙特利尔 CBD 主席、国际商务区联盟秘书长安德烈·普兰一行访问广州天河 CBD。

2011 年 6 月 28 日 世邦魏理仕全球总裁 Bob Sulentic 先生、中国区总裁兼首席执行官 Chris Brooke 先生一行访问武汉 CBD。

2011 年 6 月 28 日 英国驻中国大使馆贸易投资参赞高博恩先生、英国贸易投资总署基础设施及跨行业部门副主任 Peter Millam 先生携阿特金斯、奥雅纳等英国 20 家知名建筑设计机构代表莅临武汉 CBD 考察交流。

2011 年 9 月 3 日 长沙芙蓉 CBD 核心区重点项目九龙仓项目地块中段的明王府遗址及周边古街顺利完成了全省首例切割迁移保护。

2011 年 9 月 14 日 重庆解放碑 CBD 管委会应邀参加了北京 CBD 商务节暨世界 CBD 联盟年会，并被联盟主席龙永图亲自授予"中国商务区联盟会员单位"称号。

2011 年 9 月 14 日 杭州武林 CBD 正式成为中国商务区联盟会员单位。

2011 年 9 月 14 日 珠海十字门中央商务区正式获批加入中国商务区联盟，成为中国商务区联盟首批成员之一。

2011 年 9 月 15~19 日 2011 北京 CBD 商务节暨世界 CBD 联盟年会举办。主题为"科学发展、要素聚集、低碳示范、引领创新"。其间，CBD 核心区建设 15 个项目联合体的代表单位共同签署《绿色建筑先行，创建低碳商务区》承诺书；在世界 CBD 联盟年会上发布了《2011 世界 CBD 发展报告》。

2011 年 9 月 19 日 中信集团总部大楼——"中国尊"举行启动仪式。该项目位于北京 CBD 核心区，高 500 余米，建成后将成为"北京第一高楼"，集写字楼、会议、商业、观光及多种服务功能于一体。

2011 年 9 月 23 日 天河太古汇购物中心开业，该项目是太古地产在中国内地规模最大的投资项目，总楼面面积约 35.8 万平方米。

2011 年 10 月 31 日至 11 月 1 日 "新广州·新商机"系列推介会分别在香港和澳门两地举行，天河中央商务区作为主要推介平台，备受关注。

2011 年 12 月 15 日 "中国尊"启动试桩工程，标志着该项目进入实质性建设阶段。

2011 年 12 月 20 日 中共中央政治局委员、上海市委书记俞正声赴虹桥商务区视察调研，市委副秘书长李逸平陪同。

2011 年 辽宁省政府在大连（人民路）中央商务区设立大连金融服务区，其主导产业为金融业及现代服务业，这是辽宁省唯一一个以发展金融和现代服务业为主的省级服务区。

2012 年

2012 年 1 月 18 日 北京 CBD 东扩区第一个项目华北电网智能研发中心奠基。

2012 年 2 月 2 日 《CBD 功能区"十二五"时期发展规划》正式印发，明确了北京 CBD 功能区"十二五"时期的发展目标、重点任务及主要措施。

2012 年 3 月 6 日 上海市财政局、市发改委、虹桥商务区管委会、闵行

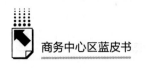

区政府制订的《上海虹桥商务区专项发展资金管理办法》正式印发。

2012 年 3 月 12 日　上海市政府研究决定成立虹桥商务区开发建设指挥部。

2012 年 5 月 16 日　位于北京 CBD 核心地带的中央电视台新台址举行主楼竣工验收仪式。主楼高 234 米,由裙楼、两个塔楼和悬臂结构组成。

2012 年 5 月 30 日　世界 500 强之一的亚马逊集团将其亚太区总部及其原在美国的云计算中心落户北京 CBD,整个项目投资金额 2.9 亿美元。

2012 年 6 月 11 日　广州天河 CBD 申报国家级示范中央商务区工作正式启动。

2012 年 7 月 5 日　虹桥商务区管委会、市财政局、闵行区政府制订的《上海虹桥商务区专项发展资金使用管理实施细则》正式印发。

2012 年 8 月 9 日　广州天河区举办"总部天河、智慧天河、幸福天河"香港招商推介会,专题推介了金融城规划的建设情况。

2012 年 8 月 9 日　珠海横琴金融产业服务基地一期竣工移交。

2012 年 9 月 5 日　《广州国际金融城产业发展规划》最终成果经专家评审通过并予以印发。

2012 年 9 月 15 ~ 22 日　举办 2012 北京 CBD 商务节,主题为"商务引领,创新驱动,建设国际商务中心区"。在此期间,举办了世界商务区联盟年会和中国商务区联盟年会,北京 CBD 成功连任世界商务区联盟轮值主席。

2012 年 9 月 26 日　高达 432 米的全球十大超高层建筑之一、广州市第一高楼——广州国际金融中心举办开业庆典。这不仅标志着珠江新城首座超高层商业综合体和广州新城市地标正式亮相,也意味着珠江新城核心商务区、广州区域金融中心和广州国家中心城市建设又迈上了一个新的台阶。

2012 年 9 月　西安碑林区长安路 CBD(中央商务区)成为中国商务区联盟成员,并正式授牌。

2012 年 9 月　宁波南部 CBD 加入"中国商务区联盟"。

2012 年 9 月　长沙芙蓉中央商务区加入"中国商务区联盟"。

2012 年 11 月 28 日　武汉"数字 CBD——开发建设综合管理地理信息系统"荣获 2012 中国地理信息产业优秀工程银奖。

2012 年 12 月 18 日　2012 年度虹桥商务区基础设施项目在虹桥商务区迎宾绿地公园举行开工典礼，标志着虹桥商务区核心区政府投资项目全面开工。

2012 年 12 月 21 日　招商银行武汉分行"招商银行大厦"奠基典礼仪式在武汉中央商务区泛海国际中心项目施工现场隆重举行。这是首家确定入驻武汉 CBD 的区域级金融机构总部，也是公司"产品定制"策略初显实效的成功之作。

2012 年 12 月 28 日　珠海横琴金融产业服务基地二期落成，16 家新入驻单位正式签约。

2012 年 12 月　杭州武林 CBD 被评为浙江省现代服务业集聚示范区。

2012 年 12 月　依据市政府《关于滨海新区中心商务区分区规划（2010～2020 年）的批复》（津政函〔2012〕164 号），滨海新区中心商务区四至范围为东至大沽入海口、新港船闸及跃进路，南至大沽排污河，西至兴业路及河北路，北至新港四号路，用地面积 37.5 平方公里，总建筑面积超过 3000 万平方米，规划常住人口 50 万人。

2013 年

2013 年 1 月 10 日　北京 CBD 核心区三星生命保险株式会社项目正式取得国家发改委的核准批复，成为核心区首个取得立项批复的社会投资项目，总投资约 43 亿元。

2013 年 1 月 28 日　位于珠海十字门中央商务区横琴片区的横琴金融产业服务基地正式投入运营，成为横琴开发启动以来第一个投入运营的产业项目。

2013 年 2 月　重庆解放碑 CBD 新版形象宣传片拍摄启动。

2013 年 3 月 28 日　宁波南部 CBD 举行三期工程开工仪式。

2013 年 4 月 19 日　北京市人力资源和社会保障局批准北京 CBD 设立北京市博士后（青年英才）创新实践基地，批准区域内的中国国际期货有限公司、北京富基标商流通信息科技有限公司、北京中纺海天染织技术有限公司、普华永道中天会计师事务所有限公司北京分所、宜信惠民投资管理（北京）有限公司 5 家企业设立创新实践基地工作站，为区域引进、培养人才搭建了高端

平台。

2013 年 4 月 24 日　英中贸易协会长沙代表处正式落户长沙芙蓉中央商务区，此次英中贸易协会长沙代表处的成立，将进一步加强长沙企业与英国企业之间的合作交流，为长沙市经济社会发展注入新的动力。

2013 年 4 月　西安市碑林区长安路 CBD 管委会正式成立，标志着长安路 CBD 建设迈入新的历史阶段。

2013 年 5 月　重庆解放碑中央商务区荣获由 2013 中国金融论坛颁发的"2013 中国最具竞争力中央商务区"称号。

2013 年 5 月　杭州武林 CBD 被评为 2013 中国最具竞争力中央商务区。

2013 年 5 月　宁波南部商务区（宁波广告产业园区）被批准为国家广告产业财政试点园区。

2013 年 6 月 1 日　在第二届京交会"北京主题日"上，北京 CBD 荣获市商务委员会"北京市总部经济集聚区"和"北京市商务服务业集聚区"两项授牌。

2013 年 6 月 21 日　广州国际金融城建设动员大会及奠基仪式举行。

2013 年 6 月　解放碑 CBD"重庆眼"广告荣获亚洲户外传播大奖组委会颁发的首届亚洲户外传播大奖环境规划类银奖。

2013 年 9 月 2 日　珠江新城成为广州市首批改革试点区域，正式施行商事登记改革。

2013 年 9 月 6 ~ 8 日　以"融合发展　创新驱动　建设国际商务中心区"为主题的 2013 北京 CBD 商务节隆重举行，共组织举办了 2013 北京 CBD 国际论坛、2013 北京 CBD 国际金融论坛、2013 中国文化产业高端峰会三场高规格产业论坛。北京市委副书记、市长王安顺，市委常委、常务副市长李士祥，副市长程红、杨晓超等出席。此外，部分驻华使节代表，国外友好城市代表，国际组织和驻华商协会代表，中国商务区联盟代表，跨国公司、世界 500 强企业代表出席了三场论坛。

2013 年 9 月 12 日　宁波南部商务区招商中心正式启动运营。

2013 年 9 月 16 日　武汉中央商务区引入首条公交线路。

2013 年 9 月 23 日　广州首份 CBD 新闻生活周刊 *CBD TIMES* 正式面世，

刊物由南方都市报社主理，旨在启蒙现代市民意识，涵养现代商业文明。

2013 年 9 月 重庆首家办理工商登记的境外非企业经济组织常驻代表机构——香港贸易发展局在解放碑 CBD 设立代表处。

2013 年 11 月 4 日 天河 CBD 在全国各商务区中率先获批筹建"全国中央商务区知名品牌创建示范区"。

2013 年 11 月 4 日 北京 CBD 成功连任中国商务区联盟主席单位，任期三年。

2013 年 11 月 4～6 日 2013 中国商务区联盟年会和 2013 世界商务区联盟年会开幕式在天河 CBD 隆重召开。本届年会以"活力·和谐·发展·共赢"为主题，由中国商务区联盟、世界商务区联盟主办，天河 CBD 管委会承办。来自法国、加拿大、韩国，中国香港、北京、上海等 400 余位国内外商务区和知名企业代表出席会议。广州市天河中央商务区加入世界商务区联盟，联盟成员增至 21 家。

2013 年 11 月 6 日 重庆市政府印发了《关于加快中央商务区建设的意见》（渝府发〔2013〕76 号），对重庆中央商务区的空间布局进行了调整。

2013 年 11 月 27 日 北京 CBD 管委会成立北京商务中心区 HR 经理人俱乐部，来自区域企业的 HR 经理及企业代表、朝阳区人才工作相关领导约百人参加会议。

2013 年 11 月 28 日 必帮咖啡入驻北京 CBD 区域。必帮咖啡是国家级创新型孵化器，集创业咖啡、孵化器、天使基金、创业服务链于一体，为创业者、创意人才和投资人提供社交平台。

2013 年 11 月 由重庆市政府主办，人民银行重庆营管部、重庆银监局、重庆证监局以及重庆保监局等联合承办的第五届重庆金融博览会于解放碑步行街举行。

2013 年 12 月 19 日 滨海新区调整部分街镇行政区划，将调整后的塘沽街全域和大沽街部分区域纳入中心商务区开发建设范围，区域面积增至 46 平方公里。

2013 年 杭州武林 CBD 办公室发行《武林 CBD》杂志，积极走品牌化运营道路。

Abstract

CBD is the abbreviation for Central Business District. It is not only the economic center of a city, a region as well as a country, but also an important symbol of national and regional economic comprehensive power as well as the degree of openness to outside. With the deepening of reform and opening up plus market economy development, development of CBD in China is being more widely appreciated.

The planning of Chinese CBD firstly began in the middle of 1980s and now moves into the rapid development stage. Chinese CBD represents several new features, such as international standard planning and construction ability, increasingly leading role in industry and diversified management models. What's more, CBD in China plays a more and more significant role in economic development and improves the regional economic overall power and urban comprehensive competitiveness. However, compared with CBD in developed countries and regions, there are some shortcomings in the construction and development process of Chinese CDB, such as unreasonable function and structure, inappropriate management system, vicious competition within regions, lack of supporting policy system, etc. Besides, there is certain blindness while the value of CBD is being recognized and appreciated by local administration.

For the healthy development of CBD, the China CBD Alliance and the Institution for Urban and Environmental Studies Chinese Academy of Social Sciences co-editor the Annual Report on CBD Development of China. This book is in the form of annual report and focuses on one specific theme every year. It deeply studies on the development process, status quo, tendency, difficulties and hot issues during CBD construction, also intensive displays the latest developments of theoretical research and practical experience of CBD in a global view, so as to not only provide reference and decision-making advices for central and local governments to actively and orderly promote CBD development, but also to provide an important academic exchange platform for academia to conduct research on CBD. This report gets full support of China CBD Alliance members in the preparation process. To obtain first-hand information, the research group visits more than 10 CBDs in different regions, conducts field research and collects data. A lot of experts and scholars from academic institutions and professional management departments as well as people who do the management work of CBD are involved in the discussion and written work of this report, such as Chinese Academy of Social Sciences, Beijing CBD Administrative Committee, Capital University of Economics and Business, the University of Hong Kong, University of Oxford, Central University of Finance and Economics, Beijing Jiaotong University, Beijing Investment Promotion Bureau, Beijing SKY – IDEAS Urban Planning and Design Institute, etc.

With the theme of creating new engine for strategic transformation of national economy, Annual Report on CBD Development of China No. 1 (2014) closely keeps in touch with the direction and requirements of China's economic transformation strategy in new period as well as the global latest tendency of CBD. This book can be divided into general reports and several other parts, such as economic development study, urban construction study, CBD management study, Chinese practice study, international experience study and chronicle of events of CBD in China. This report systematic and comprehensive explores the status quo, problems and development tendency of China CBD, also its role playing in the strategic transformation of national economy. This report also deeply studies on the CBD evolution and development tendency, industry development, planning and construction, soft environment cultivation, management model, introduction and cultivation of human capital and so on, which all have theoretical significance and practical value for the current state and local governments to promote CBD development.

This report points out that during post-financial crisis, global economy is facing the challenge of adjusting and rebalancing economic structure, the space for comparative benefitsis being continuous compressed through excessive dependence of developing countries on the market in developed countries. Therefore, Chinese economy is faced with urgent requirement of endogenous power enhancement and industrial transformation and upgrading. At present, the world economy has been fully transferred to service-oriented economy, and service economy has increasingly

become the core of international economic cooperation and competition. In 2013, added value of the third industry accounted for the proportion of GDP is more than that of the second industry. During the service-oriented economy period, creating double engine of Made in China and Service in China has become the new development direction for transformation in Chinese economy structure and enhancement in international competitiveness of industry. As the important carrier of modern service industry, CBD is equipped with strong resources allocation capacity, high economy intensive and innovation leading ability. It represents development model of more efficient, more intensive, more low-carbon and more competitive, and CBD will eventually become a new engine for strategic transformation of national economy. In the future, we should learn experience from other developed countries, make the construction of world-class CBD rise into the national-level strategy, and actively participate in the high-end segments of international industrial chain. Then, based on the important space carrier of CBD, we should vigorously develop headquarters economy and build two-way platform of going out as well as bringing in. Thirdly, we should pay more attention to the openness and innovative development of service industry in order to lead the optimization and upgrading of national industry structure. Fourthly, we should cultivate the international and legal business environment with features of equal and transparent, competitive and orderly as well as serve efficiently, in order to achieve agglomerated and innovated development with supporting policy system. At last, we should construct an inside and outside organic interactive, multi-level, and network-like CBD system, so as to support the national development strategy of city group.

This report specially takes Beijing – Tianjin – Hebei world-class citygroup strategy as a case which with great attention from the state, and puts forward that we should regard construction of multi-level CBD network with global influence as the important point and platform, accelerate the process of "core strengthening—infiltration—network-building—connection" so as to improve its ability to participate in international competition and cooperation. Core strengthening means speeding up CBD development and promoting the "world city" construction of Beijing; Infiltration that is to promote and expand the industrial chain and stimulate regional developmentsurrounding CBD; Network-building is to optimize spatial layout of CBD and to build regional cooperation platform; Connection means to create the first regional coordination and development zone with the building of the CBD network.

Entering the period of knowledge economy and information, the trend of economic globalization and regional integration has become increasingly evident, and the international competition is increasingly fierce. It means that the opportunities around us is no longer simple involvement into the global division of labor, exports expansion, and investment acceleration, but the new challenge of expanding domestic demand, improving innovation ability and promoting the transformation of economic development. Through in-depth research and analysis of domestic and foreign CBD, this book aims to play an active role in promoting the healthy development of China CBD, and to further release and strengthen its strategic engine role in leading national economy to develop in a high-end, service-oriented, intensive, low-carbon way.

Contents

B I General Report

Abstract: Based on the analysis of the economy of China and the development process, current situation and existing problem of CBD, this article points out the profound change of international and domestic environment. Under this circumstances, developing service economy and creating double engines of "China Manufacture" and "China service" is the important direction of economic restructuring and great promotion of the international competitiveness. As the important carrier of modern service industry, CBD should be the engine in promoting economic restructuring of China. In the future, CBD in China should closely focus on the need of transformation and upgrading of national industrial structure, vigorously develop headquarters economy and build the two-way platform of going out as well as bringing in. Secondly, we should pay more attention to the openness and innovative development of service industry, and cultivate the international and legal business environment with features of equal and transparent, competitive and orderly as well as serve efficiently. At last, construct a multi-level, inside and outside connected and organic interactive CBD network system to support the national development strategy of city group, and strive to create new engine for strategic transformation of national economy developing in a high-end, service-oriented, intensive and low-carbon way.

Keywords: CBD; national economy; strategic transformation; engine

B Ⅱ   Economical Development

B. 2   The Evolution Rule and Development
Trend of CBD   *Zhang Jie* / 048

Abstract: Based on the theory of evolution from city sociology, city geography to city economics, this section summarizes the different three stages of CBD's function and space evolution, put forwards the main development characteristics and trends of current global CBD especially the development characteristics of Chinese CBD in current economic transition period.

Keywords: CBD; Evolution characteristics; Development trend; Transition future

B. 3   The Present Situation and Trend of the Development of
CBD Industry in China   *Su Hongjian, Liu Min* / 071

Abstract: CBD is the main carrier of the development of high-end service industry, such as business service, finance and commerce, which is under the agglomeration and leading of the corporate headquarters. According to the different scale and radiating ability of industrial development, the CBDs in China can be divided into four different classes, including international, national, district and

regional CBDs. At the same time, the industry development of China's CBDs show some features, such as rapid agglomeration of corporate headquarters, high-end development of modern service industry, significant contribution from building economy. However, there are some problems in the current industrial development of the China's CBDs, such as the economic structure need to be optimized and upgraded, the structurally shortage of the human resources, the too large planning and construction area hindering industrial agglomeration, the backward management mode resulting in vicious competition. Along with the gradually scientific management in China's CBDs, modern service industry will face a further agglomeration in the CBD and promote quickly in the future. Moreover, the industry development of Chinese CBD will show the characteristics of industry diversification, integration, high-end, agglomeration and so on.

Keywords: CBD; Headquarters Economy; Modern Service Industry; Building Economy; Trend

B. 4 Building CBD Network to Promote the Capital Economic Circle Construction and Beijing-Tianjin-Hebei Coordinated Development

Shan Jingjing, Zhang Jie, Wu Xiaoxia and Wu Zhanyun / 087

Abstract: A word city plays a central role in the construction of world-class city cluster or metropolitan area. And the prosperity of CBD is the universal rule during the formation and development of world city. It must be concerned that the development of CBD is the foundation of Beijing world city construction. It is also important that CBD network contributes to Capital Economic Circle and Beijing-Tianjin-Hebei coordinated development.

Keywords: CBD; Network; Capital Economic Circle; Beijing-Tianjin-Hebei Coordinated Development

B III City Construction

Abstract: This case study focuses CBD development process of spatial planning and development and construction dimensions, combined with domestic and foreign CBD typical cases (such as New York, London, Paris, Tokyo, Shanghai, Beijing, Guangzhou, Shenzhen, etc.), analyze the spatial planning and abroad CBD the main characteristics and development of the formation of a general rule, the overall trend of the future challenges and to provide information and reference for CBD construction and development of other parts of China.

Keywords: CBD; space; planning; development; mode

Abstract: As studies on CBD business environment in China now is still not systematic enough, the importance of business environment in the overall competitiveness of CBD is largely ignored. Therefore, this essay first defines the nature of CBD business environment, then analyzes the present situation and existing problems of domestic CBD business environment development, on the basis of which puts forward the general idea and basic principle to optimize the CBD business environment, and gives suggestions on how to improve.

Keywords: CBD; business environment; improving path

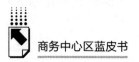

Abstract: This paper summarizes the basic characteristics of international city CBD public environment, analyzes the existing problems of CBD public environment in mainland China. Combined with six CBD cases of Guangzhou Pearl River New Town, Shenzhen Futian, Shanghai Lujiazui, Beijing CBD, Beijing Financial Street and Xi'an Chang'an Road business district, respectively proposes the success and existing problems of public environment construction.

Keywords: Public environment; CBD; Public space

B IV   CBD Administration

Abstract: Analysis of the present situation and the problems of the main mode of development, Chinese current CBD management system, international comparison, the domestic CBD different management modes, combined with the legal policy and institutional conditions of our country, draw on the successful experience of the relevant functional areas, domestic and foreign business reform zone management system and innovation, put forward Chinese CBD management system and mode innovation policy recommendations.

Keywords: Central Business District (CBD); management model; Innovation; Recommendations

Abstract: Talents are the source of vitality for the Central Business District (CBD). Given that talents are the most critical resources to the CBD's innovation and its economic development, this chapter focuses on analysis the successful experiences and effective practices in attracting the high-end talents in the case of Manhattan, Shinjuku, Hong Kong and some other world-wide top CBDs. This chapter creatively classifies the talent resource into three types: leading, support and management coordination, by taking Beijing CBD as an example. A large number of data were analyzed to figure out the factors influencing the CBD talent aggregation, as well as ranks the importance of these factors according to three aspects — the industry environment, social environment and talent environment. In the end of this chapter, some specific measures and policies are presented to perform a certain guiding significance in the talent resource development of Chinese CBDs.

Keywords: CBD; talents; aggregation

B V   China's Practice

Abstract: Since its construction in 2000, Beijing CBD has made remarkable achievements in hardware facilities, industry development, platform construction, human environment, foreign communication, management and services with more than ten years developing history. At present, Beijing CBD has been equipped with the following five features, convenient and efficient public services, agglomerated

development in high-industry, inclusive human environment, increasingly widespread foreign communication and rising international influence. The construction practice and experience of Beijing CBD has showed that we should do these things well in order to create a better CBD, such as guide the CBD with government planning, enrich CBD with composite functions, strengthen CBD with closely connected industrial chain, improve the efficiency of CBD with transportation network, promote CBD with diversified innovation, vitalize CBD with harmonious human environment and keep CBD developing in a sustainable, swift and sound way with modern management.

Keywords: CBD Planning Construction

B. 11 Shanghai CBD: Development Practice and Experience   *Wu Zhanyun* / 263

Abstract: Under the background of globalization, Lujiazui CBD which is known as the pilot area of economic strategic transformation in Shanghai is now becoming an important international financial and trade center of the Asia – Pacific region also has a certain power in the global world after 20 years of development. What's more, it further enhances the status of Shanghai in global financial center and global urban system. Combined with the economic strategic transformation process of China and Shanghai, this article focuses on the revolution and development of Lujiazui CBD, its achievements as well as experience and enlightenment.

Keywords: CBD Economic strategy Transformation Experience enlightenment

Abstract: The paper traces the origin of Hong Kong's CBD from the early 1960s through examining the composition of its employment, landuse and boundary changes. It puts emphasis on the district's high connectivity by major public transport with the rest of the city which offers it high acessarbility, and on its nodal position and free port status in Asia-Pacific area. China's Open and Reform policy and the rise of the Asian economies in the 1980s have driven its further rapid growth in recent decades. The paper also points out that Hong Kong's CBD has grown around its financial core, and that the co-location of the CBD and the government headquarters has benefitted the CBD. These are some of the aspects worthy of attention by Mainland governments in planning CBD development.

　　Keywords: Hong kag CBD; urban landuse; City Development Model

B VI International Experience

Abstract: This report analyzes the formation of New York's central business districts through industrial conglomeration and its structure, regional conglomeration and diffusion, governmental management, and puts forward some experiences which is valuable for Chinese cities when planning and developing CBD. The experiences include that: (1) To be conducted by economic laws and to develop naturally, while optimizing resources over different regions. (2) The variation of industrial structure. (3) The balancing development of economic, social and cultural, and ecological elements. (4) Sound contribution of an effective government and no

overdoing.

Keywords: New York; Metropolitan Economy; Central Business District

B. 14　Practice and Experience La Défense Business District

Camille Boullenois　　　　　　　　　　*Camille Boullenois* / 312

Abstract: Europe's leading business district, La Défense was developed in the post－war context, as a result of a unique combination of urban planning and market logic. Through its economic and spatial configurations, the district of La Défense reveals the social and economic changes, as well as the urban transformations that occured in France in the second half of the 20th century. The history of its development may therefore provide relevant lessons and insights for current policy.

Keywords: La Défense　　Architectural History　　Economic Evolution　Enlightenment

ΙΒ Ⅶ　Appendix

社会科学文献出版社

皮书系列

"皮书"起源于十七、十八世纪的英国，主要指官方或社会组织正式发表的重要文件或报告，多以"白皮书"命名。在中国，"皮书"这一概念被社会广泛接受，并被成功运作、发展成为一种全新的出版形态，则源于中国社会科学院社会科学文献出版社。

皮书是对中国与世界发展状况和热点问题进行年度监测，以专业的角度、专家的视野和实证研究方法，针对某一领域或区域现状与发展态势展开分析和预测，具备权威性、前沿性、原创性、实证性、时效性等特点的连续性公开出版物，由一系列权威研究报告组成。皮书系列是社会科学文献出版社编辑出版的蓝皮书、绿皮书、黄皮书等的统称。

皮书系列的作者以中国社会科学院、著名高校、地方社会科学院的研究人员为主，多为国内一流研究机构的权威专家学者，他们的看法和观点代表了学界对中国与世界的现实和未来最高水平的解读与分析。

自 20 世纪 90 年代末推出以《经济蓝皮书》为开端的皮书系列以来，社会科学文献出版社至今已累计出版皮书千余部，内容涵盖经济、社会、政法、文化传媒、行业、地方发展、国际形势等领域。皮书系列已成为社会科学文献出版社的著名图书品牌和中国社会科学院的知名学术品牌。

皮书系列在数字出版和国际出版方面成就斐然。皮书数据库被评为"2008~2009 年度数字出版知名品牌"；《经济蓝皮书》《社会蓝皮书》等十几种皮书每年还由国外知名学术出版机构出版英文版、俄文版、韩文版和日文版，面向全球发行。

2011 年，皮书系列正式列入"十二五"国家重点出版规划项目；2012 年，部分重点皮书列入中国社会科学院承担的国家哲学社会科学创新工程项目；2014 年，35 种院外皮书使用"中国社会科学院创新工程学术出版项目"标识。

法 律 声 明

　　"皮书系列"（含蓝皮书、绿皮书、黄皮书）由社会科学文献出版社最早使用并对外推广，现已成为中国图书市场上流行的品牌，是社会科学文献出版社的品牌图书。社会科学文献出版社拥有该系列图书的专有出版权和网络传播权，其LOGO（▉）与"经济蓝皮书"、"社会蓝皮书"等皮书名称已在中华人民共和国工商行政管理总局商标局登记注册，社会科学文献出版社合法拥有其商标专用权。

　　未经社会科学文献出版社的授权和许可，任何复制、模仿或以其他方式侵害"皮书系列"和LOGO（▉）、"经济蓝皮书"、"社会蓝皮书"等皮书名称商标专用权的行为均属于侵权行为，社会科学文献出版社将采取法律手段追究其法律责任，维护合法权益。

　　欢迎社会各界人士对侵犯社会科学文献出版社上述权利的违法行为进行举报。电话：010－59367121，电子邮箱：fawubu@ ssap. cn。

社会科学文献出版社

权威报告·热点资讯·特色资源

皮书数据库
ANNUAL REPORT(YEARBOOK) DATABASE

当代中国与世界发展高端智库平台

S 子库介绍
ub-Database Introduction

中国经济发展数据库

涵盖宏观经济、农业经济、工业经济、产业经济、财政金融、交通旅游、商业贸易、劳动经济、企业经济、房地产经济、城市经济、区域经济等领域，为用户实时了解经济运行态势、把握经济发展规律、洞察经济形势、做出经济决策提供参考和依据。

中国社会发展数据库

全面整合国内外有关中国社会发展的统计数据、深度分析报告、专家解读和热点资讯构建而成的专业学术数据库。涉及宗教、社会、人口、政治、外交、法律、文化、教育、体育、文学艺术、医药卫生、资源环境等多个领域。

中国行业发展数据库

以中国国民经济行业分类为依据，跟踪分析国民经济各行业市场运行状况和政策导向，提供行业发展最前沿的资讯，为用户投资、从业及各种经济决策提供理论基础和实践指导。内容涵盖农业，能源与矿产业，交通运输业，制造业，金融业，房地产业，租赁和商务服务业，科学研究，环境和公共设施管理，居民服务业，教育，卫生和社会保障，文化、体育和娱乐业等 100 余个行业。

中国区域发展数据库

以特定区域内的经济、社会、文化、法治、资源环境等领域的现状与发展情况进行分析和预测。涵盖中部、西部、东北、西北等地区，长三角、珠三角、黄三角、京津冀、环渤海、合肥经济圈、长株潭城市群、关中—天水经济区、海峡经济区等区域经济体和城市圈，北京、上海、浙江、河南、陕西等 34 个省份及中国台湾地区。

中国文化传媒数据库

包括文化事业、文化产业、宗教、群众文化、图书馆事业、博物馆事业、档案事业、语言文字、文学、历史地理、新闻传播、广播电视、出版事业、艺术、电影、娱乐等多个子库。

世界经济与国际政治数据库

以皮书系列中涉及世界经济与国际政治的研究成果为基础，全面整合国内外有关世界经济与国际政治的统计数据、深度分析报告、专家解读和热点资讯构建而成的专业学术数据。包括世界经济、世界政治、世界文化、国际社会、国际关系、国际组织、区域发展、国别发展等多个子库。

权威·前沿·原创

社会科学文献出版社

皮书系列

2015年

盘点年度资讯　预测时代前程

社会科学文献出版社 学术传播中心 编制

社会科学文献出版社
SOCIAL SCIENCES ACADEMIC PRESS (CHINA)

社会科学文献出版社成立于1985年，是直属于中国社会科学院的人文社会科学专业学术出版机构。

成立以来，特别是1998年实施第二次创业以来，依托于中国社会科学院丰厚的学术出版和专家学者两大资源，坚持"创社科经典，出传世文献"的出版理念和"权威、前沿、原创"的产品定位，社科文献立足内涵式发展道路，从战略层面推动学术出版的五大能力建设，逐步走上了学术产品的系列化、规模化、数字化、国际化、市场化经营道路。

先后策划出版了著名的图书品牌和学术品牌"皮书"系列、"列国志"、"社科文献精品译库"、"全球化译丛"、"气候变化与人类发展译丛"、"近世中国"等一大批既有学术影响又有市场价值的系列图书。形成了较强的学术出版能力和资源整合能力，年发稿5亿字，年出版图书1400余种，承印发行中国社科院院属期刊70余种。

依托于雄厚的出版资源整合能力，社会科学文献出版社长期以来一直致力于从内容资源和数字平台两个方面实现传统出版的再造，并先后推出了皮书数据库、列国志数据库、中国田野调查数据库等一系列数字产品。

在国内原创著作、国外名家经典著作大量出版，数字出版突飞猛进的同时，社会科学文献出版社在学术出版国际化方面也取得了不俗的成绩。先后与荷兰博睿等十余家国际出版机构合作面向海外推出了《经济蓝皮书》《社会蓝皮书》等十余种皮书的英文版、俄文版、日文版等。截至目前，社会科学文献出版社共推出各类学术著作的英文版、日文版、俄文版、韩文版、阿拉伯文版等共百余种。

此外，社会科学文献出版社积极与中央和地方各类媒体合作，联合大型书店、学术书店、机场书店、网络书店、图书馆，逐步构建起了强大的学术图书的内容传播力和社会影响力，学术图书的媒体曝光率居全国之首，图书馆藏率居于全国出版机构前十位。

上述诸多成绩的取得，有赖于一支以年轻的博士、硕士为主体，一批从中国社科院刚退出科研一线的各学科专家为支撑的300多位高素质的编辑、出版和营销队伍，为我们实现学术立社，以学术的品位、学术价值来实现经济效益和社会效益这样一个目标的共同努力。

作为已经开启第三次创业梦想的人文社会科学学术出版机构，社会科学文献出版社结合社会需求、自身的条件以及行业发展，提出了新的创业目标：精心打造人文社会科学成果推广平台，发展成为一家集图书、期刊、声像电子和数字出版物为一体，面向海内外高端读者和客户，具备独特竞争力的人文社会科学内容资源供应商和海内外知名的专业学术出版机构。

❖ 皮书起源 ❖

"皮书"起源于十七、十八世纪的英国，主要指官方或社会组织正式发表的重要文件或报告，多以"白皮书"命名。在中国，"皮书"这一概念被社会广泛接受，并被成功运作、发展成为一种全新的出版形态，则源于中国社会科学院社会科学文献出版社。

❖ 皮书定义 ❖

皮书是对中国与世界发展状况和热点问题进行年度监测，以专业的角度、专家的视野和实证研究方法，针对某一领域或区域现状与发展态势展开分析和预测，具备权威性、前沿性、原创性、实证性、时效性等特点的连续性公开出版物，由一系列权威研究报告组成。皮书系列是社会科学文献出版社编辑出版的蓝皮书、绿皮书、黄皮书等的统称。

❖ 皮书作者 ❖

皮书系列的作者以中国社会科学院、著名高校、地方社会科学院的研究人员为主，多为国内一流研究机构的权威专家学者，他们的看法和观点代表了学界对中国与世界的现实和未来最高水平的解读与分析。

❖ 皮书荣誉 ❖

皮书系列已成为社会科学文献出版社的著名图书品牌和中国社会科学院的知名学术品牌。2011年，皮书系列正式列入"十二五"国家重点出版规划项目；2012~2014年，重点皮书列入中国社会科学院承担的国家哲学社会科学创新工程项目；2015年，41种院外皮书使用"中国社会科学院创新工程学术出版项目"标识。

经 济 类

经济类皮书涵盖宏观经济、城市经济、大区域经济，
提供权威、前沿的分析与预测

经济蓝皮书

2015 年中国经济形势分析与预测

李　扬 / 主编　　2014 年 12 月出版　　定价 :69.00 元

◆　本书课题为"总理基金项目"，由著名经济学家李扬领衔，联合数十家科研机构、国家部委和高等院校的专家共同撰写，对 2014 年中国宏观及微观经济形势，特别是全球金融危机及其对中国经济的影响进行了深入分析，并且提出了 2015 年经济走势的预测。

城市竞争力蓝皮书

中国城市竞争力报告 No.13

倪鹏飞 / 主编　　2015 年 5 月出版　　估价 :89.00 元

◆　本书由中国社会科学院城市与竞争力研究中心主任倪鹏飞主持编写，汇集了众多研究城市经济问题的专家学者关于城市竞争力研究的最新成果。本报告构建了一套科学的城市竞争力评价指标体系，采用第一手数据材料，对国内重点城市年度竞争力格局变化进行客观分析和综合比较、排名，对研究城市经济及城市竞争力极具参考价值。

西部蓝皮书

中国西部发展报告（2015）

姚慧琴　徐璋勇 / 主编　　2015 年 7 月出版　　估价 :89.00 元

◆　本书由西北大学中国西部经济发展研究中心主编，汇集了源自西部本土以及国内研究西部问题的权威专家的第一手资料，对国家实施西部大开发战略进行年度动态跟踪，并对 2015 年西部经济、社会发展态势进行预测和展望。

中部蓝皮书

中国中部地区发展报告（2015）

喻新安／主编　　2015 年 5 月出版　　估价：69.00 元

◆　本书敏锐地抓住当前中部地区经济发展中的热点、难点问题，紧密地结合国家和中部经济社会发展的重大战略转变，对中部地区经济发展的各个领域进行了深入、全面的分析研究，并提出了具有理论研究价值和可操作性强的政策建议。

世界经济黄皮书

2015 年世界经济形势分析与预测

王洛林　张宇燕／主编　　2014 年 12 月出版　　估价：69.00 元

◆　本书为"十二五"国家重点图书出版规划项目，中国社会科学院创新工程学术出版资助项目，作者来自中国社会科学院世界经济与政治研究所。该书总结了 2014 年世界经济发展的热点问题，对 2015 年世界经济形势进行了分析与预测。

中国省域竞争力蓝皮书

中国省域经济综合竞争力发展报告（2015）

李建平　李闽榕　高燕京／主编　　2015 年 3 月出版　估价：198.00 元

◆　本书充分运用数理分析、空间分析、规范分析与实证分析相结合、定性分析与定量分析相结合的方法，建立起比较科学完善、符合中国国情的省域经济综合竞争力指标评价体系及数学模型，对 2013~2014 年中国内地 31 个省、市、区的经济综合竞争力进行全面、深入、科学的总体评价与比较分析。

城市蓝皮书

中国城市发展报告 No.8

潘家华　魏后凯／主编　2015 年 9 月出版　　估价：69.00 元

◆　本书由中国社会科学院城市发展与环境研究中心编著，从中国城市的科学发展、城市环境可持续发展、城市经济集约发展、城市社会协调发展、城市基础设施与用地管理、城市管理体制改革以及中国城市科学发展实践等多角度、全方位地立体展示了中国城市的发展状况，并对中国城市的未来发展提出了建议。

金融蓝皮书

中国金融发展报告（2015）

李 扬　王国刚／主编　2014 年 12 月出版　估价：69.00 元

◆　由中国社会科学院金融研究所组织编写的《中国金融发展报告（2015）》，概括和分析了 2014 年中国金融发展和运行中的各方面情况，研讨和评论了 2014 年发生的主要金融事件。本书由业内专家和青年精英联合编著，有利于读者了解掌握 2014 年中国的金融状况，把握 2015 年中国金融的走势。

低碳发展蓝皮书

中国低碳发展报告（2015）

齐 晔／主编　2015 年 3 月出版　估价：89.00 元

◆　本书对中国低碳发展的政策、行动和绩效进行科学、系统、全面的分析。重点是通过归纳中国低碳发展的绩效，评估与低碳发展相关的政策和措施，分析政策效应的制度背景和作用机制，为进一步的政策制定、优化和实施提供支持。

经济信息绿皮书

中国与世界经济发展报告（2015）

杜 平／主编　2014 年 12 月出版　估价：79.00 元

◆　本书由国家信息中心继续组织有关专家编撰。由国家信息中心组织专家队伍编撰，对 2014 年国内外经济发展环境、宏观经济发展趋势、经济运行中的主要矛盾、产业经济和区域经济热点、宏观调控政策的取向进行了系统的分析预测。

低碳经济蓝皮书

中国低碳经济发展报告（2015）

薛进军　赵忠秀／主编　2015 年 5 月出版　估价：69.00 元

◆　本书是以低碳经济为主题的系列研究报告，汇集了一批罗马俱乐部核心成员、IPCC 工作组成员、碳排放理论的先驱者、政府气候变化问题顾问、低碳社会和低碳城市计划设计人等世界顶尖学者，对气候变化政策制定、特别是中国的低碳经济经济发展有特别参考意义。

社会政法类

社会政法类皮书聚焦社会发展领域的热点、难点问题，
提供权威、原创的资讯与视点

社会蓝皮书

2015年中国社会形势分析与预测

李培林　陈光金　张　翼 / 主编　2014年12月出版　定价:69.00元

◆　本报告是中国社会科学院"社会形势分析与预测"课题组2014年度分析报告，由中国社会科学院社会学研究所组织研究机构专家、高校学者和政府研究人员撰写。对2014年中国社会发展的各个方面内容进行了权威解读，同时对2015年社会形势发展趋势进行了预测。

法治蓝皮书

中国法治发展报告 No.13（2015）

李　林　田　禾 / 主编　　2015年2月出版　　估价:98.00元

◆　本年度法治蓝皮书一如既往秉承关注中国法治发展进程中的焦点问题的特点，回顾总结了2014年度中国法治发展取得的成就和存在的不足，并对2015年中国法治发展形势进行了预测和展望。

环境绿皮书

中国环境发展报告（2015）

刘鉴强 / 主编　　2015年5月出版　　估价:79.00元

◆　本书由民间环保组织"自然之友"组织编写，由特别关注、生态保护、宜居城市、可持续消费以及政策与治理等版块构成，以公共利益的视角记录、审视和思考中国环境状况，呈现2014年中国环境与可持续发展领域的全局态势，用深刻的思考、科学的数据分析2014年的环境热点事件。

反腐倡廉蓝皮书

中国反腐倡廉建设报告 No.4

李秋芳　张英伟 / 主编　2014 年 12 月出版　定价 :79.00 元

◆　本书抓住了若干社会热点和焦点问题，全面反映了新时期新阶段中国反腐倡廉面对的严峻局面，以及中国共产党反腐倡廉建设的新实践新成果。根据实地调研、问卷调查和舆情分析，梳理了当下社会普遍关注的与反腐败密切相关的热点问题。

女性生活蓝皮书

中国女性生活状况报告 No.9（2015）

韩湘景 / 主编　2015 年 4 月出版　估价 :79.00 元

◆　本书由中国妇女杂志社、华坤女性生活调查中心和华坤女性消费指导中心组织编写，通过调查获得的大量调查数据，真实展现当年中国城市女性的生活状况、消费状况及对今后的预期。

华侨华人蓝皮书

华侨华人研究报告 (2015)

贾益民 / 主编　2015 年 12 月出版　估价 :118.00 元

◆　本书为中国社会科学院创新工程学术出版资助项目，是华侨大学向世界提供最新涉侨动态、理论研究和政策建议的平台。主要介绍了相关国家华侨华人的规模、分布、结构、发展趋势，以及全球涉侨生存安全环境和华文教育情况等。

政治参与蓝皮书

中国政治参与报告（2015）

房　宁 / 主编　2015 年 7 月出版　估价 :105.00 元

◆　本书作者均来自中国社会科学院政治学研究所，聚焦中国基层群众自治的参与情况介绍了城镇居民的社区建设与居民自治参与和农村居民的村民自治与农村社区建设参与情况。其优势是其指标评估体系的建构和问卷调查的设计专业，数据量丰富，统计结论科学严谨。

行业报告类

行业报告类皮书立足重点行业、新兴行业领域，
提供及时、前瞻的数据与信息

房地产蓝皮书

中国房地产发展报告 No.12（2015）

魏后凯　李景国 / 主编　　2015 年 5 月出版　　估价 :79.00 元

◆　本书汇集了众多研究城市房地产经济问题的专家、学者关于城市房地产方面的最新研究成果。对 2014 年我国房地产经济发展状况进行了回顾，并做出了分析，全面翔实而又客观公正,同时，也对未来我国房地产业的发展形势做出了科学的预测。

保险蓝皮书

中国保险业竞争力报告（2015）

姚庆海　王　力 / 主编　2015 年 12 出版　　估价 :98.00 元

◆　本皮书主要为监管机构、保险行业和保险学界提供保险市场一年来发展的总体评价，外在因素对保险业竞争力发展的影响研究；国家监管政策、市场主体经营创新及职能发挥、理论界最新研究成果等综述和评论。

企业社会责任蓝皮书

中国企业社会责任研究报告（2015）

黄群慧　彭华岗　钟宏武　张　蕙 / 编著
2015 年 11 月出版　　估价 :69.00 元

◆　本书系中国社会科学院经济学部企业社会责任研究中心组织编写的《企业社会责任蓝皮书》2015 年分册。该书在对企业社会责任进行宏观总体研究的基础上，根据 2014 年企业社会责任及相关背景进行了创新研究，在全国企业中观层面对企业健全社会责任管理体系提供了弥足珍贵的丰富信息。

投资蓝皮书

中国投资发展报告（2015）

杨庆蔚 / 主编　　2015 年 4 月出版　　估价 :128.00 元

◆　本书是中国建银投资有限责任公司在投资实践中对中国投资发展的各方面问题进行深入研究和思考后的成果。投资包括固定资产投资、实业投资、金融产品投资、房地产投资等诸多领域，尝试将投资作为一个整体进行研究，能够较为清晰地展现社会资金流动的特点，为投资者、研究者、甚至政策制定者提供参考。

住房绿皮书

中国住房发展报告（2014~2015）

倪鹏飞 / 主编　　2014 年 12 月出版　　估价 :79.00 元

◆　本报告从宏观背景、市场主体、市场体系、公共政策和年度主题五个方面，对中国住宅市场体系做了全面系统的分析、预测与评价，并给出了相关政策建议，并在评述 2013~2014 年住房及相关市场走势的基础上，预测了 2014~2015 年住房及相关市场的发展变化。

人力资源蓝皮书

中国人力资源发展报告（2015）

余兴安 / 主编　　2015 年 9 月出版　　估价 :79.00 元

◆　本书是在人力资源和社会保障部部领导的支持下，由中国人事科学研究院汇集我国人力资源开发权威研究机构的诸多专家学者的研究成果编写而成。作为关于人力资源的蓝皮书，本书通过充分利用有关研究成果，更广泛、更深入地展示近年来我国人力资源开发重点领域的研究成果。

汽车蓝皮书

中国汽车产业发展报告（2015）

国务院发展研究中心产业经济研究部 中国汽车工程学会

大众汽车集团（中国）/ 主编　　2015 年 7 月出版　　估价 :128.00 元

◆　本书由国务院发展研究中心产业经济研究部、中国汽车工程学会、大众汽车集团（中国）联合主编，是关于中国汽车产业发展的研究性年度报告，介绍并分析了本年度中国汽车产业发展的形势。

国别与地区类

国别与地区类皮书关注全球重点国家与地区，
提供全面、独特的解读与研究

亚太蓝皮书

亚太地区发展报告（2015）

李向阳／主编　　2015 年 1 月出版　　估价：59.00 元

◆　本书是由中国社会科学院亚太与全球战略研究院精心打造的品牌皮书，关注时下亚太地区局势发展动向里隐藏的中长趋势，剖析亚太地区政治与安全格局下的区域形势最新动向以及地区关系发展的热点问题，并对 2015 年亚太地区重大动态做出前瞻性的分析与预测。

日本蓝皮书

日本研究报告（2015）

李　薇／主编　　2015 年 3 月出版　　估价：69.00 元

◆　本书由中华日本学会、中国社会科学院日本研究所合作推出，是以中国社会科学院日本研究所的研究人员为主完成的研究成果。对 2014 年日本的政治、外交、经济、社会文化作了回顾、分析与展望，并收录了该年度日本大事记。

德国蓝皮书

德国发展报告（2015）

郑春荣　伍慧萍／主编　　2015 年 6 月出版　　估价：69.00 元

◆　本报告由同济大学德国研究所组织编撰，由该领域的专家学者对德国的政治、经济、社会文化、外交等方面的形势发展情况，进行全面的阐述与分析。德国作为欧洲大陆第一强国，与中国各方面日渐紧密的合作关系，值得国内各界深切关注。

国际形势黄皮书

全球政治与安全报告（2015）

李慎明　张宇燕／主编　2014年12月出版　估价：69.00元

◆　本书为"十二五"国家重点图书出版规划项目、中国社会科学院创新工程学术出版资助项目，为"国际形势黄皮书"系列年度报告之一。报告旨在对本年度国际政治及安全形势的总体情况和变化进行回顾与分析，并提出一定的预测。

拉美黄皮书

拉丁美洲和加勒比发展报告（2014~2015）

吴白乙／主编　2015年4月出版　估价：89.00元

◆　本书是中国社会科学院拉丁美洲研究所的第14份关于拉丁美洲和加勒比地区发展形势状况的年度报告。本书对2014年拉丁美洲和加勒比地区诸国的政治、经济、社会、外交等方面的发展情况做了系统介绍，对该地区相关国家的热点及焦点问题进行了总结和分析，并在此基础上对该地区各国2015年的发展前景做出预测。

美国蓝皮书

美国研究报告（2015）

黄　平　郑秉文／主编　2015年7月出版　估价：89.00元

◆　本书是由中国社会科学院美国所主持完成的研究成果，它回顾了美国2014年的经济、政治形势与外交战略，对2014年以来美国内政外交发生的重大事件以及重要政策进行了较为全面的回顾和梳理。

大湄公河次区域蓝皮书

大湄公河次区域合作发展报告（2015）

刘　稚／主编　2015年9月出版　估价：79.00元

◆　云南大学大湄公河次区域研究中心深入追踪分析该区域发展动向，以把握全面、突出重点为宗旨，系统介绍和研究大湄公河次区域合作的年度热点和重点问题，展望次区域合作的发展趋势，并对新形势下我国推进次区域合作深入发展提出相关对策建议。

地方发展类

地方发展类皮书关注大陆各省份、经济区域，
提供科学、多元的预判与咨政信息

北京蓝皮书

北京公共服务发展报告（2014~2015）

施昌奎 / 著　　2015 年 2 月出版　估价：69.00 元

◆ 　本书是由北京市政府职能部门的领导、首都著名高校的教授、知名研究机构的专家共同完成的关于北京市公共服务发展与创新的研究成果。内容涉及了北京市公共服务发展的方方面面，既有综述性的总报告，也有细分的情况介绍，既有对北京各个城区的综合性描述，也有对局部、细部、具体问题的分析，对年度热点问题也都有涉及。

上海蓝皮书

上海经济发展报告（2015）

沈开艳 / 主编　　2015 年 1 月出版　估价：69.00 元

◆ 　本书系上海社会科学院系列之一，报告对 2015 年上海经济增长与发展趋势的进行了预测，把握了上海经济发展的脉搏和学术研究的前沿。

广州蓝皮书

广州经济发展报告（2015）

李江涛　朱名宏 / 主编　　2015 年 5 月出版　估价：69.00 元

◆ 　本书是由广州市社会科学院主持编写的"广州蓝皮书"系列之一，本报告对广州 2014 年宏观经济运行情况作了深入分析，对 2015 年宏观经济走势进行了合理预测，并在此基础上提出了相应的政策建议。

文 化 传 媒 类

文化传媒类皮书透视文化领域、文化产业，
探索文化大繁荣、大发展的路径

新媒体蓝皮书

中国新媒体发展报告 No.5（2015）

唐绪军 / 主编　　2015 年 6 月出版　　估价 :79.00 元

◆　本书由中国社会科学院新闻与传播研究所和上海大学合作编写，在构建新媒体发展研究基本框架的基础上，全面梳理2014 年中国新媒体发展现状，发表最前沿的网络媒体深度调查数据和研究成果，并对新媒体发展的未来趋势做出预测。

舆情蓝皮书

中国社会舆情与危机管理报告（2015）

谢耘耕 / 主编　　2015 年 8 月出版　　估价 :98.00 元

◆　本书由上海交通大学舆情研究实验室和危机管理研究中心主编，已被列入教育部人文社会科学研究报告培育项目。本书以新媒体环境下的中国社会为立足点，对2014 年中国社会舆情、分类舆情等进行了深入系统的研究，并预测了2015 年社会舆情走势。

文化蓝皮书

中国文化产业发展报告（2015）

张晓明　王家新　章建刚 / 主编　　2015 年 4 月出版　　估价 :79.00 元

◆　本书由中国社会科学院文化研究中心编写。 从 2012 年开始，中国社会科学院文化研究中心设立了国内首个文化产业的研究类专项资金——"文化产业重大课题研究计划"，开始在全国范围内组织多学科专家学者对我国文化产业发展重大战略问题进行联合攻关研究。本书集中反映了该计划的研究成果。

经济类

G20国家创新竞争力黄皮书
二十国集团（G20）国家创新竞争力发展报告（2015）
著(编)者:黄茂兴 李闽榕 李建平 赵新力
2015年9月出版 / 估价:128.00元

产业蓝皮书
中国产业竞争力报告（2015）
著(编)者:张其仔　2015年5月出版 / 估价:79.00元

长三角蓝皮书
2015年全面深化改革中的长三角
著(编)者:张伟斌　2015年1月出版 / 估价:69.00元

城乡一体化蓝皮书
中国城乡一体化发展报告（2015）
著(编)者:付崇兰 汝信　2015年12月出版 / 估价:79.00元

城市创新蓝皮书
中国城市创新报告（2015）
著(编)者:周天勇 旷建伟　2015年8月出版 / 估价:69.00元

城市竞争力蓝皮书
中国城市竞争力报告（2015）
著(编)者:倪鹏飞　2015年5月出版 / 估价:89.00元

城市蓝皮书
中国城市发展报告NO.8
著(编)者:潘家华 魏后凯　2015年9月出版 / 估价:69.00元

城市群蓝皮书
中国城市群发展指数报告（2015）
著(编)者:刘新静 刘士林　2015年1月出版 / 估价:59.00元

城乡统筹蓝皮书
中国城乡统筹发展报告（2015）
著(编)者:潘晨光 程志强　2015年3月出版 / 估价:59.00元

城镇化蓝皮书
中国新型城镇化健康发展报告（2015）
著(编)者:张占斌　2015年5月出版 / 估价:79.00元

低碳发展蓝皮书
中国低碳发展报告（2015）
著(编)者:齐晔　2015年3月出版 / 估价:89.00元

低碳经济蓝皮书
中国低碳经济发展报告（2015）
著(编)者:薛进军 赵忠秀　2015年5月出版 / 估价:69.00元

东北蓝皮书
中国东北地区发展报告（2015）
著(编)者:马克 黄文艺　2015年8月出版 / 估价:79.00元

发展和改革蓝皮书
中国经济发展和体制改革报告（2015）
著(编)者:邹东涛　2015年11月出版 / 估价:98.00元

工业化蓝皮书
中国工业化进程报告（2015）
著(编)者:黄群慧 吕铁 李晓华　2015年11月出版 / 估价:89.00元

国际城市蓝皮书
国际城市发展报告（2015）
著(编)者:屠启宇　2015年1月出版 / 估价:69.00元

国家创新蓝皮书
中国创新发展报告（2015）
著(编)者:陈劲　2015年6月出版 / 估价:59.00元

环境竞争力绿皮书
中国省域环境竞争力发展报告（2015）
著(编)者:李闽榕 李建平 王金南
2015年12月出版 / 估价:148.00元

金融蓝皮书
中国金融发展报告（2015）
著(编)者:李扬 王国刚　2014年12月出版 / 估价:69.00元

金融信息服务蓝皮书
金融信息服务发展报告（2015）
著(编)者:鲁广锦 殷剑峰 林义相　2015年6月出版 / 估价:89.00元

经济蓝皮书
2015年中国经济形势分析与预测
著(编)者:李扬 2014年12月出版 / 定价:69.00元

经济蓝皮书·春季号
2015年中国经济前景分析
著(编)者:李扬　2015年5月出版 / 估价:79.00元

经济蓝皮书·夏季号
中国经济增长报告（2015）
著(编)者:李扬　2015年7月出版 / 估价:69.00元

经济信息绿皮书
中国与世界经济发展报告（2015）
著(编)者:杜平　2014年12月出版 / 估价:79.00元

就业蓝皮书
2015年中国大学生就业报告
著(编)者:麦可思研究院　2015年6月出版 / 估价:98.00元

临空经济蓝皮书
中国临空经济发展报告（2015）
著(编)者:连玉明　2015年9月出版 / 估价:79.00元

民营经济蓝皮书
中国民营经济发展报告（2015）
著(编)者:王钦敏　2015年12月出版 / 估价:79.00元

农村绿皮书
中国农村经济形势分析与预测（2014~2015）
著(编)者:中国社会科学院农村发展研究所
　　　　国家统计局农村社会经济调查司
2015年4月出版 / 估价:69.00元

农业应对气候变化蓝皮书
气候变化对中国农业影响评估报告（2015）
著(编)者:矫梅燕　2015年8月出版 / 估价:98.00元

企业公民蓝皮书
中国企业公民报告（2015）
著(编)者:邹东涛 2015年12月出版 / 估价:79.00元

气候变化绿皮书
应对气候变化报告（2015）
著(编)者:王伟光 郑国光 2015年10月出版 / 估价:79.00元

区域蓝皮书
中国区域经济发展报告（2015）
著(编)者:梁昊光 2015年4月出版 / 估价:79.00元

全球环境竞争力绿皮书
全球环境竞争力报告（2015）
著(编)者:李建建 李闽榕 李建平 王金南
2015年12月出版 / 估价:198.00元

人口与劳动绿皮书
中国人口与劳动问题报告（2015）
著(编)者:蔡昉 2015年11月出版 / 估价:59.00元

世界经济黄皮书
2015年世界经济形势分析与预测
著(编)者:王洛林 张宇燕 2014年12月出版 / 估价:69.00元

世界旅游城市绿皮书
世界旅游城市发展报告（2015）
著(编)者:鲁勇 周正宇 宋宇 2015年6月出版 / 估价:88.00元

西北蓝皮书
中国西北发展报告（2015）
著(编)者:张进海 陈冬红 段庆林 2014年12月出版 / 估价:69.00元

西部蓝皮书
中国西部发展报告（2015）
著(编)者:姚慧琴 徐璋勇 2015年7月出版 / 估价:89.00元

新型城镇化蓝皮书
新型城镇化发展报告（2015）
著(编)者:李伟 2015年10月出版 / 估价:89.00元

新兴经济体蓝皮书
金砖国家发展报告（2015）
著(编)者:林跃勤 周文 2015年7月出版 / 估价:79.00元

中部竞争力蓝皮书
中国中部经济社会竞争力报告（2015）
著(编)者:教育部人文社会科学重点研究基地
　　　　南昌大学中国中部经济社会发展研究中心
2015年9月出版 / 估价:79.00元

中部蓝皮书
中国中部地区发展报告（2015）
著(编)者:喻新安 2015年5月出版 / 估价:69.00元

中国省域竞争力蓝皮书
中国省域经济综合竞争力发展报告（2015）
著(编)者:李建平 李闽榕 高燕京
2015年3月出版 / 估价:198.00元

中三角蓝皮书
长江中游城市群发展报告（2015）
著(编)者:秦尊文 2015年1月出版 / 估价:69.00元

中小城市绿皮书
中国中小城市发展报告（2015）
著(编)者:中国城市经济学会中小城市经济发展委员会
　　　　《中国中小城市发展报告》编纂委员会
　　　　中小城市发展战略研究院
2015年1月出版 / 估价:98.00元

中央商务区蓝皮书
中国中央商务区发展报告（2015）
著(编)者:中国商务区联盟
　　　　中国社会科学院城市发展与环境研究所
2015年10月出版 / 估价:69.00元

中原蓝皮书
中原经济区发展报告（2015）
著(编)者:李英杰 2015年6月出版 / 估价:88.00元

社会政法类

北京蓝皮书
中国社区发展报告（2015）
著(编)者:于燕燕 2015年6月出版 / 估价:69.00元

殡葬绿皮书
中国殡葬事业发展报告（2015）
著(编)者:李伯森 2015年3月出版 / 估价:59.00元

城市管理蓝皮书
中国城市管理报告（2015）
著(编)者:谭维克 刘林 2015年10月出版 / 估价:158.00元

城市生活质量蓝皮书
中国城市生活质量报告（2015）
著(编)者:中国经济实验研究院 2015年6月出版 / 估价:59.00元

城市政府能力蓝皮书
中国城市政府公共服务能力评估报告（2015）
著(编)者:何艳玲 2015年7月出版 / 估价:59.00元

创新蓝皮书
创新型国家建设报告（2015）
著(编)者:詹正茂 2015年3月出版 / 估价:69.00元

慈善蓝皮书
中国慈善发展报告（2015）
著(编)者:杨团　2015年5月出版 / 估价:79.00元

大学生蓝皮书
中国大学生生活形态研究报告（2015）
著(编)者:张新洲　2015年12月出版 / 估价:69.00元

法治蓝皮书
中国法治发展报告No.13（2015）
著(编)者:李林 田禾　2015年2月出版 / 估价:98.00元

反腐倡廉蓝皮书
中国反腐倡廉建设报告No.4
著(编)者:李秋芳 张英伟　2014年12月出版 / 定价:79.00元

非传统安全蓝皮书
中国非传统安全研究报告（2015）
著(编)者:余潇枫 魏志江　2015年6月出版 / 估价:79.00元

妇女发展蓝皮书
中国妇女发展报告（2015）
著(编)者:王金玲　2015年9月出版 / 估价:148.00元

妇女教育蓝皮书
中国妇女教育发展报告（2015）
著(编)者:张李玺　2015年1月出版 / 估价:78.00元

妇女绿皮书
中国性别平等与妇女发展报告（2015）
著(编)者:谭琳　2015年12月出版 / 估价:99.00元

公共服务蓝皮书
中国城市基本公共服务力评价（2015）
著(编)者:钟君 吴正杲　2015年12月出版 / 估价:79.00元

公共服务满意度蓝皮书
中国城市公共服务评价报告（2015）
著(编)者:胡伟　2015年12月出版 / 估价:69.00元

公民科学素质蓝皮书
中国公民科学素质报告（2015）
著(编)者:李群 许佳军　2015年6月出版 / 估价:79.00元

公益蓝皮书
中国公益发展报告（2015）
著(编)者:朱健刚　2015年5月出版 / 估价:78.00元

管理蓝皮书
中国管理发展报告（2015）
著(编)者:张晓东　2015年9月出版 / 估价:98.00元

国际人才蓝皮书
中国国际移民报告（2015）
著(编)者:王辉耀　2015年1月出版 / 估价:79.00元

国际人才蓝皮书
中国海归发展报告（2015）
著(编)者:王辉耀 苗绿　2015年1月出版 / 估价:69.00元

国际人才蓝皮书
中国留学发展报告（2015）
著(编)者:王辉耀 苗绿　2015年9月出版 / 估价:69.00元

国家安全蓝皮书
中国国家安全研究报告（2015）
著(编)者:刘慧　2015年5月出版 / 估价:98.00元

行政改革蓝皮书
中国行政体制改革报告（2014~2015）
著(编)者:魏礼群　2015年3月出版 / 估价:89.00元

华侨华人蓝皮书
华侨华人研究报告（2015）
著(编)者:贾益民　2015年12月出版 / 估价:118.00元

环境绿皮书
中国环境发展报告（2015）
著(编)者:刘鉴强　2015年5月出版 / 估价:79.00元

基金会蓝皮书
中国基金会发展报告（2015）
著(编)者:刘忠祥　2015年6月出版 / 估价:69.00元

基金会绿皮书
中国基金会发展独立研究报告（2015）
著(编)者:基金会中心网　2015年8月出版 / 估价:88.00元

基金会透明度蓝皮书
中国基金会透明度发展研究报告（2015）
著(编)者:基金会中心网 清华大学廉政与治理研究中心
2015年9月出版 / 估价:78.00元

教师蓝皮书
中国中小学教师发展报告（2015）
著(编)者:曾晓东　2015年7月出版 / 估价:59.00元

教育蓝皮书
中国教育发展报告（2015）
著(编)者:杨东平　2015年5月出版 / 估价:79.00元

科普蓝皮书
中国科普基础设施发展报告（2015）
著(编)者:任福君　2015年6月出版 / 估价:59.00元

劳动保障蓝皮书
中国劳动保障发展报告（2015）
著(编)者:刘燕斌　2015年6月出版 / 估价:89.00元

老龄蓝皮书
中国老年宜居环境发展报告(2015)
著(编)者:吴玉韶　2015年9月出版 / 估价:79.00元

连片特困区蓝皮书
中国连片特困区发展报告（2015）
著(编)者:冷志明 游俊　2015年3月出版 / 估价:79.00元

民间组织蓝皮书
中国民间组织报告（2015）
著(编)者:潘晨光 黄晓勇　2015年8月出版 / 估价:69.00元

民调蓝皮书
中国民生调查报告（2015）
著(编)者:谢耘耕　2015年5月出版 / 估价:128.00元

民族发展蓝皮书
中国民族区域自治发展报告（2015）
著(编)者:王希恩 郝时远　2015年6月出版 / 估价:98.00元

女性生活蓝皮书
中国女性生活状况报告No.9（2015）
著(编)者:《中国妇女》杂志社 华坤女性生活调查中心
　　　　华坤女性消费指导中心
2015年4月出版 / 估价:79.00元

企业国际化蓝皮书
中国企业国际化报告(2015)
著(编)者:王辉耀　2015年10月出版 / 估价:79.00元

汽车社会蓝皮书
中国汽车社会发展报告（2015）
著(编)者:王俊秀　2015年1月出版 / 估价:59.00元

青年蓝皮书
中国青年发展报告No.3
著(编)者:廉思　2015年4月出版 / 估价:59.00元

区域人才蓝皮书
中国区域人才竞争力报告（2015）
著(编)者:桂昭明 王辉耀　2015年6月出版 / 估价:69.00元

群众体育蓝皮书
中国群众体育发展报告（2015）
著(编)者:刘国永 杨桦　2015年8月出版 / 估价:69.00元

人才蓝皮书
中国人才发展报告（2015）
著(编)者:潘晨光　2015年8月出版 / 估价:85.00元

人权蓝皮书
中国人权事业发展报告（2015）
著(编)者:中国人权研究会　2015年8月出版 / 估价:99.00元

森林碳汇绿皮书
中国森林碳汇评估发展报告（2015）
著(编)者:闫文德 胡文臻　2015年9月出版 / 估价:79.00元

社会保障绿皮书
中国社会保障发展报告（2015）
著(编)者:王延中　2015年6月出版 / 估价:79.00元

社会工作蓝皮书
中国社会工作发展报告（2015）
著(编)者:民政部社会工作研究中心
2015年8月出版 / 估价:79.00元

社会管理蓝皮书
中国社会管理创新报告（2015）
著(编)者:连玉明　2015年9月出版 / 估价:89.00元

社会蓝皮书
2015年中国社会形势分析与预测
著(编)者:李培林 陈光金 张 翼
2014年12月出版 / 定价:69.00元

社会体制蓝皮书
中国社会体制改革报告（2015）
著(编)者:龚维斌　2015年5月出版 / 估价:79.00元

社会心态蓝皮书
中国社会心态研究报告（2015）
著(编)者:王俊秀 杨宜音　2015年10月出版 / 估价:69.00元

社会组织蓝皮书
中国社会组织评估发展报告（2015）
著(编)者:徐家良 廖鸿　2015年12月出版 / 估价:69.00元

生态城市绿皮书
中国生态城市建设发展报告（2015）
著(编)者:刘举科 孙伟平 胡文臻
2015年6月出版 / 估价:98.00元

生态文明绿皮书
中国省域生态文明建设评价报告（ECI 2015）
著(编)者:严耕　2015年9月出版 / 估价:85.00元

世界社会主义黄皮书
世界社会主义跟踪研究报告（2015）
著(编)者:李慎明　2015年3月出版 / 估价:198.00元

水与发展蓝皮书
中国水风险评估报告（2015）
著(编)者:王浩　2015年9月出版 / 估价:69.00元

土地整治蓝皮书
中国土地整治发展研究报告No.2
著(编)者:国土资源部土地整治中心　2015年5月出版 / 估价:89.00元

危机管理蓝皮书
中国危机管理报告（2015）
著(编)者:文学国　2015年8月出版 / 估价:89.00元

形象危机应对蓝皮书
形象危机应对研究报告（2015）
著(编)者:唐钧　2015年6月出版 / 估价:149.00元

医改蓝皮书
中国医药卫生体制改革报告（2015～2016）
著(编)者:文学国 房志武　2015年12月出版 / 估价:79.00元

医疗卫生绿皮书
中国医疗卫生发展报告（2015）
著(编)者:申宝忠 韩玉珍　2015年4月出版 / 估价:75.00元

应急管理蓝皮书
中国应急管理报告（2015）
著(编)者:宋英华　2015年10月出版 / 估价:69.00元

政治参与蓝皮书
中国政治参与报告（2015）
著(编)者:房宁　2015年7月出版 / 估价:105.00元

政治发展蓝皮书
中国政治发展报告（2015）
著(编)者:房宁 杨海蛟　2015年5月出版 / 估价:88.00元

中国农村妇女发展蓝皮书
流动女性城市融入发展报告（2015）
著(编)者:谢丽华　2015年11月出版 / 估价:69.00元

宗教蓝皮书
中国宗教报告（2015）
著(编)者:金泽 邱永辉　2015年9月出版 / 估价:59.00元

行业报告类

保险蓝皮书
中国保险业竞争力报告（2015）
著(编)者：王力　2015年12月出版 / 估价：98.00元

彩票蓝皮书
中国彩票发展报告（2015）
著(编)者：益彩基金　2015年10月出版 / 估价：69.00元

餐饮产业蓝皮书
中国餐饮产业发展报告（2015）
著(编)者：邢颖　2015年6月出版 / 估价：69.00元

测绘地理信息蓝皮书
智慧中国地理空间智能体系研究报告（2015）
著(编)者：徐德明　2015年1月出版 / 估价：98.00元

茶业蓝皮书
中国茶产业发展报告（2015）
著(编)者：杨江帆　李闽榕　2015年1月出版 / 估价：78.00元

产权市场蓝皮书
中国产权市场发展报告（2015）
著(编)者：曹和平　2015年12月出版 / 估价：79.00元

电子政务蓝皮书
中国电子政务发展报告（2014~2015）
著(编)者：洪毅　杜平　2015年2月出版 / 估价：79.00元

杜仲产业绿皮书
中国杜仲橡胶资源与产业发展报告（2015）
著(编)者：胡文臻　杜红岩　俞锐
2015年9月出版 / 估价：98.00元

房地产蓝皮书
中国房地产发展报告No.12（2015）
著(编)者：魏后凯　李景国　2015年5月出版 / 估价：79.00元

服务外包蓝皮书
中国服务外包产业发展报告（2015）
著(编)者：王晓红　刘德军　2015年6月出版 / 估价：89.00元

工业设计蓝皮书
中国工业设计发展报告（2015）
著(编)者：王晓红　于炜　张立群　2015年9月出版 / 估价：138.00元

互联网金融蓝皮书
中国互联网金融发展报告（2015）
著(编)者：芮晓武　刘烈宏　2015年8月出版 / 估价：79.00元

会展蓝皮书
中外会展业动态评估年度报告（2015）
著(编)者：张敏　2015年1月出版 / 估价：78.00元

金融监管蓝皮书
中国金融监管报告（2015）
著(编)者：胡滨　2015年5月出版 / 估价：69.00元

金融蓝皮书
中国商业银行竞争力报告（2015）
著(编)者：王松奇　2015年12月出版 / 估价：69.00元

客车蓝皮书
中国客车产业发展报告（2015）
著(编)者：姚蔚　2015年12月出版 / 估价：85.00元

老龄蓝皮书
中国老年宜居环境发展报告（2015）
著(编)者：吴玉韶　党俊武　2015年9月出版 / 估价：79.00元

流通蓝皮书
中国商业发展报告（2015）
著(编)者：荆林波　2015年5月出版 / 估价：89.00元

旅游安全蓝皮书
中国旅游安全报告（2015）
著(编)者：郑向敏　谢朝武　2015年5月出版 / 估价：98.00元

旅游景区蓝皮书
中国旅游景区发展报告（2015）
著(编)者：黄安民　2015年7月出版 / 估价：79.00元

旅游绿皮书
2015年中国旅游发展分析与预测
著(编)者：宋瑞　2015年1月出版 / 估价：79.00元

煤炭蓝皮书
中国煤炭工业发展报告（2015）
著(编)者：岳福斌　2015年12月出版 / 估价：79.00元

民营医院蓝皮书
中国民营医院发展报告（2015）
著(编)者：庄一强　2015年10月出版 / 估价：75.00元

闽商蓝皮书
闽商发展报告（2015）
著(编)者：王日根　李闽榕　2015年12月出版 / 估价：69.00元

能源蓝皮书
中国能源发展报告（2015）
著(编)者：崔民选　王军生　2015年8月出版 / 估价：79.00元

农产品流通蓝皮书
中国农产品流通产业发展报告（2015）
著(编)者：贾敬敦　张东科　张玉玺　孔令羽　张鹏毅
2015年9月出版 / 估价：89.00元

企业蓝皮书
中国企业竞争力报告（2015）
著(编)者：金碚　2015年11月出版 / 估价：89.00元

企业社会责任蓝皮书
中国企业社会责任研究报告（2015）
著(编)者：黄群慧　彭华岗　钟宏武　张蒽
2015年11月出版 / 估价：69.00元

汽车安全蓝皮书
中国汽车安全发展报告（2015）
著(编)者:中国汽车技术研究中心　2015年4月出版 / 估价:79.00元

汽车蓝皮书
中国汽车产业发展报告（2015）
著(编)者:国务院发展研究中心产业经济研究部
　　中国汽车工程学会 大众汽车集团（中国）
2015年7月出版 / 估价:128.00元

清洁能源蓝皮书
国际清洁能源发展报告（2015）
著(编)者:国际清洁能源论坛（澳门）
2015年9月出版 / 估价:89.00元

人力资源蓝皮书
中国人力资源发展报告（2015）
著(编)者:余兴安　2015年9月出版 / 估价:79.00元

软件和信息服务业蓝皮书
中国软件和信息服务业发展报告（2015）
著(编)者:陈新河　洪京一　2015年12月出版 / 估价:198.00元

上市公司蓝皮书
上市公司质量评价报告（2015）
著(编)者:张跃文　王力　2015年10月出版 / 估价:118.00元

食品药品蓝皮书
食品药品安全与监管政策研究报告（2015）
著(编)者:唐民皓　2015年7月出版 / 估价:69.00元

世界能源蓝皮书
世界能源发展报告（2015）
著(编)者:黄晓勇　2015年6月出版 / 估价:99.00元

碳市场蓝皮书
中国碳市场报告（2015）
著(编)者:低碳发展国际合作联盟
2015年11月出版 / 估价:69.00元

体育蓝皮书
中国体育产业发展报告（2015）
著(编)者:阮伟 钟秉枢　2015年4月出版 / 估价:69.00元

投资蓝皮书
中国投资发展报告（2015）
著(编)者:杨庆蔚　2015年4月出版 / 估价:128.00元

物联网蓝皮书
中国物联网发展报告（2015）
著(编)者:黄桂田　2015年1月出版 / 估价:59.00元

西部工业蓝皮书
中国西部工业发展报告（2015）
著(编)者:方行明 甘犁 刘方健 姜凌 等
2015年9月出版 / 估价:79.00元

西部金融蓝皮书
中国西部金融发展报告（2015）
著(编)者:李忠民　2015年8月出版 / 估价:75.00元

新能源汽车蓝皮书
中国新能源汽车产业发展报告（2015）
著(编)者:中国汽车技术研究中心
　　日产（中国）投资有限公司 东风汽车有限公司
2015年8月出版 / 估价:69.00元

信托市场蓝皮书
中国信托业市场报告（2015）
著(编)者:李旸　2015年1月出版 / 估价:198.00元

信息产业蓝皮书
世界软件和信息技术产业发展报告（2015）
著(编)者:洪京一　2015年8月出版 / 估价:79.00元

信息化蓝皮书
中国信息化形势分析与预测（2015）
著(编)者:周宏仁　2015年8月出版 / 估价:98.00元

信用蓝皮书
中国信用发展报告（2015）
著(编)者:田侃　2015年4月出版 / 估价:69.00元

休闲绿皮书
2015年中国休闲发展报告
著(编)者:刘德谦　2015年6月出版 / 估价:59.00元

医药蓝皮书
中国中医药产业园战略发展报告（2015）
著(编)者:裴长洪 房书亭 吴篠心　2015年3月出版 / 估价:89.00元

邮轮绿皮书
中国邮轮产业发展报告（2015）
著(编)者:汪泓　2015年9月出版 / 估价:79.00元

支付清算蓝皮书
中国支付清算发展报告（2015）
著(编)者:杨涛　2015年5月出版 / 估价:45.00元

中国上市公司蓝皮书
中国上市公司发展报告（2015）
著(编)者:许雄斌 张平 2015年9月出版 / 估价:98.00元

中国总部经济蓝皮书
中国总部经济发展报告（2015）
著(编)者:赵弘　2015年5月出版 / 估价:79.00元

住房绿皮书
中国住房发展报告（2014~2015）
著(编)者:倪鹏飞　2014年12月出版 / 估价:79.00元

资本市场蓝皮书
中国场外交易市场发展报告（2015）
著(编)者:高峦　2015年8月出版 / 估价:79.00元

资产管理蓝皮书
中国资产管理行业发展报告（2015）
著(编)者:智信资产管理研究院　2015年7月出版 / 估价:79.00元

文化传媒类

传媒竞争力蓝皮书
中国传媒国际竞争力研究报告（2015）
著(编)者:李本乾　2015年9月出版 / 估价:88.00元

传媒蓝皮书
中国传媒产业发展报告（2015）
著(编)者:崔保国　2015年4月出版 / 估价:98.00元

传媒投资蓝皮书
中国传媒投资发展报告（2015）
著(编)者:张向东　2015年7月出版 / 估价:89.00元

动漫蓝皮书
中国动漫产业发展报告（2015）
著(编)者:卢斌 郑玉明 牛兴侦　2015年7月出版 / 估价:79.00元

非物质文化遗产蓝皮书
中国非物质文化遗产发展报告（2015）
著(编)者:陈平　2015年3月出版 / 估价:79.00元

非物质文化遗产蓝皮书
中国少数民族非物质文化遗产发展报告（2015）
著(编)者:肖远平 柴立　2015年4月出版 / 估价:79.00元

广电蓝皮书
中国广播电影电视发展报告（2015）
著(编)者:杨明品　2015年7月出版 / 估价:98.00元

广告主蓝皮书
中国广告主营销传播趋势报告（2015）
著(编)者:黄升民　2015年5月出版 / 估价:148.00元

国际传播蓝皮书
中国国际传播发展报告（2015）
著(编)者:胡正荣 李继东 姬德强
2015年7月出版 / 估价:89.00元

国家形象蓝皮书
2015年国家形象研究报告
著(编)者:张昆　2015年3月出版 / 估价:79.00元

纪录片蓝皮书
中国纪录片发展报告（2015）
著(编)者:何苏六　2015年9月出版 / 估价:79.00元

科学传播蓝皮书
中国科学传播报告（2015）
著(编)者:詹正茂　2015年4月出版 / 估价:69.00元

两岸文化蓝皮书
两岸文化产业合作发展报告（2015）
著(编)者:胡惠林 李保宗　2015年7月出版 / 估价:79.00元

媒介与女性蓝皮书
中国媒介与女性发展报告（2015）
著(编)者:刘利群　2015年8月出版 / 估价:69.00元

全球传媒蓝皮书
全球传媒发展报告（2015）
著(编)者:胡正荣　2015年12月出版 / 估价:79.00元

世界文化发展蓝皮书
世界文化发展报告（2015）
著(编)者:张庆宗 高乐田 郭熙煌
2015年5月出版 / 估价:89.00元

视听新媒体蓝皮书
中国视听新媒体发展报告（2015）
著(编)者:庞井君　2015年6月出版 / 估价:148.00元

文化创新蓝皮书
中国文化创新报告（2015）
著(编)者:于平 傅才武　2015年4月出版 / 估价:79.00元

文化建设蓝皮书
中国文化发展报告（2015）
著(编)者:江畅 孙伟平 戴茂堂
2015年4月出版 / 估价:138.00元

文化科技蓝皮书
文化科技创新发展报告（2015）
著(编)者:丁平 李凤亮　2015年1月出版 / 估价:89.00元

文化蓝皮书
中国文化产业供需协调增长测评报告（2015）
著(编)者:王亚南 郝朴宁 张晓明 祁述裕
2015年2月出版 / 估价:79.00元

文化蓝皮书
中国文化消费需求景气评价报告（2015）
著(编)者:王亚南 张晓明 祁述裕 郝朴宁
2015年2月出版 / 估价:79.00元

文化蓝皮书
中国文化产业发展报告（2015）
著(编)者:张晓明 王家新 章建刚
2015年4月出版 / 估价:79.00元

文化蓝皮书
中国公共文化投入增长测评报告(2015)
著(编)者:王亚南　2015年5月出版 / 估价:79.00元

文化蓝皮书
中国文化政策发展报告（2015）
著(编)者:傅才武 宋文玉 燕东升　2015年9月出版 / 估价:98.00元

文化品牌蓝皮书
中国文化品牌发展报告（2015）
著(编)者:欧阳友权　2015年4月出版 / 估价:79.00元

文化遗产蓝皮书
中国文化遗产事业发展报告（2015）
著(编)者:苏杨 刘世锦　2015年12月出版 / 估价:89.00元

文学蓝皮书
中国文情报告（2015）
著(编)者:白烨　2015年5月出版 / 估价:49.00元

新媒体蓝皮书
中国新媒体发展报告（2015）
著(编)者:唐绪军　2015年6月出版 / 估价:79.00元

新媒体社会责任蓝皮书
中国新媒体社会责任研究报告（2015）
著(编)者:钟瑛　2015年10月出版 / 估价:79.00元

移动互联网蓝皮书
中国移动互联网发展报告（2015）
著(编)者:官建文　2015年6月出版 / 估价:79.00元

舆情蓝皮书
中国社会舆情与危机管理报告（2015）
著(编)者:谢耘耕　2015年8月出版 / 估价:98.00元

地方发展类

安徽经济蓝皮书
芜湖创新型城市发展报告（2015）
著(编)者:杨少华 王开玉　2015年4月出版 / 估价:69.00元

安徽蓝皮书
安徽社会发展报告（2015）
著(编)者:程桦　2015年4月出版 / 估价:79.00元

安徽社会建设蓝皮书
安徽社会建设分析报告（2015）
著(编)者:黄家海 王开玉 蔡宪　2015年4月出版 / 估价:69.00元

澳门蓝皮书
澳门经济社会发展报告（2015）
著(编)者:吴志良 郝雨凡　2015年4月出版 / 估价:79.00元

北京蓝皮书
北京公共服务发展报告（2014~2015）
著(编)者:施昌奎　2015年2月出版 / 估价:69.00元

北京蓝皮书
北京经济发展报告（2015）
著(编)者:杨松　2015年4月出版 / 估价:79.00元

北京蓝皮书
北京社会治理发展报告（2015）
著(编)者:殷星辰　2015年4月出版 / 估价:79.00元

北京蓝皮书
北京文化发展报告（2015）
著(编)者:李建盛　2015年4月出版 / 估价:79.00元

北京蓝皮书
北京社会发展报告（2015）
著(编)者:缪青　2015年5月出版 / 估价:79.00元

北京旅游绿皮书
北京旅游发展报告（2015）
著(编)者:北京旅游学会　2015年7月出版 / 估价:88.00元

北京律师蓝皮书
北京律师发展报告（2015）
著(编)者:王隽　2015年12月出版 / 估价:75.00元

北京人才蓝皮书
北京人才发展报告（2015）
著(编)者:于淼　2015年1月出版 / 估价:89.00元

北京社会心态蓝皮书
北京社会心态分析报告（2015）
著(编)者:北京社会心理研究所　2015年1月出版 / 估价:69.00元

北京社会组织蓝皮书
北京社会组织发展研究报告(2015)
著(编)者:李东松 唐军　2015年2月出版 / 估价:79.00元

北京社会组织蓝皮书
北京社会组织发展报告（2015）
著(编)者:温庆云　2015年9月出版 / 估价:69.00元

滨海金融蓝皮书
滨海新区金融发展报告（2015）
著(编)者:王爱俭 张锐钢　2015年9月出版 / 估价:79.00元

城乡一体化蓝皮书
中国城乡一体化发展报告（北京卷）（2015）
著(编)者:张宝秀 黄序　2015年4月出版 / 估价:69.00元

创意城市蓝皮书
北京文化创意产业发展报告（2015）
著(编)者:张京成　2015年11月出版 / 估价:65.00元

创意城市蓝皮书
无锡文化创意产业发展报告（2015）
著(编)者:谭军 张鸣年　2015年10月出版 / 估价:75.00元

创意城市蓝皮书
武汉市文化创意产业发展报告（2015）
著(编)者:袁堃 黄永林　2015年11月出版 / 估价:85.00元

创意城市蓝皮书
重庆创意产业发展报告（2015）
著(编)者:程宇宁　2015年4月出版 / 估价:89.00元

创意城市蓝皮书
青岛文化创意产业发展报告（2015）
著(编)者:马达 张丹妮　2015年6月出版 / 估价:79.00元

福建妇女发展蓝皮书
福建省妇女发展报告（2015）
著(编)者:刘群英　2015年10月出版 / 估价:58.00元

甘肃蓝皮书
甘肃舆情分析与预测（2015）
著(编)者:郝树声 陈双梅　2015年1月出版 / 估价:69.00元

甘肃蓝皮书
甘肃文化发展分析与预测（2015）
著(编)者:周小华 王福生　　2015年1月出版 / 估价:69.00元

甘肃蓝皮书
甘肃社会发展分析与预测（2015）
著(编)者:安文华　　2015年1月出版 / 估价:69.00元

甘肃蓝皮书
甘肃经济发展分析与预测（2015）
著(编)者:朱智文 罗哲　　2015年1月出版 / 估价:69.00元

甘肃蓝皮书
甘肃县域经济综合竞争力评价（2015）
著(编)者:刘进军　　2015年1月出版 / 估价:69.00元

广东蓝皮书
广东省电子商务发展报告（2015）
著(编)者:程晓　　2015年12月出版 / 估价:69.00元

广东蓝皮书
广东社会工作发展报告（2015）
著(编)者:罗观翠　　2015年6月出版 / 估价:89.00元

广东社会建设蓝皮书
广东省社会建设发展报告（2015）
著(编)者:广东省社会工作委员会　　2015年10月出版 / 估价:89.00元

广东外经贸蓝皮书
广东对外经济贸易发展研究报告（2015）
著(编)者:陈万灵　　2015年5月出版 / 估价:79.00元

广西北部湾经济区蓝皮书
广西北部湾经济区开放开发报告（2015）
著(编)者:广西北部湾经济区规划建设管理委员会办公室
　　　　广西社会科学院广西北部湾发展研究院
2015年8月出版 / 估价:79.00元

广州蓝皮书
广州社会保障发展报告（2015）
著(编)者:蔡国萱　　2015年1月出版 / 估价:65.00元

广州蓝皮书
2015年中国广州社会形势分析与预测
著(编)者:张强 陈怡霓 杨秦　　2015年5月出版 / 估价:69.00元

广州蓝皮书
广州经济发展报告（2015）
著(编)者:李江涛 朱名宏　　2015年5月出版 / 估价:69.00元

广州蓝皮书
广州商贸业发展报告（2015）
著(编)者:李江涛 王旭东 荀振英　　2015年6月出版 / 估价:69.00元

广州蓝皮书
2015年中国广州经济形势分析与预测
著(编)者:庾建设 沈奎 郭志勇　　2015年6月出版 / 估价:79.00元

广州蓝皮书
中国广州文化发展报告（2015）
著(编)者:徐俊忠 陆志强 顾涧清　　2015年6月出版 / 估价:69.00元

广州蓝皮书
广州农村发展报告（2015）
著(编)者:李江涛 汤锦华　　2015年8月出版 / 估价:69.00元

广州蓝皮书
中国广州城市建设与管理发展报告（2015）
著(编)者:董皞 冼伟雄　　2015年7月出版 / 估价:69.00元

广州蓝皮书
中国广州科技和信息化发展报告（2015）
著(编)者:邹采荣 马正勇 冯元　　2015年7月出版 / 估价:79.00元

广州蓝皮书
广州创新型城市发展报告（2015）
著(编)者:李江涛　　2015年7月出版 / 估价:69.00元

广州蓝皮书
广州文化创意产业发展报告（2015）
著(编)者:甘新　　2015年8月出版 / 估价:79.00元

广州蓝皮书
广州志愿服务发展报告（2015）
著(编)者:魏国华 张强　　2015年9月出版 / 估价:69.00元

广州蓝皮书
广州城市国际化发展报告（2015）
著(编)者:朱名宏　　2015年9月出版 / 估价:59.00元

广州蓝皮书
广州汽车产业发展报告（2015）
著(编)者:李江涛 杨再高　　2015年9月出版 / 估价:69.00元

贵州房地产蓝皮书
贵州房地产发展报告（2015）
著(编)者:武廷方　　2015年1月出版 / 估价:89.00元

贵州蓝皮书
贵州人才发展报告（2015）
著(编)者:于杰 吴大华　　2015年3月出版 / 估价:69.00元

贵州蓝皮书
贵州社会发展报告（2015）
著(编)者:王兴骥　　2015年3月出版 / 估价:69.00元

贵州蓝皮书
贵州法治发展报告（2015）
著(编)者:吴大华　　2015年3月出版 / 估价:69.00元

贵州蓝皮书
贵州国有企业社会责任发展报告（2015）
著(编)者:郭丽　　2015年10月出版 / 估价:79.00元

海淀蓝皮书
海淀区文化和科技融合发展报告（2015）
著(编)者:孟景伟 陈名杰　　2015年5月出版 / 估价:75.00元

海峡西岸蓝皮书
海峡西岸经济区发展报告（2015）
著(编)者:黄端　　2015年9月出版 / 估价:65.00元

杭州都市圈蓝皮书
杭州都市圈发展报告（2015）
著(编)者:董祖德 沈翔　　2015年5月出版 / 估价:89.00元

杭州蓝皮书
杭州妇女发展报告（2015）
著(编)者:魏颖　2015年6月出版 / 估价:75.00元

河北经济蓝皮书
河北省经济发展报告（2015）
著(编)者:马树强 金浩 张贵　2015年4月出版 / 估价:79.00元

河北蓝皮书
河北经济社会发展报告（2015）
著(编)者:周文夫　2015年1月出版 / 估价:69.00元

河南经济蓝皮书
2015年河南经济形势分析与预测
著(编)者:胡五岳　2015年3月出版 / 估价:69.00元

河南蓝皮书
河南城市发展报告（2015）
著(编)者:王建国 谷建全　2015年1月出版 / 估价:59.00元

河南蓝皮书
2015年河南社会形势分析与预测
著(编)者:刘道兴 牛苏林　2015年1月出版 / 估价:69.00元

河南蓝皮书
河南工业发展报告（2015）
著(编)者:龚绍东　2015年1月出版 / 估价:69.00元

河南蓝皮书
河南文化发展报告（2015）
著(编)者:卫世生　2015年1月出版 / 估价:69.00元

河南蓝皮书
河南经济发展报告（2015）
著(编)者:完世伟 喻新安　2015年12月出版 / 估价:69.00元

河南蓝皮书
河南法治发展报告（2015）
著(编)者:丁同民 闫德民　2015年3月出版 / 估价:69.00元

河南蓝皮书
河南金融发展报告（2015）
著(编)者:喻新安 谷建全　2015年4月出版 / 估价:69.00元

河南商务蓝皮书
河南商务发展报告（2015）
著(编)者:焦锦淼 穆荣国　2015年5月出版 / 估价:88.00元

黑龙江产业蓝皮书
黑龙江产业发展报告（2015）
著(编)者:于渤　2015年9月出版 / 估价:79.00元

黑龙江蓝皮书
黑龙江经济发展报告（2015）
著(编)者:张新颖　2015年1月出版 / 估价:69.00元

黑龙江蓝皮书
黑龙江社会发展报告（2015）
著(编)者:王爱丽 艾书琴　2015年1月出版 / 估价:69.00元

湖北文化蓝皮书
湖北文化发展报告（2015）
著(编)者:江畅 吴成国　2015年5月出版 / 估价:89.00元

湖南城市蓝皮书
区域城市群整合
著(编)者:罗海藩　2014年12月出版 / 估价:59.00元

湖南蓝皮书
2015年湖南电子政务发展报告
著(编)者:梁志峰　2015年4月出版 / 估价:128.00元

湖南蓝皮书
2015年湖南社会发展报告
著(编)者:梁志峰　2015年4月出版 / 估价:128.00元

湖南蓝皮书
2015年湖南产业发展报告
著(编)者:梁志峰　2015年4月出版 / 估价:128.00元

湖南蓝皮书
2015年湖南经济展望
著(编)者:梁志峰　2015年4月出版 / 估价:128.00元

湖南蓝皮书
2015年湖南县域经济社会发展报告
著(编)者:梁志峰　2015年4月出版 / 估价:128.00元

湖南蓝皮书
2015年湖南两型社会发展报告
著(编)者:梁志峰　2015年4月出版 / 估价:128.00元

湖南县域绿皮书
湖南县域发展报告No.2
著(编)者:朱有志　2015年4月出版 / 估价:69.00元

沪港蓝皮书
沪港发展报告（2015）
著(编)者:尤安山　2015年9月出版 / 估价:89.00元

吉林蓝皮书
2015年吉林经济社会形势分析与预测
著(编)者:马克　2015年1月出版 / 估价:79.00元

济源蓝皮书
济源经济社会发展报告（2015）
著(编)者:喻新安　2015年4月出版 / 估价:69.00元

健康城市蓝皮书
北京健康城市建设研究报告（2015）
著(编)者:王鸿春　2015年3月出版 / 估价:79.00元

江苏法治蓝皮书
江苏法治发展报告（2015）
著(编)者:李力 龚廷泰　2015年9月出版 / 估价:98.00元

京津冀蓝皮书
京津冀发展报告（2015）
著(编)者:文魁 祝尔娟　2015年3月出版 / 估价:79.00元

经济特区蓝皮书
中国经济特区发展报告（2015）
著(编)者:陶一桃　2015年4月出版 / 估价:89.00元

辽宁蓝皮书
2015年辽宁经济社会形势分析与预测
著(编)者:曹晓峰　2015年1月出版 / 估价:79.00元

南京蓝皮书
南京文化发展报告（2015）
著(编)者:南京文化产业研究中心
2015年10月出版　估价:79.00元

内蒙古蓝皮书
内蒙古反腐倡廉建设报告（2015）
著(编)者:张志华　无极　2015年12月出版 / 估价:69.00元

浦东新区蓝皮书
上海浦东经济发展报告（2015）
著(编)者:沈开艳　陆沪根　2015年1月出版 / 估价:59.00元

青海蓝皮书
2015年青海经济社会形势分析与预测
著(编)者:赵宗福　2015年1月出版 / 估价:69.00元

人口与健康蓝皮书
深圳人口与健康发展报告（2015）
著(编)者:曾序春　2015年12月出版 / 估价:89.00元

山东蓝皮书
山东社会形势分析与预测（2015）
著(编)者:张华　唐洲雁　2015年6月出版 / 估价:89.00元

山东蓝皮书
山东经济形势分析与预测（2015）
著(编)者:张华　唐洲雁　2015年6月出版 / 估价:89.00元

山东蓝皮书
山东文化发展报告（2015）
著(编)者:张华　唐洲雁　2015年6月出版 / 估价:98.00元

山西蓝皮书
山西资源型经济转型发展报告（2015）
著(编)者:李志强　2015年5月出版 / 估价:98.00元

陕西蓝皮书
陕西经济发展报告（2015）
著(编)者:任宗哲　石英　裴成荣　2015年2月出版 / 估价:69.00元

陕西蓝皮书
陕西社会发展报告（2015）
著(编)者:任宗哲　石英　牛昉　2015年2月出版 / 估价:65.00元

陕西蓝皮书
陕西文化发展报告（2015）
著(编)者:任宗哲　石英　王长寿　2015年3月出版 / 估价:59.00元

陕西蓝皮书
丝绸之路经济带发展报告（2015）
著(编)者:任宗哲　石英　白宽犁
2015年8月出版 / 估价:79.00元

上海蓝皮书
上海文学发展报告（2015）
著(编)者:陈圣来　2015年1月出版 / 估价:69.00元

上海蓝皮书
上海文化发展报告（2015）
著(编)者:蒯大申　郑崇选　2015年1月出版 / 估价:69.00元

上海蓝皮书
上海资源环境发展报告（2015）
著(编)者:周冯琦　汤庆合　任文伟
2015年1月出版 / 估价:69.00元

上海蓝皮书
上海社会发展报告（2015）
著(编)者:周海旺　卢汉龙　2015年1月出版 / 估价:69.00元

上海蓝皮书
上海经济发展报告（2015）
著(编)者:沈开艳　2015年1月出版 / 估价:69.00元

上海蓝皮书
上海传媒发展报告（2015）
著(编)者:强荧　焦雨虹　2015年1月出版 / 估价:79.00元

上海蓝皮书
上海法治发展报告（2015）
著(编)者:叶青　2015年4月出版 / 估价:69.00元

上饶蓝皮书
上饶发展报告（2015）
著(编)者:朱寅健　2015年3月出版 / 估价:128.00元

社会建设蓝皮书
2015年北京社会建设分析报告
著(编)者:宋贵伦　冯虹　2015年7月出版 / 估价:79.00元

深圳蓝皮书
深圳劳动关系发展报告（2015）
著(编)者:汤庭芬　2015年6月出版 / 估价:75.00元

深圳蓝皮书
深圳经济发展报告（2015）
著(编)者:张骁儒　2015年7月出版 / 估价:79.00元

深圳蓝皮书
深圳社会发展报告（2015）
著(编)者:叶民辉　张骁儒　2015年7月出版 / 估价:89.00元

深圳蓝皮书
深圳法治发展报告（2015）
著(编)者:张骁儒　2015年4月出版 / 估价:79.00元

四川蓝皮书
四川文化产业发展报告（2015）
著(编)者:侯水平　2015年2月出版 / 估价:69.00元

四川蓝皮书
四川企业社会责任研究报告（2015）
著(编)者:侯水平　盛毅　2015年4月出版 / 估价:79.00元

四川蓝皮书
四川法治发展报告（2015）
著(编)者:郑泰安　2015年2月出版 / 估价:69.00元

四川蓝皮书
2015年四川生态建设报告
著(编)者:四川省社会科学院
2015年2月出版 / 估价:69.00元

四川蓝皮书
四川省城镇化发展报告（2015）
著(编)者:四川省城镇发展研究中心
2015年2月出版 / 估价:69.00元

四川蓝皮书
2015年四川社会发展形势分析与预测
著(编)者:郭晓鸣　李羚　2015年2月出版 / 估价:69.00元

四川蓝皮书
2015年四川经济发展报告
著(编)者:杨钢　2015年2月出版 / 估价:69.00元

天津金融蓝皮书
天津金融发展报告（2015）
著(编)者:王爱俭　杜强　2015年9月出版 / 估价:89.00元

图们江区域合作蓝皮书
中国图们江区域合作开发发展报告（2015）
著(编)者:李铁　朱显平　吴成章　2015年4月出版 / 估价:79.00元

温州蓝皮书
2015年温州经济社会形势分析与预测
著(编)者:潘忠强　王春光　金浩　2015年4月出版 / 估价:69.00元

扬州蓝皮书
扬州经济社会发展报告（2015）
著(编)者:丁纯　2015年12月出版 / 估价:89.00元

云南蓝皮书
中国面向西南开放重要桥头堡建设发展报告
（2015）
著(编)者:刘绍怀　2015年12月出版 / 估价:69.00元

长株潭城市群蓝皮书
长株潭城市群发展报告（2015）
著(编)者:张萍　2015年1月出版 / 估价:69.00元

郑州蓝皮书
2015年郑州文化发展报告
著(编)者:王哲　2015年9月出版 / 估价:65.00元

中医文化蓝皮书
北京中医文化发展报告（2015）
著(编)者:毛嘉陵　2015年4月出版 / 估价:69.00元

珠三角流通蓝皮书
珠三角商圈发展研究报告（2015）
著(编)者:林至颖　王先庆　2015年7月出版 / 估价:98.00元

国别与地区类

阿拉伯黄皮书
阿拉伯发展报告（2015）
著(编)者:马晓霖　2015年4月出版 / 估价:79.00元

北部湾蓝皮书
泛北部湾合作发展报告（2015）
著(编)者:吕余生　2015年8月出版 / 估价:69.00元

大湄公河次区域蓝皮书
大湄公河次区域合作发展报告（2015）
著(编)者:刘稚　2015年9月出版 / 估价:79.00元

大洋洲蓝皮书
大洋洲发展报告（2015）
著(编)者:喻常森　2015年8月出版 / 估价:89.00元

德国蓝皮书
德国发展报告（2015）
著(编)者:郑春荣　伍慧萍　2015年6月出版 / 估价:69.00元

东北亚黄皮书
东北亚地区政治与安全（2015）
著(编)者:黄凤志　刘清才　张慧智
2015年3月出版 / 估价:69.00元

东盟黄皮书
东盟发展报告（2015）
著(编)者:崔晓麟　2015年5月出版 / 估价:75.00元

东南亚蓝皮书
东南亚地区发展报告（2015）
著(编)者:王勤　2015年4月出版 / 估价:79.00元

俄罗斯黄皮书
俄罗斯发展报告（2015）
著(编)者:李永全　2015年7月出版 / 估价:79.00元

非洲黄皮书
非洲发展报告（2015）
著(编)者:张宏明　2015年7月出版 / 估价:79.00元

国际形势黄皮书
全球政治与安全报告（2015）
著(编)者:李慎明　张宇燕　2014年12月出版 / 估价:69.00元

韩国蓝皮书
韩国发展报告（2015）
著(编)者:刘宝全　牛林杰　2015年8月出版 / 估价:79.00元

加拿大蓝皮书
加拿大发展报告（2015）
著(编)者:仲伟合　2015年4月出版 / 估价:89.00元

拉美黄皮书
拉丁美洲和加勒比发展报告（2014~2015）
著(编)者:吴白乙　2015年4月出版 / 估价:89.00元

美国蓝皮书
美国研究报告（2015）
著(编)者:黄平　郑秉文　2015年7月出版 / 估价:89.00元

缅甸蓝皮书
缅甸国情报告（2015）
著(编)者:李晨阳　2015年8月出版 / 估价:79.00元

欧洲蓝皮书
欧洲发展报告（2015）
著(编)者:周弘　　2015年6月出版 / 估价:89.00元

葡语国家蓝皮书
葡语国家发展报告（2015）
著(编)者:对外经济贸易大学区域国别研究所　葡语国家研究中心
2015年3月出版 / 估价:89.00元

葡语国家蓝皮书
中国与葡语国家关系发展报告·巴西（2014）
著(编)者:澳门科技大学　2015年1月出版 / 估价:89.00元

日本经济蓝皮书
日本经济与中日经贸关系研究报告（2015）
著(编)者:王洛林 张季风　　2015年5月出版 / 估价:79.00元

日本蓝皮书
日本研究报告（2015）
著(编)者:李薇　2015年3月出版 / 估价:69.00元

上海合作组织黄皮书
上海合作组织发展报告（2015）
著(编)者:李进峰 吴宏伟 李伟
2015年9月出版 / 估价:89.00元

世界创新竞争力黄皮书
世界创新竞争力发展报告（2015）
著(编)者:李闽榕 李建平　赵新力
2015年1月出版 / 估价:148.00元

土耳其蓝皮书
土耳其发展报告（2015）
著(编)者:郭长刚 刘义　　2015年7月出版 / 估价:89.00元

亚太蓝皮书
亚太地区发展报告（2015）
著(编)者:李向阳　　2015年1月出版 / 估价:59.00元

印度蓝皮书
印度国情报告（2015）
著(编)者:吕昭义　　2015年5月出版 / 估价:89.00元

印度洋地区蓝皮书
印度洋地区发展报告（2015）
著(编)者:汪戎　2015年3月出版 / 估价:79.00元

中东黄皮书
中东发展报告（2015）
著(编)者:杨光　　2015年11月出版 / 估价:89.00元

中欧关系蓝皮书
中欧关系研究报告（2015）
著(编)者:周弘　2015年12月出版 / 估价:98.00元

中亚黄皮书
中亚国家发展报告（2015）
著(编)者:孙力 吴宏伟　　2015年9月出版 / 估价:89.00元

中国皮书网

www.pishu.cn

发布皮书研创资讯，传播皮书精彩内容
引领皮书出版潮流，打造皮书服务平台

栏目设置：

☐ 资讯：皮书动态、皮书观点、皮书数据、
　　皮书报道、皮书发布、电子期刊
☐ 标准：皮书评价、皮书研究、皮书规范
☐ 服务：最新皮书、皮书书目、重点推荐、在线购书
☐ 链接：皮书数据库、皮书博客、皮书微博、在线书城
☐ 搜索：资讯、图书、研究动态、皮书专家、研创团队

中国皮书网依托皮书系列"权威、前沿、原创"的优质内容资源，通过文字、图片、音频、视频等多种元素，在皮书研创者、使用者之间搭建了一个成果展示、资源共享的互动平台。

自 2005 年 12 月正式上线以来，中国皮书网的 IP 访问量、PV 浏览量与日俱增，受到海内外研究者、公务人员、商务人士以及专业读者的广泛关注。

2008 年、2011 年，中国皮书网均在全国新闻出版业网站荣誉评选中获得"最具商业价值网站"称号；2012 年，获得"出版业网站百强"称号。

2014 年，中国皮书网与皮书数据库实现资源共享，端口合一，将提供更丰富的内容，更全面的服务。

权威报告　热点资讯　海量资源

当代中国与世界发展的高端智库平台

皮书数据库 www.pishu.com.cn

皮书数据库是专业的人文社会科学综合学术资源总库，以大型连续性图书——皮书系列为基础，整合国内外相关资讯构建而成。包含七大子库，涵盖两百多个主题，囊括了近十几年间中国与世界经济社会发展报告，覆盖经济、社会、政治、文化、教育、国际问题等多个领域。

皮书数据库以篇章为基本单位，方便用户对皮书内容的阅读需求。用户可进行全文检索，也可对文献题目、内容提要、作者名称、作者单位、关键字等基本信息进行检索，还可对检索到的篇章再做二次筛选，进行在线阅读或下载阅读。智能多维度导航，可使用户根据自己熟知的分类标准进行分类导航筛选，使查找和检索更高效、便捷。

权威的研究报告，独特的调研数据，前沿的热点资讯，皮书数据库已发展成为国内最具影响力的关于中国与世界现实问题研究的成果库和资讯库。

皮书俱乐部会员服务指南

1. 谁能成为皮书俱乐部成员?

- 皮书作者自动成为俱乐部会员
- 购买了皮书产品（纸质书/电子书）的个人用户

2. 会员可以享受的增值服务

- 免费获赠皮书数据库100元充值卡
- 加入皮书俱乐部，免费获赠该纸质图书的电子书
- 免费定期获赠皮书电子期刊
- 优先参与各类皮书学术活动
- 优先享受皮书产品的最新优惠

3. 如何享受增值服务?

（1）免费获赠100元皮书数据库体验卡

第1步 刮开皮书附赠充值的涂层（右下）;

第2步 登录皮书数据库网站
（www.pishu.com.cn），注册账号;

第3步 登录并进入"会员中心"—"在线充值"—"充值卡充值"，充值成功后即可使用。

（2）加入皮书俱乐部，凭数据库体验卡获赠该书的电子书

第1步 登录社会科学文献出版社官网
（www.ssap.com.cn），注册账号;

第2步 登录并进入"会员中心"—"皮书俱乐部"，提交加入皮书俱乐部申请;

第3步 审核通过后，再次进入皮书俱乐部，填写页面所需图书、体验卡信息即可自动兑换相应电子书。

4. 声明

解释权归社会科学文献出版社所有

皮书大事记

☆ 2014年8月，第十五次全国皮书年会（2014）在贵阳召开，第五届优秀皮书奖颁发，本届开始皮书及报告将同时评选。

☆ 2013年6月，依据《中国社会科学院皮书资助规定（试行）》公布2013年拟资助的40种皮书名单。

☆ 2012年12月，《中国社会科学院皮书资助规定（试行）》由中国社会科学院科研局正式颁布实施。

☆ 2011年，部分重点皮书纳入院创新工程。

☆ 2011年8月，2011年皮书年会在安徽合肥举行，这是皮书年会首次由中国社会科学院主办。

☆ 2011年2月，"2011年全国皮书研讨会"在北京京西宾馆举行。王伟光院长（时任常务副院长）出席并讲话。本次会议标志着皮书及皮书研创出版从一个具体出版单位的出版产品和出版活动上升为由中国社会科学院牵头的国家哲学社会科学智库产品和创新活动。

☆ 2010年9月，"2010年中国经济社会形势报告会暨第十一次全国皮书工作研讨会"在福建福州举行，高全立副院长参加会议并做学术报告。

☆ 2010年9月，皮书学术委员会成立，由我院李扬副院长领衔，并由在各个学科领域有一定的学术影响力、了解皮书编创出版并持续关注皮书品牌的专家学者组成。皮书学术委员会的成立为进一步提高皮书这一品牌的学术质量、为学术界构建一个更大的学术出版与学术推广平台提供了专家支持。

☆ 2009年8月，"2009年中国经济社会形势分析与预测暨第十次皮书工作研讨会"在辽宁丹东举行。李扬副院长参加本次会议，本次会议颁发了首届优秀皮书奖，我院多部皮书获奖。

皮书数据库
www.pishu.com.cn

皮书数据库三期

• 皮书数据库（SSDB）是社会科学文献出版社整合现有皮书资源开发的在线数字产品，全面收录"皮书系列"的内容资源，并以此为基础整合大量相关资讯构建而成。

• 皮书数据库现有中国经济发展数据库、中国社会发展数据库、世界经济与国际政治数据库等子库，覆盖经济、社会、文化等多个行业、领域，现有报告30000多篇，总字数超过5亿字，并以每年4000多篇的速度不断更新累积。

• 新版皮书数据库主要围绕存量+增量资源整合、资源编辑标引体系建设、产品架构设置优化、技术平台功能研发等方面开展工作，并将中国皮书网与皮书数据库合二为一联体建设，旨在以"皮书研创出版、信息发布与知识服务平台"为基本功能定位，打造一个全新的皮书品牌综合门户平台，为您提供更优质到位的服务。

更多信息请登录

中国皮书网
http://www.pishu.cn

皮书微博
http://weibo.com/pishu

中国皮书网的BLOG [编辑]
http://blog.sina.com.cn/pishu

皮书博客
http://blog.sina.com.cn/pishu

皮书微信
皮书说

请到各地书店皮书专架 / 专柜购买，也可办理邮购

咨询 / 邮购电话：010-59367028　59367070　　　邮　　箱：duzhe@ssap.cn

邮购地址：北京市西城区北三环中路甲29号院3号楼华龙大厦13层读者服务中心

邮　　编：100029

银行户名：社会科学文献出版社

开户银行：中国工商银行北京北太平庄支行

账　　号：0200010019200365434

网上书店：010-59367070　qq：1265056568

网　　址：www.ssap.com.cn　　　www.pishu.cn